UNSCHOOLING TO UNIVERSITY

언스쿨링의 비밀

30인 캐나다 엄마들의 대학 보내기

Judy Arnall 저 · 황기우 역

박영story

엘리자베스 그레이스에게,
아이들의 타고난 호기심의 힘을 믿어주셔서,
부모가 아이를 잘 알고 있다는 것을 신뢰해 주셔서,
가족들이 함께 배울 수 있도록 도와주셔서 감사합니다.
오늘날 우리가 있게 된 것은 당신 덕분입니다.

30명의 팀원에게,
우리들의 이야기, 영감, 그리고 우정에 감사드립니다.

사랑하는 가족에게,
이 프로젝트를 위해 우리 가족이 보여준 사랑, 지원, 격려에 감사드립니다.
우리 아이들이 이렇게 멋진 사람이 된 것이 정말 자랑스럽습니다.

언스쿨링의 비밀에 대한 찬사

"아이들이 성장하고 배우며, 대학에 진학하거나 직장을 구하는 데 도움이 되는 대안적인 방법을 제시하는 간결한 양육 조언이 담긴 탁월한 책입니다. 아놀의 단계별 설명, 명확한 증거, 그리고 개인적인 이야기는 자기 주도 교육에 관심 있는 가족들을 위한 유용한 지침서입니다."

– 패트릭 파렌가, 존 홀트 / 학교 없이 성장하기

저자의 말

사랑하는 한국의 독자 여러분께,

이 책을 통해 교육에 대한 새로운 대안을 찾게 되셨다면 저는 그것이 큰 기쁨이라고 생각합니다.

나는 성인 교육자로서, 캘거리 대학과 앨버타 건강 서비스 센터에서 부모들을 대상으로 아이들의 두뇌 발달에 대해 교육하고 있습니다. 동시에 아이들의 성장과 발달에 도움이 되는 비체벌적 양육과 교육 방식에 대해 연구하고 있습니다. 다양한 성격을 가진 다섯 아이들과 함께 생활하며, 체벌 없이 아이를 키우는 방법에 대한 실질적인 팁들을 얻어냈습니다. 그 경험들은 나를 베스트셀러 작가로 이끌었습니다.

우리 아이들이 국가에서 의무적으로 운영하는 학교에 입학했을 때, 그곳에서는 집단 괴롭힘 문제가 만연하고, 아이들이 배우는 것에 대한 창의성과 선택권이 충분치 않다는 것을 발견했습니다. '학교 교육'이 아이들의 호기심과 배움의 열정을 저해하고 있었고, 아이들은 등교를 거부하기 시작했습니다. 그래서 우리는 가정에서 아이들을 교육하는 결정을 내렸습니다.

처음에는 내가 아는 것이 학교의 커리큘럼뿐이었기에, 그것을 따르려 했습니다. 하지만 나는 원치 않던 부모가 되어버렸습니다. 아이들에게 조용히 앉아서 말을 잘 듣도록 협박했지만, 그것은 아이들에게 지루하고 무관한 것이었습니다. 시간이 흐르면서 나는 강의보다는 아이들의 흥미와 호기심을 따라가는 것에 더 많은 시간을 보냈습니다. 우리는 함께 놀았고, 창의적인 프로젝트를 진행했고, 자원봉사 활동을 하고, 여행하고, 탐험했습니다.

10대가 된 아이들은 자연스럽게 수학, 코딩, 역사, 글쓰기 등에 대한 호기심을 갖게 되었고, 그들 스스로 학습 방향을 설정했습니다. 그들은 필요한 기술이나 정보를 적극적으로 배워갔습니다.

첫 세 아이가 대학을 졸업한 후, 나는 우리의 경험을 책으로 정리하고 싶었습니다. 뇌 연구를 통해 학습은 생물학적으로 확실하다는 것을 알고 있습니다. 아이들의 학습 동기는 학교의 교육 아젠다가 아니라, 아이들 스스로의 관심사에서 비롯됩니다. 학교 외의 환경에서도 충분히 좋은 교육을 받을 수 있습니다. 정보는 어디에나 넘쳐나고, 학습은 언제 어디서나 다양한 방식으로 이루어질 수 있습니다.

내 아이들은 공학, 간호, 음악, 과학, 교육, 영어/작문 분야에서 전문적인 경력을 쌓고 있습니다. 이 책에서 경험을 공유한 25명의 친구 역시 대학이나 기술학교에 입학하였고, 24명이 해당 프로그램을 졸업하였습니다. 30명 중 11명은 STEM 분야(엔지니어 4명 포함), 9명은 인문학 분야, 10명은 예술 분야로 진학하였습니다. 그중 3명은 석사 학위를 취득하였습니다.

교육과 학습의 본질에 관한 이 여정을 즐기실 수 있기를 바랍니다. 부모로서 우리는 아이에게 최고의 것을 원하며, 아이가 각자의 재능과 적성을 탐구할 수 있도록 허용하는 것은 아이의 고유한 개성을 존중하는 것입니다. 우리는 항상 아이에게 학습을 강요할 수 없고, 아이의 학습을 막을 수 없다는 사실을 기억해야 합니다.

아이들의 호기심과 창의력을 보호하고, 그들이 스스로 교육을 주도할 수 있도록 격려함으로써, 아이들이 사랑스러운 개인으로 성장할 수 있도록 함께 축하합시다. 그리고 배움과 독서를 즐기시기를 바랍니다!

감사합니다.

2024. 8.
저자 주디 아놀

역자의 말

이 책은, "Unschooling To University: Relationships matter most in a world crammed with content"라는 원제만으로도, 무엇을 말하려 하는지 짐작할 수 있을 만큼 명확한 메시지를 가지고 있습니다. 이는 전통적인 교육 시스템의 벽을 넘어, 아이들이 스스로 학습을 주도하는 '언스쿨링'의 여정을, 30명의 캐나다 엄마들의 경험을 통해 아우르는 이야기입니다.

저자 주디 아놀은 다섯 명의 아이를 언스쿨링으로 키운 어머니이자, 세계적으로 인정받는 이 분야의 전문가입니다. 그녀는 캐나다 언스쿨링 협회의 창설자이며, 베스트셀러 저자로서, 국제적으로 인정받는 강연자입니다.

이 책에서 주디는 언스쿨링에 대한 깊이 있는 이해를 바탕으로 그 방법론을 세심하게 설명합니다. 그녀의 풍부한 이야기와 학문적인 증거는 독자들에게 언스쿨링의 실질적인 접근 방법을 안내합니다. 그녀는 아이들의 발달 단계별로 어떤 과업을 수행해야 하는지, 그녀 자신이 어떻게 그 과업을 수행했는지를 친절하게 제시하며, 언스쿨링에 대한 불안감을 느낀 부모들에게 위로를 전합니다.

그러나 이 책은 교육에 대한 단순한 이야기만을 전하지 않습니다. 이는 아이들과의 관계를 통해 우리가 세상을 어떻게 이해하고, 그 세상에서 어떻게 배울 수 있는지를 제시하는 이야기입니다. 엄마들의 이야기는 사랑, 헌신, 그리고 아이들의 교육에 대한 열정이 담겨 있습니다. 이 책은 언스쿨링을 이해하고, 아이들이 스스로 배우는 방식을 지지하고 격려하는 방법을 배우려는 사람들에게 큰 도움이 될 것입니다.

주디는 콘텐츠가 넘치는 세상에서는 강제적인 교육보다 아이와의 관계가 중요하다는 점을 강조합니다. 그녀는 "우리는 사랑하는 사람들과의 시간을 보내고 즐기기 위해, 그리고 우리의 지식과 노력으로 세상을 더 나은 곳으로 만들기 위한 이유로 삶을 산다. 언스쿨링은 이두 가지를 모두 해결한다. 이 세상에서 부모만큼 아이를 특별하게 사랑하는 학교는 없다. 우리는 가족과 아이의 교육을 동시에 누릴 수 있다. 더 이상 둘 중 하나를 선택할 필요가 없다."라고 말합니다.

현대 사회에서 가족의 의미가 점점 희미해지는 가운데, 주디는 언스쿨링을 통해 교육의 궁극적인 목표가 평생 지속하는 가족 간의 유대라는 점을 일깨워 줍니다. 이 책은 부모, 교육자, 그리고 사회의 모든 이해관계자에게 깊이 있는 메시지를 전합니다. 이 책의 메시지가 독자들의 마음에 깊이 울릴 것이라 믿습니다. 이 책이 여러분의 생각에 새로운 변화를 가져다주길 소망합니다.

2024. 8.

역자 황기우 씀

차례

PART 03

언스쿨링 방법 _ 231

PART 04

언스쿨링과 아동 발달 단계 _ 325

서문

"사람은 인생의 첫날부터 자신의 교육을 소유한다. 결코 우리는 배우지 않는 법이 없다. 사람이 호흡하는 한 배움은 계속된다."

선진국에서는 학교와 교사의 전문성, 그리고 자원 부족으로 인해 아이들이 어려움을 겪는 일은 거의 없다. 고등학교 중퇴율 30%는 아무리 많은 예산을 지원하더라도 학업 중단의 문제는 해결하기 어렵다는 것을 말한다. 오늘날 상당수의 아이에게 학교가 제대로 작동하지 않다는 점은 분명하다. 많은 아이는 법적으로 학교를 그만둘 수 있는 순간 바로 자퇴를 선택한다. 전통적으로 학업 유지 정책은 시스템을 개선하는 것이 아니라 아이들을 개선하는 데 초점을 맞추어 왔다. 교직원들은 종종 중도에 학교를 떠난 청소년에게 연락하여 다시 돌아오도록 권유한다. 그러나 학업 중단의 근본적 원인인 아이들의 삶과 연계는 거의 변하지 않았다. 아이들은 사실과 이론의 암기가 타당하다고 생각하지 않는다. 그것은 스마트폰의 검색을 통해 몇 초 안에 쉽게 얻을 수 있다. 교직원들은 이러한 삶과 연계를 보지 못한다.

아이들의 교육에 필요한 것은 열정이다. 즉, 아이들의 놀이를 통해 일어나는 동기 부여다. 열정은 가르치거나 설득할 수 없다. 내재적 동기가 필요하다. 오늘날의 아이들은 자신의 관심에 따라 유치원부터 초등학교, 중학교, 일부 고등학교 교육 내용까지 대부분 스스로 학습할 수 있다. 국가에서 강제로 정하는 교육과정은 필요하지 않다. 모든 아이는 스스로 학습하는 주체로 태어난다. 성인의 지원과 자유 시간, 자원에 접근할 수 있다면 된다.

우리는 국가 중심의 교육 패러다임을 벗어나야 한다. 교육은 물리적 학교 시설에 국한되어선 안 되며 특정 지역사회에 서비스를 제공하는 학교에 제한되어서는 더욱 안 된다. 오늘날의 교육은 글로벌화되었으며 국경을 넘어섰다. 학습자는 어디서든 강의를 들을 수 있다. 국가 교육 시스템 전체를 거치지 않고도 SAT(학업 능력 평가 시험), ACT(미국 대학 입학시험), 또는 12학년 수준의 시험을 통해 고등 교육 기관에 입학할 자격을 얻을 수 있다.

교육은 한 사람의 인생에서 이루어지는 모든 학습을 포함한다. 양육은 교육의 주요 요소이며 사회적, 신체적, 인지적, 정서적 발달의 전 영역에 걸쳐 아이를 교육한다. 아이가 생산적이고 협력적인 사회 구성원이 될 수 있도록 가르치는 것이 양육의 목표다. 우리는 아이가 참여적인 시민이 되고 직업을 가지며 배려하는 관계를 갖길 바란다. 이것이 교육 목표다. 그러므로 교육은 본질적으로 육아 단계부터 강압적으로 가르치는 것이 아니다. 오히려 강압은 관계를 손상할 수 있다. 사회의 기반은 관계다. 그러므로 육아와 교육은 관계를 구축해야 한다. 아이의 양육과 교육은 태어날 때부터 시작되며, 6학년이 되는 날에 끝나는 것이 아니다. 부모는 갑자기 무능해져 가르칠 수 없게 되는 것도 아니다. 아이가 여섯 살이 된다고 해서 갑자기 학습을 중단하는 일도 없다. 아이는 같은 방식으로 계속 학습할 수 있고 부모는 계속 유대감을 형성할 수 있다. 아이들은 언제든지 수학을 배울 수 있지만 형제자매와 가족 등 인생의 여정을 함께할 사람들과의 관계를 구축할 시간은 불과 얼마 되지 않는다.

나는 학교에 반대하지 않는다. 특히 정규직으로 일하고 보육이 필요한 경우 부모에게는 항상 학교가 필요하다는 것을 잘 알고 있다. 하지만 학교만이 교육을 제공할 수 있는 유일한 장소는 아니라고 생각한다.

학교 교육은 의무가 아닌 자발적이어야 한다. 아이들은 자신이 관심이 있는 분야에서 디자이너, 연구자, 기업가, 혁신가, 과학자의 역할을 해야 한다. 학교에서 그런 기회를 제공하면 좋을 것이다. 그렇지 않다면 아이들은 학교라는 틀 밖에서 이러한 주제와 관심사를 추구해야 한다. 아이들은 읽고, 쓰고, 놀고, 자원봉사하고, 일하고, 프로젝트를 수행하고, 여행하고, 새로운 장소를 보고, 새로운 경험을 해야 한다. 아이들은 자신의 관심사를 탐구하면서 읽기, 쓰기, 말하기, 표현하기 등 상황에 맞는 언어 능력과 수리 능력을 개발해야 한다. 사회, 역사, 지리, 과학에 대해 읽고 사실과 수치를 암기하는 대신 직접 체험해야 한다.

아이들이 15세가 되어서야 좀 더 공식적인 고등학교 과정을 선택한다면 그들은 창의력과 동기 부여, 균형 잡힌 교육적 기반을 갖추고 고등학교에 갈 수 있을 것이다. 반면, 국가에서 정한 교육과정에 따라 교육받은 아이들은 16년 동안 암기식 학습에 시달리며, 교육 내용과 전달 방식을 통제할 수 없어 스트레스에 시달린다. 2살 때부터 유치원에 입학해 12학년이 되어서야 고등학교를 졸업하는 아이들은 18년 중 16년 동안 교육 기관에 다니게 된다. 어쩌면 많은 아이가 4~7년 동안의 고등 교육을 받고 싶어 하지 않는 것은 당연한 일이다. 이들은 자기 통제력과 관련성을 원하며 이를 얻기 위해 학교를 중퇴하는 경우가 많다(Gavel, 2017).

오늘날 대부분 아이의 평균 소진점(burnout point)은 13세, 즉 중학교 2학년이다. 이는 너무 형식적인 학교생활과 너무 일찍 시작한 학습의 결과이다. "나에게서 전해줘(Tell Them From Me)"라는 앨버타 교육 설문조사 연구(Alberta Education Survey)에 따르면 7~12학년 또는 12~18세 사이의 학생들이 수업에 참여하는 비율이 급격히 감소하는 것으로 나타났다(Gavel, 2014). 반면, 전통적인 학교에 가본 적이 없거나 정통 홈스쿨 프로그램을 이수한 적이 없는 아이들은 열정을 가지고 고등학교에 갈 준비를 열심히 하고 있다. 연구에 따르면 아이들이 정규 학교 교육을 피하고 스스로 교육을 결정할수록 대학 진학률이 더 높고 그것을 좋아할 가능성이 더 컸다(Gray, 2014).

아이들은 벽 안에 갇혀 있지 않고 세상으로 나와야 한다. 우리는 교실이라는 상자 안에서 성장하는 데 너무 익숙한 나머지 더 이상 그 효과에 의문을 제기하지 않는다. 어떻게 하면 학교를 오늘날의 라이프스타일에 더 적합하게 만들 수 있을지 고민하는 대신, 아이들에게 왜 교실이 필요한지, 왜 교실이 최고의 학습 환경이 될 수 있는지 물어보면 어떤가? 부모와 고용주는 학교가 필요하다고 생각한다. 그런데 아이들은?

아이들에게는 관계, 특히 성인과의 관계가 중요하다. "일반적인 가정과 달리, 과학적 증거에 따르면 관계가 발달에 미치는 영향은 전 생애에 걸쳐 지속된다. 이러한 관계는 아이들의 삶의 특정 단계에서 보면 다른 단계에 비해 더 중요하지 않으나 그 영향의 특성은 나이와 발달 상태에 따라 다를 수 있다."(Palix, 2017)

성인들이 아이들을 가르치는 대신 아이들이 주변 세계에 대해 호기심을 갖고 창의적으로 탐구하도록 돕는 멘토가 되어주면, 아이들은 성인들의 곁에서 열정과 동기를 얻고 관심 있는 분야의 지식을 흡수할 것이다. 이는 아이들의 평생 직업이 될 수 있다. 틀에 박힌 구조에서 벗어나 새로운 유형의 창의적 문제 해결자로 성장하는 아이들은 실업, 오염, 지구 온난화, 정치적 불안, 경제 위기, 사회문제, 글로벌 갈등 등 우리 사회가 안고 있는 문제에 대한 해답을 찾을 것이다.

이 책은 부모를 위한 책이다.

동기 부여가 없거나, 겁을 먹거나, 불행하거나, 학습에 흥미를 잃은 아이를 둔 부모로서 걱정이 많은가? 걱정하지 마라! 아이는 배울 것이다. 어린이집, 유치원, 숙제, 심화 활동, 선행학습, 과외, 공립이나 사립학교 교육의 필요성과 질에 대해 걱정하지 마라. 아이에게 학습을 강요할 수도 없고, 아이의 학습을 막을 수도 없다!

그렇다, 우리는 경쟁이 치열한 세상에 살고 있다. 모든 부모가 그렇듯이 우리는 아이가 학업 면에서 잘하기를 원한다. 하지만 정규 학교는 아이에게 적합한 교육 경로가 아닐 수 있다. 아이가 대학이나 고등 교육 기관에 진학하기 위해 반드시 학교에 다닐 필요는 없다. 아이가 역량을 보여주기만 하면 국가가 제공하는 교육 시스템 밖에서도 얼마든지 기술과 콘텐츠를 배우고 잘 익힐 수 있다. 콘텐츠는 어디에나 있다. 아이들은 준비되었을 때, 그리고 청소년이나 사회 초년생이 되었을 때 자신의 열정을 찾을 동기를 찾게 된다.

이 책은 아이를 위한 책이다.

놀고 탐색하고 읽고 경험하면서 열정과 관심사를 발견하라. 좋아하는 일을 찾아보라. 지루함을 두려워 마라. 지루함은 더 많은 것을 배우도록 자극하는 선물이다. 창의력을 발휘하라. 지저분해지라. 검색하고 알아보라. 실수를 두려워하지 마라. 항상 '왜?' '어떻게?' '언제?'를 물어보라. 존중하되 기존의 사고에 도전하고, 이해가 어려우면 무엇이든 질문하라. 경청하라. 깊이 고민하라. 열정을 가지고 열심히 놀아라. 다른 사람을 도우라. 세상을 더 나은 곳으로 만들기 위해 자신의 흔적을 남기라. 관심 분야를 탐색한 다음 독학이나 다양한 자원을 통해 열정을 추구할 수 있는 최상의 교육을 선택하라. 가능한 한 멀리 나아가라.

이 책은 교사와 언스쿨링 부모를 위한 책이다.

당신은 성자다! 당신은 아이, 부모, 교육과정, 시험, 결과, 교장, 학교 위원회, 행정부, 지역사회의 이해관계자들과 함께 일하고 있다. 당신은 연구하고 배우고자 하는 아이들을 대할 자격이 있다. 당신은 당신만큼이나 배움에 열정을 가진 아이들과 교류할 자격이 있다. 안심하라! 아이들은 교육 내용보다 당신을 더 필요로 한다. 인간적인 접촉은 기술로 대체할 수 없다. 아이들에게 필요한 것은 교사가 아니라 필요한 것을 찾고 질문에 대한 답을 찾을 수 있도록 도와주는 조력자다. 당신의 질문이 아니라 아이의 질문이다. 시스템에서 알아야 한다고 생각하는 것이 아니라 아이가 알고 싶어 하는 것을 발견하도록 도우라.

나는 공립학교에서는 교사와 학생 모두의 의견이 거의 반영되지 않다는 사실을 알고 있다. 하지만 우리는 교사와 학생 모두에게 더 나은 교육 경험을 제공하기 위해 노력해야 한다. 언스쿨링을 할 능력에 자신이 없거나 이미 언스쿨링을 하고 있지만 아이가 말을 듣지 않거나 지시를 따르지 않는 부모라면 걱정하지 마라! 아이를 학교처럼 가르칠 필요는 없다. 그들의 열정을 믿어라. 그들은 필요한 순간에 필요한 것을 포착할 것이다. 그들이 선택한 배움의 길에 동참하라.

이 책은 교장, 관리자, 정부를 위한 책이다.

우리의 미래를 위해 대안적인 교육 방식이 존재한다. 우리는 이들과 경쟁하기보다 이를 인정하고 지원해야 한다. 모든 사람이 이 새로운 모델에 익숙해지거나 동의하지 않겠지만, 이 모델이 존재하고 놀라운 결과를 가져온다는 사실을 모두에게 알려야 한다. 더 많은 연구가 필요하다면 그렇게 하라. 우리가 알고 있는 것처럼 아이들이 학교 없이도 학습하고 성공할 수 있다는 사실을 부정할 수는 없다.

이 책은 사회 구성원을 위한 책이다.

끊임없는 스트레스와 학력 지상주의의 무한 경쟁을 유발하는 학교 교육에 대한 저항이 필요하다. 그것은 바로 자기 주도적 교육이다. 우리는 강요된 학습에서 한발 물러나 학습 과정에 즐거움을 되찾아야 한다. 나는 현대 사회의 엄청난 기술 발전에 비추어 '교육'과 '학교'가 어떠해야 하는지에 대한 교육 포럼과 정부 후원 심포지엄에 여러 번 참석했다. 이해관계자들은 대부분 여전히 아이들이 5세에 학교를 시작하고 18세에 공장교육의 조립라인에서 벗어나는 전통적인 모델, 즉 일정한 결과를 기대하는 틀에 박힌 사고에서 벗어나지 못하고 있다. 교과서, 교실, 교육과정, 범위와 순서에 대한 통제에 대해서는 의문을 제기하지 않는다. 의문을 제기하라! 우리는 아이들의 열정과 창의성을 키워야 한다. 우리 사회에는 미래의 문제 해결사가 절실히 필요하다. 아이들이 중도 탈락하게 놔둘 수 없다!

이 책은 모든 국가를 대상으로 한다.

이 책의 많은 사례는 캐나다와 앨버타주에 관한 것이지만, 다른 국가와 정부가 자기 주도 교육에 관한 정책을 개발하고 가족의 자율성과 교육에 대한 공익성의 요구 사이에서 균형을 맞추는 데 유용하다.

30명의 연구팀

나는 "학교 산업"과 아무런 이해관계가 없다. 나는 30명의 팀원과 함께 캐나다 전역에 있는 1,500명의 언스쿨링 가정의 일화를 연구하는 작은 연구 프로젝트를 수행하고 있을 뿐이다. 하지만 나는 우리가 모두 대안 교육의 성과를 탐구하고 연구하는 일에 전념해야 한다고 믿는다. 우리가 모두 진정으로 정직하게 각 아이에게 최고의 교육을 원한다면, 학교 산업에서 기업의 이익과 정부의 일자리가 영향을 받게 될 것이다. 하지만 이는 글로벌 문제 해결자를 키우기 위해 지급해야 할 작은 대가에 불과하다.

이 책에 실린 이야기는 내 가족과 친구 중 언스쿨링을 하는 30명의 독특한 사람들에게서 발췌한 것이다. 아이들은 내 아이들의 친구이거나 내 친구의 아이들이다. 부모와 나는 함께 웃고, 함께 위로하고, 함께 커피를 마시거나 온라인으로 교제했다. 아이들은 함께 놀고, 서로를 감독하고, 잠을 자기도 했다(때로는 이틀 밤을 함께하기도 했다!). 이들은 모두 자칫 학교에서 보낼 수 있었던 시기를 자신의 열정을 추구하면서 최소 3년에서 최대 12년 동안 언스쿨링을 했다.

대부분 아이가 학교라는 울타리 안에서 어린 시절을 보내는 동안, 30인의 팀은 강요된 구조, 의도적인 목표, 미리 정해진 결과 없이 놀고, 탐구하면서 배웠다. 단순히 삶을 살아가면서 창의성과 혁신, 비판적 사고, 문제 해결, 의사 결정 능력을 키웠다. 문해력과 수리력을 습득했다. 일반 및 대인 커뮤니케이션 기술, 협업 및 리더십 기술, 디지털 및 기술 유창성, 평생 학습에 대한 애정을 키웠다.

이들은 모두 다양한 대학, 전문대학, 고등 교육 기관에 합격했으며 대부분 학위, 자격증 또는 졸업장을 취득했다. 나머지는 근성, 인내심, 건전한 직업윤리를 보여주며 여전히 학업에 매진하고 있다.

팀원들은 고등 교육 기관에 입학하기 위해 다양한 경로를 따랐다. 마감일, 요구 사항, 시험에 적응했다. 일부는 장학금을 받기도 했다.

이들은 개인 관리와 복지, 사회적, 문화적, 글로벌, 환경적 책임을 중요하게 생각한다.

그들은 참여적인 사상가이자 윤리적 시민이며 진취적인 정신을 소유하고 있다. 생산적이고 만족스러운 삶을 영위할 준비가 되어 있다. 이들이 세상에 진출하여 일자리를 구하고, 또한 일자리를 창출하고, 그리고 세계 문제를 해결해 나가고 있다. 세상의 문제를 해결해 나갈 때 그들의 정체성을 보호하기 위해 이름을 익명으로 처리했다.

아이가 교육을 받기 위해 대학, 전문대학, 기술학교에 진학하기 위해 학교에 보내거나 홈스쿨링을 하지 않아도 된다. 아이는 할 수 있다. 삶을 살아가면서 교육을 습득한다.

언스쿨링에 오신 것을 환영합니다!

언스쿨링/자기 주도 교육이란 무엇인가?

01

문제: 아이를 학교로 인도할 수는 있지만 생각하게 할 수는 없다.

"구글은 우리 교육과정이고 전 세계는 우리 교실이다."

성인은 선택할 수 있지만 아이는 선택할 수 없다.

당신이 콘퍼런스에 참석하고 있다고 상상해보자. 지난 3일 동안 강사의 강의를 들으며 600개의 파워포인트 슬라이드를 보았다. 당신은 피곤하고 지루한 강의에 힘들다. 당신이 선택한 주제가 아니며 고용주가 요구해서 참석했다. 마지막 발표자의 내용은 당신을 졸리게 했다. 당신은 소셜 미디어를 확인하다가 호텔 방으로 돌아가 이메일에 답장을 쓰기로 했다. 성인으로서 당신은 선택할 권리가 있다.

다음 날, 아들을 학교에 보낼 준비를 하고 있다. 아들은 유치원 첫날이며 아침에 일어나 간식, 공책, 연필이 든 큰 가방을 열심히 챙긴다. 아이는 새 옷을 입고 부모와 함께 밖으로 나왔다. 당신은 몇 블록 떨어진 큰 학교 건물까지 아이를 데려다주고, 아이는 주위의 수백 명의 아이들과 함께 겁에 질린 표정으로 문을 열며 안으로 들어간다. 몇 시간 후, 당신은 아이를 데려오기 위해 다시 학교로 왔다. 아이가 차에 오르자 "오늘 학교 어땠어?"라고 신이 난 목소리로 물어보았다. 아이는 정말 멋진 하루를 보냈다며 자랑스럽게 말하며 학교를 잘 마쳤다고 말한다. 아이는 다시 놀러 가고 싶어 한다. 이에 대해 어떻게 생각하는가? 어렸을 때 선택권이 있었을까?

캐나다에서는 매일 700만 명의 아이(Hildebrandt, 2014)가 자신이 원하는 시간보다 더 일찍 일어나 아침을 먹고 옷을 입고 버스를 타고 학교로 이동한다. 성인 한 명과 30명 정도의 또래들이 있는 방에서 하루 시간의 대부분인 6시간을 보내게 된다. 학교생활은 어린 시절의 주요한 활동 중 하나다. 아이들은 호기심을 따르는 대신 국가가 정한 계획을 따라가며 학교 버스를 타고 이동하며 18,720시간의 어린 시절을 보낸다.

성인은 자신의 교육을 선택하지 않으면 언제든지 떠날 수 있다. 그러나 아이들은 선택권이 없다. 북미에서는 20~50%의 아이들이 고등학교를 졸업하기 전에 중퇴한다. 무단결석법 때문에 중퇴할 수 없는 더 많은 아이는 학교를 무시한다. 아이들이 스스로 원하는 주제를 선택하고 교육에 흥미를 느낄 수 있다면 얼마나 좋을까?

지난 150년 동안 부모와 아이들은 '학교'에 다녔으며 사회와 기술은 우리의 삶과 문화를 크게 바꾸었다. 그러나 인터넷과 같은 기술로 인해 국경을 초월한 교육이 가능한 시대임에도 불구하고 이 교육 모델이 여전히 아이들에게 가장 적합한지 의문을 제기하는 사람은 많지 않다.

높은 중퇴율은 교육의 실질적인 변화를 시사한다.

앨버타주는 캐나다에서 중퇴율이 가장 높은 지역 가운데 하나다. 앨버타의 고등학생 중 74%만이 3년 이내에 고등학교를 마치고 졸업한다. 그렇지 않은 학생 중 일부는 복학하고 나머지 6%는 3년을 훌쩍 넘겨 5년 이내에 졸업한다(Harvaardsrud, 2013). 이는 20%의 아이들이 아직 젊고, 대출금, 직업, 가족의 영향을 받지 않은 상태에서 학교에서 벗어난다는 의미다. 다섯 명 가운데 한 명의 뇌가 잠재력을 충분히 발휘하지 못한다는 것을 의미한다. 하지만 사회는 이를 받아들이고 있다. 뇌외과 의사가 "수술대에서 환자 다섯 명 중 한 명을 잃을 수 있지만, 그것은 허용이 가능한 손실이다."라고 말하는 것은 상상할 수 없다. 하지만 우리 사회는 매년 5분의 1의 고객을 잃는 시스템의 효율성에 의문을 제기하지 않는다. 진전이 있음에도 불구하고, 서문에서 지적한 것처럼 대다수의 중퇴율 예방 정책은 학교 시스템 개선이 아닌 학생 자체를 개선하는 데 초점을 맞추고 있다(Gavel, 2014).

우리는 아이가 학교를 그만둔다면 그 아이만 손해를 본다고 생각할 수 있다. 그러나 그렇지 않다. 고등학교 중퇴자는 개인적으로 직면하는 재정적인 영향 외에도 사회적으로도 부담을 주는 요소다. 앨버타에서는 매년 약 9,000명의 고등학생이 중퇴한다. 이는 매년 1억 4,200만 달러의 실업, 의료, 사회 지원, 사법 비용과 세수 손실을 발생시켜 지역 경제에 큰 손실을 초래한다. 캐나다 학습 위원회에 따르면 2008년 중퇴한 학생 한 명당 평생 연간 15,850달러의 사회 비용이 발생한다고 한다(Hankivsky, 2008). 이를 학생 수 3,000명에 곱하면 캘거리시에서만 연간 4,800만 달러의 사회 비용이 발생한다(Miller, 2013).

많은 비평가는 학교 교육의 '잠재적 교육과정'을 비판해왔다. 특히 뉴욕에서 올해의 교사로 선정된 존 테일러 가토(John Taylor Gatto)는 학교 교육에 대한 혐오감으로 "*바보 만들기(Dumbing Us Down)*"라는 베스트셀러를 저술했다. 아이들에게 항상 가치, 태도, 신념을 가르치는 것은 학교 교육의 잠재적 교육과정이었다. 그러나 누구의 가치관인지, 누구의 태도인지, 누구의 신념인지 그리고 그것을 누가 가르치는지 결정하는 것이 문제다. 기업? 부모? 교사? 대학? 정부? 정치인? 교회? 커뮤니티?

1850년대 학교는 육아의 연장이었다. 오늘날 학교는 부모의 역할을 대신한다. 학교는 학생의 부모가 가진 가치와 모순되거나 반대되는 가치를 가르치는 임무를 수행한다. 많은 학교가 가치 중립적이라고 주장하지만, 학교는 효율적으로 운영되어야 하는 까닭에 이를 위해서는 순종, 순응, 의심 없는 아이디어 수용과 같은 특정 가치를 내면화하도록 장려한다. 이에 동의하지 않는 일부 학부모는 협약학교(charter school)를 개설하거나 자신의 가치와 신념에 부합하는 사립학교에 아이를 보내거나 홈스쿨링을 선택한다. 그러나 재정적, 지리적, 입학 요건 등의 이유로 모든 부모가 공립 시스템을 거부할 수 있는 것은 아니다.

디지털 세계의 아이에게는 국경이 없다.

디지털 혁명의 도래로 우리 사회의 많은 분야가 변화하고 있다. 그러나 학교는 대부분 그러지 못했다. 지난 20년간의 디지털 혁명은 음악, 영화, 텔레비전, 회의, 책, 호텔, 택시, 여행, 데이트, 쇼핑, 심지어 사망에 이르기까지 다양한 산업에 혁명을 가져왔다. 인터넷 덕분에 우리는 집에서 출산하고, 집에서 교육하고, 집에서 일하며, 집에서 쇼핑하고, 집에서 은퇴하고, 집에서 죽을 수 있게 되었다. 이 모든 것을 모바일 기기로도 할 수 있도록 도와주는 서비스와 제품들이 있다.

휴대전화로 모든 도서관을 손쉽게 이용할 수 있어 더 이상 책, 음악, 영화, 강의를 구매할 필요가 없다. 모두 무료 또는 저렴한 비용으로 접근할 수 있으며 즉시 접속할 수 있다. 우리는 흡수할 수 있는 양보다 더 많은 콘텐츠를 제공하는 서비스에 가입할 수 있다. 구글을 통해 언제 어디서나 학습할 수 있다. 지방 정부나 학교 위원회의 온라인 강좌를 승인받거나 권장받지 않고도 지역이 제공하는 온라인 강좌를 수강할 수 있다. 전 세계 각국에서 놀라운 강좌들이 제공된다. 부모가 교사가 되어야 할 필요는 없다. 전 세계의 자원을 활용하여 아이의 교육을 지원할 수 있다.

디지털 시대가 가져온 가장 큰 변화는 교육과정을 시각적이고 청각적인 형태로 배우는 것이다. 이제 많은 교육 콘텐츠가 교과서를 읽거나 강의를 듣는 대신 화면으로 읽고 듣는다. 전달 방식은 크게 바뀌었으나 강의 내용은 거의 변하지 않았다. 정부가 지정한 교육과정의 개편도 비슷한 양상이다. 교육과정의 개편은 약 15년에 한 번씩 일어난다. 오늘날처럼 급변하는 세상에서는 매우 적절하지 않다.

하루 종일, 매일, 어디서나 정보를 얻을 수 있는데, 아이들이 자신의 관심사에 따라 스스로 학습 프로그램을 선택할 수 있다면 어떨까? 왜 우리는 아이들이 스스로 학습 내용을 결정하도록 놔두지 않고 계속 국가의 교육 내용에 맞추려 하는 것인가? 아이들이 배움을 포기할 것 같진 않다. 아이들은 학습에 매우 능숙하며, 우리는 그들의 학습을 방해하지 않기만 하면 된다. 정부가 통제하지 않는 교육 시스템 바깥에서도 학습자는 얼마든지 스스로 지식을 습득할 수 있다고 믿는다면 어떨까?

여기에는 큰 이유가 있다. 교육은 산업이며 경제적으로 움직인다. 학교 산업은 수십억 달러의 비용과 수익을 창출한다. 이는 큰 사업이다. 이 산업은 직접 또는 간접적으로 수백만 명의 사람들을 고용하며, 이들은 모두 기득권의 유지를 위해 현상을 고수한다.

맞춤형 학습이 모든 아이에게 진정으로 최선의 이익이라면 왜 사회는 이를 우선시하지 않는가? 왜 우리는 여전히 아이들을 제도화하는가? 분명히 공립학교 교육이 모든 아이에게 맞춤화되는 것은 불가능하다. 공교육 시스템은 정책, 규칙, 처우 등에서 변함없이 일관성을 유지하고 있다. 이는 현상 유지 그 자체이다. 학교 교육 업계에는 지식의 출입 통제자(gatekeeper)를 파괴하는 혁신가가 필요하다. 차량 서비스를 제공하나 차량은 보유하지 않는 우버(Uber), 모든 것을 판매하지만 재고를 보유하지 않는 아마존(Amazon), 숙박 시설을 판매하나 호텔을 소유하지 않는 에어비앤비(Airbnb)를 생각해보라.

그렇다면 건물과 책 없이도 가능한 학교가 필요한가? 그렇다! 구글을 생각해 보라! 삶을 생각해 보라!

아동을 감독할 사회적 필요 때문에 학교는 항상 존재할 것이다. 그러나 현재의 보편적인 프로그램 규정 방식은 우리에게 필요하지 않다. 사람들은 학교에 다니는 것이 많은 선택지 중 하나에 불과하다는 사실을 알아야 한다.

"*언스쿨링 규칙(Unschooling Rules)*"의 저자 클라크 알드리치(Clark Aldrich)는 콘퍼런스에서 독과점 체제의 변화는 결코 내부에서 일어나지 않는다고 말했다. 개혁은 외부의 힘이 변화할 때 일어난다는 점을 강조했다. 홈스쿨링과 언스쿨링 운동은 오늘날 학교 시스템에 대한 거대한 외부 압력 중 하나이며(Aldrich, 2015), 매년 기하급수적으로 증가하고 있다. 홈스쿨링이 교육인구의 30%에 도달하면 홈스쿨링을 주류로 생각할 것이다.

수년 동안 우리 지역의 학교 위원회에는 소규모 가정 교육 부서가 있었다. 이 부서 직원들의 임무는 홈스쿨링에 대해 문의하는 사람들을 설득하는 것이었다. 나 역시 문의자 중 한 명이었다. 정보를 얻으려는 고객에 대한 전화 응대는 대개 불쾌하고 경멸적이었다. 우리는 "학교만큼 잘할 수 없다는 사실을 알아야 한다", "사회화에 대한 걱정이 없는가?", "아이의 미래를 망가뜨릴 수 있다! 학교에 보내는 편이 더 낫다"와 같은 말들을 들어야 했다.

하지만 이러한 적대적인 태도는 오히려 역효과를 불러왔다. 앨버타주 정부는 홈스쿨링 가정에 대한 지원과 감독을 의무화했고, 소규모 사립학교와 지역에 속하지 않는 학교 위원회에서는 지역 학교 위원회를 우회할 수 있는 원격 감독을 제공하기 시작했다. 홈스쿨링과 언스쿨링 가정이 증가하고 번성하기 시작했다.

이러한 이유로 공립학교는 많은 학생과 그에 상응하는 정부 지원금을 잃게 되었다. 홈스쿨링, 언스쿨링, 협약학교, 사립학교에 대한 손실을 깨달은 공립학교 시스템은 2004년에 홈스쿨링 부서의 새로운 부서장을 고용하여 부서를 개선하고 성장시켜 더욱 지원하고 환영하는 부서로 만들었다.

모든 아이에게 학교가 최선인 것은 아니다. 대기업에서 일하기를 좋아하는 사람도 있고, 중소기업에서 일하거나 자기 사업의 운영을 선호하는 사람도 있다. 교육에서도 모든 아이가 큰 학교에 다니길 원하는 것은 아니다. 일부는 사립학교나 독학을 선호한다. 아이들에게는 선택권이 주어져야 한다. 언스쿨링도 그 가운데 하나다.

그렇다면 언스쿨링이란 무엇인가?

먼저 "학교 교육"을 정의해보자: "권위자가 나이순으로 분류된 학생 집단을 대상으로 미리 정해진 표준화된 교육과정을 사용하여 미리 정해진 임의적인 결과에 도달하는 과정."(Sandy K, 2002)

전통적인 학교 교육에 대한 학부모의 선택은 홈스쿨링이나 언스쿨링이다. 대부분 사람은 홈스쿨링을 이해하지만 언스쿨링은 이해하지 못하는 경우가 많다.

언스쿨링은 자기 주도적 자유 학습의 철학이다. 아이들은 무엇을 배울지, 언제 배울지, 어떻게 배울지, 주제에 대해 얼마나 배우고 싶은지 스스로 결정한다.

예를 들어, 아이가 "에이지 오브 엠파이어"라는 컴퓨터 게임을 하다가 방금 로마 제국의 이야기를 들었다고 가정해 보자. 로마에 대해 더 알고 싶어 하는 아이에게 부모는 도서관에서 책을 빌려다 주고, 넷플릭스에서 로마에 관한 영화를 찾아보고, 콜로세움 모형을 만들어 보자고 제안할 수 있다. 아이는 이러한 것 중 일부나 전부를 선택할 수 있으며 부모는 아이의 선택을 존중한다. 로마 제국을 깊이 있게 탐구하고 싶을 수도 있고 그렇지 않을 수도 있다. 어쩌면 가족이 몇 달 안에 로마 여행을 계획할 수도 있다. 아니면 아이가 그림책을 보는 것만으로도 행복해할 수 있다. 어떤 경우이든 로마에 대해 얼마나 깊이 공부하고 싶은지는 아이가 직접 결정한다. 학습자는 자기 학습에 대해 전적으로 책임진다.

전 세계적으로 시행되는 언스쿨링은 오늘날 교육 분야에서 가장 빠르게 성장하는 트렌드 중 하나다. 언스쿨링은 배움을 좋아하는 아이들을 길러낸다. 언스쿨링은 아이들의 호기심과 질문에 대한 답을 찾고자 하는 욕구, 즉 학습 동기를 활용한다.

아이들이 학교에서 이러한 학습을 할 수 있다면 그들은 중퇴할까? 연구 결과에 따르면 그렇지 않다. 영국의 서머힐 학교는 지난 100년 동안 아이들이 스스로 학습 경로와 교육과정을 선택할 수 있도록 하여 큰 성공을 거두고 있다.

위의 예시와 같이 교육과정은 학습자가 결정한다. 전통적인 교육과정은 종종 "학교에서 교사가 수업에 사용하기 위해 구매하는 패키지 프로그램"으로 정의되며 대부분 사람은 교육과정을 통조림 패키지로 간주한다. 더 넓은 의미에서 교육과정은 "학교, 학부모, 개별 교사가 학생과 만났을 때 하는 일"로 정의할 수 있다(SAPTA, 2013). 이러한 맥락에서 '교육과정'은 신생아가 산도를 빠져나올 때부터 유치원을 졸업할 때까지, 그리고 그 이후에도 존재한다. 교육과정은 우리 주변의 모든 형태로 존재한다. 교육과정에는 대화형 학습, 체험학습, 언스쿨링에서 아이들이 하는 모든 것을 포함한다. 하지만 그들은 교과서와 문제집으로 학습하는 대신 공원, 비디오 게임 또는 토론을 이용할 수도 있다. 어떤 형태로든 학습은 항상 자기 주도적으로 이루어진다.

성인들이 아이가 무엇을 배워야 하는지 알고 있다고 믿는다면, 아이가 선택하는 것 중 대부분이 전통 교육과정과 일치한다는 사실에 놀랄 것이다! 아이들은 놀이를 통해서 물, 모래, 자석, 블록, 보트, 벌레, 비행기, 바위, 모터 등 무궁무진한 사물과 주제를 실험하는 것에 자연스럽게 끌린다. 아이들은 타고난 과학자이며, 세상에서 만나는 모든 것에 대해 알고 싶어 한다!

전통적인 학교의 긍정적인 결과 중 하나는 가족 밖에서 성인과 아동의 관계가 발전한다는 점이다. 이 관계의 핵심은 교사와 아이의 유대감이다. 교사는 전통적인 학교 교육에서 가장 좋은 부분 중 하나다. 아이들은 항상 성인의 지원이 필요하며, 디지털 혁명으로 인해 고립된 환경에서는 더욱 그렇다. 아이들은 수많은 정보에 손쉽게 접근할 수 있는 까닭에 정보를 이해하고 해석하며 무작위로 제시된 정보들 사이의 연결점을 찾아주는 데 교사나 부모와 같은 배려심 있는 성인이 꼭 필요하다.

전통적인 학교 교육에서 가장 큰 어려움은 학습 동기가 부족한 아이들에게 접근하는 것이다. 학습 동기가 부족한 학생들의 참여를 유도하는 방법은 매우 다양하다. 그러나 동기 부여는 궁극적으로 학습자 자신의 몫이다. 교사가 가르칠 내용을 학습자 자신이 배우기를 원하지 않는다면, 어떤 요령이나 방법도 관심 없는 학습자를 참여적인 학습자로 변화시킬 수 없다.

부모들은 다양한 선택지를 마주하게 된다. 협약학교, 어학원, 암기식 학습 학교, 온라인 학교, 홈스쿨링, 언스쿨링 등 교육 방식에 대한 다양한 선택이 있다. 선택의 폭이 넓어지면서 부모들은 어떤 선택이 옳은지, 아이의 평생에 어떤 영향을 미칠지 걱정하게 된다. 하지만 중요한 점은 아이가 자기 교육을 결정하고 책임지는 주인이라는 것이다. 아이는 무엇을 어떻게 배울지, 어디서 배울지에 대한 결정권을 가지고 있다. 진정한 학습은 항상 자기 주도적으로 이루어진다.

디지털 시대에 아이들에게 12년 동안 국가가 통제하는 정해진 교육과정이 필요한가?

아니다. 30인의 팀에서 알 수 있듯이, 수학과 과학은 3년 정도, 영어, 역사, 작문은 1~2년 정도만 집중적으로 공부하면 대학이나 다른 고등 교육 기관의 진학 준비를 할 수 있다. 뇌의 전전두엽 피질이 성숙함에 따라 추상적이고 비판적인 사고 능력이 발달하기 때문에 초급, 중급, 고급 개념의 학습이 가속화된다. 아이들은 12년간의 전통적인 학교 교육을 받지 않아도 놓치는 것 없이 학교 대신 관심을 통해 다른 방식으로 학습할 수 있다.

논술 능력은 매우 중요하다. 아이들은 초등학교 1학년부터 12학년까지 거의 모든 학년에서 5단락 논술 작성 방법을 배우며, 대학에 진학하면 1학년 영어 과목에서 다시 배운다. 이러한 논술 작성 방법은 처음 접하는 사람들에게는 반복적이고 지루할 수 있다. 그러나 논술 작성 방법을 알고 싶거나 복습이 필요한 사람들은 온라인에서 찾아보고 혼자서 또는 성인의 도움을 받아 연습할 수 있다.

내 아들 매튜는 10학년 수준의 세포 구성에 대한 시험을 앞두고 있었다. 그는 인터넷에서 정보를 찾아보고 모든 세포의 부분을 기억하고 시험에 대비해 그것을 배웠다. 매튜는 "세포에 대해 알아야 한다면 인터넷에서 그냥 찾아보면 돼요. 왜 제가 이것을 굳이 암기해야 하나요?"라고 나에게 말했다. 좋은 지적이다.

02

솔루션: 자기 주도 교육과 성인의 촉진

"언스쿨링은 강렬한 호기심에 반응하는 자기 주도적이고 성인이 촉진하는 관심 기반의 자유 학습이다."

인간은 태어나서 죽을 때까지 자연스럽게 학습하는 유기체다.

아이들과 나는 마트에서 장을 보고 있다. 월요일 오전 11시, 또래 아이들이 대부분 학교에 있을 시간이다. 일주일 동안의 식료품을 계산하기 위해 계산대에 다가가면서 "오늘은 학교 안 가요?"와 같은 피할 수 없는 질문에 대비해야 한다. 우리는 "언스쿨링 중이다", "오늘은 학교 안 간다" 또는 그냥 "안 간다"와 같은 다양한 대답을 연습했다. "네, 언스쿨링을 해요."라고 인정할 때까지 질문은 계속 이어진다. 그러면 "오, 전 절대 그럴 수 없어요. 하루 종일 아이들과 함께 있고 싶다는 건 성자나 할 법한 일이지요."라는 말이 나온다. 내 아이들이 바로 여기 서 있다. 아이들이 다 듣고 있다! 또는 마치 학교가 친구를 사귈 수 있는 유일한 장소인 것처럼 "친구들과 함께 있는 것이 그리울 거예요."라고 말한다. 아니면 내가 가장 좋아하는, "그거 합법이에요?"라는 말. 아니요, 나는 좋은 양육의 한 형태로 범죄행위를 모델링하고 있다!

최근 홈스쿨링을 하는 사람들이 많아지고 학교에 있을 시간에 아이들이 현실 세계에서 더 많이 눈에 띄게 되면서 이러한 발언이 줄어드는 추세다. 그런데도 점원은 "홈스쿨링은 언제 쉬나요?"라고 물어볼 수 있다. 이는 마치 "숨은 언제 쉬세요?"라고 묻는 것과 다르지 않다. 내가 커밍아웃하고 홈스쿨링이 아니라 언스쿨링이라고 인정한 것은 최근의 일이다. 그런 다음 그들은 극도로 회의적인 태도로 "그럼 아이들은 어떻게 배우나요?"라고 묻는다. 사람들이 다양한 경로를 통해 학습한다는 사실은 대부분 사람이 생각하는 것과는 거리가 있다. 학교만이 배울 수 있는 유일한 장소라는 생각이 사람들의 머릿속에 각인되어 있다. 이러한 생각은 미디어, 책, 인터넷, 성인, 아이, 그리고 일상에서 강화된다. 이는 엄청난 가정이다. 대부분 성인은 아이를 처음 만나면 나이나 관심사가 아닌 이름을 묻고 몇 학년인지 묻는다!

아기가 태어날 때 뇌는 학습과 연결되어 있다. 아기는 배우는 방법을 배우는 것이 아니라 그냥 배우게 된다. 아기는 걷는 법을 배우고, 유아는 말하는 법을 배우고, 아이는 숫자 세는 법을 배우고, 아동은 읽는 법을 배우고, 10대는 성에 대해 배운다. 이 모든 것은 교사 없이 이루어진다. 학습은 타고난 것이며 태어나서 죽을 때까지 모든 행동의 동기가 된다. 학습에 대한 우리의 욕구, 의식, 무의식은 끝이 없다. 우리가 하는 모든 행동, 모든 생각, 모든 말은 우리의 타고난 배움에 대한 열망에서 비롯한다.

어린 시절의 주요 학습 수단은 놀이이다. 이는 강압적인 교육과정보다 훨씬 더 중요하다. 하지만 학령기 아동은 물론 걸음마 아동과 유아의 자유로운 놀이 시간은 더 많은 학교, 더 이른 학교, 더 많은 학원에 밀려 점점 줄어들고 있다. 아이들이 지치는 것은 당연한 일이다.

다른 사람의 계획이나 교육과정을 따라가서는 자신의 열정을 추구할 수 없다. 기업가들은 다른 사람을 위해 일하는 동안에는 기업을 성장시키는 데 필요한 시간과 에너지를 투자할 수 없다고 말한다. 사실

할 수는 있지만 어렵다. 교육도 마찬가지다. 정부의 계획에 시간을 할애하면 자신의 계획에 투자할 시간이 줄어든다.

학교 시스템은 의무화된 강압적인 교육과정과 시대에 뒤떨어진 규칙을 통해 학습에 대한 아동의 자신감을 약화할 수 있다. 아이들이 이러한 의무화된 교육과정에 지루해하거나 태만하게 반응할 경우, 학교 시스템은 회유, 처벌, 수치심, 기타 강압적인 방법을 통해 협력을 유도하기도 한다. 이와 같은 경험들은 아동들이 학습을 두려워하게 만들며, 이러한 경험을 겪은 아동들은 나중에 성인이 되어도 학습 불안감을 가질 수 있다. 나는 성인 교육 강좌에서 이러한 어린 시절 경험을 가진 사람들을 많이 만났다. 이들은 시험, 채점, 동료들 앞에서 조롱받는 것과 같은 상황을 두려워한다. 이러한 부정적인 학교 경험이 아동 시절의 불안한 경험을 되풀이할지 모른다는 걱정을 갖게 한다. 나는 이러한 사람들이 학습을 더 즐겁게 할 수 있도록 노력하고 있다. 이를 위해 자기 주도적인 교육과정과 목표를 통해 자신을 존중하는 성인 교육을 제공하고 있으며, 많은 사람이 배움의 즐거움을 재발견하고 있다.

우리는 아이들의 본능적인 학습 욕구를 보호해야 한다.

7가지 핵심 개념은 교육의 중요한 측면을 나타낸다.

교육 연구에 따르면 아이들의 행복에 가장 중요한 두 가지 요소는 학업 환경의 자극과 따뜻하고 격려하는 양육자와의 관계이다. 이러한 관계가 두 개 이상일수록 더욱 좋다(The Economist, 2014). 일부 아이들은 따뜻한 양육을 받지 못하는 경우 학교 교사와의 관계를 통해 이를 보완해야 한다. 반면에 또래와의 관계는 본질적으로 양육의 관계가 아니다. 기껏해야 우정을 나누는 것이지, 최악의 경우 괴롭힘, 경쟁,

부정적인 또래 압력, 수업 방해 등으로 인해 스트레스를 받을 수 있다. 성인은 양육자의 역할을 한다.

안타깝게도 교사들은 바쁜 까닭에 최대 40명의 학생을 관리하면서 의미 있는 양육 관계를 형성하기 어려울 수 있다. 예전에는 아이들을 무릎에 앉히고 책을 읽어주는 등 더 가까운 관계를 형성할 수 있었다. 한 연구에 따르면 홈스쿨링은 아이들의 독서 즐거움을 증진한다는 것이 밝혀졌다(Kidspot, 2016). 홈스쿨링은 이러한 혜택을 제공한다. 이는 홈스쿨링 아동의 학업 성취도가 높은 주요 이유일 수 있다. 홈스쿨링 학생은 개별적인 관심을 받을 수 있고, 정해진 교실 환경에 얽매이지 않고 원하는 만큼 교육 내용을 탐색할 수 있다. 다음은 부모, 형제자매, 친척, 가족의 친구, 교사 등 성인이 아이들의 교육에 조력할 수 있는 7가지 중요한 방법이다.

성인이 제공하는 7가지 중요한 핵심 개념

1. **호기심(Curiosity)**: 아이들은 호기심을 가지고 태어난다. 주변 성인들은 자신의 호기심을 공유하며 함께 탐구하는 방법을 가르칠 수 있다. "그렇다면 어떻게 될까?"라는 질문은 성인들이 주제를 깊이 탐구하고 싶은 열정을 공유할 수 있는 좋은 방법이다.
2. **배려(Caring)**: 현대 사회에서는 현실 세계와 인터넷 세계에서의 괴롭힘과 불쾌한 경험이 증가하고 있다. 아이들은 서로를 배려하는 모습을 보여주는 성인 모델을 더욱 필요로 한다.
3. **창의성(Creativity)**: 혁신은 크고 작은 문제를 해결하기 위해 필수적이다. 성인들이 아이들에게 실패와 성공 모두에 대한 교훈을 주고 격려하면 창의성이 소중하다는 메시지를 전달할 수 있다.
4. **역량(Competencies)**: 학교에서 가르치는 모든 핵심 과목의 콘텐츠

는 온라인에서 찾아볼 수 있다. 성인들은 아이들에게 효과적인 검색 방법을 보여줄 수 있다.

5. **컨텍스트(Context):** 정보 조각들이 어떻게 상호작용하는지 이해하는 것이 중요하다. 구글은 다년간의 경험을 가진 성인이 제공할 수 있는 맥락을 제공하지 않는다. 건강한 성인과 아이의 관계는 아이들이 맥락을 설명할 수 있는 성인에게 편안하게 접근할 수 있도록 돕는다. 아이들은 정보를 연결하고 흩어진 정보 간의 관계를 형성해야 한다. 성인은 이를 돕는 역할을 할 수 있다.

6. **대화(Conversation):** 언어, 스토리텔링, 표현은 구두나 서면으로 이루어진 대화와 관련이 있다. 아이들은 구어와 문어 모두의 교류를 통해 언어 능력과 대화 예절, 문법, 언어 사용법을 배운다. 이러한 상호작용은 "섬김과 보답(serve and return)"으로 설명된다. 아이들은 말을 통해 "섬김"을 제공하며, 성인은 세심하고 반응적인 태도로 "보답"한다. 이것은 우리 사회가 "침묵의 세대(the silent generation)"를 키우고 있기 때문에 더욱 중요하다. 성인들이 조용히 화면이나 키보드를 사용하는 동안 아이들은 대화 상대를 필요로 한다. 온라인 수업은 아이들의 문제를 악화시킬 수 있다.

7. **커뮤니티(Community):** 인간은 사회적인 존재다. 아이들은 서로 도와주며 지속 가능한 공동체의 모습을 배울 수 있는 성인 모델을 필요로 한다. 학교나 지역사회 모두 마찬가지이다.

현재의 학교 모델은 한 명의 교사가 다수의 학생을 관리하는 형태이지만, 이는 더 이상 필요하지 않을 수 있다. 교사가 이 7가지 C를 모두 제공하면서 학년당 1,400개의 콘텐츠 결과물을 가르치기는 어려운 일이다. 나는 콘텐츠 중심이 아닌 관계 중심의 교육을 제안한다. 미래의 교실은 어떻게 변화할까? 캘거리 대학교의 교육학 부교수인

하난 야니브(Hanan Yaniv)는 "교실은 교사와 전문가의 지도가 필요한 시점에 학생들에게 지침을 제공하는 가상 교실로 발전할 것이지만, 학습은 특정한 장소와 시간에 구속되지 않을 것이다."라고 말했다. 나는 이에 더해, 아이들은 질문에 답하면서 성장하며, 구글 검색을 통해 답을 찾을 수 있다고 생각한다.

아이들에게 정말로 필요한 것은 가상으로 제공할 수 없는 하나의 요소이다. 그것은 바로 관계다.

호기심은 학습의 핵심 동력이다.

정부에서 지원하는 온라인 강좌가 인기를 끌고 있지만, 이것은 홈스쿨링과 다르다. 온라인 강좌는 어디서나 접속이 가능한 정부 지원 강좌인 '로밍 스쿨링(roamschooling)'을 촉진한다. 이는 학습자가 자신이 원하는 방식으로 학습을 주도하는 것으로, 집에서 컴퓨터 앞에서 온라인 수업에 참여하거나 학교 교실에서 다른 사람의 강의를 통해 이루어지는 학습을 의미한다. 이는 언스쿨링이나 부모가 통제하는 홈스쿨링과 다르다. 핵심적인 차이는 학습이 어디서 이루어지느냐가 아니라 누가 학습 주제를 통제하느냐에 있다. 언스쿨링이나 독립 학교에서만 학습자가 스스로 주도적으로 학습할 수 있다. 다른 모든 형태는 학습 방식과 무관하게 '학교'다. 언스쿨링은 주로 가정과 지역사회에서 이루어지며, 홈스쿨링 학생 중 약 10~20%가 스스로 언스쿨링 학생으로 정의한다.

언스쿨링은 순수한 자유 학습을 의미한다.

자유 학습은 자유 교육과는 다르다. 자유 학습은 학습자가 자유롭게 원하는 것을 배울 수 있는 접근을 의미하는데, 이는 언스쿨링을 설명할 때 자주 사용된다. '언스쿨링'이라는 용어는 홈스쿨링 운동의 지도자였던 미국 교육자 존 홀트(John Holt)와 그가 창립한 뉴스레터 "*학교 없이 성장하기(Growing without Schooling)*"에서 처음 고안되었다. 1970년대 홀트는 청량음료 광고에서 사용된 슬로건 "7Up - The Uncola"에서 영감을 얻어 "언스쿨링"이라는 용어를 창조하여 "학교가 아니다"라는 의미로 사용했다(Farenga, 2003).

언스쿨링은 다양한 이름으로도 불린다. 예를 들어, 자기 주도 교육, 비교과 학습, 발견 학습, 체험학습, 문제 기반 학습, 독학, 자동 교습, 아동 중심 학습, 탐구 기반 학습 등이 있다. 이 용어들은 언스쿨링의 다양한 측면을 강조하며 사용되지만, 공통적인 의미는 학습자의 자율성과 주도성을 중요시하는 개념을 반영한다.

언스쿨링이라는 용어를 선호하는 이유는 바로 그 자체이다. 언스쿨링은 학교가 아니다. 학교와 관련된 강압, 일정, 과목, 종소리, 강제 교육과정, 성적, 교복 등 일반적인 요소가 없는 학습을 의미한다. 학교라는 단어가 부정적으로 들릴 수 있어서 "반(反) 학교"와 같이 들릴 수도 있다. 학교는 사회에서 중요한 역할을 하며 일부에게는 유익한 장소다. 그러나 모든 사람에게 적합한 것은 아니다. "Un"은 "아닌"을 의미하며, "school"은 "학습" 또는 "교육"을 의미한다. 그러나 지난 100년 동안 학교는 이 용어를 왜곡하여 사람들이 "학교가 아니다"를 "학습하지 않는다"로 오해하게 했다. 이것으로 인해 언스쿨링 아이들은 배우지 못한다는 신화가 유지되고 있다.

이는 완전히 잘못된 생각이다. 사실은 언스쿨링 아이들이 더 나은 교육을 받고 있다.

개인적으로 나는 "자기 주도 교육"이라는 용어를 좋아한다. 이 용어는 언스쿨링보다 더 긍정적이고 포용적이다. 이 용어에는 교사나 책과 함께 공부하려는 아이들도 포함된다. 학교 대신 집을 선택하는 아이들도 포함된다. 자기 주도적 교육에는 독학이 아닌 학습 주도적 학습을 하는 아이들도 포함된다. 가르치지는 않지만 다양한 글로벌 자원을 활용하여 교육 프로그램을 설계하는 부모도 포함된다. 어떤 아이는 학교에 다니고, 어떤 아이는 학교에 다니지 않기로 선택할 때도 모두 포함된다. 이 용어에는 아이뿐만 아니라 성인도 포함된다. "자기 선택"이라는 핵심 아이디어가 중요하다. "자기 선택"이라는 표현은 약간 장황하게 보일 수 있으며, 사람들이 언스쿨링이 가정에서 자기 주도 교육을 의미한다는 사실을 이미 알고 있어서 언스쿨링이라는 용어를 계속해서 사용할 것이다.

자기 주도 교육은 다양한 형태로 이루어진다.

자기 주도 교육은 사람들의 호기심을 자극한다. 그러나 어떻게 그렇게 하는 것인가? 호기심은 평생에 걸쳐 다양한 방식으로 나타난다. 영유아와 유아, 미취학 아동, 그리고 학령기 아동들은 탐구와 놀이를 통해 호기심을 충족시킨다. 청소년들은 공부, 독서, 놀이, 일, 실험 등을 통해 호기심을 충족시킨다. 성인들은 독서, 업무, 강좌, 연구를 통해 호기심을 충족시키며, 때로는 놀이 시간에도 호기심을 끊임없이 충족시킨다.

언스쿨링 연구: 효과가 있을까?

"언스쿨링이 효과가 있을까?"에 대한 연구는 크게 두 가지 유형으로 나뉜다.

질적 연구

이러한 유형의 연구는 설문조사, 인터뷰, 이야기, 관찰 등을 통해 주로 주관적이며 측정하기 어려운 설명과 데이터를 다룬다. 주관적이고 편향될 수 있는 특성이 있다.

양적 연구

숫자와 데이터를 통해 객관적이며 편향성이 적을 가능성이 높다.

가장 편향성이 적은 연구는 많은 참여자를 대상으로 한 양적 연구이다. 예를 들어, 최소 5년간 학교에 다니지 않은 수천 명의 아이들이 학교 졸업 시험을 치렀을 때 그들의 평균 점수를 분석하여 학교에 다니지 않은 것이 교육 발달에 도움이 되었는지 아니면 방해가 되었는지를 판단하는 좋은 지표가 될 수 있다.

"효과가 있을까?"라는 질문은 우리가 정확히 측정하고 있는 것이 무엇인지에 대한 의문을 제기할 수 있다. 언스쿨링의 성공은 어떻게 정의하고 측정할 수 있는가? 아동기와 청소년기, 아니면 18세 시기의 행복 척도로 측정할 수 있는지, 아니면 성인이 된 후의 직업 선택과 관련하여 측정할 수 있는지에 대한 문제가 있다.

학교에서는 12학년 졸업 시험에서 얻은 평균 점수로 성공률을 측정한다.

국가는 고등학교 졸업자의 수로 성공률을 측정하지만, 대학에서는 고등학교 졸업증명서를 요구하지 않기 때문에 많은 학생이 졸업장을 받지 않는다.

대부분 대학은 입학 시 12학년 수준의 핵심 과목 점수만 요구한다.

그러나 비교나 순위라는 개념은 언스쿨링의 철학과 정반대이므로, 많은 언스쿨링 학생들은 시험을 보지 않을 수 있다.

이 책에서 기준은 대학 입학률로 평가되며, 이는 학교에서는 평가할 수 없는 지표다. 사회에서는 교육 상황과 무관하게 성인이 되면서 학위나 졸업증명서, 자격증 프로그램에 합격하게 되면 성공으로 여긴다. 나는 이 기준을 충족한 우리 30인 팀 전체를 성공적인 학습자로 간주한다. 알고 있는 친구와 가족 중 언스쿨링으로 인해 대학에 입학한 30명의 아이가 대체로 자신의 선택에 만족한다면, 분명히 성공적인 학습자라고 말하고 싶다!

내 주변에서만 성공한 언스쿨링 학생이 30명이라면, 더 넓은 세계에는 얼마나 많은 언스쿨링 학생들이 존재할까? 언스쿨링에 대한 인정과 논의 그리고 평가가 이루어지지 않는 한, 우리는 결코 그 수를 파악할 수 없을 것이다. 교육 통계에는 언스쿨링 학생들이 홈스쿨링 학생들과 함께 분류되어 있어 연구에서 특별한 구분이 이루어지지 않는다. 2011년 컨커디어 대학교의 연구를 제외하고는, 홈스쿨링 학생과 언스쿨링 학생을 따로 구분하여 가정 교육을 연구한 사례가 없다. 그러나 미국 홈스쿨링 아동 약 200만 명 중 약 10%를 언스쿨링 아동으로 추정한다면(Shultz, 2014), 실제로 언스쿨링 아동은 통계에 포함할 수 있을 것이다.

또한 언스쿨링은 다양한 의미가 있을 수 있다는 점에 유의해야 한다. 예를 들어, 아이가 학교에 다니기를 원하지만 부모가 교육 선택을 주도하여 학교에 가지 말 것을 고집할 때도 그 아이를 '완전한' 언스쿨링 학생으로 분류하는 경우가 있다. 또한 부모가 수학과 영어만 지도하고 나머지는 아이에게 맡길 때는 '반쪽짜리' 언스쿨링 학생이라고 불리기도 한다. 이러한 경우들이 이 연구에서 의도한 언스쿨링의 정의에 부합하는 예시는 아닐 것으로 생각한다. 이 연구의 목적에 따라 언스쿨링 아동을 전적으로 자기 주도적으로 교육하는 아동으로 정의한다.

질적 연구

언스쿨링 30인 팀의 연구(Judy Arnall, 2017)

설문조사에 참여한 30명의 언스쿨링 아동은 최소 3년에서 최대 12년 동안 자기 주도적 자유 학습을 실천했다. 유치원은 의무 교육 기관이 아니기 때문에 조사 대상에서 제외했다. 이 30명의 아이는 모두 고등 교육 기관에 입학했으며, 이 책이 인쇄될 때쯤이면 20명이 졸업할 예정이다. 이 중 20명은 대학에, 7명은 전문대학에, 2명은 기술학교에 진학했으며, 1명은 미정이다. 이 30명의 아이 중 12명은 STEM 분야로 진학하였고, 그중 4명은 공학, 나머지는 생명과학, 경영학, 지구과학 프로그램에 합격했다. 또한, 9명의 언스쿨링 청소년은 심리학, 아시아학, 인류학 등 다양한 인문학 분야를 선택했다. 예술 분야로는 음악, 요리, 패션 디자인, 사진, 시각 예술 등 다양한 분야에 속한 9명의 언스쿨링 학생이 진학했다. 이 중 11명만이 유치원에 다녔고, 9명은 자신이 디자인한 고등학교 졸업장을 받아 졸업하였으며, 20명은 졸업장을 사용하여 고등 교육 기관에 입학했다. 이 표본 규모가 크지는 않지만, 컨커디어 대학교 연구에 비해 최소 두 배 이상 많은 수이기 때문에 언스쿨링 교육과 자기 주도적 교육의 타당성과 교육적 역량을 증명해주는 가능성을 보여준다.

30명 팀의 학생 명단

우리는 국외자가 아닌 주류다! 내 주변에는 학교에 다니지 않고도 원하는 고등 교육 기관에 합격한 아이를 둔 친구들이 있다.

ⓈⒹ : 자기 주도형, Ⓘ⒫ : 진행 중

성명	유치원	언스쿨링 기간	고등학교 졸업장	고등 교육 기관 입학	장학금	학위 /전공	교육 기관	성취
로지	✓	6	✓	디플로마	✗	STEM	대학	경영/경제학 학사
조이	✓	9	✗	성숙	✓	예술	대학	음악 작곡 학사
아라스	✗	8	✗	12학년 영어, 면접 및 포트폴리오	✗	인문학	대학	인문학 학사, Ⓘ⒫
조지	✗	12	✗	일부 12학년 점수	✗	예술	기술	요리 예술디플로마, Ⓘ⒫
윌	✓	8	✗	5학년 12학점	✗	STEM	대학	기계 공학 학사, Ⓘ⒫
나오미	✗	12	✗	포트폴리오	✗	예술	기술	사진
아이린	✗	12	✗	면접 지원	✗	예술	전문 대학	패션 디자인
돈	✗	6	✓	디플로마	✓	인문학	대학	철학/심리학 학사
로즈	✗	6	✓	디플로마	✓	STEM	대학	나노기술공학 이학사
빌	✗	6	✓	디플로마	✓	STEM	대학	생화학학 학사, Ⓘ⒫
제이크	✓	10	✓	디플로마		인문학	대학	역사/언어학 학사, Ⓘ⒫
오라	✗	7	✓ⓈⒹ	디플로마ⓈⒹ	✓	STEM	대학	기계공학 학사, Ⓘ⒫
미코	✗	10	✓ⓈⒹ	디플로마ⓈⒹ	✓	STEM	대학	컴퓨터, 프로그래밍/ 디자인 학사, Ⓘ⒫
피닉스	✓	9	✓ⓈⒹ	디플로마ⓈⒹ	✓	예술	대학	음악공연학 학사
키스	✗	11	✗	5학년 12학점	✗	STEM	전문 대학	응급 구조대/EMR 및 소방관
놀란	✓	9	✓	디플로마	✓	인문학	대학	아시아학 학사
메이벌	✗	7	✓ⓈⒹ	디플로마ⓈⒹ	✓	STEM	전문 대학	간호학 디플로마, 간호학 이학사, Ⓘ⒫
서니	✓	12	✗	면접, 포트폴리오	✗	예술	전문 대학	무대관리자
라라	✓	12	✗	면접, 포트폴리오	✗	인문학	전문 대학	선장

성명	유치원	언스쿨링 기간	고등학교 졸업장	고등 교육 기관 입학	장학금	학위/전공	교육 기관	성취
마크	✕	8	✓ SD	디플로마 SD	✓	STEM	대학	간호학 이학사
나단	✕	11	✓ SD	5학년 12학점, 지원 시 디플로마 없음	✓	STEM	대학	전자공학 이학사
사라	✕	12	✓ SD	디플로마 SD	✓	인문학	대학	영문학 학사
로버트	✕	12	✓ SD	디플로마 SD	✓	STEM	대학	생물학 이학사, IP
아니	✕	12	✓ SD IP	디플로마 SD	IP	인문학	지원 중	미결정
앤	✓	10	✓	디플로마	✓	예술	대학	드라마 학사
단	✓	3	✓	디플로마	✓	예술	전문대학	예술
랜	✓	6	✓	디플로마	✓	예술	전문대학	시각 예술
샌디	✕	4	✓	디플로마	✕	인문학	대학	여가학 학사
만디	✕	3	✓	디플로마	✕	STEM	대학	건축 디자인 학사
멜로디	✕	9	✓	디플로마	✕	인문학	대학	인류학 학사, IP

프레이저 연구소의 2007년과 2015년 연구 보고서

2007년에 프레이저 연구소는 "*홈스쿨링: 변방에서 주류로 (Homeschooling: From the extreme to the mainstream)*"라는 논문을 발표했다. 이 논문은 캐나다와 미국의 홈스쿨링에 관한 연구를 메타 분석하여 조사한 결과를 요약한 것이다(Basham, 2007). 이 연구에서 주요 결과는 다음과 같이 나타났다.

- 부모가 교사 자격증을 소지한 경우 특별한 혜택을 경험하지 못했다.
- 홈스쿨링 아동들은 사회경제적인 영향을 크게 받지 않았으며, 특히 한부모 가정에서 홈스쿨링을 받는 아이들은 공립학교에 다니

는 아이들보다 더 잘 지내는 경향이 있었다.

- 홈스쿨링 아동들은 삶의 만족도를 "높음"으로 평가했다.
- 가구당 연간 교육비로 4,000달러 미만을 지출하는 가족들이 홈스쿨링을 선택했다.
- 홈스쿨링 아동들의 주요 행동 모델은 또래가 아닌 성인이었다.

2015년에 프레이저 연구소는 캐나다 홈스쿨링에 관한 연구인 "*캐나다의 홈스쿨링: 현재 상황 2015(Homeschooling in Canada: the current picture 2015)*"를 발표했다(Van Pelt, 2015). 이 연구에서는 2007년의 보고서와 유사한 결과뿐만 아니라 2007년부터 2012년까지 5년 동안 홈스쿨링 등록률이 29% 증가하였으나 같은 기간에 공립학교 등록률은 2.5% 감소한 것을 확인했다. 또한 홈스쿨링으로 인해 2011년과 2012년에 캐나다 납세자들은 2억 5,600만 달러의 교육비를 절약한 것으로 나타났다. 이 연구에서는 홈스쿨링 아동들이 학업 성취도에서 공립 및 사립학교 학생들보다 우수한 성과를 보였으며, 홈스쿨링 아동들은 외부 활동에 활발하게 참여한 것으로 나타났다.

컨커디어 대학교 연구(Sandra Martin-Chang, 2011)

2011년에 컨커디어 대학교에서는 언스쿨링과 홈스쿨링에 관한 연구를 진행했다. 이 연구에서는 5~10세(초등학교 1~5학년) 학생 74명을 대상으로 읽기, 쓰기, 수학의 표준화 시험을 치렀다. 홈스쿨링 아동 37명과 공립학교 학생 37명을 비교한 결과, 홈스쿨링 아동들이 수학에서는 반 학년, 읽기에서는 두 학년 정도 높은 점수를 받았다. 그러나 구조화되지 않은 교육 환경에서 교육받은 언스쿨링 아동 12명은 구조화된 홈스쿨링 아동들보다 1~4학년 정도 낮은 성적을 보였으며, 공립학교 학생들은 7가지 시험에서 언스쿨링 아동들보다 더 우수한 성적을 거두었다.

이 연구는 언스쿨링 아동의 표본 규모가 12명에 불과한데도 불구하고 뉴스 헤드라인을 장식했으며, 몇 가지 점에서 문제가 있다.

첫째, 언스쿨링 아이들은 언스쿨링 특성상 학교나 홈스쿨에 다니는 아이들과 같은 주제를 같은 순서로 따라가지 않는다. 교육과정에서 같은 시점에 주어진 주제에 관심이 없었다면 해당 주제를 다루지 않았을 것이고, 그 지식에 대해 테스트하는 것은 불공평할 것이다. 물고기가 나무에 오를 수 있는지 테스트하는 것과 같다.

둘째, 이 시험은 10세 미만의 아이를 대상으로 실시되었다. 그 나이의 아이들은 대부분 몸을 움직이고 노는 것을 좋아한다. 책상에 묶여 있지 않고 자유롭게 움직일 수 있을 때 아이들은 세상과 상호작용과 경험을 통해 학습한다. 학교에 다니지 않는 5~10세 아동은 이러한 이점이 있지만 동시에 서책 중심의 수업에서 약점을 보인다. 이는 결국 같은 내용을 배우고 이해하는 것을 못 하거나 인생에서 잘 해내지 못한다는 뜻이 아니다. 단순히 조기 학습에 많은 서책 중심의 학습이 포함되지 않았다는 의미다. 대부분 언스쿨링 아이는 정신 수학은 이해하나 분수를 쓰는 방법, 숫자가 어느 방향으로 향하는지, 심지어 덧셈에서 3자리 숫자를 10에 올바르게 정렬하는 방법과 같이 종이 수학은 잘 연습하지 않았다. 언스쿨링 아이들은 필요할 때 빠르게 따라잡는다. 수학 강좌를 수강하고 정기적으로 종이 수학을 할 때는 매우 잘해낸다. 늦깎이 배변 훈련자나 독서가처럼, 아이들은 일단 개념을 익히면 뇌가 준비되어 있어서 매우 빠르게 발전한다. 아이들이 몇 살에 책을 읽기 시작했는지는 아무도 알 수 없지만, 지금은 열렬한 독서가이다. 아마도 늦게 시작하는 것을 걱정하거나 불안감을 느끼지 않았기 때문일 것이다(홈스쿨링 감독관들은 확실히 걱정했지만!).

셋째, 컨커디어 연구는 공식적인 시험에 의존한다는 점이 문제다.

시험을 치르는 것은 학습된 기술이며, 언스쿨링 아이들은 종종 이러한 기술을 갖지 못한다. 예를 들면, 나의 경우 그 나이의 아이들이 시험을 치른다는 것은 낯선 개념이었다. 아이들이 처음으로 온라인 8학년 수업을 들었을 때 연필과 시험지, OMR 카드를 받았다. 나는 시험 감독관에게 양식을 작성하는 방법을 알려달라고 요청해야 했다.

　내가 언스쿨링을 하는 여러 해 동안에 아이들에게 6학년과 9학년의 영어와 수학에 해당하는 PAT(주 정부 성취도 검사)를 치르게 했다. 아이들은 보통 또는 우수 수준에서 좋은 점수를 받았다. 사회와 과학 시험은 보지 않았다. 해당 시험은 과목별로 출제되기 때문에 아이들이 해당 과목에 관심이 없었다면 시험을 치르는 것이 공정하지 않았을 것이다. 다시 말하지만, 이것은 아이들이 12학년이 될 때까지 해당 지식을 갖추지 못한다는 의미가 아니라 정부가 정한 일정에 따라 해당 과목에 대한 학습이 이루어지지 않았다는 것을 의미한다.

　컨커디어보다 더 정확한 결과를 제공하는 연구는 졸업 자격시험 점수 또는 12학년 결승선에서 SAT 결과를 측정하는 것일 수 있다. 12학년이 되면 대부분의 언스쿨링 아동은 공립학교 아동과 같은 수준의 읽기 및 쓰기 능력을 갖추게 된다. 수학 실력이 같지 않을 수도 있으며 모든 학생이 선택한 직업에서 STEM 수학이 필요한 것은 아니다. 필요도 없고 흥미도 없는데 왜 공부해야 하는가?

　페이스북 그룹의 한 엄마는 다음과 같이 말한다. "우리는 수학을 제외한 모든 과목을 언스쿨링한다. 컨커디어 연구에 따르면, 우리 아이들은 표준화 시험에서 수학은 매우 잘하고 읽기와 쓰기는 잘 못해야 한다. 나는 그 반대의 결과를 보았다. 학생들의 읽기, 쓰기 점수는 계속 해당 학년보다 훨씬 높았으며, 대부분의 하위 검사에서 두 학년 이상 높았다. 반면에 수학 점수는 더 낮아서 해당 학년 범주에서 '단지' 떨어지거나 해당 하위 검사에서 약간 아래에 있다. 나는 받아들이기 어려운 이러한 결과를 설명할 수는 없지만, 해마다 상당히 일관되게 나타난다."(Helga R, 2015)

요약하면, 컨커디어 대학교의 연구는 언스쿨링 아동에 대한 특성과 고려해야 할 점들을 보여주고 있다. 연구 결과의 해석에 있어서 이러한 문제점들을 고려하는 것이 중요하다.

양적 연구

74명의 언스쿨링 성인을 대상으로 한 온라인 블로그 설문조사 (Gray & Riley, 2013)

2013년, 보스턴 칼리지의 피터 그레이와 동료인 지나 라일리는 74명의 언스쿨링 성인을 대상으로 한 온라인 블로그 설문조사를 실시했다(Gray & Riley, 2013). 이들은 모두 최소 3년 이상의 언스쿨링 경험이 있었으며, 그 가운데 3분의 1은 학교 교육이나 홈스쿨링 경험을 한 적이 없었다. 이 조사는 그레이와 라일리의 블로그를 정기적으로 방문하는 사람들에게 응답을 얻을 가능성이 있으나 결과는 여전히 흥미로웠다.

대부분의 언스쿨링 가정은 다음과 같은 내용을 보고했다.

- 아이들은 자신의 열정을 추구하고 전문성을 개발하는 데 시간을 할애했다.
- 아이들은 직업 선택에 더 일찍 노출되었다.
- 아이들은 개인적인 자기 주도성과 동기 부여 기술을 발전시켰다.
- 아이들은 다양한 친구집단과 교류하며 학교보다 더 풍부한 사회적 경험을 얻을 수 있었다.
- 아이들은 수년간의 자기 주도적 학습을 통해 대학 진학에 대한 준

비를 할 수 있었다고 느꼈다.

- 아이들은 고등 교육 기관에서 또래 친구들의 사회적 미성숙에 대한 어려움을 겪었지만 결국 문제를 해결했다.
- 일부는 아직 부족한 부분이 있다고 느끼기도 했다. 이 중에서도 단 11%만이 이를 명확하게 표현했으며, 대부분이 수학에서 부족함을 느낀다고 언급했다. 그러나 필요할 때 이러한 부분을 극복할 수 있었다.

이 연구에서 가장 흥미로운 결과 중 하나는 형식적인 교육, 학교식 교육, 국가 중심 교육과정을 덜 받은 언스쿨링 학생들이 고등 교육 기관으로의 진학 가능성이 더 높았다는 사실이다. 총 74명의 참가자 중 62명(처음부터 계속 언스쿨링을 한 24명 중 18명 포함)이 직업 훈련, 전문대학 또는 대학으로 진학했다.

이 참가자들은 다양한 방식으로 고등 교육 기관에 입학했다. 일부는 커뮤니티 칼리지 과정을 이수한 뒤 4년제 대학으로 편입했으며, 일부는 SAT, ACT 시험을 치렀다. 다른 일부는 GED(고등학교 졸업 학력 인증)를 획득하거나 온라인으로 졸업장을 받았다. 이는 항상 언스쿨링을 해온 학생들을 대상으로 조사한 결과 중 일부이다.

또한 24명 중 19명은 예술, 영화, 연극, 글쓰기와 관련된 직업이나 경력을 가지고 있다고 보고했다. 이들은 시험 응시, 노트 필기, 에세이 작성과 같은 기술에 약간의 부족함을 느꼈지만, 필요할 때 빠르게 습득할 수 있었다. 고등 교육에서 더 성숙한 사회생활을 기대했던 일부 참가자는 동아리 파티, 미성숙한 사회생활, 또래 친구들의 미숙한 지적 수준에 실망했다. 교수들의 태도와 관련해선 대부분이 개별적인 접근을 선호했으며, 또한 시간 관리 기술을 스스로 익혔다.

일부 부모는 직접적으로 언스쿨링 방식으로 아이를 교육하며, 주변에 흥미로운 자료와 환경을 제공하여 아이의 교육 경험을 풍부하게 만들었다. 반면 어떤 부모는 아이가 스스로 학습할 수 있도록 전적으로 자유롭게 두었다. 이러한 두 가지 방식 모두 효과가 있었다. 놀랍게도, 연구 참가자 중 3명을 제외한 모든 경우에 부모는 자신의 정서적인 욕구를 충족시켰다고 느꼈다. 이는 아이에게 신체적 건강, 정서적 지원, 지적 자극을 제공하여 건강한 양육 환경을 조성하는 데 필수적인 결과이다. 좋은 양육은 "뇌를 자극하고 존재감을 강조하며 세심한 관심을 기울이는 것을 포함한다. 이러한 자질은 언스쿨링의 성공에 필수적이다."

다른 접근 방식은 아이들의 커뮤니티 참여 욕구에 관련되었다. 부모가 조력자 역할을 하고 아이를 커뮤니티 활동에 참여시켰을 때, 학습은 성공적으로 이루어졌다.

부르킹스 연구소의 연구 보고서(Reeves & Howard, 2013)

브루킹스 연구소 싱크 탱크의 리처드 리브스(Richard W. Reeves)와 킴벌리 하워드(Kimberley Howard)는 "양육 격차(The Parenting Gap)"라는 논문을 통해 부유층과 빈곤층 아이들 간의 발달 격차는 양육이 약 3분의 1을 차지한다는 결론을 내렸다. 이 연구에서 양육에서 가장 중요한 두 가지 측면은 말하기, 읽기, "왜?"라는 질문에 대답하기, "섬기고 보답하는 상호작용"과 같은 지적 자극 및 영유아의 자신감과 안정감을 형성하는 정서적 지원이다. 이들은 이러한 측면을 종합적으로 측정하는 척도를 개발하여 HOME 척도(Home Observation for Measurement Environment)라고 명명했다. 이 연구는 1980년대와 90년대에 태어난 사람들을 대상으로 한 종합적인 연방 조사 데이터를 기반으로 하여 아이들이 노년기에 얼마나 잘 성장하는지와 연관시켰다. "이 모든 결과는 교육과 관련해 가장 좋은 성과가 학교에 더 많은 자금을 투자하는 것보다는 생애 초기에 투자로부터 얻어진다는 점을 보여준다. 이에는 어려움을 겪는 부모들에게 도움의 손길을 내밀어주는 것도 포함된다."(The Economist, 2014) 이는 부모가 단순히 아이에게 교육을 전달하는 것이 아니라 아이에게 활발한 활동을 제공하여 도움을 줄 수 있는 것을 나타낸다.

가정 교육의 가치와 국립 가정 교육 연구소의 연구(Brian Ray, 2009)

2003년 국립 가정 교육 연구소(NHERI)는 미국에서 홈스쿨링 경험이 있는 성인 7,300명(그 가운데 5,000명은 7년 이상 경험)을 대상으로 설문조사를 실시한 결과, 다음과 같은 사실을 발견했다.

- 홈스쿨링 졸업생은 지역사회에 적극적으로 참여하며, 71%는 스포츠팀 코치, 학교 자원봉사, 교회 또는 이웃 단체 활동 등 지속적인 지역사회 봉사 활동에 참여하였다. 이는 전통적인 교육을 받은 비슷한 연령대의 미국 성인 중 37%보다 높은 수치이다.
- 홈스쿨링 졸업생은 시민 문제에 더 많이 참여하고, 투표율 또한 높았다. 18~24세 연령대의 참가자 중 76%가 지난 5년 이내에 투표한 적이 있는 반면에 미국 전체 인구의 투표율은 29%에 불과했다. 연령대가 높을수록 투표율은 더 높아져 미국 전체 인구의 투표율이 40%인 것에 비해 95% 아래로 떨어지지 않았다.
- 홈스쿨링 졸업생 중 거의 59%가 삶에 '매우 만족한다'라고 응답했다. 반면에 공립학교 졸업생의 만족도는 27.6%에 그쳤다.

15년 후: 가정 교육을 받은 캐나다 성인에 관한 연구 개요, CCHE(Deani VanPelt, 2009)

이 연구에 따르면 홈스쿨링으로 교육받은 성인은 학교 교육을 받은 성인보다 직업학교, 커뮤니티 칼리지, 대학 학사 학위 프로그램 등의 고등 교육 기관에서 공부할 가능성이 더 높았다.

스미스소니언 보고서, 1960

스미스소니언 연구소의 저널 "*호라이즌*"은 1960년 어린 시절의 천재성을 육성하는 방법을 발표하였다. 이 연구에 따르면, 첫째로 "따뜻하고 반응이 좋은 부모와 다른 성인들과 많은 시간"이 필요하며, 둘째로 "또래로부터의 격리"가 필요하며, 셋째로 "아이들이 자신의 관심사를 탐구할 수 있는 많은 자유"가 중요하다. 이 연구는 가정과 학교의 차이점을 강조하면서, 학교 시스템이 이러한 요소들을 제한하며 천재성을 억제할 수 있다고 주장한다(Moor, 1999). 이 분석은 또한 가정에서 더 많은 시간을 보내고, 부모와 함께 자유롭게 탐구하며, 집안일을 하고 경쟁 스포츠와 오락에 덜 관심을 기울이는 것을 제안한다.

미국 서드베리 밸리 학교

1968년에 매사추세츠주 프레이밍햄에 설립된 서드베리 밸리 학교는 언스쿨링 모델이 학교 환경에서 어떻게 작동할 수 있는지를 보여주는 가장 유명한 연구 기반 학교 중 하나이다.

서드베리 밸리 학교의 졸업생들은 후속 연구를 통해 우수한 성과를 거둔 것으로 입증되었다. 그들은 평판 좋은 대학에 지원하여 합격하였고, 성공적인 경력을 쌓아왔다. 그들은 자기 주도적 학습을 통해 자기 규율과 사회적 책임감을 배웠으며, 이는 자기 주도적으로 지식을 습득힐 수 있는 능력을 니티낸다.

내외부의 연구에 따르면 서드베리 졸업생들은 자신감과 동기 부여, 수완, 자기 인식 등의 긍정적인 특성을 보였다(Vangelova, 2013). 93%의 학생이 고등 교육 기관에 진학하였으며, 이는 전국 평균인 66%보다 높은 수치이다. 서드베리 졸업생들은 성공적인 리더, 기업가, 만족스러운 삶을 사는 모범적인 예시로 자리매김했다(Groeneveld, 2014).

영국의 서머힐 기숙학교

서머힐 학교는 1921년에 영국에서 설립되어 오늘날까지 운영되고 있다. 이 학교에 대한 비평가들은 정부가 학교를 폐쇄하는 근거를 마련하기 위해 계속해서 학생들의 태만함을 찾아보려고 해왔다. 그러나 학생들은 자신의 학습 프로그램을 선택할 수 있었는데도 불구하고 뛰어난 교육을 받은 졸업생들이 많이 나왔다. 영국을 대표하는 인물이 학교를 방문하여 졸업생들의 대학 진학률에 관해 물었을 때 그들은 "우리는 그러한 기록을 따로 보관하지 않지만, 서머힐 졸업생의 대부분이 고등 교육이나 대학에 진학한다고 확신한다."라고 답했다고 한다(Lynn, 2014).

결론적으로, 연구 결과에 따르면 온 가족이 함께 참여하며 부모가 정서적으로 건강하며 가족이 이웃과 지역사회로부터 많은 외부 지원과 사회적 연결을 받을 때 언스쿨링이 크게 번영한다는 것을 알 수 있다.

언스쿨링이란 무엇이고 무엇이 아닌가?

"아이에게 학습을 강요할 수도 없고, 아이가 학습하는 것을 막을 수도 없다."

언스쿨링은 뷔페다.

언스쿨링의 간단한 정의는 정부의 통제를 벗어난 자기 주도 교육이다. 학습자가 주제에 대해 무엇을, 언제, 어디서, 어떻게 배울지 스스로 선택한다.

언스쿨링을 길게 정의하면 건강한 아이의 자연스러운 호기심과 자기결정에 기반한 자유교육의 철학이다. 풍부하고 자극적인 환경과 풍부한 자원에 접근할 수 있고 의지가 있는 성인이 도와주면 아이가 알아야 할 것을 필요한 시간 내에 배울 수 있다. 학습자는 전적으로 자기 주도적이고 자기 동기 부여를 하며, 항상 그렇지는 않으나 종종 스스로 학습한다.

한 아이가 음식이 가득한 뷔페 테이블 앞에 서 있는 상황을 상상해보자. 아이는 빈 접시를 들고 있다. 언스쿨링은 다양한 "음식"을 선택히어 먹을 기회를 제공한다. 아이는 가 음시을 얼마나 먹을지, 언제 접시를 다시 채울지 스스로 결정한다. 학교에서도 똑같은 뷔페를 제공한다. 하지만 국가, 학교 위원회, 교장, 교사, 다양한 지원팀이 아이의 의사와 관계없이 아이의 접시에 음식을 담는다. 이들은 아이가 어떤 종류의 음식을 먹을지(주제), 각 음식의 양을 얼마나 제공할지(결과), 음식을 더 추가할지(깊이) 등을 결정한다. 홈스쿨링에서는 부모가 아이의 식판을 채우고 아이를 위해 같은 결정을 내린다.

뷔페 테이블에는 브라우니(비디오 게임)와 브로콜리(셰익스피어)가 있다. 학교 모델에서 국가는 아이가 브로콜리를 다 먹도록 유도하기 위해 브라우니를 받침대에 올리기로 한다. 때때로 홈스쿨링의 경우에서도 부모는 똑같은 방식을 취한다. 이와 대조적으로, 언스쿨링 아이는 테이블 위에 같은 높이에 놓여 있는 브라우니와 브로콜리 중에서 자유롭게 선택할 수 있다. 브라우니는 맛있는 음식으로, 브로콜리는 "좋은 음식인 브라우니를 먹기 위해 거쳐야 하는 음식"으로 평가하는 것을 모르는 까닭에 아이는 두 가지를 모두 조금씩 선택한다. 뷔페의 어떤 음식도 "좋다" 또는 "나쁘다", "쓰레기" 또는 "교육용"으로 간주하지 않는다. 뷔페에 있는 모든 음식은 동등한 교육적 가치를 지니고 있으며 더 많은 탐구를 위한 출발점으로 간주한다.

국가 예산을 지원받는 학교의 탐구 기반 자기 주도 학습은 여전히 똑같은 뷔페를 제공한다. 하지만 아이는 제한된 식탁에서만 음식을 선택할 수 있다. 이것은 언스쿨링과 다르다. 아이의 선택은 교육청과 정부가 지정한 메뉴에 의해 제한되며, 자발적으로 선택할 수 있는 메뉴는 포함하지 않을 수 있다. 시스템은 여전히 그 아이의 식판에 담아야 할 음식을 통제한다.

정부 지원을 받지 않는 자유 학교에서는 아이가 자신의 식판에 무엇을 담을지 선택할 수 있다. 서드베리나 서머힐과 같은 자유 학교에서는 이러한 자유교육을 실행한다.

"급진적" 또는 "평생" 언스쿨링 대 "교육적" 언스쿨링

또한 "급진적" 또는 "평생" 언스쿨링과 "교육적" 언스쿨링으로 구분할 수 있다. 급진적 또는 평생 언스쿨링 가족은 교육철학을 라이프스타일에 통합하여 육아와 가족생활로 확장하여 가족구조에서 자신의 위치를 파악하고 가족생활에 자기 주도적으로 참여한다. 언제 무엇을 먹을지, 언제 잠자리에 들지, 가족을 위해 언제 어떻게 공헌할지 스스로 결정한다. 최근 미디어에서는 이러한 라이프스타일을 '야생 가족(Feral Family)'이라고 부른다. 많은 사람이 이를 허용적인 양육 방식이라면서 부정적으로 바라보지만, 많은 가정에서 이러한 방식이 효과적이며 아이들은 건강하고 잘 적응하며 자란다.

다른 언스쿨링 가족은 양육과 교육철학을 분리한 '교육적' 언스쿨링 가족이라고 부른다. 이들은 여전히 육아에서 구조 또는 발판을 제공하며, 아이들이 스스로 감당할 준비를 갖출 때까지 환경을 조정한다. 규칙적인 가족 식사 시간, 합리적인 취침 시간, 합의에 따른 기술 제한 등이 있다. 모든 사람은 집안일이 원활하게 이루어질 수 있도록 모두가 집안일에 참여한다. 루틴, 의식, 축하가 있다. 그들은 가족 단위로 커뮤니티 안에서 함께 일하고 놀기도 한다. 이는 교육과 육아를 위해 두 개의 뷔페 테이블을 사용하는 많은 가족에게 효과적이다. 나도 그런 가족 중 하나이다.

"언스쿨링을 조금만 하거나" 한 과목만 언스쿨링할 수 있는가? 나는 부모들이 사회와 과학은 조금 느슨하게 하지만 수학과 영어는 더 많은 구조를 고집하는 것을 보았다. 대부분의 언스쿨링 가족은 이에 대한 의견을 가지고 있으며, 그 범위는 매우 다양하다! 라벨은 병에나 붙이는 것이다. 사람은 변화하고 성장하면서 더욱 복잡해진다. 당신이 언스쿨링을 하고 있다고 생각한다면 아마 언스쿨링을 하고 있을 것이다.

"급진적 평생 언스쿨링"이든 "교육적" 언스쿨링이든 대부분의 언스쿨링 가족은 몇 가지 점에 동의할 수 있다. 언스쿨링은 단순히 또 다른 홈스쿨링 방법이 아니다. 그것은 패러다임 전환이다. 언스쿨링은 아이들을 내버려 두는 것이 아니라 아이들과 함께 있고, 아이들을 관찰하고, 아이들의 관심사를 알아차리고, 더 많은 자원을 제공하고, 아이들의 관심사와 세상 사이의 연관성을 주목하는 것이다.

언스쿨링의 목표는 교육이 아니다. 아이가 자신이 누구인지, 앞으로 어떤 사람이 될 것인지, 있는 그대로의 모습으로 꽃피울 수 있도록 돕는 것이다. 교육은 부수적으로 발생한다(Tia L, 2003).

언스쿨링은 다음과 같은 특징을 가지고 있다.

- 생활, 관심사, 프로젝트 추구, 호기심 충족, 놀이를 통한 자기 주도적 교육: 언스쿨링은 학습을 삶의 일부로 포용하며, 아이들이 자신의 관심사와 호기심을 따라가며 학습할 수 있도록 환경을 조성한다. 아이들은 프로젝트를 추구하고 자유롭게 놀며 학습하게 된다.
- 아이의 학습 요구에 대한 부모의 세심한 배려와 이를 위한 시간과 자원을 확보할 수 있는 능력: 언스쿨링을 실천하는 가족은 아이들의 학습 요구와 관심사를 계속 파악하고, 그에 맞는 환경을 제공하기 위해 노력한다. 부모는 아이들의 학습을 지원하기 위해 시간과 자원을 투자한다.
- 전적으로 아이가 결정: 아이들은 학습의 방향과 주제, 방식을 스스로 결정한다. 이는 교과서나 구조화된 활동을 원할 수도 있고, 비구조화된 활동을 통한 학습을 원할 수도 있다.
- 유연성, 동기 부여, 개인화: 언스쿨링은 유연한 학습 환경을 제공하며, 아이들의 동기 부여를 중요하게 여긴다. 개인의 특성과 학

습 스타일에 맞춰 개인화된 학습 경로를 제공한다.
- 단순한 진리를 인정하는 철학: 언스쿨링은 학습의 주도성을 학습자에게 맡기며, 필요한 지식과 기술을 선택적으로 습득하도록 한다. 학습자는 주어진 자원과 환경에서 자유롭게 선택하며 학습한다.
- 비용 효율적: 언스쿨링은 정부 지원을 받지 않는 자유 학교에서 주로 사용되는 학습 방법으로, 정부와 납세자에게 비용 부담을 덜 준다.
- 정부의 재정 지원을 받지 않는 '자유 학교'에서 사용하는 철학: 정부의 지원을 받는 대부분의 학교들은 여전히 정부가 정한 결과를 충족해야 한다. 정부 지원을 받지 않는 자유 학교에서는 진정으로 언스쿨링 철학을 실행할 수 있다.

언스쿨링이 아닌 것

- **홈스쿨링:** 언스쿨링과 달리 홈스쿨링은 가정에서 학교 교육을 재현하는 모델로, 정부의 간섭이 적고 공적자금이 지원되지 않기 때문에 비교적 쉽게 실천될 수 있다.
- **무교육(uneducated):** 모든 아이는 언스쿨링처럼 읽고, 쓰고, 수학을 배우며, 놀이와 호기심을 통해 지식을 습득한다. 다만 학습 방식이 전통적인 교육과 다르게 이루어진다.
- **사회적 고립:** 언스쿨링 가족은 오히려 지역사회와 적극적으로 연결되며, 다양한 활동에 참여하며 사회에서 잘 기능하는 경향이 있다.
- **방임:** 언스쿨링은 자유 학습이지만 방임적 양육은 아니다. 학습자의 요구와 성장을 계속 지원하고 관찰한다.
- **아직 충분한 연구가 없다:** 언스쿨링 방식의 학습자들은 전통적인 시험과 평가를 부정적으로 인식하는 경우가 많다. 따라서 언스쿨링 학습자들을 평가하는 연구는 제한적이다.

언스쿨링은 학습을 삶의 일부로 포함하는 철학으로, 개인의 호기심과 관심사를 중심으로 학습 환경을 구축한다. 이 방식은 아이들과 성인 모두에게 평생 학습의 가능성을 열어주며, 학습의 주도성을 개인에게 맡기는 것을 강조한다. **우리는 배우지 않는 것이 결코 아니다.** 내가 "우리"라는 집합적 표현을 사용한 점에 주목하라. 언스쿨링은 아이뿐만 아니라 성인들을 포함하는 평생 학습이다. 우리는 유치원 때부터 학습을 시작해서 고등학교나 대학교를 졸업한 후에도 학습을 중단하지 않는다. 우리는 꿈을 추구하고 목표를 달성하며 삶을 살아가는 데 필요한 기술을 습득하고 지식을 습득하기 위해서 내적 동기를 부여받으며 배운다. 이 책을 읽고 있다면 당신은 새로운 것을 배우는 것이다!

언스쿨링은 강압적이거나 회유하거나 강요된 학습이 아닌, 자연스러운 학습 방식이다. 언스쿨링과 홈스쿨링은 가족의 결정이 중요하다. 아이가 학교에 꼭 다니고 싶어 하더라도 아이가 자기 주도적으로 교육을 받는다는 점에서 언스쿨링에 해당한다.

우리 전자 메일링 목록(Listserve)의 한 엄마가 이를 가장 잘 정의한다. "언스쿨링은 어떤 아이에게는 문제집을 풀게 하면서 다른 아이에게는 전혀 관여하지 않는 것을 의미할 수 있다. 핵심은 아이에 대한 신뢰다. 각 아이의 개별적인 학습 스타일과 발달 단계를 인정하고 특정 나이에 도달했기 때문에 '해야 하는' 것을 강요하기보다 '함께' 할 수 있도록 한다. 이는 휴식 시간(downtime)의 가치를 인정한다. 휴식 시간은 아이가 아무것도 하지 않는 것처럼 보인다. 비록 눈에 보이지 않아 측정할 수 없지만 가장 놀라운 발달이 내부적으로 일어나고 있는 그런 시간이다."(Anna KB, 2000)

언스쿨링 방법

1. **성인의 역할:** 성인들은 아이들의 호기심과 학습 관심사를 지원하고 멘토링하는 역할을 한다. 그러나 아이의 학습을 지시하거나 강요해서는 안 된다. 아이들이 스스로 학습 방향과 내용을 결정하도록 도와주는 것이 중요하다.
2. **자원 제공:** 다양한 자원을 활용하여 아이들의 학습을 지원한다. 책, 비디오, 컴퓨터, 문제집, 박물관, 현장 학습, 멘토링 프로그램 등 다양한 환경과 자원을 활용하여 호기심과 학습을 격려한다.
3. **시간의 유연성:** 아이들에게 구조화되지 않은 시간을 제공하여 자유롭게 학습하고 놀이할 수 있는 환경을 조성한다. 아이들의 호기심이 불타오를 때를 존중하고 그에 맞는 학습 기회를 제공한다.

이것이 전부이다. 간단하게 들릴 수 있지만, 현실적으로는 어려울 수 있다. 홈스쿨링을 하면서 '하루에 5페이지의 문제집을 풀고 나면 끝'이라는 구조화된 교육과정 프로그램의 학습이 매우 매력적으로 보일 경우가 있다. 하지만 흥미와 호기심은 일정에 따라서 일어나지 않는 것이 현실이다. 여섯 살짜리 아들이 닭 뼈를 식초에 며칠 동안 담가두면 어떻게 되는지 보고 싶어 한다. 그런데 내가 좋아하는 넷플릭스 쇼를 시청하고 있는 밤 8시에 실험을 시작하고 싶어 한다면 아들을 격려하고 도와주기가 매우 어려울 수 있다! 그러나 그때가 바로 아들의 호기심이 불타오를 때다. 그래서 당신은 닭 뼈와 식초를 가지고 달려간다.

많은 학부모가 학교 시스템 안에서 이미 '방과 후 교육', '플렉스 스쿨', '월드 스쿨', '홈스쿨링'을 하고 있다.

이것이 우리가 "홈스쿨링"을 시작한 주된 이유다. 우리는 "방과 후 교육" 프로그램을 너무 많이 한다는 사실을 알게 되었다. 방과 후 교육은 부모가 방과 후 가정에서 학교 교육과정을 보충하는 것으로, 다음과 같은 목적을 위해 실시한다. 뒤처진 아이를 도와주거나 아이가 앞서 나가도록 하거나, 우리의 경우처럼 단순히 아이의 진정한 관심을 충족시키기 위해서다. 큰아이들은 유치원과 초등학교 1학년에서 하루 6시간을 보내고 집에 돌아와서 학교에서 배우는 것과 전혀 다른, 정말 배우고 싶은 것을 깊이 있게 배우고 싶어 했다. 예를 들어 매튜는 달걀 나무가 자라는지 알아보기 위해 달걀을 심고 싶어 했다. 내가 그렇게 되지 않을 것이라고 확신하는 것만으로는 충분하지 않았다. 매튜는 직접 눈으로 확인해야 했다. 매튜가 너무 징징거려서 결국 뒷마당에 나가서 달걀을 심었다. 그는 2주 동안 계속 지켜봤다! 매일 방과 후 집에 와서 정말 자기가 배우고 싶은 것을 배웠다. 교사는 달걀에 대해 배우려면 12학년 때까지 기다리라고 했다. 11년 동안 호기심을 미뤄야 하는가? 절대 그럴 수 없다! 나는 아이들이 학교를 그만두고 자신이 배우고 싶은 것을 배우는 것이 실제로 가능하다는 것을 알게 되었다.

또한 아이가 학교에서 어려움을 겪을 때 부모는 아이가 잘 이해할 수 있기를 바라며 집에서 다른 방식으로 개념에 접근하려고 많은 시간을 보낸다. 또는 아이의 숙제를 감독하는 데 많은 시간을 내야 한다. 이를 "방과 후 교육"이라고도 한다.

일부 부모는 홈스쿨링 개념을 매우 옹호하나 전일제로 홈스쿨링에 뛰어들고 싶어 하지는 않는다. 이들은 가족계획이 허용하는 경우 아이를 학교에 등록하여 학교를 기본으로 삼는다. 이를 "플렉스 스쿨링"이라고 한다. 이들은 방학이 되면 아이를 학교 밖으로 데리고 나간다. 아이들을 학교 밖 현장 학습에 데려가고 싶으면 아이들을 데리고 나간다. 쇼핑하고 싶을 때도 아이들을 데리고 나간다. 학교는 아이들이 다른 일이 없을 때 가는 곳이다.

다른 부모들은 아이를 학교에 등록하나 방학이 되면 언제든지 아이를 데리고 여행을 떠나기도 한다. 이를 "월드 스쿨링"이라고 한다. 아이가 어리고 결석하는 일이 많지 않을 때는 효과가 있을 수 있다. 하지만 나이가 들고 또래 친구들과 어울리고 싶어 할수록 더 어려워진다. FOMO(결석에 대한 두려움)로 인해 아이들은 뒤처지고 과제를 놓치게 되어 또래의 인정이 중요한 나이에 반 친구들 앞에서 부정적인 낙인이 찍힐 수 있다.

또 다른 많은 부모는 아이가 학교에서 공부하는 것과 똑같은 교과서를 구매하고 숙제에 깊이 관여한다. 이들은 아이에게 학교 교육과 홈스쿨링을 이중으로 시키고 있다. 부모는 그날의 교육과정을 복습하고 밤에도 반복한다. 하지만 이는 여전히 학교의 계획이지 학생의 계획이 아니다. 소진의 위험은 현실이다.

교육철학

교육철학에는 고전주의(3R 과목 포함), 샬럿 메이슨, 기독교, 몬테소리, 발도르프, 토머스 제퍼슨, 레지오 에밀리아, 단원 학습 등 다양한 유형이 존재한다. 이러한 철학들은 학교 내에서나 가정에서 구현될 수 있으며, 전통적인 교실 환경에서 이루어질 수도 있다. 또한 일부는 온라인, 원격 또는 일괄 교육과정을 통해 제공된다. 언스쿨링을 제외한 대부분의 교육 유형은 구체적인 내용과 전달 방식을 가지고 있다.

앨버타주에서는 공립학교, 협약학교, 사립학교를 동등하게 취급한다. 정부가 예산을 제공하는 경우, 학생들은 승인된 자원을 활용하여 정해진 결과를 달성해야 하며, 이를 앨버타 학습 프로그램(APS)이라고 한다. 따라서 모든 학년에서 모든 아이는 영어, 수학, 과학, 사회, 미술, 음악, 건강, 체육 등 1학년부터 12학년까지 교육과정에서 정해진 내용을 공부하게 된다. 예를 들어, 앨버타주의 모든 학생은 3학년에 암석과 광물에 대해 학습한다. 또한 학생들은 6학년에 일본 문화를 배우고, 5학년에는 긴 나눗셈을 습득한다. 학년마다 각각 약 1,400개의 "달성 성과"를 이루기 위해 노력해야 한다. 아이들은 기준을 충족하기 위해서 정답의 50% 이상을 맞춰야 한다.

가족이 원하는 교육철학을 자유롭게 선택할 수 있는 것은 오직 '부모 통제'로 간주하는 홈스쿨링과 언스쿨링의 경우에만 해당한다. 홈스쿨링 학생들은 연간 약 850달러의 소액의 영수증 비용처리를 환급받을 수 있지만, 홈스쿨링의 운영 자금은 지원되지 않으며 부모가 가르치는 비용도 지급하지 않는다. 따라서 부모들은 국가 프로그램에 따르지 않고 독자적으로 학습 계획을 조정할 수 있다.

홈스쿨링은 학교 교육과 다르다.

홈스쿨링은 언스쿨링보다 학교에 더 가까운 형태이다. 부모들은 교사의 역할을 대신하여 학교 환경을 가정에서 재현한다. 많은 국가에서 가정 교육은 정부가 제시한 교육과정을 따라야 한다. 우리 주에서도 부모들은 '가정 교육'의 지정된 성과를 달성해야 한다. 이러한 성과는 학교의 교육과정보다 더 유연하며, 부모들은 종종 믿음에 기반한 학습 프로그램을 제공하거나, 흥미를 중심으로 한 개별 학습을 추구한다. 대부분 홈스쿨링 학생은 국가 승인을 받은 일괄 교육과정을 사용하며, 시간을 정하고 학습을 진행하거나 현장 학습을 실시하기도 한다. 또한 학교 일정을 모방하는 부모들도 있다. 그들은 일정한 시간, 요일, 월, 책상 등을 사용하여 교육과정을 구성하며, 일부는 심지어 숙제를 부여하기도 한다. 그러나 홈스쿨링과 학교 교육 간에는 뚜렷한 차이점이 있다. 첫 번째로, 홈스쿨링에서 큰 장점 중 하나는 개별적으로 돌봐주는 성인의 존재다. 성인과 아이의 비율은 홈스쿨링의 성공에 큰 영향을 미치는 요소이다. 두 번째로, 홈스쿨링에서는 부모가 교육 환경과 내용을 조절한다. 그러나 어떤 방식을 선택하든 학습 환경, 내용 및 학습자는 정부나 부모 또는 둘 다에 의해 조절되는 것에 변함이 없다. 홈스쿨링은 언스쿨링과 다른 형태의 교육이다.

홈스쿨링은 학교보다 시간이 적게 들어간다는 사실을 아는 사람은 드물 것이다. 1학년부터 6학년까지의 홈스쿨링 학생은 영어, 수학, 과학, 사회 등 4개의 핵심 과목을 하루에 총 30분 안에 가르칠 수 있다. 이는 재미 없는 시간을 포함하지 않은 시간이다! 예술, 체육, 음악, 연극과 같은 활동들은 추가 시간이 필요하지만 보통 "수업 시간"에 포함되지 않는 활동이다. 7~9학년 학생들의 경우, 4개의 핵심 과목을 모두 이수하려면 책이나 교과서를 통한 공부에 하루 약 1시간을 할애해야 한다. 또한 고등학생들은 매 학기에 2개의 핵심 과목과 2개의 선택 과목을 하루에 2~3시간 안에 수강할 수 있다. 선택 과목으로 체육, 식품 연구, 컴퓨터 프로그래밍 등을 고려할 수 있다. 그러므로 언스쿨링은 홈스쿨링 학생들이 문제집과 숙제에 소비하는 시간을 줄여주는 장점을 가지고 있다.

보통 사람들이 홈스쿨링 학생들이 '학교 공부를 하는' 데 걸리는 시간이 얼마나 짧은지 안다면 아마 홈스쿨링으로 몰려들 것이다! 매일 밤 아이와 3시간씩 숙제를 하며 싸우는 학교에 다니는 아이를 둔 부모라면 홈스쿨링으로 하루 6시간의 학교 수업을 소화하는 것이 불가능하다고 생각할 수 있다.

하지만 하루 6시간의 수업 시간이 교사가 하루에 6시간 동안 적극적으로 가르치거나 강의하는 것을 의미하지 않는다! "수업 시간"은 학교에서 구조화된 수업에 사용되는 총 시간을 나타낸다. 아이들이 가위를 사용하기 위해 차례를 기다리거나, 현장 학습을 위해 반 친구들이 모두 버스를 타기 위해 기다리거나, 교사가 강의를 계속하기 위해 수업 훼방꾼을 진정시키는 동안 기다리는 20분은 모두 수업 시간으로 간주한다. "겨울왕국"이나 "패밀리 가이"와 같은 동영상을 수업 시간에 보여줄 경우도 수업 시간으로 간주한다. 30명의 학생과 주 5일 동안 하루 6시간씩 수업을 진행하는 교사는 각 학생과 일대일로 만나는 시간을 일주일에 1시간만 가질 수 있다.

실제로 하루 6시간의 수업 시간에는 홈스쿨링 학생들에게는 필요하지 않은 대기 시간이 많이 포함되어 있다. 5명의 홈스쿨링 형제자매로 구성된 대가족을 관리하는 것은 30명의 아이로 구성된 교실을 관리하는 것만큼 오랜 시간이 걸리지 않는다. 반대로 홈스쿨링 학생이 질문을 고민하고, 문제와 해결 방법에 대해 생각하며, 아이디어를 짜내는 시간을 고려해 보면, 정돈되고 통제되고 측정 가능한 하나의 시간으로 이루어지지 않기 때문에 아마 학교의 수업 시간을 초과할 것이다.

많은 홈스쿨링 학생은 집에서 학교를 따라가려다가 지쳐서 계획한 프로그램을 완수하지 못하는 경우가 있다. 일상생활을 방해하며 아이들이 흥미를 잃기도 한다. 홈스쿨링은 처음에는 정규 학교 수업과 유사한 계획으로 시작할 수 있지만, 실제로 약 80%의 홈스쿨링 학생은 결국 정규 학교 수업 방식을 따르지 않게 된다.

부모는 가정에서 학교를 그대로 재현하려 할 때 아이에게 동기 부여가 어렵다는 것을 깨닫게 될 것이다. 4명의 아이를 홈스쿨링하는 줄리의 엄마가 말하는 경험담이다. "아이들이 배우는 모습을 보는 것은 좋았으나, 아이들이 필수 교육과정을 따르기를 싫어할 때 그것을 가르치는 것은 정말 싫었다. 그것이 육아와 홈스쿨링에서 가장 힘들었던 부분이었다. 아이들도 나도 원하지 않는 필수 교육과정을 따라야 한다고 생각해서, 또한 또래 친구들과 동등하게 지내기 위해, 우리가 수강하는 프로그램의 학년별 결과를 따라잡기 위해, 일을 완수하기 위해 '권위자'가 되고 '엄격한 부모'가 되어야 했다. 아이들이 눈물을 흘릴 때마다 나도 마음이 아팠다. 우리 둘 다 눈물을 흘릴 때마다 이 모든 것을 그만두고 싶었다. '교사가 이렇게까지 해야 하는 걸까'라는 의문이 들기도 했다."

많은 홈스쿨링 학생은 선형적이고 체계적인 정보 전달 패턴을 따르지 않는다. 분산되고, 때와 장소를 가리지 않으며, 산발적이다. 많은 홈스쿨링 학생은 체계적이고 최선의 의도로 한 해를 시작하지만, 연말이 되면 "뭔가 해내야 한다"라는 생각에 허둥대게 된다. 많은 홈스쿨링 학생은 계획한 학년을 6월까지 마치지 못할 때가 있다. 그러나 연구 결과에 따르면 9월에 새 학년이 시작될 때 여전히 뛰어난 실력을 발휘하는 것으로 나타났다(Van Pelt, 2015). 이러한 이유는 무엇일까? 중요한 점은 학습한 내용이 아니라 성인과 아이의 관계에 있다는 것이다.

정부가 통제하는 원격 교육은 홈스쿨링이 아니다.

아이가 집에서 국가가 제공하는 온라인이나 통신 과정을 공부하는 것은 홈스쿨링이 아니다. 홈스쿨링은 부모 또는 학습자가 뷔페에서 아이의 접시에 담긴 음식을 선택하는 경우, 즉 부모나 아이가 선택한 과정이고 국가에서 의무화하지 않은 과정인 경우에만 성립한다.

구조화되고 정부가 통제하는 온라인과 인쇄물 강좌는 "건물과 버스가 없는 학교"다. 교사, 관리자, 교장이 수업을 진행하며 학생과 학부모는 수업 내용, 순서, 전달, 평가에 거의 또는 전혀 관여하지 않는다. 이러한 재택 수업은 '혼합형'(오프라인 수업과 온라인 수업이 절반씩 진행됨)이라고도 한다. "원격 학습", "분산 학습", "온라인 학교", "통신 학교", "교사 주도형" 또는 "가상 학교"로 정의된다.

이러한 유형의 학교는 학생 등록금을 전액 정부 지원을 받기 때문에 더 많이 생겨나고 있다. 콘텐츠는 컴퓨터 화면 텍스트, 문제집을 통해 학생에게 전달된다. 때로는 녹화된 비디오를 보여주기도 한다. 기본적으로 학생은 스스로 개념을 학습하고 과제를 수행한 후 평가를 위해 제출한다. 교사와 온라인 접촉은 제한적이며 대면 접촉은 거의 없다. 교사는 화면상의 이름이자 유급 평가자일 뿐이며, 학생은 기본적으로 화면에서 콘텐츠를 읽고 시험지를 작성한다. 학생은 온라인으로 제출된 프로젝트를 수행할 수 있다. 입력과 출력. 읽기와 되새김질. 학생은 최종시험을 마치고 코스를 완료한다. 학습 경험이 기억에 남지 않기 때문에 학습 내용이 장기기억으로 이동하지 않는다.

나는 전통적인 학교 수업 시간의 안팎에 존재하는 부모인 까닭에 이러한 온라인 강좌의 부 교사(default teacher)가 되었다. 나는 직접 대면하여 설명하는 사람이며, 이러한 과정을 성공적으로 이끄는 보이지 않는 조력자다. 아이들이 온라인 과정을 수강할 때 부모의 도움이 없으면 중도 탈락률이 약 50%에 이른다(ADLC, 2015). 나는 아이들이 화면으로 전달되는 내용을 이해하는 데 도움이 되는 실제적인 학습 경험을 제공한다. 그리고 나는 돈을 받지 않는다.

내 아들은 유지 보수와 난방이 필요한 교실 공간을 차지하지 않으며 버스를 이용할 필요가 없으므로 인프라 비용이 발생하지 않는다. 나는 아들의 모든 교재와 평가 비용을 포함한 수업료를 지급한다. 평가한 과제물을 보내는 우편 요금도 내가 부담한다. 시험 감독 비용도 내가 부담한다. 이 '독학 학교'가 수익을 낼 수 있게 해주는 보이지 않는 교육과 지원 서비스에 대한 청구서를 어디에 보내야 할지 종종 궁금해한다. 더 중요한 것은 왜 정부가 통제하는 과정을 고집하는지 의문이 드는 점이다. 런던, 호주, 말레이시아 등 인터넷을 통해 무료로 제공되는 강좌를 통해 배우면 어떨까?

언스쿨링은 홈스쿨링과 다르다.

언스쿨링은 홈스쿨링과 비슷하나 부모가 프로그램을 통제하는 대신 계획, 교육과정, 전달, 평가를 통제하는 것은 아이이다. 알피 콘은 프레젠테이션에서 '홈스쿨링은 학교의 최악을 집으로 가져오는 것'이라고 말했다(Kohn, 2009). 나는 이 말을 단순히 나쁜 아이디어를 다른 환경에서 복제하는 것은 혁신이 아니라는 의미로 해석한다. 두 아이를 언스쿨링하는 엄마 데보라는 다음과 같이 말했다. "엄격하고 권위주의적인 홈스쿨링은 지속 가능하지 않다. 나는 지쳐서 자신을 실패자라고 생각하는 사람들을 많이 보아왔다. 시중에 나와 있는 수많은 교육과정은 '올바른' 교육과정만 구매하면 효과가 있을 것이라는 믿음을 강조할 뿐이다. 자연스럽게 그러한 유형의 구조에 끌리는 아이가 아니라면 잘 맞지 않을 것이다."

정부 지원금이 자기 주도적 교육에 미치는 영향

캐나다의 일부 주에서는 가정 교육에 지원금을 제공한다. 그 대신 일부 주에서는 정부가 지정한 교육과정을 준수해야 하지만 그렇지 않은 주도 있다. 사립학교는 지원금을 받는 학교도 있고 그렇지 않은 학교도 있다. 일반적으로 국가 지원을 받지 않는 학교는 다른 학교보다 보고서 제출, 교육과정 준수, 공인 교사 채용, 평가에 대한 요구 사항 등에서 비교적 자유로운 편이다(Van Pelt, 2017). 국가는 시민에 대한 책임이 있으며 모든 시민은 미래의 시민교육에 관심을 가져야 한다. 그러므로 자금 지원은 항상 교육에 대한 공적 관심 수준과 결부되어 있다.

자기 주도 학습을 위한 학교에는 크게 두 가지 유형이 있다. 첫 번째 유형은 **정부 지원 학교**로, 정부 지원을 받기 때문에 정부의 학습 프로그램, 결과물, 승인된 방법, 자원의 지침을 따라야 한다.

내 딸이 12학년 첫 2주 동안 자기 주도형 학교에 다녔을 때 웰컴 핸드북에 이런 구절이 적혀 있었다: '운동선수, 음악가, 댄서, 모델 등은 캠퍼스 밖에서 해야 할 의무와 활동을 하기 위한 유연한 일정이 필요하다.' 평화롭고 조용하게 책을 쓰기 위해 캠퍼스를 떠나고 싶다고 요청했을 때 '글쓰기'는 유연한 일정의 대상이 될 수 없는 것으로 간주했다. 학교는 시간만 유연하게 허용했을 뿐 내용은 허용하지 않았다. 내 딸의 경우처럼 이미 선행 지식이 있는 학생이라도 학교에서 요구하는 과제를 모두 수행해야 했다.

'자기 주도적' 학교는 이름이 잘못되었다. 학생들이 수업에 대한 통제권이 거의 없다면 자기 주도적이라고 할 수 없다. 내 개인적인 기준은 동기 부여의 척도다. 자기 주도적 학교에서 동기 부여에 조금이라도 문제가 있다면 그것은 실제로 자기 주도적이지 않다. 그것은 정부가 부과한 교육이다.

이러한 '자기 주도형' 과정은 온라인 또는 통신 문제집으로 제공되는 경우가 많지만, 아이가 버스로 통학하는 실제 학교 안에서 이루어진다. 아이들은 이러한 자기 주도형 학교에 출석하여 온라인 콘텐츠와 문제집 모듈을 읽으며 스스로 학습한 후 시험을 볼 수 있다. 이러한 학교는 학생들이 학습 내용을 스스로 학습하기 때문에 '튜토리얼 (tutorial)' 학교라고도 하며, 교사가 튜터링, 질의응답, 일반적인 지원을 제공할 수 있다. 전통적인 교실에서처럼 교사가 직접 발표하거나 가르치지 않는다. 학생들은 무엇을 공부할지, 어떻게 공부할지, 주제에 대해 얼마나 깊이 파고들지에 대한 선택권이 없다. 학습자는 자료, 과제 세부 사항 또는 점수 가중치를 선택할 수 없다. 오직 속도만 학습자가 통제할 수 있다.

많은 학교가 '탐구 기반 학습' 또는 '발견 학습' 모델을 채택하고 있는데, 이 역시 진정한 의미의 언스쿨링이 아니다. 일부 학교의 탐구 기반 학습은 "박쥐에 대해 어떤 분야를 공부하고 싶습니까?"라는 질문을 의미한다. 진정한 자기 주도적 교육은 "박쥐에 관한 공부에 전혀 관심이 없습니까?"라는 질문이다. 문제는 "누구의 의제인가?" 또는 "누가 이 탐구를 통제하는가?"이다. 뷔페에 비유하자면, 접시에 무엇이 올라갈지는 아이가 결정하므로 박쥐에 대한 주제는 올해 메뉴에 없을 수도 있다. 내년이나 5년 후에는 메뉴에 포함될 수도 있고, 아예 없을 수도 있다. 정부의 지원을 받는 '탐구 기반' 학교의 학생들은 관리자가 미리 결정한 주제를 '탐구'해야 한다. 탐구 기반 학습은 여전히 자발적이지 않아서 자기 주도적 모델에 적합하지 않다. 학교에서 자기 주도적 학습은 진정으로 '스스로 선택한' 학습이어야 한다. 그렇지 않으면 효과가 없다. 동기 부여 문제는 여전히 계속될 것이다.

다른 유형의 자기 주도적 학교는 '자유' 또는 '민주적' 학교이며 진정한 의미의 언스쿨링 환경이다. 전 세계에서 운영하는 자유 학교는 약 280개에 달한다(Wilder, 2014). 대부분 학부모나 개인 기부자가 자금을 모두 지원하며 국가로부터 소액의 지원금을 받는 경우도 있다. 그러나 실질적으로 국가 지원을 받지 않기 때문에 정부의 교육과정이나 교육 성과를 따르거나 공인된 교사를 고용할 필요가 없다. 자유 학교는 가정이 아닌 물리적 건물에 있는 장소로, 학생들이 자신의 열정과 관심사를 탐구하고, 놀고, 서로 교류하기 위해 사용하는 자원이다. 스태프는 성인이지만 교사는 아니다. 학생들이 쉽게 자원에 접근할 수 있고 자신의 관심사를 추구하는 데 필요한 자원을 찾아 이용할 수 있도록 돕는다. 스태프는 아동에게 지시하지 않는다. 학습자가 진정으로 주도한다. 부모가 모두 직장에 다니거나 아이에게 형제자매가 없어서 아이가 가정에서 충분한 사회화를 경험하지 못할 것을 우려하는 부모들에게는 아이를 보내기에 좋은 곳이다. 1968년에 설립된 매사추세츠주 프레이밍햄의 서드베리 밸리 스쿨 모델과 영국의 서머힐은 진정한 언스쿨링 스쿨로 가장 잘 알려진 모델이다.

학교는 언스쿨링 학생들로부터 무엇을 배울 수 있는가?

성인들은 교육과정이나 강의 계획서보다 더 중요하다. 대부분 경우에 홈스쿨링으로 한 학년을 마치지 않은 상태에서 이듬해 9월에 다음 학년에 입학해도 아이의 학업 성취도는 똑같다. 이는 교육의 가장 중요한 요소는 성인과 아이의 관계라는 점을 다시 한번 강조한다. 교육과정을 마치지 않는 것은 크게 중요하지 않다. 우리는 인간이다. 우리는 미루거나 꾸물거리기도 한다. 우리는 그날의 계획이 더 매력적이거나 진지하게 생각하는 것이 있으면 그것으로 대체한다. 날씨가 좋은가? 호수에 가자. 아이들은 모래와 물 터널에 대해 배우게 된다. 뉴스 헤드라인에 정치적 비판이 실렸니? 해당 국가의 위치를 찾아보고 역사에 대해 조금 알아보자. 손님이 온다고? 그분들이 사는 곳은 어떤 곳인지 알아보자. 주제에서 벗어나면 어떤가? 우리는 지금 모두에게 더 의미 있는 것을 배우고 있다. 소규모 성인 대 아동 비율의 학습은 토론, 유연성, 개인 맞춤형 교육 능력을 촉진한다.

2014년 앨버타주 교육부 장관 제프 존슨은 교육 관계자 심포지엄에서 다음과 같은 질문을 던졌다. "훌륭한 교사와 소규모 학급 중 하나를 선택해야 한다면 어떤 것을 선택하시겠습니까?" 그는 "훌륭한 교사"라고 대답했다(Johnson, 2014). 나는 찬성하지 않는다. 나는 가능한 한 가장 작은 학급을 선택하여 개별적인 관심을 쏟을 것이다. 아무리 뛰어난 교사라도 40명의 학생으로 구성된 학급을 이끌어야 한다면 효율적일 수 없다. 유연성과 개인화가 희생된다. 이러한 학생들을 제도권의 틀에서 벗어나 세상으로 내보내는 일은 쉽지 않다. 심지어 프리즐 선생님도 매직 스쿨버스를 타고 즉흥적인 현장 학습을 떠날 때 학생 수가 8명에 불과했다! 학교 교사도 운이 좋아야 한다.

홈스쿨링 학생은 언스쿨링 학생으로부터 무엇을 배울 수 있는가?

아이들은 자신이 관심 있는 것을 배우고자 할 때 동기가 발생한다. 학습자가 자유롭게 주제를 선택할 때 장기기억에 남을 수 있다. 사람들이 저지르는 큰 실수 중 하나는 학습과 교육을 가르치는 것과 동일시하는 것이다. 교사와 홈스쿨링 부모는 학년당 1,400개에 달하는 교육과정을 모두 다루기 위해 매우 열심히 노력한다. 아이들에게 벌을 주거나 특권을 박탈할 경우, 진정한 학습은 이루어지지 않는다. 진정한 학습은 하찮은 피자 쿠폰이나 추가 컴퓨터 사용 시간으로 뇌물을 주거나, 아이들이 기말고사를 보고 나면 금방 버리고 다시는 사용하지 않을 그 짧은 시간 동안 정보를 머릿속에 억지로 주입하는 것이 아니다.

진정한 학습이란 질문에 대한 답을 찾는 데서 나오는 본질적인 보상, 즉 오래 지속되고 만족스러운 보상을 의미한다. 가르치는 일에는 학습이 포함될 수 있고, 학습에는 가르치는 일이 포함될 수 있지만,

이 둘은 불가분의 관계는 아니다. 학습은 내적 동기가 부여된 메커니즘이다.

　나는 나 자신에 대해 회의적이었다. 내 아이들은 내가 가르치는 것을 듣지 않았다. 아이들이 어떻게 스스로 가르칠 수 있겠는가? 학교에서 내 아이들은 지루해하고 의욕이 없어 배움에 대한 타고난 사랑을 잃었다. 나는 아이들을 학교에서 빼내어 집에서 공부하게 했다. 질문에 대답하는 것 외에 내가 가르치지 않아도 5명의 아이가 스스로 읽고 쓰는 법을 배우는 것을 알았다. 아들이 학원에 등록하지 않고 컴퓨터로 프로그래밍하고 웹사이트를 제작하는 것을 보았다. 또 다른 아들은 기계에 관심이 많아서 엔진이 어떻게 작동하는지 나에게 보여주었다. 나는 내가 그처럼 싫어하는 것을 결코 아이들에게 가르칠 수 없었을 것이다! 하지만 아이들은 내가 가르치지 않아도 배우려는 의욕이 넘친다. 내 딸은 재미 삼아 27쪽 분량의 소설을 쓰기도 했다. 또 다른 아들은 프로그래밍에 도움이 된다는 이유로 대수방정식을 공부했다. 그는 교과서에서 배운 적이 없다. 하지만 우리는 예외가 아니다. 공교육 시스템 밖의 수많은 아이가 이런 방식으로 자기 학습을 한다.

　아이가 홈스쿨링을 거부한다면 언스쿨링을 고려해 보라. 관계가 가장 중요하다. 학습은 일어날 것이다. 약속한다!

디스쿨링(deschooling)

　아이가 잠시 학교에 다니다가 배움에 대한 흥미를 잃었다면 디스쿨링을 시작하면 좋다. 이는 교과서, 문제집, 레슨, 수업, 구조, 학습과 같은 '학교식' 관습과 아이가 배우고 있는지 아닌지에 대한 걱정으로부터 휴식을 취하는 것을 의미한다. 학습은 계속되겠지만, 주로 놀이를 통해 다른 형태로 이루어질 것이다. 디스쿨링의 실천은 부모와 아이를 학교 교육의 틀에서 벗어나게 한다. 이는 둘 모두에게 힘든 일이 될 수 있다. 우리는 '학습'을 학교와 같은 것으로 생각하는 데 너무 익숙해져 있다. 하지만 몇 주 또는 몇 달이 지나면 아이들은 자신만의 시간대에 더 많은 교육을 받아들이고 자신만의 독특한 방식으로 공부하게 될 것이다. 몇 달 동안은 쉬지 않고 영화를 보고 비디오 게임을 할 수 있지만 결국 호기심이 생겨 다른 학습 활동으로 확장하게 될 것이다. 그런 다음 부모는 아이가 원한다면 좀 더 체계적인 프로그램을 제공할 수 있다.

"언스쿨링은 정원 가꾸기와 비슷하다. 흙을 뒤집고, 풍부한 퇴비를 섞고, 흥미로운 씨앗을 뿌리고, 긁어모으고, 조심스럽게 물을 주며 기다리는 것이다. 심고 긁어모으고 다시 심는다고 해서 효과가 있는 것은 아니다. 씨앗이 발아하려면 시간이 필요하다. 무언가를 자라게 하려고 하는 것이 아니라, 무언가가 자랄 수 있는 조건을 제공하기 위해 최선을 다하는 것이다."(Miranda H, 2001) 과정을 믿어라. 반드시 이루어질 것이다.

우리들의 언스쿨링 이야기

60년대와 70년대의 많은 아이와 마찬가지로 우리도 교육 선택이 거의 없었다. 부모는 걸어서 갈 수 있는 가장 가까운 공립학교에 아이를 보내고 성적 평가 시즌에 교사가 면담을 요청하지 않는 한 다시는 교문에 발을 들여놓을 일이 없었다. 일상적인 학부모 – 교사 면담도, 자원봉사도, 콘서트나 현장 학습에 학부모의 참여도 없었다. 18살 때 나는 평균 62%라는 초라한 성적으로 고등학교를 졸업했다. 대학 진학에 필요한 과목은 이수했으나 대학 진학에 대한 기대는 전혀 없었다. 고등학교 시절은 즐거웠다. 졸업 후 집을 떠나 직장을 다니게 되었다. 나는 스튜어디스, 사회복지사, 미용사가 될 줄 알았다. 그런데 스튜어디스 면접에서 카펫에 걸려 넘어졌고, 사회복지학과는 지원자가 너무 많았고, 미용실에서 나는 파마 화학약품 냄새를 견딜 수 없었다! 어떤 직업을 선택해야 할지 난감했다.

2년 동안 작은 가게의 점원으로 일하다가 남자 친구를 계속 지켜보기 위해 대학에 따라갔다. 평균이 낮은 나를 입학시켜준 점이 놀라웠다. 나는 파티를 했다. 공부에 흥미가 없어서 근신 처분을 받았다. 남자 친구와 결혼했다. 하지만 2년 후 헤어졌고 돈을 모두 잃고 병마에 시달렸다. 몇 년 더 침체기를 겪은 후 나는 무일푼이 되었고 몹시 지루했다. 시간제 점원 아르바이트는 '직업'이 아니라는 것을 깨달았다. 25살에 다시 대학에 진학해 일반 예술 학위를 받기로 결심했다. 학위 취득에 대한 동기가 있었던 것 같다. 나는 파티를 할 돈이 없었기 때문에 그 시간을 공부하면서 생산적으로 보냈다.

나는 등록금을 내기 위해 낮에는 전일제 사무원으로 일했다. 밤에는 수업을 들으며 4과목을 수강했다. 28살에 졸업하고 이혼하고 빚을 갚았다. 뉴욕시의 조난 위기 상담 전화에서 자원봉사를 하다가 멋진 남자를 만났다. 결혼하여 다섯 아이를 낳고 아이들을 기르면서 시간 가는 줄 모르고 지냈다.

나는 육아와 아동 발달에 대한 강연자, 교육자, 촉진자 등 내 열정과 소명을 찾았다. 나는 두 아들 매튜와 닐을 연년생으로 낳았다. 그리고 둘째 아들이 태어난 지 20개월 후에 딸 소피가 태어났다. 3년 후 넷째 아들인 라이언을 낳기 전까지 잠시 숨을 돌렸다. 라이언이 태어난 지 4년 후에 우리 집 "막내"인 안나가 태어났다. 아이들의 학령기가 가까워지면서 내 관심은 점점 교육으로 옮겨갔다. 아이들뿐만 아니라 내 진로를 위해서 그랬다.

고등학교 때 누군가가 나에게 육아도 직업이 될 수 있다고 말했더라면 비웃었을 것이다. 전형적인 직업 선택이 아니었으니까. 하지만 학위를 취득하기 위한 나의 모든 노력과 희생은 보건복지부의 부모 교육자 자리를 제안받으며 결실을 얻게 되었다. 학위가 없었다면 결코 그 자리를 얻지 못했을 것이다.

우리 아이들보다 나이가 많은 아이를 둔 데비라는 좋은 친구가 있었다. 그녀는 아이들을 언스쿨링하고 있었다. 이 개념을 처음 접한 나는 왜 누군가가 아이들의 교육받을 권리를 거부하는지 상상할 수 없었기 때문에 '교육'에 대한 데비의 접근 방식이 약간 엉뚱하다고 생각했다. 누군가 가르치지 않으면 아이들이 어떻게 배울 수 있을까? 데비는 세심하고 인내심이 많은 부모였다. 아이들의 질문이나 관찰 결과를 이야기할 때면 항상 대답해 주었다. 어느 날 맥도날드에서 데비의 큰아들이 감자튀김의 길이가 얼마나 되냐고 물었다. 데비는 11센티미터 정도 되는 것 같다고 대답했다. 그녀의 아들은 어떻게 생각했을까? 아들도 동의했다. 나는 '그게 다야? 그것이 그날의 수학이야?'라고 생각했다. 육아에는 "절대 안 돼!"라고 말하지 말라는 말이 있다. 5년 후 내가 내 아이들과 똑같은 일을 하게 될 줄 누가 알았겠는가?!

성인 교육자로서 경험과 교육을 통해 나는 아동 교육에 존재하는 가정을 검토하게 되었다. 성인 교육자는 교사가 아니라 조력자이며, 성인 학생은 대개 자의적으로 참여한다는 사실을 깨달았다. 나는 말콤 놀스의 촉진자에 관한 책을 찾아서 읽고 이러한 개념이 아이에게도 적용되는 사실을 알게 되었다. 자기 주도 학습자인 성인과 아이의 유일한 차이점은 아이는 성인과 같은 인생 경험이 없다는 점이다. 하지만 인생 경험에서 부족한 부분은 호기심과 활기로 보완할 수 있다.

남편은 아이들을 학교에 보내야 한다고 강하게 주장했다. 이유는 우리 동네에는 걸어서 갈 수 있는 거리에 4개의 학교가 있었고 자신이 자란 영국 학교에 비해 매우 매력적이라고 생각했기 때문이었다.

큰아들은 동네에 있는 프랑스어 몰입형 초등학교에 진학했다. 둘째 아들도 그 뒤를 따라갔다. 한 아들이 학습 장애가 있었고 프랑스어 몰입 교육이 읽기에 도움이 되지 않아서 매튜와 닐을 모두 영어 학교로 옮겼다. 매튜는 2학년 때 읽기를 배웠다. 당시에는 많은 가정이 교외로 이주하고 있었다. 우리 학교를 포함한 도심 지역 학교들은 신입생을 유치하지 못했다. 그 결과 학생 수가 감소하면서 학교가 통폐합되었다. 학교는 문을 닫을 예정이었고 교사와 교직원들은 사기가 저하된 듯했다. 가끔 학교에서 점심시간에 확성기를 통해 클래식 음악을 틀어주곤 했다. 그것으로 음악 교육은 충분했다!

마지막 한 해 동안 매일 아침에 아이들을 집 밖으로 끌어내야 했다. 아이들은 문짝을 붙잡고 학교에 가기 싫다고 버텼다. 두 블록 떨어진 학교까지 차를 몰고 가서 전투적인 태세로 우리를 기다리는 교장 선생님에게 아이들을 인계했다. 나는 아들을 교장 선생님의 품에 맡기고 아들의 울음소리가 들리지 않도록 귀를 막고 황급히 떠났다. 나는 재빨리 차에 올라타고 한참 울고 나서야 시동을 걸었다. 아이들이 그렇게 불행해하는 모습은 내 마음을 몹시 아프게 했다. 학교는 아이들이 기대하는 곳이 되어야 한다. 그게 정상이었다. 하지만 내 아이들은 학교를 싫어했다. 내가 뭘 잘못한 걸까? 둘째 아들은 점심을 먹으러 집에 왔다가 오후에 다시 학교에 가지 않으려고 했다. 블록, 컴퓨터, 공예용품, 애완동물 등 학교에 있는 모든 것이 집에 있었다. 아이들은 집에 있는 것을 좋아했다. 나도 아이들과 함께 있는 것이 더 좋았다. 올해와 같은 또 다른 한 해는 상상조차 할 수 없었다. 뭔가 다른 것을 찾아야 했다.

큰아들이 초등학교 2학년이 되던 해 봄에 남편이 페루 리마에 가서 일하게 되었다. 24일간은 페루에서 일하고, 2일간은 여행하고, 10일간은 집에서 교대로 근무하는 프로젝트였다. 그는 나에게 이 프로젝트에 동의해 달라고 요청했다. 나는 남편이 1세부터 8세까지 4명의 아이를 내 방식으로 교육하는 데 동의해준다면 좋다고 말했다. 남편은 홈스쿨링에 동의했다. 아이들은 학교로 돌아가지 않게 되어서 너무 기뻐했다!

그해 여름 우리는 편안하고 재미있는 시간을 보냈다. 남편은 롭슨과 덴먼 거리에 있는 밴쿠버 콘도에서 일하고 있어서 우리는 그와 함께 지냈다. 우리는 밴쿠버를 탐험하면서 정말 자유로웠다! 스탠리 파크 해변에 가서 수상버스(SeaBus)를 타고 즐겁게 지냈다. 매주 사이언스 월드를 방문했다. 우리는 스카이트레인과 론스데일 키를 탐험했다. 우리는 홈스쿨링 동료들을 만났다. 9월에 학교로 돌아갈 일을 두려워하지 않고 세계를 탐험하는 일이 자연스럽게 느껴졌다. 아이들은 무척 많이 배웠다!

1999년 가을, 대부분 홈스쿨링 학생처럼 나도 집에서 학교를 모방하는 것으로 홈스쿨링을 시작했다. 그것이 유일한 방법이라고 생각했다. 홈스쿨링에 대한 미디어의 이미지는 부엌 벽에 설치된 칠판 앞에 서 있는 엄마와 식탁에 둘러앉은 아이들이 교과서에 둘러싸여 있는 모습이었다. 엄마는 웃고 아이들은 열심히 듣고 있었다. 정말 우스꽝스러운 장면이었다. 나중에 나는 '세심한' 아이들은 전혀 그렇지 않기 때문에 사람들이 홈스쿨링을 다른 방식으로 한다는 것을 알게 되었다. 하지만 한동안은 전통적인 학교 교실을 주방으로 가져왔다. 나는 A형 성격이어서 체계적인 것을 좋아한다. 하지만 아이들은 전혀 반응하지 않았다. 한 아이는 구조를 좋아해서 내가 할 일 목록을 만들어주고 있다. 하지민 대부분 아이는 내가 세심하게 계획한 수업과 알록달록하게 꾸민 게시판에는 관심이 없었다. 사실 아이들은 전혀 그곳에 있고 싶어 하지 않았다. 나는 곧 깨달았다. 나도 마찬가지였다! 내가 계획한 수업을 배우기 싫어하는 아이들을 가르치는 것이 나도 싫었다는 사실을 깨달았다. 많은 홈스쿨링 부모처럼 나도 언스쿨링에 대해 꽤 많이 알고 있었다. 하지만 여전히 그 개념을 신뢰하지 못했고 식탁에서 문제집으로 가르치는 것 외에는 아무것도 몰랐다. 재앙이었다. 아이들과 나는 여러 번 눈물을 흘렸다.

그래서 내가 배운 모든 것과는 달리 나는 홈스쿨 교사로서의 경력을 끝내고 언스쿨링 학습의 촉진자가 되었다. 나는 밴쿠버에서의 평온하고 배움으로 가득했던 여름을 떠올리며 마음을 놓았다. 나는 아이들에게 좋아하는 무언가를 보여주고, 무엇이 관심을 끌었는지 확인하기 위해 좋아하는 무언가를 제시했다. 아이들은 관심이 있을 때 더 깊이 탐구했다. 그렇지 않으면 유보했다. 나는 아이들이 배우는 모습을 보기는 좋아하지만, 아이들이 흥미를 느끼지 않는 것을 가르치는 일은 싫어한다는 사실을 다시 깨달았다. 학교 교사들도 같은 심정일 것이다. 아이들의 머리를 열고 정보를 쏟으려는 순간 아이들의 눈동자는 흐릿해진다.

나는 아이들이 지나다니는 길목에 물건을 놓아두었다. 이를 흔히 "흩뿌리기"라고 한다. 아이가 관심을 보이면, 보통은 아이가 앞장서서 "얼마나 많이", "얼마나 오래" 있을지 알려준다. 그것은 신문 기사, 새로운 게임, 구슬, 조각 큐브처럼 간단한 것일 수도 있다. 간혹 알아보지 못할 때도 있지만 괜찮다. 나중에 다시 제공할 수도 있고 아닐 수도 있다. 아이들이 무언가를 집어 들고 씨름하며 다양한 방식으로 시도하는 모습은 무척 재미있다. 나에게 그것은 아이들의 호기심을 충족시키는 것이며 진정한 학습이다. 사실과 수치를 암기하는 것은 금방 잊어버리는 단기적인 학습일 뿐이다. 아이들이 대학을 마치고 집에 돌아와도 나는 신문에서 흥미로운 기사를 오려서 식사 시간에 토론할 수 있도록 남겨둔다. 아무도 그 기사에 대해 이야기하고 싶지 않더라도 괜찮다. 하지만 99%의 경우 토론을 촉발한다.

내 딸이 취학 연령이 되자 유치원에 가고 싶다고 했다. 딸아이는 1년 내내 다니면서 학교 연극에서 공주 역까지 맡았다. 이듬해 1학년이 되자, 우리가 얼마나 재미있게 노는지 알 수 있었기 때문에 우리와 놀기 위해 학교를 그만두고 집으로 왔다. 나는 매년 아이들에게 학교에 갈 것인지 홈스쿨을 계속할 것인지 물어보았다. 그것은 바로 자기 결정권, 즉 학습자의 선택이다.

엄밀히 말하면 소피가 3학년이었을 때(홈스쿨링 학생은 제도권 학교처럼 자신을 학년으로 정의하지 않는다), 그녀는 정말 학교에 가고 싶어 했다. 그해 3월이었다. 그해에는 주 정부 표준화 시험이 있어서 소피가 시험을 치러야 했다. 그러나 시험 결과는 학교 평가에 영향을 미칠 수 있었기 때문에 어떤 학교도 소피를 받아주려고 하지 않았다! 나는 지원을 거부하는 학교 측에 항의했다. 소피가 더 이상 시험을 보지 않을 수도 있는 9월이 아니라 소피의 관심이 뜨거울 때 시험을 치르게 해 달라고 주장했다.

그들은 소피를 받아주었다.

나는 소피가 차에서 내리는 것을 보았다. 그녀가 새로 찾은 친구들을 맞이하기 위해 놀이터로 행복하게 뛰어가는 것을 보았다. 소피는 그것을 좋아했다. 딱 석 달 동안이었다. 소피는 3학년 때 일주일에 한 권씩 해리포터 책을 읽었다. 하지만 수업은 3학년 수준의 교재만 읽었기 때문에 교육과정의 많은 부분이 지루하게 느껴졌다. 딸아이가 학교에 가고 싶어 했고 내가 딸아이를 위해 싸웠기 때문에 나는 딸아이가 스스로 일어나서 옷을 입고 도시락을 싸서 갈 준비를 해야 한다는 점을 분명히 말하고 학교에 데려다주었다. 딸은 의욕이 넘쳤다. 8살이 되었을 때 대부분의 아침을 정리하고 준비했다.

9월이 되자 그 빛은 사라지고 학교 수업 시간이 너무 길고 책 내용이 너무 지루하다고 생각했다. 친구들은 좋았으나 방과 후 숙제 때문에 자신만의 시간을 갖지 못했다. 나는 학교에 가지 말라고 말리지 않았다. 스스로 경험하게 하자, 소피는 학교를 그만두었다!

소피는 9학년이 되자, 다시 학교에 다니고 싶어 했다. 우리 지역에 있는 3년제 중학교의 마지막 학년이라 이미 형성된 사교 클럽에 들어가기가 힘들어 2주 만에 그만두었다. 10학년 때 소피는 두 달 동안 예술 중심 고등학교에 다녔다. 친구도 많이 사귀고 여러 사교 행사에 초대받았다. 학교 프로그램 중 일부는 마음에 들었으나 학교 수업 시간이 너무 많아서 자신의 열정인 소설을 쓸 시간이 거의 없다는 점을 알게 되었다. 수업 중 과제는 90점대의 점수를 얻었으나 숙제를 거부한 탓에 숙제 점수는 0점을 받았다. 그 결과 평균 성적이 좋지 않아 10학년과 11학년 때 고등학교를 그만두고 자기 주도형 고등학교로 옮겼다. 12학년 때도 '자기 주도형' 고등학교에 다녔다. 하지만 대부분 과제가 학교에서 듣는 온라인 수업인데도 왜 아침 8시에 일어나 앉을 자리도 없는 혼잡한 버스를 1시간 반 동안이나 타고 학교에 가야 하는지 의문이 들었다. 대부분 수업은 독학으로 진행되었다. 튜토리얼의 도움도 예정되어 있었고 매일 지도교사의 확인을 받아야 했다. 결국 소피는 2주 만에 다시 학교를 그만두었다. 배울 필요가 있는 과목에 시간을 쓰고 이미 알고 있는 내용으로 졸업장 과정에 도전하는 등 자신만의 방식으로 12학년을 마쳤다. 소피는 자신의 방식대로 공부하여 사립학교와 연계된 소규모 홈스쿨 프로그램을 이수하고 졸업 요건인 100학점과 장학금 점수를 충족했다.

소피가 대학에 합격했을 때 나는 소피의 과거를 생각하면 2주 만에 그만두지 않을까 걱정했다. 하지만 소피는 대학이 다르다는 것을 알게 되었다. 학생들은 더 성숙해졌고, 교수들은 더 존중해주었으며, 소피는 점심 식사나 화장실 가는 시간을 스스로 통제할 수 있었다. 소피는 오전 8시 수업, 활동, 클럽에 더 가까워지기 위해 집을 나와 기숙사에서 생활했다.

내 아들들은 서로 다른 길을 택했다.

11학년 때 매튜는 학습 장애 학생을 위한 훌륭한 프로그램이 있는 고등학교에 입학했다. 그는 고등학교 졸업장을 받았다. 수학과 과학을 싫어했던 그는 최소 요구조건만 이수하고 졸업했다. 졸업 후 1년이 지난 후에 그는 헬리콥터 조종사가 아닌 의료분야로 진로를 결정했다. 그러나 해당 분야의 대학에 지원하려면 두 가지 과학 과목과 순수 수학이 필요했다. 이제 그는 동기가 생겼다! 매튜는 성인 고등 교육 기관(평생 교육원)에서 화학 과목 두 개, 생물 과목 한 개, 순수 수학 과목 세 개를 수강하고 훌륭한 성적으로 과정을 마쳤다. "학생이 준비되면 선생님이 나타난다." 학생 스스로가 필요성을 인식하고 이해한다면 필요한 어떤 과목도 등록하고, 공부하고, 합격에 필요한 모든 일을 할 것이다. 매튜가 대학에 필요한 모든 요건을 충족하는 데 1년 반이 걸렸다. 이는 앞으로 50년 동안의 직장생활을 생각하면 짧은 시간이었다!

닐은 11학년 동안 일반 고등학교에 다녔다. 졸업에 필요한 학점은 거의 다 채웠다. 하지만 학교에서는 개인 프로젝트를 위해 남는 시간을 내는 것을 허용하지 않았다. 그래서 그는 학교는 자신에게 맞지 않는다고 판단하고 고등학교의 나머지 1년을 자기 주도적으로 보냈다. 닐의 11학년 생물 교사는 그가 대학에 갈 준비가 되어 있고 충분히 성숙했다고 말했다. 그는 교과서를 통해 과학과 수학을 스스로 공부하고, 몇 가지 과정을 이수하고, 국가시험을 치렀다. 학점을 따기 위해 영어와 사회 과목은 책을 많이 읽고 독학으로 온라인 강외를 들었다. 총 100학점 중에서 99학점으로 1학점이 부족했다. 그는 선택 과목이 필요했다. 재미와 흥미를 위해 세 가지 과학 과목(생물학, 화학, 물리학)을 모두 이수했는데도 불구하고 그는 대학교 2학년이 끝날 때까지 공식적으로 고등학교를 졸업하지 못했다. 마침내 학점을 이수하기 위해 수업과제를 제출했다.

다섯 명의 아이 중 세 명은 8학년에서 첫 수학 수업을 받았다. 그중 두 명은 8학년을 건너뛰고 7학년과 9학년 수학을 공부했다. 이들의 12학년 평균 시험 점수는 81%였다. 남자아이들의 첫 영어 수업은 11학년이었고, 내 딸은 정식 영어 수업을 받은 적이 없다. 그녀는 소설 쓰기, 줄거리 전개, 캐릭터 대화, 인물 설정에 관한 책을 읽으면서 모든 것을 스스로 배웠다. 그녀는 국가 영어 시험에서 80점대 초반의 점수를 받았다. 10학년부터 과학과 사회 과목의 공부를 시작했다. 대부분 구글과 칸아카데미의 자료를 이용하여 독학했다.

셋째 아들 라이언은 12학년 생물 과목을 제외하고는 학교에 다닌 적이 없다. 7학년 때 처음으로 정식 수학 수업을 통신 과정으로 들었고, 8학년과 9학년은 건너뛰고 10학년 수학 과정을 온라인으로 수강했다. 그는 12학년 최종 졸업장 시험을 통과하는 데 필요한 대부분의 수학과 과학을 독학으로 배웠다. 마지막 아이인 안나는 유치원 첫날에 갔다가 둘째 날에는 등원을 거부했다. 온라인으로 8학년 수학 수업을 들었고 고등학교 과목 중 일부를 독학으로 공부하고 다른 과목은 홈스쿨링 협동조합에서 이수했다.

내 두 아들은 9살과 10살이 되어서야 글을 배웠다. 그 이후로 두 아이 모두 워리어스 시리즈 전권을 읽었고, 한 아이는 테리 프래챗의 디스크 월드 소설을 모두 읽기도 했다. 다섯 아이 모두 제인 오스틴부터 스티븐 호킹에 이르기까지 모든 책을 탐독하는 열렬한 독서가이다. 그 이유는 국가가 무엇을 읽어도 되는지 알려주는 대신 아이들이 스스로 결정할 수 있기 때문이다.

그리고 아이들은 놀았다.

요약하면, 내 다섯 아이는 대부분의 교육을 놀이로 대체했다. 큰아이가 유치원과 초등학교 1, 2학년을 잠시 다녀왔지만, 우리는 학교가 아이들에게 적합하지 않는다고 판단했다. 아이들은 15세까지 어린 시절을 놀며 보냈다. 15세부터 18세까지의 공식적인 학업은 대부분 독학으로 해결하거나 국가 제도 밖의 자원을 활용하여 이루어졌다. 이러한 과정을 거쳐 12학년 고등학교 졸업 자격시험에 성공했다.

아이들은 각각 최소 8년 동안 학교에 다니지 않고 놀았다. 일부 아이는 12년 동안 학교에 다니지 않았다. 그중 세 명은 이 책의 내용을 보완하기 위해 6학년과 9학년 때 국가 표준화 시험을 치렀다. 이 시험에서 모든 아이는 보통 등급을 받았으며, 일부는 우수 등급을 받았다. 우리가 살고 있는 앨버타 지역에서는 12학년 때 의무적으로 객관적인 국가 검정고시를 치러야 했다. 이 시험은 대학 진학을 위한 최종 과정 점수의 절반을 차지했다. 아이 중 4명은 20개의 졸업 자격시험을 치렀다. 그중 12개는 수학과 과학, 8개는 영어와 사회 과목이었다. 이들의 평균 합산 점수는 78%로, 2012년에 이 도시 최고 사립학교의 평균 점수와 똑같았다. 지금까지 4명의 아이가 졸업 후 장학금을 받고 고등 교육 기관에 진학하여 더 많은 장학금을 획득했다.

이 과정에서 아이들은 어린 시절의 놀이, 지적 자유, 여행, 가족과 깊은 관계라는 선물을 받았다. 또한 유치원의 제약, 숙제 부담, 동급생들의 스트레스, 지루한 방과 후와 여름방학 학습, 비인격적인 정규 학교 교실에서 벗어날 수 있었다. 아이들은 또래들로부터의 압박, 괴롭힘, 지루함, 등급 경쟁이 넘치는 강압적인 학교 교육에서 벗어날 수 있었다. 우리는 아이들의 호기심, 창의성, 자존감, 형제자매 간의 관계, 배우는 것에 대한 열정을 보호했다. 고등학교에서도 그들은 하루에 2시간씩 고등학교 과목을 자율적으로 학습하고, 학업 외에도 일하고, 자원봉사를 하며, 취미와 음악, 체력에 관심을 기울이고, 충분한 놀이 시간을 가질 수 있다고 생각했다.

현재 우리 세 아이는 각각 대학을 졸업했다. 한 아이는 아직 대학에 재학 중이며, 막내 아이는 자기 주도적으로 고등학교를 이수하고 대학에서 인문학을 공부할 계획이다. 세 아이 모두 STEM 분야에서 활동하고 있다.

놀이는 아이들의 주요 학습 수단이다

"우리는 홈스쿨링을 제대로 해본 적이 없는 홈스쿨링 학생이었다. 우리는 놀았다!"

놀이가 학습이다.

제니는 소파에 앉아 그리스에 관한 역사책을 읽고 있다. 마크는 책상에 앉아 역시 그리스에 관한 역사책을 읽고 있다. 두 아이는 같은 방에서 같은 활동을 하고 있다. 하지만 책을 읽는 방식에는 근본적인 차이가 있다. 제니는 그리스 신화에 대한 깊은 관심을 기르기 위해 역사책을 읽고 있다. 제니는 놀고 있다. 마크는 책을 보고 있지만 많은 정보를 이해하지 못한다. 그는 그리스 신화에 관심이 없지만 6학년 학습 결과에 포함되기 때문에 그리스 신화를 공부하고 있다. 마크는 놀고 있지 않다. 마크는 공부하고 있다. 놀고 있는 제니와 공부하고 있는 마크의 차이점은 무엇인가? 제니는 자기 주도적이며 호기심을 충족시키기 위해 내적 동기를 부여받는 데 비해 마크는 학교의 계획에 따르며 점수에 의한 외적 동기를 부여받는다. 한 사람의 놀이는 다른 사람에게는 일이다. 장기적으로 볼 때 제니는 관심이 있는 까닭에 대부분 정보를 기억할 것이다. 마크는 시험을 통과하자마자 잊어버릴 것이다.

언스쿨링 아이는 대부분 탐구와 자유로운 놀이를 통해 학습한다.

놀이는 유엔 아동권리협약 제31조 1항에 명시된 바와 같이 출생부터 18세 성인이 될 때까지 아동의 권리다. "휴식과 여가를 누리고, 아동의 나이에 적합한 레크리에이션 활동과 **놀이에 참여하고**, 문화생활과 예술에 자유롭게 참여할 수 있는 아동의 권리."

 "*너랑 놀아줄게(I Will Play with you)*"의 저자인 아델리나 고테라는 다음과 같이 말한다. "아이에게 놀이는 무엇보다도 즐거운 활동이다. 계획된 목적도 없고 자신이나 다른 친구들과 경쟁도 없다. 이 즐거운 놀이는 아이 혼자서, 다른 아이와 함께, 또는 한 명이나 그 이상의 성인들과 할 수 있다. 놀이에서 즐거움을 얻지 못하면 아이는 놀이를 그만둘 것이다. 놀이는 중단되고 더 이상 놀이를 하지 않을 것이다. 그러므로 놀이의 필수 요소는 재미와 즐거움이다. 배가 고프거나 잠이 부족하거나 신체적, 정신적 고통과 괴로움에 시달리는 아이는 장난감을 주거나 재미있는 활동을 자극해도 재미있게 놀지 않으며 실제로 놀 수 없다. 아이는 건강하고 육체적, 정신적으로 재미있는 순간을 즐길 준비가 될 때 논다."

 아이들이 놀 때 무엇을 하는지 살펴보면 초기 진로나 관심사를 알 수 있다. 내 아들 중 한 명은 기차, 레고, 메카노, 블록, 모든 종류의 조립 장난감, 컴퓨터 게임, 불꽃놀이(큰아이의 불에 대한 매력에 대해서는 나중에 자세히 설명한다), 케이넥스(K'NEX) 장난감을 좋아했다. 다른 아이들과 마찬가지로 그는 설명서 없이 무엇을 만들기를 좋아했고, 만든 작품 중 일부는 굉장했다. 그는 컴퓨터 프로그래밍, 기계, 가제트 제작에 관심이 많았으며 물건을 분해하여 어떻게 작동하는지 보는 것을 좋아했다. 현재 공대를 졸업했다. 내 딸은 어릴 때부터 읽고 쓰는 것을 좋아했다. 그녀의 뇌는 그것과 연결되어 있었다. 4살 때부터 일찍 책을 읽은 내 딸은 항상 책을 탐독했다. 딸의 책꽂이는 고전으로 가득 차 있다. 다른 아들은 컴퓨터, 케이넥스 장난감, 레고, 미술을 좋아했다. 일찍부터 구도와 균형에 재능을 보였다. 만화책을 쓰고 그림을 그리고 조각을 많이 만들었다. 그는 여전히 예술을 취미이자 삶의 즐거움으로 추구하고 있으며, 예술을 직업으로 삼지 않고 놀이로만 즐기고 있다.

놀이의 정의는 사람들이 실제로 생각하는 것보다 훨씬 더 다양하다. 놀이는 다음과 같이 정의한다.

- 순수한 즐거움을 위한 활동. 놀이는 즐겁다. 놀이는 때때로 좌절, 도전, 두려움을 동반하지만 즐거움이 가장 중요한 특징이다. 즐거움은 우리가 계속하고 싶게 만든다.
- 돈, 보상 또는 점수로 보상하지 않으며 위협, 처벌 또는 기타 형태의 압박으로 강요하지 않는다. 놀이꾼은 자유롭게 선택하고 자발적으로 참여한다. 하지만 다른 놀이 친구를 초대하거나 놀이를 요청할 수 있다.
- 전적으로 자기 동기 부여와 자기 주도적이다. 놀이는 그 자체로 놀이꾼에게 보상이 된다.
- 학습은 목표가 아닌 활동의 부산물이다.
- 완전히 개방적이다. 이는 자아와 시간에 대한 의식을 약화한다. 아이는 그 순간에 온전히 집중한다. 자기 자신을 생각하거나 다른 사람에게 어떻게 보일지 염려하지 않는다. 아이는 종종 외부 관찰을 의식하지 못한다.

놀이란 다른 일을 할 필요가 없을 때 우리가 하는 거의 모든 활동을 말한다. 대부분의 산업화된 세계에서 놀이는 저평가되고 활용성이 낮은 개념이다. 기술을 가르치거나 돈을 벌지 못하면 쓸모없고 심지어 죄악시되기도 한다(Brown, 2010). 그러나 놀이는 인류 역사 내내 지속되어 온 인간 활동 중 한 요소이다. 동물들은 논다. 어린아이도 논다. 성인들도 놀 수 있을 때는 논다. 놀이는 일 만큼이나 생존에 필수적이지만, 시간을 중시하고 효율적이며 목표 지향적인 사회에서는 종종 시간을 낭비하는 하찮은 짓으로 치부되기도 한다.

"놀이는 아이의 일"이라는 말은 누구나 들어본 적이 있을 것이다. 하지만 언제부터 놀이는 더 이상 아이의 일이 아니게 되었는가? 아이가 놀 수 없는 나이는 몇 살인가? 정답은 놀기에 너무 늦은 나이는 없다는 것이다. 우리는 모두 놀기 좋아한다. 하지만 직장, 아이 양육, 집안일, 가족 의무, 봉사 활동 등 성인으로서 해야 할 책임 때문에 놀 시간이 줄어들었다. 남은 시간이 있어야 독서, 스케이트 등 영혼을 채울 수 있는 활동으로 성인 놀이를 즐길 수 있다. 우리는 놀이에 대해 죄책감을 느끼나 놀이를 위해 살아간다.

놀이는 아이가 자유롭게 선택하고 성인의 지도가 없어야 하며, 과정의 즐거움을 강조해야 한다.

"자유"라는 부분이 중요하다. 프레드 도널드슨 박사는 자신의 저서 "*마음껏 놀기(Playing by Heart)*"에서 이렇게 말한다. "성인들은 아이를 성인으로 만드는 훈련으로 놀이를 이용하는 경향이 있다. 게임, 활동, 스포츠는 아이들이 성인의 행동에 능숙해지도록 압박을 가하는 수단으로 점점 더 많이 사용되고 있다. 자유로운 놀이는 정신 건강뿐만 아니라 인생에서 필요한 중요한 능력을 습득하는 등 아동의 발달에 필수적이다. 아이가 자유롭게 놀 수 있는 기회를 더 많이 만들려면 다른 부모들도 그렇게 하도록 설득해야 한다. 아이가 더 많이 놀수록 밖에 나가서 노는 것이 더 매력적일 수 있다."

많은 아이에게 놀이는 경력을 향상할 수 있는 기술과 지식을 쌓을 수 있는 경우에만 허용된다. 바이올린 레슨, 스페인어 자유 학교, 유소년 축구단, 미술 수업 등은 자유 놀이가 아니다. 이는 학교와 마찬가지로 계획된 성인 주도의 활동이다. 오늘날 많은 극성스러운 부모들은 아이를 대학에 더 빨리 보내기 위해서 아이, 학교, 교사, 행정기관에 압력을 가한다. 우리는 아이들을 밀어붙이고, 다그치고, 보호하지만, 특히 놀이에서 아이들이 자기 선택의 중요성이나 그에 따른 자연스러운 결과를 느끼며 살도록 내버려 두지 않는다.

30년 전만 해도 아이들은 거리와 동네에서 자유롭게 뛰어놀았다. 아침 식사 후 아침 햇살을 받으며 밖으로 나가서 놀고 점심과 저녁을 먹으러 돌아올 줄 알았다. 아이들은 활동적이었고 신선한 공기를 마셨으며 삶과 친구들, 그리고 자신에 대해 많은 것을 배웠다. 진정한 사회화는 편안한 발견의 환경에서 일어났다. 이제 놀이가 변했다. 놀이 날짜는 성인들이 정한다. 성인들이 아이들의 활동을 세세히 계획하고 시간을 정한다. 게임과 연습은 체계적으로 계획하고 일정이 정해지며, 종종 의무적으로 참여해야 한다. 과외 수업은 '놀이'로 홍보하지만, 아이가 자유롭게 선택하기보다는 부모가 아이의 성장을 위해 선택하는 경우가 더 많다.

자유 놀이는 위험한 것으로 인식된다. 부모들은 이제 낯선 사람의 납치, 학교 총격 사건, 부상, 나쁜 학교 성적표를 두려워한다. 부모가 통제 활동을 선호하는 바람에 자유 놀이는 기피 대상이 되고 있다. 20년 전만 해도 우리는 아이들을 초대해 집안일이나 프로젝트를 완수할 수 있도록 아이들을 놀게 했다. 이제는 초대하는 부모가 아이들을 즐겁게 해줄 것으로 기대한다. 학업이나 스포츠 위주의 활동이라면 더 좋은 것으로 생각한다. 10대가 성인들이 통제, 감독, 관리할 수 없는 인터넷이라는 거대한 놀이 상자(sandbox)에 빠져드는 것은 당연한 일이다.

전문가들이 동의하는 한 가지 사실은 자유 놀이에는 예정된 활동이 포함되어서는 안 된다는 것이다. 자유 놀이는 구조화되지 않고, 지시하지 않으며, 재미있어야 한다! 구조화된 활동은 집단소속감과 새로운 기술을 배울 기회를 제공하나 정보처리 기술, 반성, 뇌의 내적 처리 과정을 제한한다. 비구조적 활동을 하려면 시간, 도구, 자유가 있어야 한다(McDowell, 2006).

미국 소아과학회의 2007년 보고서에 따르면 비구조화 놀이는 건강하며 "아이들이 중요한 사회적, 정서적, 인지적 발달 단계에 도달하도록 도울 뿐만 아니라 스트레스를 관리하고 회복력을 기르는 데 필수적"이라고 한다(Ginsberg, 2007). 사이언티픽 아메리칸(A Scientific American)에 실린 "놀이에 대한 진지한 필요성"의 기사는 자유 놀이의 이점을 찬양했다(Wenner, 2009).

학습과 놀이는 본질적으로 하나의 개념이다.

부모에게 놀이가 어떤 의미인지 물어보면 재미와 게임을 떠올린다. 이는 사실이다. 놀이가 재미가 없다면 왜 신경 쓸 필요가 있는가? 하지만 대부분의 사람에게 학교가 재미있는지 물어보면 그렇지 않다고 생각한다. 적어도 그들은 그렇지 않기를 바란다. 많은 연구에 따르면 유머와 재미가 있고 학습 활동에 적극적으로 참여할 때 아이와 성인이 더 잘 배운다고 한다. 하지만 많은 사람은 학습과 놀이가 같다고 보지 않는다. 놀이 기반 학습은 1,700년대 존 로크와 장 자크 루소의 연구로 거슬러 올라간다. 매우 오래된 상세한 연구의 역사가 있다. 많은 연구와 증거는 여러 문화권에서 아동 발달과 학습에서 놀이의 역할을 강조한다(Shipley, 2008). 많은 사람은 아이의 놀이와 학습, 발달의 분리는 불가능하다고 생각한다.

놀이와 학습의 차이점은 무엇인가? 학습은 강요되는 경우가 많고 놀이는 그렇지 않다는 점을 제외하면 거의 차이가 없다. 아이들이 놀면 학습이 중단되는가? 아니다. 놀이와 학습은 불가분의 관계에 있다. 아이들이 놀이를 통해 배울 수 없는 과목은 없다.

연구에 따르면 학습이 재미있을수록 기억에 더 오래 남는다고 한다(Klein, 2001). 성인 교육에서는 성인이 개념을 기억할 수 있도록 놀이, 게임, 재미있는 학습 활동의 통합을 적극적으로 권장한다. 슬라이드를 읽는 것은 지루하고 시간 낭비다. 청중은 집에 머물면서 자신의 노트를 읽는 것이 나을 수 있다. 청중이 상호작용하고, 참여하고, 놀이 활동에 참여할 때 가장 좋은 학습이 일어난다. 인간은 시각, 후각, 음악, 감정, 유머, 활동과 관련된 것을 기억한다. 예를 들어, 나는 임산부에게 아기의 울음소리에 대처하는 방법을 가르칠 때는 원 안에 서서 무게감이 있는 유아 인형을 전달하게 한다. 그런 다음 아기 울음소리가 담긴 테이프를 틀어준다. 그 소음은 지속적이고 자극적이며 시끄러웠다! 각 부모는 인형을 다음 사람에게 넘기기 전에 아기를 진정시키고 위로할 수 있는 한 가지 방법을 제안해야 했다. 이 연습은 시각, 운동감각, 특히 청각 학습자에게 호소력이 있었다. 많은 농담이 오갔고 사람들은 재미있게 놀았지만, 육아 초기에 무엇을 기대해야 하는지 깨달았다. 이 연습은 슬라이드를 보는 것보다 장기기억에 훨씬 더 오래 남는다. 새로운 학습이 장기기억으로 이동하려면 뇌가 이를 처리할 시간이 필요하다(Jensen, 1998).

한 교육 콘퍼런스에서 참가자들에게 "내가 배우는 방법"을 열거해 달라고 요청했다. 상위 세 가지 응답은 "사람, 독서, 경험"이었다. 다른 응답으로는 자기 발견, 재인식, 경청, 책, 영화, 수업, 여행, 놀이, 경험, 미디어, 예술, 자원봉사, 실수, 자율학습, 문화 등이 있었다. 그런 다음 "내가 배우는 장소"를 나열하도록 요청했다. 가장 많은 응답은 커뮤니티였고, 그다음은 가정과 학교였다(Inspiring Education, 2009).

나는 아이들에게 같은 질문을 했다면 응답이 달라졌을 것이라고 확신한다. 아이들은 아마 학교를 가장 많이 배우는 장소로 꼽을 것이다. 하지만 성인인 우리는 학교가 배움의 첫 번째 장소도, 유일한 장소도 아니라는 것을 알고 있다.

최적의 학습을 위한 조건을 고려해 보자.

- 학습이 놀이처럼 느껴질수록 더 좋은 결과를 얻을 수 있다.
- 진정한 학습은 시행착오와 실수를 통해 일어난다.
- 학생은 자신이 관심 있는 분야만 배우게 된다.
- 학생은 발달적으로 준비된 경우에만 학습하게 된다.
- 학습은 학생들이 연결하고 연결할 수 있는 적절한 맥락을 벗어나서는 일어날 수 없다.
- 실제 학습은 계속 사용되고 적용된다.
- 학생은 자신이 배울 수 있다고 믿어야 한다. 수학에 대해 처음에 나쁜 경험을 했다는 이유만으로 자신이 수학을 잘하지 못한다고 주장하는 사람이 얼마나 될까?
- 많은 학습은 형식적인 교육보다는 문화와 생활의 상호작용을 통해 이루어진다. (Klein, 2001)

"놀이 윤리" 개발

학습이 관련성 있고 재미있고 의미 있을 때 일어나는 것을 안다면, 학습을 위해 더 많이 놀아야 하지 않을까? 사회에서 우리는 놀이에 대해 그럴싸한 말을 하지만, 우리가 놀고 있다고 인정하는 경우는 거의 없다. 놀이는 이웃, 친척, 동료에게 드러내지 않는 은밀한 즐거움이다. 오랫동안 보지 못했던 사람을 만나면 "정말 바빴어요!"라고 말하는 경우가 많다. 이는 노느라 바빴다는 뜻이 아니다. 일 때문에 매우 바빴다는 뜻이다. 우리가 노느라 많은 시간을 보낸다고 말하는 것은 사회적으로 용납되지 않는다.

성인의 놀이는 나만의 시간, 휴식 시간, 취미, 여가 활동, 데이트, 자기 관리 등 다양한 형태로 이루어진다. 우리는 일의 윤리를 열망하지만, 미친 듯이 바쁘다는 것 때문에 "놀이의 윤리"를 잃어버리고 있다. 우리는 다른 사람들에게 미치도록 바쁘다고 말하는 것을 종종 "아니오"라고 말하는 수단으로 사용한다. 즉 "나는 너무 바빠서 다른 일을 더 이상 할 수 없으니, 당신이 내게 맡기려는 일이 무엇이든 부탁하지 마라."라고 말하는 것이다. 그냥 "안 돼요"라고 말할 수도 있지만 그렇게 직접적으로 말하는 것은 마음이 불편하다. 또한 우리 사회는 놀이보다 일을 중시하기 때문에 일 때문에 엄청나게 바쁘다고 표현하면 존경과 찬사를 받는다. 하지만 놀고 싶은 내면의 욕구를 표현하면 게으르고 나태해 보일 것으로 생각한다.

우리는 죄책감을 내려놓고 규칙, 목표, 일정, 미리 정해진 결과가 없는 놀이시간을 늘려야 한다. 열정적으로 놀아야 한다. 우리는 아이들이 놀이를 즐길 수 있게 해야 한다. 그리고 무엇보다도 우리 아이들에게도 같은 기쁨을 주어야 한다.

아이들에게 놀이는 목적이 없다. 놀이에는 일의 영역에 속하는 목적이나 목표, 최종 결과물이 없다. 브루노 베텔하임(Bruno Bettelheim)은 "*충분히 좋은 부모(A Good Enough Parent)*"에서 다음과 같이 말했다. "우리는 아이의 놀이를 통해 아이가 세상을 어떻게 바라보고 해석하는지, 즉 아이가 무엇을 원하는지, 걱정거리가 무엇인지, 어떤 문제가 그를 괴롭히는지 이해할 수 있다. 아이는 놀이를 통해 말로 표현하기 어려운 것을 표현한다. 공허한 순간을 채우기 위해 부분적으로 놀이에 참여하더라도 아이가 선택하는 놀이는 내면의 과정, 욕구, 호기심, 문제, 불안 등으로 동기가 부여된다. 아이의 마음속에서 무슨 일이 일어나고 있는지가 놀이 활동을 결정하며, 놀이는 우리가 이해하지 못하더라도 존중해야 하는 아이의 비밀언어다."

놀이의 장벽

안타깝게도 놀이가 아이들의 학습과 발달에 좋다는 수많은 증거에도 불구하고 자유로운 놀이를 가로막는 장벽은 여전히 극복하기 매우 어렵다. 몇 가지 이유를 살펴보자.

빈곤, 자원 부족, 가족 지원 부족

일부 고학년 아이는 가족 수입을 보충하기 위해 일해야 하므로 놀이 시간을 잃게 된다. 일부 가정에서는 부모가 모두 장시간 전일제로 일하기도 한다. 어린아이에 대한 감독이 필요하다. 조직화된 방과 후 활동은 아이가 아르바이트를 할 수 있을 만큼 나이가 될 때까지 아이의 흥미를 유지하고 안전하게 지킬 수 있는 유용한 솔루션을 제공한다.

부모는 자유 시간을 체계적이고 학업적인 활동에 사용하는 것이 더 효과적이라고 생각한다.

놀이는 그 자체로 학습 과정이라기보다는 학습의 휴식으로 간주하는 경우가 많다. 놀이는 학습 수단으로서 지나치게 저평가되어 있다. 부모들은 놀이의 진도를 측정할 수 없다는 이유를 들어서 놀이를 신뢰하지 않는다. 우리는 측정할 수 있는 것을 소중히 여긴다. 부모는 학업 성취를 중요하게 여기고 선호하며, 학업에 놀이가 접목된다면 더욱 좋다고 생각한다. "학교 준비에 대한 대중의 관심이 높아지면서 조기 교육이 도움이 되지 않는다는 연구 결과가 있는데도 불구하고 조기 교육에 대한 압박이 커지고 있다. 연구에 따르면 이는 학습자로서 자신감을 저해할 수 있다. 현재 대부분 아이는 체계적인 보육과 교육 환경에서 하루를 보내고 있으며, 대부분 놀이와 여가 활동도 구조화되고 학습에 초점을 맞추고 있다."(ECMap, 2011)

장난감을 비롯한 아이와 관련된 모든 제품을 판매하는 데 학습과 놀이를 결합한 STEM 학습이 이용되고 있다. 부모들은 아이의 학업 성취도를 높이기 위해 간단한 블록부터 과학 상자까지 모든 것을 사들이며 열광적으로 반응한다. 그러나 이러한 장난감을 마케팅 방식에서만 생각하는 부모는 모든 장난감이 교육적이라는 사실을 알지 못한다. 간단한 골판지 상자로도 아이들에게 STEM 지식을 가르칠 수 있다.

부모들은 또한 자유 시간을 두려워한다. 미디어와 많은 육아 가이드는 지루하고 집중하지 못하는 아이들이 기물 파손이나 기타 바람직하지 않은 행동으로 문제를 일으킨다고 부모에게 겁을 준다. 여름 직전에 "올여름 아이가 바쁘게 시간을 보내는 방법"과 같은 제목의 미디어 기사가 쏟아지는 것을 보면, 부모가 여름방학 동안 분 단위로 활동 일정을 세우지 않으면 아이를 소홀히 대한다는 것을 알 수 있다. 이러한 두려움은 연중무휴 학교의 인기로도 증명된다. 그래서 대부분 아이는 학교 시스템에서 계속 즐겁게 지낸다. 시간을 관리하고 활용하는 법을 배우지 못한 아이들에게는 끊임없는 오락이 필요하기에 이러한 사이클이 반복된다. 10대가 되면 그들은 생산적인 시간 사용법을 모르기 때문에 바쁘게 지내기 위해 또래에게 크게 의존한다. 또래가 주도하는 활동에 잘못된 종류의 재미가 들어있게 되면 문제를 일으킬 수 있다. 소위 자기 주도적 학교라고 하는 한 학교에서도 "아이는 자유 시간에 너무 많은 문제를 일으킨다"라고 주장한다.

학교는 놀이보다 학업에 더 중점을 둔다.

최근 학교에서는 표준화 시험으로 인해 아이들의 사회화보다 핵심 과목에 집중하는 경향이 나타나고 있다. 교사들은 과목에 대한 심도 있는 학습보다는 검증과 평가의 결과를 기록으로 전달해야 한다는 압박을 받고 있다. 유치원은 물론이고, 캐나다에서 아직 자발적으로 운영되는 유치원에서도 성취를 중시하는 부모를 달래기 위해 종이와 연필 학습, 훈련, 읽기 학습에 대한 압박을 점점 더 강조하고 있다.

접근이 가능한 기술과 부모들의 안전에 대한 인식에 힘입어 수동적인 놀이가 증가하고 있다.

오늘날의 세상은 통계적으로 더 안전해졌지만, 아이에게는 더 위험하다는 인식이 증가하고 있다. 아이들이 집 밖에서 안전하게 놀 수 있는 공간은 점점 줄어들고 있다. 걱정이 많은 부모들은 아이들이 공원이나 놀이터에서 혼자 또는 또래와 함께 자유롭게 놀 수 있도록 하기보다는 성인의 감독을 받는 체계적인 활동에 참여시켜야 할 필요성을 느낀다.

부모는 아이를 직접 감독할 수 없을 때 휴대전화를 소지하게 하는 등 기기 기술을 사용하여 불안과 걱정을 완화한다. 이는 신뢰를 쌓지 못한다. 우리가 기기에 신뢰를 맡기면 아이는 다른 사람을 신뢰하지 않게 된다. 아이들은 도움이 필요할 때 다른 성인에게 도움을 요청할 수 있는 능력이 있지만, 놀이에서 발생하는 문제에 대해 스스로 해결책을 찾지 못하게 하면 자신감과 문제 해결 능력이 급격히 떨어진다.

자유 놀이는 지저분하고 전자 놀이는 깨끗하다.

전자 놀이에는 청소할 페인트도, 카펫에 남은 모래도, 바닥에 색칠할 플레이도우도 없다. 발에 밟힐 레고나 쓸어낼 공예 쪼가리도 없다. 함께 보관할 보드게임 조각도 없다. 부모는 지저분한 것을 싫어하고 스크린은 모든 것을 깔끔하게 유지한다. 하지만 아이들의 두뇌는 세

가지 활동을 동시에 할 때 가장 잘 발달한다. 2차원이 아닌 3차원의 놀이 세계를 구축해야 하며, 물감과 점액질로 손을 지저분하게 만들어야 한다.

책임에 대한 두려움

학교에서 아이들은 블록을 5층 이상으로 쌓을 수 없다. 그들은 요새를 짓거나 눈싸움을 할 수도 없다. 그네를 높이 탈 수도 없다. 피구나 레드 로버 같은 재미있는 게임도 아이들이 공에 맞아 다칠까 봐 관리자들이 두려워서 할 수 없다. 또한 서류작업, 감독, 교통편, 비용, 학교의 책임 등 행정적인 장벽 때문에 학년당 한 번 이상의 현장 학습을 갈 수도 없다. 차라리 집 안에 머물면서 재미있는 일을 하지 않는 것이 훨씬 더 안전하다.

놀지 않아서 발생하는 사회적, 정서적, 학업적 비용

의료 기관은 많은 연구를 통해 자유로운 놀이가 아이 건강에 미치는 가치를 알고 있지만, 학업 성취를 강조하는 부모, 보호자, 학교 관리자에게는 이러한 정보가 전달되지 않고 있다(ECMap, 2011).

미국의 한 연구에서 나온 다음 통계를 살펴보자.

- 아이의 70%가 13세까지 단체 활동을 중단하는데, 그 이유는 소진, 피로감, 압박감이나 경쟁적인 분위기가 싫어서라고 한다.
- 9~13세 아이의 41%는 항상 스트레스를 받는다고 답했다.
- 오늘날 평균 9세 아이가 즐기는 자유 놀이 시간은 1970년 같은 또래 아이가 즐겼던 시간의 9분의 1에 불과하다.
- 8~12세 아동의 66%는 혼자서 밖에서 놀아본 경험이 없다.

- 많은 사람이 자유 놀이를 위험하거나 시간 낭비라고 생각한다. (Harper, 2011)

세르지오 펠리스(Sergio Pellis)가 쥐를 대상으로 한 연구에 따르면 자유 놀이가 없는 쥐는 사회적 무능과 불안으로 스트레스를 받는 것으로 나타났다. "미국을 비롯한 선진국에서는 지난 50년 동안 아이들의 자유 놀이가 급격히 감소했다. 같은 기간 동안 아이, 청소년, 청년층에서 불안, 우울증, 자살, 무력감, 자기애가 급격히 상승했다."(Gray, 2011)

뇌 발달-학습 개념을 지나치게 강조하면 성인들이 놀이를 관리하거나 통제하도록 강요할 위험이 있다. 이는 자발적이고 예측할 수 없으며 때로는 무의미해 보이는 자유로운 놀이에 역효과를 가져올 수 있으므로 가급적 성인들은 내버려 두어야 한다. 부모의 역할은 안전한 놀이가 되도록 감독하고, 필요한 자료를 제공하고, 요청이 있을 때 참여하는 것이다. 그것이 전부이다. 재미가 없으면 놀이가 아니다 (Hoffman, 2005).

놀이는 시간 낭비인가? 아니다. 시간은 3가지 방식으로 낭비된다. 무언가를 필요 이상으로 느리게 할 때, 활동해야 하는데 할 일이 없을 때, 쓸데없거나 불필요한 일을 할 때 낭비된다. 놀이는 이러한 범주에 속하지 않는다. 놀이는 시간 낭비가 아니다. 놀이는 건강의 필수 요소이다.

자유 놀이의 이점

약간의 '비생산적인' 활동이 삶의 다른 측면에서 생산성을 크게 높이고 활력을 불어넣을 수 있다는 것은 역설적이다(Brown, 2010).

놀이는 다양한 방식으로 학구적 사고를 발달시킨다.

- 놀이는 창의력, 상상력, 혁신, 적응력을 키우고 학습의 본질인 탐구와 위험 감수를 장려한다. "아이들은 문제를 해결하기 위해 놀이를 한다. 아이들은 해결책을 찾을 수 있을 때까지 시나리오를 반복해서 재생한다. 우리는 아이가 새로운 놀이로 넘어갈 때 어떤 문제를 해결했다는 것을 알 수 있다."(Dunbar, 2013) 이러한 현상은 특히 언스쿨링 아이들에게서 두드러진다. 아이들은 한 주제를 깊이 탐구하고 첫 번째 주제에 대한 이해에 만족할 때 다른 주제로 넘어간다.
- 아이들은 주변 세상에 대해 새로운 것을 배운다. 호기심이 충족되면 놀이를 통해 더 많은 질문을 던지고 탐구할 수 있다.
- 놀이는 즐거운 활동을 통해 집중력을 길러 아이들의 주의 집중시간을 확장한다.
- 놀이는 아이들의 비판적 사고를 돕고 문제 해결 능력을 촉진하여 추론 능력을 발달시킨다.
- 아이들은 놀이를 통해 계획을 세우고, 결정을 내리고, 결과를 통해 배운다.
- 아이들은 사물을 조작하고 관찰하면서 논리, 패턴, 산술 기술을 배운다.
- 아이들은 듣고, 말하고, 읽고, 쓰면서 언어를 배운다.
- 놀이는 아이들이 선호하는 학습 스타일과 다중 지능의 개발에 도움이 된다.
- 상징적인 것이나 역할극은 종종 "가장"을 한다. "만약에?"라고 생각하는 특성이 있다. 놀이에는 관찰자에게는 잘 드러나지 않는 의미가 놀이꾼에게 있다.

놀이는 신체 발달을 촉진한다. 놀이는 시각적 추적과 손과 눈의 협응력을 연마하고 대근육과 소근육을 발달시킨다. 놀이에는 물질, 사람, 아이디어 또는 환경에 대한 행동과 신체적, 언어적 또는 정신적 참여가 필요하다. 아이들은 힘, 민첩성, 균형감각, 전반적인 협응력을 발달시킨다. 도구를 안전하고 효율적으로 사용하는 방법을 배우고, 듣고, 맛보고, 만지는 법을 배운다.

놀이는 사회적 기술과 의사소통을 발달시킨다. 아이들은 집단 역학의 기본을 배운다. 놀이를 통해 다른 사람의 말을 경청하고 소통한다. 규칙을 만들고 따르는 법을 배우며 협력하고 갈등을 해결하는 방법을 배우고 협상하는 방법과 시기를 배우며 다른 사람을 이끌고 동기를 부여하는 법을 배운다. 차례를 지키고, 나누고, 포용하며, 사람들을 조직하는 법을 배운다. 다른 아이들이 행동에 대한 피드백을 줄 때 아이들은 집단 놀이를 통해 실행기능과 자제력을 배운다. 놀이치료사진 던바(Jean Dunbar)는 다음과 같이 말했다. "놀이는 아이들의 의사소통에도 필요하며, 특히 언어적으로 자신을 표현할 수 없는 아이들에게는 더욱 그렇다. 아이들은 자신에게 일어난 경험을 놀이로 표현하고 연기한다. 아이들은 실제로 이러한 경험에 감정을 부여한다. 요컨대, 우리는 이야기하고 아이들은 논다."(Dunbar, 2013) 집단 놀이는 인생의 큰 교훈을 가르쳐준다.

놀이는 정서 발달을 촉진한다. 놀이는 아이들이 다른 사람에 대한 공감을 키울 수 있게 한다. 놀이는 즐거움, 기쁨, 행복을 선물하며, 아이들의 역량을 키워 자존감을 높여준다. 놀이는 아이들이 스스로 무언가를 해봄으로써 고독과 독립을 즐길 수 있도록 도와준다.

아이들은 놀이를 통해 기쁨을 경험할 수 있다. 또한 위험을 감수하고 그 결과를 평가하는 법을 배우며 주도적으로 행동하는 법을 배우고 긍정적인 자아상을 형성한다. 놀이를 통해 아이들은 자기가 잘하는 것을 할 수 있어서 자신감을 키울 수 있다. 놀이는 아이들이 스트레스, 불안, 걱정, 두려움, 우울 등의 감정을 해소하는 데 도움이 된다. 놀고 있는 아이들을 보면 불안해하거나 남의 이목을 의식하지 않는다. 그들은 자유롭게 자신을 표현한다.

"놀이는 자율성, 건강한 자존감, 개인의 힘, 선택권을 발달시킨다. 아이들은 놀이에서 무엇을 할 것인지, 어떻게 할 것인지 스스로 결정하게 된다. 자신이 강하고 유능한 척하는 것은 아이들이 자신감을 키우는 데 도움이 된다."(Dunbar, 2013)

놀이 유형

놀이에는 직접 사물을 조작하는 것, 미술, 공예, 음악 놀이, 자연 놀이, 상상 놀이, 역할 놀이, 신체 놀이 등이 있다(Hoffman, 2005).

대부분 동물은 신체 활동을 한다. 모든 어린 영장류는 논다. 영장류가 성장하고 뇌가 더 많은 시냅스를 연결하여 발달하면서 놀이의 복잡성과 유형이 증가한다. 놀이는 영장류의 자연적 적응력을 향상하고 면역 체계를 강화하며 기억력을 증가한다. 초기 놀이와 다른 동물과 상호작용은 성인의 삶을 준비한다. 최근에 "아이와 청소년의 놀이 감소와 정신병리 증가"라는 논문을 발표한 보스턴 칼리지의 심리학자 피터 그레이(Peter Gray)는 다음과 같이 말했다. "많은 어린 동물과 마찬가지로 아이들도 놀면서 배운다. 아이들은 놀 준비가 되어 세상에 태어난다. 놀이는 인간 본성의 일부이며, 자연선택이 이를 선호한다는 것을 의미한다. 놀이는 인간의 생존에 중요한 역할을 한다."(Gray, 2011)

어떤 종류의 장난감인가?

장난감은 중요하지만, 아이의 발달에 도움이 되는 장난감의 종류가 더 중요하다.

- 아이들에게는 스스로 무언가를 하거나 함께 할 수 있는 장난감이 필요하다. 아이들이 에너지를 쏟지 않으면 장난감에 금방 지루함을 느낄 수 있다.
- 아이들은 비싸고 복잡한 장난감이 필요하지 않다. 골판지와 테이프로 상상력을 자극할 수 있다.
- 아이들은 교육용이라고 주장하는 장난감으로 더 똑똑해지지 않는다. 장난감은 존재할 뿐이다. 아이들은 창의적으로 장난감에 의미를 부여한다.
- 전자 장난감은 실제 장난감보다 아이의 두뇌를 더 잘 발달시키지 못한다. 스크린은 시각과 청각 두 가지 감각만 자극한다. 실제 장난감은 시각, 청각, 촉각, 후각, 미각 등 모든 감각을 자극한다.
- 아이들의 두뇌는 도구로서의 모든 물리적 장난감을 포함하여 주변의 3차원 세계에서 상호작용을 통해 자극받는다. (Building Block, 2011)

장난감은 점점 더 규범적으로 구조화되고 있다. 자유로운 놀이와 창의력, 상상력을 자극하는 블록과 같은 기본적인 장난감을 찾기가 매우 어려워지고 있다. 구조화되지 않은 장난감은 자유롭고 창의적이며 탐구적인 놀이가 가능하므로 0~13세에게 가장 적합하다.

비구조화 장난감

구조화되지 않은 장난감은 최종 결과나 목표가 아닌 과정과 경험에 중점을 둔다. 이러한 장난감을 가지고 노는 방법에는 옳고 그름이 없다. 다음 사항을 고려해 보라.

- 모든 연령대와 다양한 능력의 아이들이 비구조화 장난감을 사용할 수 있다. 예를 들어, 18개월 아이와 10세 아이 모두 블록을 사용하여 간단한 탑부터 정교한 구조물과 기차 세트용 터널까지 무엇이든 만들 수 있다.
- 비구조화 장난감을 가지고 노는 것은 치료 효과가 있다. 아이들이 자신의 감정과 두려움을 표현하고 그 순간 자기 삶에서 일어나는 일들을 해결해 나가는 데 도움이 된다.
- 아이는 재료를 다양한 방법으로 조합하여 상상력을 확장하고 창의력을 발휘할 수 있다.
- 아이들은 놀이에서 모든 결정을 내리며 자존감과 리더십을 키울 수 있다.
- 비구조화 놀이 재료는 다양한 연령대에 걸쳐 있으며 배터리로 움직이는 것이 아닌 아이가 주도적으로 사용하는 것이기 때문에 최고의 가치를 지닌 '장난감'이다.

구조화 장난감

구조화 장난감은 "시작"과 "끝"이 있어 특정한 방식으로만 놀 수 있는 특징을 갖는다. 예를 들어 퍼즐, 모양 맞추기, 키트, 색칠 공부, 보드게임, 리모컨 자동차, 버튼을 눌러 동작시키는 전자 제품 등이 이에 속한다.

- 구조화된 장난감은 설명서와 건전지가 함께 제공되는 경우가 많으며, 아이들은 장난감 사용법을 익힌 후에는 흥미를 잃기 쉽다.
- 아이들이 장난감에 너무 많은 에너지를 들이지 않아도 장난감은 모든 것을 해준다. 아이들은 그저 지켜보기만 한다.
- 발달 수준에 비해 너무 어려운 장난감은 아이들이 좌절감을 느낄 수 있고, 너무 쉬운 또는 유아용 장난감은 지루함을 느낄 수 있다. 구조화된 장난감은 특정 연령대에 더 매력적일 수 있으며, 10대들이 더 오랫동안 사용하기도 한다.

창의성

창의성은 타고난 특성이 아니다. 창의성은 틀에 박힌 사고에서 벗어나 위험을 감수하고 아이디어를 실행에 옮길 의지와 능력이 있는 사람이라면 누구나 개발할 수 있다. 창의력은 건강한 자존감과 밀접한 관련이 있다. 아이들이 위험을 감수하고 창조할 수 있을 만큼 자신감을 가지며 불완전해도 괜찮다고 느낀다면 그들은 놀랍도록 창의적인 사람이 될 수 있다. 실수와 실패를 경험하더라도 불이익을 받지 않는다면 아이들은 창의적인 과정을 즐기는 방법을 배우게 될 것이다. 학교는 실수에 불이익을 준다. 그러나 놀이는 그렇지 않다.

창의적인 아이는 어떤 문제에 대한 해결책을 브레인스토밍할 수 있는 놀라운 재능을 갖추고 있으며, 이러한 기술은 인생에서 큰 도움이 된다. 부모는 언스쿨링을 통해 학교에서 허용되지 않는 창의력을 기를 수 있는 일을 많이 할 수 있다.

언어 표현: 아이가 자신의 이야기, 환상, 두려움, 설명, 아이디어를 부모에게 말하도록 독려하라. 아이가 이야기하는 동안 최대한 오랫동

안 귀 기울여 들어주라.

주도성: 억지스러워 보일지라도 아이들의 아이디어를 억누르지 마라. 협상과 문제 해결을 장려하라. 예를 들어, 겨울에 레모네이드 가판대를 세우고 싶다고 할 때, 도와주라. 아이들이 실수할 수 있게 하라.

격려: 아이들에게 필요한 것을 제공하고, 격려하고, 프로젝트를 진행하도록 독려하라. 아이가 성취하기 어려워 보이더라도 격려하라. "좋은 생각이야… 그 프로젝트를 시작하려면 무엇이 필요한 거니?"와 같이 말해보라. 부모가 할 수 있는 가장 나쁜 말은 "흠… 잘 안 될 것 같은데. 다른 걸 해 보자." 등이다.

호기심: 부모는 호기심에 대한 본보기가 될 수 있다. 새로운 빵 굽기 레시피를 시도하거나, 가구를 수선하거나, 책 쓰기와 같은 활동을 해 보라. 아이들의 호기심을 자극하고 질문을 장려하라. "만약에?", "어떻게?", "어떤 일이 일어날 것 같아?"와 같은 질문을 큰 소리로 물어보도록 도와주라. 아이들의 질문에 또 다른 질문으로 답하면서 새로운 호기심을 발견할 수 있도록 도우라.

아이가 재료와 주변 환경을 탐색하도록 허용하면 아이는 창의력을 가장 효과적으로 발휘할 수 있다. 그림 그리기, 조각, 공예품 만들기, 재봉틀 사용, 작업장이나 주방의 접근을 허용하고, 자신만의 정원 공간을 마련하라. 물론, 이와 같은 활동은 지저분함을 동반할 수 있다. 청소 방법도 함께 알려주되, 지저분하거나 비용이 많이 들거나 불편해 보일 수 있다는 이유만으로 활동을 금지하지 마라. 특정 활동을 위한 특별한 공간을 지정할 수도 있다. 하지만 아이들은 종종 부모와 함께 시간을 보내거나 식탁에서 작업하는 것을 선호할 수 있다. 아이들이 필요한 재료를 구해주고, 그 비용을 교육 비용에 포함하라.

완벽한 프로젝트를 기대하지 마라. 목표는 완벽한 제품을 만드는 것이 아닌, 혁신을 촉진하는 만드는 과정 자체다.

스크린 타임을 금지하지 마라. 아이들은 종종 비디오 게임과 컴퓨터 사용 경험을 창작물에 적용한다. 예를 들어, 내 아이들은 비디오 게임을 한 후에 쿠키, 마리오, 요시, 젤다 공주 등의 작은 닌텐도 캐릭터를 바느질하여 만들고, 나무로 복제품을 만들고, 동화책을 썼다. 아이들은 시청한 경험을 바탕으로 창의적인 에너지를 발휘했다.

0~5세 유아의 창의력 키우기

이 시기의 아이들은 무엇이든 손에 들고 노는 것을 즐긴다. 장난감을 자신만의 놀이에 맞게 재구성하고 재조합하여 제조업체가 의도한 것과 다르게 사용하며 즐길 수 있다. 부모는 장난감을 정리하고 분류하는 것을 좋아할 수 있지만, 이러한 조합을 허용해야 한다. 우리 아이들은 샌드박스에서 플레이도우를 눌러 "빵가루를 입힌 패티"를 만들곤 했다. 그들은 이 과정에서 플레이도우가 끈적끈적한 재료에 잘 달라붙는 것을 배웠다. 수학 패턴 블록을 테이프로 붙여 우주선을 만들었는데, 이 블록은 분수를 설명하기 위한 것이었다. 또한 테이프로 어떤 것을 만들 수 있을지도 탐구하였다. 레고 블록으로 곤돌라 자동차를 만들기도 하고, 주방 조리대에 테이프를 붙이기도 했다.

개방형 비구조화 놀이 교구를 사용하라. 이러한 장난감은 정해진 놀이 방식이 없으며 높은 놀이 가치를 제공한다. 상상력을 자극하고 창의력을 자극한다. 컬러링 북과 마커, 일반 종이를 예로 들어보자. 컬러링 북은 어떤 색을 어떻게 칠해야 하는지 정해져 있다. 그러나 일반 종이는 아이들에게 어떤 제한도 가하지 않는다. 레고 키트와 레고 조각 양동이의 차이점은 키트는 정해진 방식으로만 조립할 수 있지만, 조각 양동이는 아이들의 상상력을 자유롭게 발휘할 수 있다는 것이다. 더 많은 창의적인 놀이 아이디어를 얻으려면 "judyarnall.com"
이라는 블로그를 참고하라.

6~12세 아동의 창의력 키우기

　고학년 아이들은 소꿉놀이, 연극, 인형, 해적, 외계인, 액션 피규어
등을 통해 계속해서 상상력을 자극하는 놀이를 이어간다. 가정용품과
건축자재로 놀기도 한다. 유감스럽게도 부모들은 아이들이 그런 물건
을 갖고 있거나 학교에 더 좋은 대체물이 있을 것으로 생각하여 분장
가방이나 미술 공예품과 같은 창의적인 재료를 정리하거나 나눠주는
데, 항상 그런 것은 아니다. 부모는 종종 깔끔한 화면과 컨트롤러가
더 낫다고 생각하기도 한다. 그래도 더 많은 창의적인 놀이 아이템을
아이들이 쉽게 접근할 수 있도록 13세까지 지속하고 추가하는 것이
중요하다.

　최고의 여름을 보냈던 어느 날, 우리는 뒷마당에서 베어낸 거대한
가문비나무 두 그루의 뿌리를 파헤쳤다. 뒷마당 전체가 거대한 진흙
웅덩이로 변해버렸다. 양동이, 삽, 장난감 자동차, 정원 호스로 20명
의 동네 아이가 며칠, 몇 주 동안 즐겁게 놀 수 있었다. 내가 아이들
을 집으로 돌려보내 각자의 화장실을 사용하게 했을 때 부모들은 크
게 감동하지 않았으나 아이들은 정말 즐거워했다! 진흙, 흙, 물, 모래,
소품, 그리고 상상력까지. 아이들에게 더 이상 바랄 것이 뭐가 있을까?

　부모도 놓아줄 필요가 있다. 아이에게 지루한 시간을 주라. 그런 다
음 아이에게 재료에 대한 권한을 부여하면 아이는 재료를 사용하여
스스로 재미있게 만들 것이다. 아이의 시간을 가득 채워야 한다고 생
각하지 마라.

　그리고 아이의 작품을 '수정'하고 싶은 충동에 절대 굴복하지 마라!

그냥 놔두라. 홈 인테리어 매장의 어린이 꾸미기 날에서 아이의 프로젝트를 완전히 가져와 직접 조립하고 완벽한 결과물을 만들어내는 부모들을 많이 봤다. 심지어 아이의 창의적인 그림 작업에도 "개입"하기도 한다! 아이들이 이를 인식한다. 그것이 중요하다.

우리 지역 쇼핑몰에서는 매년 10월에 어린이 핼러윈 호박 조각 경연대회를 개최한다. 부모가 정교하게 조각한 호박이 우승하는 것이 아닌 점이 흥미롭다! 어느 해에는 우리가 호박을 구매하기에 너무 늦어서 살 수 없었다. 그래도 아이들이 참가하고 싶어 해서 문제를 어떻게 해결할 수 있을지 의견을 구했다. 아이들은 마트에 가서 다른 호박을 사자고 제안했다. 결국 멜론을 샀다. 비록 경연대회에서 우승하지는 못했으나 사람들은 창의적인 멜론의 얼굴에 감탄했다. 아이들은 실수가 창의성을 끌어낼 수 있다는 것을 배웠다. 이제 창의력뿐만 아니라 문제 해결력도 발휘할 수 있다!

10대의 창의력 키우기

스크린 사용을 가능한 한 미루되, 스크린을 두려워하지 마라. 나는 10대 딸이 어렸을 때 했던 글쓰기, 미술 프로젝트, 동화책 그리기를 중단한 것이 안타까웠다. 온라인 시간이 더 많아진 딸이 걱정되어, 왜 더 이상 프로젝트를 하지 않는지 물어봤다. 소피는 "엄마, 난 프로젝트는 많이 하는데 온라인에서 창의력을 발휘하는 것뿐이에요"라고 대답했다. 소피는 컴퓨터로 시, 단편 소설, 소설을 쓰는 등 창의적인 작업을 하는 모습을 보여주었다. 실제로 소피는 여전히 매우 창의적이었지만, 화가와 조각가가 다른 것처럼 매체만 다르게 사용한 것이었다.

많은 컴퓨터 게임은 창의적인 플레이를 기반으로 한다. 심즈, 개리모드, 마인크래프트, 스포츠는 모두 게임에서 창의적인 요소를 강조한다. 스크린 시간을 금지하지 않았기 때문에 소피, 안나, 그리고 아들들은 컴퓨터 게임을 수정하여 캐릭터, 설정, 기타 콘텐츠를 맞춤화했다. 오블리비언에서는 완전히 새로운 게임 부분을 만들 수 있었으며, 월드 오브 워크래프트에서는 인터페이스를 맞춤화하는 새로운 방식을 창조할 수 있었다. 10대들은 게임 포럼에서 일관된 에세이와 의견 게시물을 작성할 수 있다. 특히 논쟁의 여지가 있는 주제에 대해 다른 게이머와 토론을 벌일 때 유용하다. 10대들은 자기 작품과 사진을 게시하고 피드백을 받을 수 있는 온라인 갤러리를 가지고 있다. 특별히 제작된 태블릿을 사용해 목탄처럼 그림을 캡처하고 이미지를 게시할 수 있다. 내 아들은 웹사이트를 디자인하고 만들고, 컴퓨터에서 전자 로봇을 작동시키기 위한 코드를 작성하고, 만화를 디자인한다. 많은 10대는 블로그, 브이로그, 파워포인트 프레젠테이션, 음악 작곡, 재미있는 밈, 그리고 비디오를 제작한다. 실제로, 10대들이 인터넷을 사용하는 많은 부분은 단순한 소비를 위한 것뿐만 아니라 콘텐츠를 생성하기 위해서이다. 그들이 만든 것들 대부분은 매우 훌륭하다! 아이들은 자기 창작물을 쉽게 공유할 수 있고, 재미있으면 더욱 재미있어지기 때문에 창의력을 향상하기 위해 기술을 활용한다.

놀이가 항상 교육과정을 대체할 수 있는가?

그렇다. 학령기에는 자유로운 놀이가 자기 주도적인 교육이며 의무적인 학교 공부를 대체할 수 있다. 아이들이 10대로 성장하면서 더 많은 지필 교육을 원할 수도 있지만, 놀이는 나이에 상관없이 환영받을 수 있다.

교실에는 이미 놀이 기반 학습이 도입되어 있다.

몬테소리, 레지오 에밀리아, 발도르프 철학은 모두 아이의 흥미 중심 학습이라는 개념에 기반을 두고 있지만 교육과정과 교사의 역할은 다르다. 몬테소리 교육은 아이의 자기 주도적인 학습과 교사의 관찰을 장려한다. 아이의 환경은 아이의 발달에 맞게 조정된다. 몬테소리 교육에는 정해진 교육과정이 있으며 교사의 역할은 그 교육과정을 통해 아이를 안내하는 것이다.

레지오 에밀리아 교육철학은 1945년 이탈리아 레지오 에밀리아의 로리스 말라구찌에 의해 세워졌다. 아이는 자신의 관심사에 따라 교사의 지도를 받는다. 하지만 교사는 아이를 지도하는 것이 아니라 학습 동반자로서 함께 놀아준다. 정해진 교육과정이 없다. 레지오가 몬테소리보다 더 자유로우나 두 프로그램 모두 창의성을 중요시한다.

발도르프 교육은 비구조화되어 있으며 인류학 창시자 루돌프 슈타이너의 교육철학을 기반으로 한다. 발도르프 교육은 학습에서 상상력의 역할을 강조하며 학생들의 지적, 실용적, 예술적 발달을 종합적으로 통합하기 위해 노력한다(Wikipedia, 2018).

많은 학교가 이러한 철학을 실천하고 있으며 이를 선택하는 사람들도 많다. 이 모두는 놀이 요소를 포함하며 아이들이 놀이를 통해 학습한다는 증거를 보여준다.

언스쿨링은 성인이 거의 간섭하지 않고 학습자가 자신의 교육 뷔페 접시를 통제한다는 점에서 앞서 설명한 것과 다르다.

05

학교에서의 언스쿨링

"나에게 과학은 공식화된 호기심일 뿐이다."

– 크리스 해드필드

    내 아이들은 "매직 스쿨버스" 비디오를 좋아했다. 그리고서 컴퓨터 게임을 하고 책을 읽었다. 아이들은 새로운 에피소드가 나올 때마다 프리즐 선생님의 드레스에 어떤 과학 디자인이 그려져 있는지 궁금해했다. 이를 통해 그날의 과학 개념을 추측하려고 애썼다. 특히 프리즐 선생님이 "현장 학습 갈 시간이야"라고 말하면 학생인 아놀드가 "다시는 안 가요!"라고 신음하는 장면을 좋아했다. 내 아이들은 이 멋진 쇼를 보면서 1학년부터 8학년까지의 과학 개념에 대해 알아야 할 모든 것을 배웠다!

    언스쿨링은 학교에서도 가능하다. "매직 스쿨버스"의 프리즐 선생님은 학생 수가 일반 학급의 4분의 1에 불과했다. 그녀는 학생들의 관심사를 의도적으로 따라가며 모든 것을 현장 학습으로 전환하는 전형적인 교사의 사례였다. 학습자가 콘텐츠를 선택하고 교사가 진행을 맡는 방식으로 수업 규모를 대폭 줄이면 학생 참여도가 급상승할 것이다.

안드라고지와 페다고지: 촉진과 가르침

나는 직접 가르치는 것보다 촉진을 장려하는 성인 교육이론을 연구하면서 자기 주도적 학습을 처음 접하게 되었다. 성인들은 설교 듣기를 싫어하고, 아이들은 가만히 앉아 있지 못하기 때문에 더더욱 싫어한다. 하지만 성인들은 지루하더라도 예의를 갖추기 위해 앉아서 듣는 척한다. 아이들은 그렇지 않다. 아이들은 수업을 통해서 많은 것을 얻지 못하면 고개를 숙이고, 서로 떠들고, 방해하는 행동을 한다.

말콤 놀스는 촉진 전문가로 인정받고 있다. 그는 안드라고지(성인 교육학)의 자기 주도적 학습과 교사 주도적인 페다고지(아동 교육학) 간의 차이점을 설명한다. 안드라고지(andragogy)는 지도자(agogus)와 성인(aner)의 합성어이다. 페다고지(pedagogy)는 지도하다(paid)와 아동(child)의 합성어이다. 모두 그리스어에서 유래했다(Knowles, 1975). 놀스는 교육철학을 나이가 아닌 학습자 – 교사 관계의 성격과 교육 목표에 따라 구분해야 한다고 주장했다.

성인 학습이론: 아이에게도 적용되는가?

성인 교육자로서, 나는 성인과 아이가 학습하는 방식에 근본적인 차이가 있다는 것을 알고 있다. 하지만 이러한 차이는 주로 제도적 틀 내에서 존재한다. 가정이나 지역사회 환경에서는 큰 차이가 없다. 성인과 아이 모두 문제 해결을 위해 학습을 주도하며 해결책을 찾을 때까지 멈추지 않는다. 유일한 차이점은 아이가 성인보다 더 많이 논다는 점이다.

다음 7가지 공통 원칙은 성인 학습에서 강하며 아이에게도 적용할 수 있다.

1. 성인은 학습 경험을 계획하고 실행한다. 표준 교육과정을 따르지 않는 아이는 놀이 계획과 학습에 적극적으로 참여하게 된다.

2. 성인 학습은 학습을 장려하고 지원하는 분위기에서 일어난다. 학습 환경에서 채점, 평가, 불이익을 받지 않는다면 아이들은 지지하는 분위기 속에서 위험을 감수하도록 장려된다.

3. 성인 학습자는 자기 주도적이다. 모든 학습자는 자기 주도적이다. 호흡하는 것만으로도 학습이 진행된다.

4. 성인 학습자는 경험을 학습 자원으로 활용한다. 아이는 어리기 때문에 경험을 자원으로 활용하는 데 한계가 있다. 그러나 모든 학습은 이전 지식을 기반으로 새로운 의미를 찾아내는 과정이다. 따라서 아이도 최근 경험을 학습에 활용하며, 특히 청소년은 더 그렇다.

5. 성인 학습자는 문제 중심 학습을 하며, 학습은 학습자의 현재 상황과 관련되어야 한다. 마찬가지로 새로운 정보도 아이의 세계와 경험과 관련하여 제시될 수 있다. 예를 들어 구구단을 배우려면 그 정보가 아이들의 세계와 생활에 적용되고 유용해야 한다. 책에서 배우는 수학은 아이와 관련이 없지만, 레모네이드 가판대를 운영하면서 수학을 문제 해결의 도구로 사용하면 관련이 생긴다.

6. 성인은 학습 과정에 적극적으로 참여해야 하며, 더 몰입할수록 더 좋다. 이는 아이들에게도 마찬가지이다.

7. 성인 학습은 협동심을 길러준다. 이는 성인이 교사가 아닌 조력자가 되었을 때 아이들에게도 적용된다

어린 시절의 교육에 대한 오해

학습자에게 교사가 필요하다.

아니다. 학습자에게는 자원이 필요하다. 교사는 아이들이 스스로 발견하고 스스로 학습할 수 없을 때 적절한 자원이다. 고등학교 미적분과 같은 과목의 경우 교사가 지도하는 강좌에 등록하는 것이 합리적일 수 있다. 하지만 이는 아이의 선택이어야 한다. 그런데도 수업이 필요하지 않을 수도 있다. 나는 내 아이가 인터넷의 무료 자료를 활용하여 고등학교 수학과 과학, 비판적 글쓰기를 스스로 배우는 것을 보았다.

아이들은 성인들이 시간을 정리해 주어야 한다.

아니다. 교육 기관에서 계획한 시간에 익숙하지 않은 아이들도 하루를 완벽하게 활용할 수 있다. 학습 시간 관리는 학습자가 대학에 진학하기 훨씬 전에 연습할 필요가 있다.

'교육용' 자원과 '정크' 자원이 있다.

아니다. 모든 자원은 무언가를 "가르친다." 심지어 비디오 게임도! 모든 것이 교육 뷔페 테이블에서 동등하게 평가된다.

학습과 사회화는 학교에서만 일어난다.

아니다. 모든 학습과 사회화의 발달은 학교 안에서만 일어나는 것은 아니다. 사람, 장소, 사물 등 모든 곳에서 일어난다. 동질적이지 않은 학교 밖에서도 다양한 관계가 존재한다.

놀이는 시시한 것이며 시간 낭비이다. 놀이가 일어나면 학습이
일어나지 않는다.

아니다. 유아 교육에 관한 연구는 모든 나이대의 놀이가 교육적이
라는 사실을 입증한다.

조기 교육과 더 많은 교육이 늦은 교육보다 더 낫다.

아니다. 연구에 따르면 아이들은 교육을 덜 받아야 잘할 수 있다
(Noore, 1975). 내 딸이 대학 마지막 학년 중반에 접어들었을 때, 그녀
는 지쳤다며 "학교는 이제 끝났다"라고 말했다. 그래서 나는 아이들
이 16년간의 학교생활을 마치고 12학년을 졸업할 때 한두 해의 자유
시간을 원하는 경우가 많다고 이야기했다. 그들은 정말로 지친 상태
다. 고등학교를 졸업하고 대학에 진학하는 것은 일부 학생들에게는
매력적이지 않을 수 있다.

주류 학교는 이미 언스쿨링을 향해 나아가고 있다.

앨버타주에서는 이미 학교 시스템이 언스쿨링 모델로의 변화를 추
구하고 있다. "언스쿨링"이라는 용어 대신 "개인 맞춤형 학습"이라는
용어를 사용하여 이 변화를 진행하고 있다. 최근 10년 동안 3만 명 이
상의 의견을 수렴한 두 가지 주요 계획이 진행되었다. 1988년 이후
학교 규정은 검토된 적이 없으며, 그 이후로 세상은 크게 변했다.

주 정부는 2009년에 "감동 교육" 계획을 시작하고, 2011년에는 "우
리 아이들, 우리의 미래"로 이름을 변경하여 다시 시작했다. 이 프로
젝트는 미래의 바람직한 교육 방향에 대한 의견을 수렴하기 위한 것
이다. 한 학생이 연간 950~1,000시간을 학교 건물 내에서 어떻게 보

내는지에 대한 고민이 시작되었다. 교사, 학부모, 기업가, 학교 사업 지도자, 교장, 행정가, 로비 그룹뿐만 아니라 교원 노조, 대학의 교육 부서, 학부모 협의회 등 다양한 교육 관련 단체로부터 의견을 수렴했다. 가장 큰 질문은 앞으로 50년 동안 아이들이 진로를 위해 어떤 것을 배워야 하는가였다. 우리는 왜 아이들을 교육하는가? 무엇에 집중해야 하는가? 주 정부는 인터넷과 모바일 기기를 통해 학습 콘텐츠에 쉽게 접근할 수 있는 시대에 살고 있는 것을 인식하고 있다. 그렇다면 학교에서 아이들에게 무엇을 가르쳐야 하는 것인가?

과거에는 역사, 사실, 이론을 중심으로 가르치는 단순한 콘텐츠로 충분했다. 그러나 오늘날은 아이들이 이러한 콘텐츠에 접근할 수 있다고 가정하고, '콘텐츠의 점들을 연결'하며 혁신과 발전을 촉진하기 위해 비판적 사고를 강조해야 한다. 학교 교육이 읽기, 쓰기, 셈하기와 같은 기본적인 요소를 가르치는 것을 넘어서 사회적 책임, 문화적 인식, 의사소통 등을 강조하며 양육의 영역에 가까이 다가가고 있는 점은 흥미롭다. 부모가 가르칠 수 없을 때 교사들은 아이들에게 7가지 중요한 'C'를 가르칠 수 있어야 한다(2장 참조).

이 보고서의 핵심 목표는 학교 사업을 콘텐츠 교육에서 역량 교육으로 전환하는 데 있다. 즉 공장식 조립라인, 주입식 교육에서 학습 정보를 선별하는 방법으로 전환하는 것이다. 목적은 "아는 것"을 "아는 것을 가지고 무엇을 할 수 있는 것"으로 변화시키는 것이다. 과거의 학교는 지식이 부족했던 시기에 운영되었다. 아이들이 배우는 대부분 지식은 교사와 교과서를 통해 전달되었다. 하지만 오늘날에는 지식이 어디든 널려있다. 교사의 역할은 지식의 공급이 아니라 아이들에게 지식을 찾고, 평가하고, 활용하는 방법을 안내하는 것이다.

150년 전만 해도 교사는 사범학교에 진학해 콘텐츠와 교수법을 공부하고, 마을에서 가장 똑똑하고 교육 수준이 높은 사람이었다. 지금은 기술적으로 진보한 아이들이 교실에서 교사를 돕고 스마트 보드, 파워포인트 프로젝터, 그래프 계산기로 문제를 해결하고 있다. 어느 날 내 아들이 홈스쿨링 친구 몇 명과 함께 학교에서 수업을 듣고 있었다. 감독 없이 자유 시간 동안 코딩 기술을 연습하던 중 '실수로' 학교의 인터넷 시스템에 침입했다. 학교 관리자들은 이 13살 아이들이 보안 취약점을 발견한 후 보안을 강화했다! 오늘날 학교 사업계 전체가 시스템보다 더 영리한 아이들을 따라잡기 위해 노력하고 있다.

오늘날 교사는 우리 교육 시스템에서 필수적이고 중요한 역할을 하지만 그 역할은 크게 변했다. 교사는 부모가 외주한 역할을 대신하는 '위임된 부모'에 가깝다. 단순한 교수자 역할보다는 학습 촉진자의 역할을 한다. 부모와 교사 모두 아이들에게 최상의 결과를 제공하기 위해 노력한다. 하지만 둘 다 지나친 노력, 낮은 보수, 저평가에 시달린다. 2009년 교육부 장관 데이브 핸콕은 다음과 같이 말했다. "교사는 무대 위 현자의 자리에서 내려와 가르치는 교사보다는 학습을 촉진하고 안내하는 역할을 해야 한다."(Zwaagstra, 2009)

두 번의 정부 이해관계자 회의에 모두 참여한 나는, 화려한 책자와 정부 웹사이트에 게재되는 것 이외에는 참여자들이 제기한 제안 중 어떤 것도 일선 교실에 제대로 전달될지 의문스러웠다. 예를 들어, 보고서는 개별 맞춤형 학습을 주장했지만 실제로는 그 이론이 실현되지 않았다. 내 딸이 12학년이었을 때 전국 소설 쓰기의 달(NaNoWriMo)을 맞아서 한 달 동안 재미로 92,000단어 소설을 썼다. 이 소설을 12학년 영어 과제로 활용할 수 있을까? 그리고 개별 학습으로 인정받을 수 있을까? 그녀는 글쓰기 스타일, 캐릭터 개발, 줄거리 구성에 관한 책을 도서관에서 빌려 읽었다. 글쓰기 기술을 익히려는 내 딸의 동기 부여는 자발적이었다. 하지만 그 작업을 학점으로 인정받을 수 없었다. 학교 규칙상 그런 유형의 노력을 반영하는 규정이 없었기 때문이다!

2011년의 두 번째 계획인 "우리 아이들, 우리의 미래: 올바른 교육"
은 다양한 교육철학을 융합하여 구현했다. 이번에는 학생들의 의견도
수렴했다. 대형 회의실에서 모인 이해관계자들 가운데 약 5%가 14세
이상의 학생이었다. 아이들의 학교 경험에 관한 연구가 거의 없는 까
닭에 아이들의 발언 기회가 제한된 것은 유감스러웠다. 아무도 그들
의 의견을 묻지 않았다. 앨버타의 고등학교 진학률이 70%에 달한다는
점을 고려할 때, 학교 시스템을 포기한 아이들의 의견을 듣고 싶었다.

학교 시스템은 다양한 정책과 규칙으로 이루어진 거대한 행정 기관
이다. 사람들은 내가 왜 내부에서 시스템을 변경하려고 하지 않고 떠
났는지 궁금해한다. 내가 생각하기에 변화를 가져올 수 있는 유일한
방법은 행정부가 주목하는 부분, 즉 경제에 흠집을 내는 것이다. 많은
사람이 직접 행동하여 더 나은 선택지를 찾아 자금을 옮기면 시스템
이 바뀌고 아동과 가족 친화적인 변화가 가능할 것이다. 전 세계적으
로 가정 교육자의 수가 늘어나면서 압력이 가중되고 있다.

두 프로젝트의 놀라운 제안은 현재 학년당 1,400개의 규정된 성과
결과를 단 10개의 광범위한 결과로 압축하는 것이다. 이 역량은 다음
과 같다.

1. 학습 방법 이해
2. 비판적 사고
3. 문제 해결
4. 정보 관리
5. 혁신과 적용
6. 기회 창출
7. 읽기, 쓰기, 수학, 기술, 언어, 미디어, 금융 등 학문적 기초 지식
8. 협력과 소통으로 작업하기

9. 글로벌과 문화적 이해력

10. 직업과 생활 기술

아이들은 자기 주도적인 놀이를 통해 이 역량을 배울 수 있을까? 그렇다! 공교육 시스템은 점차 더 광범위한 성과를 중시하며 언스쿨링 모델과 유사한 방향으로 진화하고 있다.

나는 이 10가지 역량이 다음 100년 동안 우리 국민을 위해 필수적인 역량이라고 생각한다. 두 프로젝트 모두 이 관점에서 옳다고 생각한다. 우리는 교육의 미래 방향에 대해 모두 동의한다. 교육은 의미 있고 개인화되어야 하며 어디서든 어떤 방식으로든 이루어져야 한다. 암기식 교육이 아닌 실제 문제에 적용할 수 있는 능력이 중요하다. 이러한 교육 모델이 지역이 아닌 전 세계적으로 확산된다면 모든 아이가 혜택을 받을 수 있을 것이다.

정부는 국민을 위해 봉사하는 역할을 해야 한다. 이는 반드시 지켜야 할 원칙이다. 전 세계적으로 홈스쿨링이 증가함에 따라 각국 정부는 규제, 통제, 일자리 유지를 위해 노력하고 있다. 하지만 이러한 노력이 언제나 아동의 이익을 최우선으로 고려하는 것은 아니다. 교육과 관련된 모든 결정에서 아동의 이익을 최우선으로 고려해야 한다. 100억 달러 규모의 앨버타주의 교육 예산은 많은 일자리로 구성되어 있으며 예산의 거의 80%를 차지한다. 하지만 학교 시스템은 아이들이 종일 비디오 게임을 하면서 10가지 역량을 배울 수 있다는 사실을 부모들에게 알리지 않고 있다.

핀란드-앨버타 비교 프로젝트

국제학업성취도평가(PISA)는 80여 국가에서 무작위로 선정된 500명의 15세 학생을 대상으로 3개 과목에서 표준화된 시험을 진행하는 세계 대회이다. 캐나다는 읽기, 수학, 과학 점수에서 꾸준히 상위 10위권 국가에 속하나 핀란드는 계속하여 캐나다를 앞서고 있다. 그렇다면 핀란드가 캐나다와 다른 점은 무엇일까?

교육 예산이 증가한다고 반드시 더 나은 시험 결과가 나오는 것은 아니다. USC Rossier Online에 따르면 미국은 교육 예산을 아동 1인당 연간 7,743달러, 캐나다는 5,749달러, 핀란드는 5,653달러를 지출하고 있다(USC, 2011). 그러나 PISA 결과를 살펴보면 핀란드가 1위, 캐나다가 2위, 미국이 그 뒤를 이어가고 있다. 분명한 사실은 더 많은 예산을 투입한다고 해서 항상 더 나은 결과가 나오지는 않는다는 것이다.

핀란드의 교육 시스템은 캐나다와 비교했을 때 언스쿨링에 더 가까운 특징을 보인다.

- 아이들은 7세부터 학교에 입학한다. 더 빠르게 시작하는 것이 반드시 더 나은 것은 아니다.
- 학교 수업은 하루에 3~4시간으로 제한되며 아이들은 나머지 시간을 놀이와 사회 활동에 할애한다.
- 고등학생의 숙제 시간은 30분 미만으로 초등학교나 중학교에서는 숙제가 없다.
- 고등학교까지는 표준화된 시험이 없다.
- 영재 학생과 학습 부진 학생이 한 교실에서 수업하며 필요한 만큼의 지원을 받을 수 있다.

- 수업 인원은 16명 이하로 유지되어 모든 학생이 집중할 수 있도록 실습 경험을 강조한다.
- 쉬는 시간은 75분으로 다른 나라의 학교보다 길게 주어진다.
- 국가 표준 교육과정은 학생들의 다양한 요구를 충족시키기 위해 매우 폭넓게 구성되어 있다.
- 교사들은 수업 계획, 교육과정, 자원에 대한 완전한 자율성을 갖는다. 대부분 교사들은 석사 학위를 소지하며 지역사회에서 존경받는 인물이다.
- 경쟁보다는 협력을 강조한다. (Moor, 2015)

상하이, 홍콩, 싱가포르는 암기 중심의 학습 모델을 기반으로 하며 60명의 학생으로 이루어진 학급을 운영한다. 2012년의 PISA 순위에서도 상위권에 들었다(Klassen, 2012). 그러나 일부 시험은 문제 해결 능력을 측정하는 까닭에 일부 국가의 결과는 이론적이거나 비판적 사고가 필요한 문제에서 뛰어난 결과를 보여주지 못할 수 있다. 암기식 학습은 미래에 필요한 창의적 사고와는 어울리지 않는다.

정규 학교 시스템에서 언스쿨링이 작동하는 방식

자유 학습을 실천하는 서드베리(Sudbury)와 서머힐(Summerhill)과 같은 학교에서는 언스쿨링이 효과적인 것으로 알려져 있다. 그러나 정규 학교 시스템에서는 어떻게 될까?

높은 학습 수준을 유지하고 창의력을 증진하며 아이들에게 동기를 부여하기 위해서는 학교가 언스쿨링의 접근 방식을 더욱 도입할 필요가 있다. 이러한 학교에서는 더 많은 성인, 즉 조력자인 교사가 필요하며, 행정과 교육과정의 비중은 줄이고 내용보다는 역량을 강조해야 한다. 내가 상상하는 자기 주도형 정부 지원 학교는 다음과 같다.

이상적인 자기 주도형 학교 모델에는 자유로운 시간, 풍부한 자원, 조력자 또는 멘토라는 3가지 요소가 있다. 촉진자(교사)와 학생의 비율은 성인 1명당 아이 5명이다. 교사는 자신의 "포드(pod)"에 속한 5명의 아이만 책임지게 된다. 포드는 3~5명으로 구성된 소규모 학습 집단을 말한다. 이는 30명의 아이가 있는 학급에 6명의 교사를 고용하는 것과 같다. 이와 같이 낮은 교사 대 학생 비율은 교사가 가르치는 것보다는 흥미를 유발하는 데 집중할 수 있도록 해준다.

아이들은 주제와 관심 분야에 따라 그룹으로 나뉘며, 교사는 해당 주제에 열정을 갖고 해당 그룹의 아이들도 똑같은 열정을 갖는다. 이 그룹은 하나의 학습 포드(learning pod)를 형성한다. 아이들의 관심사는 몇 달 동안 변화하기 때문에 이 그룹은 유동적이다. 아이들은 흥미가 증가하거나 줄어드는 정도에 따라 포드 안팎으로 이동하게 된다.

교사는 이러한 소규모 그룹의 관리가 쉬운 까닭에 매일 현장 학습을 계획하고 체험 활동을 지원할 수 있다. 다양한 관심사를 가진 5명의 아이의 관리도 어렵지 않다. 교사의 행정 업무는 최소화되어 학습 활동에 더 많은 시간을 할애할 수 있다. 교사는 수업 계획을 준비할 필요가 없으므로 근무 시간도 단축할 수 있다. 교육과정 개발 업무량과 교과서 수, 관리자 수가 감소하면 정부는 행정 직원 대신 교사 촉진자에게 더 많은 예산을 지원할 수 있을 것이다.

나는 책임감이 여전히 중요하다는 점을 이해한다. 따라서 이해당사자들이 평가를 원하는 것을 알고 있다. 아이들은 3년마다 영어와 수학 시험을 치르며 중요한 영역의 진전을 보여줄 수 있다. 과학, 예술, 사회 과목의 진도는 과목과 관심사에 따라 다르므로 측정이 어렵다. 이러한 이유로 캐나다의 기초 능력 시험은 영어와 수학만을 평가한다.

아이들은 나이에 따라 등급을 매기는 일이 없으며, 그룹 내에서 다양한 발달 수준에 따라 멘토링을 받을 수 있다. 학습 포드 참가자는 자신이 선택한 주제를 깊게 탐구할 수 있다. 이러한 그룹은 특정 주제에 관심이 있는 홈스쿨링 학생들에게도 열려 있다.

홈스쿨링에서는 공동 관심사 집단이 생겨나기 마련이다. 이는 촉진자나 멘토, 다양한 나이대의 아이들, 하나의 열정을 가진 사람들로 구성된다. 이러한 집단은 유동적이고 비공식적이지만 실제로 효과가 있다. 내 아이들은 컴퓨터 클럽, 여학생 글쓰기 클럽, 청소년 환경 단체, 주간 홈스쿨링 보이스카우트(Cubs group), 과학과 공학 프로젝트(Beakerhead project group), 비경쟁 로봇 프로그램(First Lego League group), 마인크래프트 클럽 등에 다녔다.

내 모델에서 포드는 이러한 비공식 홈스쿨링 집단과 유사하게 운영되며, 교사가 포드 내에서 인간관계의 사회성 기술과 갈등 해결을 촉진한다.

아이들은 나이에 따라 등급을 매기지 않고 관심사에 따라 분류된다. 교사가 매일 아이들을 데리고 박물관, 도서관, 공원, 동물원 등을 방문할 수 있도록 차량을 제공한다. 교사는 컴퓨터 프로그래밍에 관심이 많은 아이를 위한 학습 포드를 운영할 수 있으며, 아이들은 원하는 시간 동안 해당 학습 포드에 머물 수 있다. 아이들은 해당 주제에 대해 만족할 만큼 학습했다고 생각되면 다른 관심사에 따라 다른 포드로 이동한다. 이러한 관심사 안에서 아이들은 수리력, 문해력, 과학, 사회 학습 기술을 익힐 수 있다.

숙제는 없다. 교육과정도 없고 강제적인 학습 계획도 없다. 학습은 즐겁고 자발적으로 이루어질 것이다. 포드에 속한 한 아이가 자바를 배우고 싶다고 하면 당일 계획이 그렇게 정해진다. 다음 날 다른 아이가 C++ 프로그래밍을 배우고 싶다고 하면 포드에서 그것을 배우게 된다. 교사와 집단은 학습 포드의 관심사를 전적으로 따른다. 수준 높은 아이들이 다른 아이들을 가르친다. 5명의 아이로 구성된 학습 포드에서 아이들은 각자의 주제나 관심사에 대해 한 가지 측면만 학습한다.

학교 포드(school pods)에 참여하는 학생은 자발적으로 참여하며, 꼭 참여할 필요는 없다. 하지만 이 모델에서는 부모는 아침에 아이를 맡길 수 있는 장소가 있어 마음 놓고 직장에 갈 수 있다. 아이는 학교에 가는 것을 좋아하며 하루가 어떻게 될지 기대에 부풀어 있다. 현장학습을 싫어하는 아이가 어디 있겠는가?

여름 일일 캠프는 학교 내에서 포드 개념을 어떻게 적용할 수 있는지를 보여주는 좋은 모델이다. 주간 캠프는 보통 일주일 동안 진행되며 우주, 과학, 예술 또는 스포츠와 같은 관심사에 초점이 맞춰져 있다. 아이들은 장기적인 노력 없이 관심사를 탐구할 수 있다. 아이들은 여름마다 관심사가 바뀌면서 다양하게 활동한다. 이는 학교에서도 비슷하게 적용할 수 있다. 아이의 흥미가 지속되면 집단에 남아 교사가 진행하는 자기 주도적 활동을 통해 지식수준을 심화할 수 있고, 그렇지 않으면 다른 집단으로 넘어갈 수 있다.

언스쿨링과 마찬가지로 이 모델은 교사에게 더 많은 자율성을 부여할 수 있다. 교사는 전문가적인 판단을 바탕으로 아이들의 학습을 촉진할 수 있다. 언스쿨링 학생들과 마찬가지로 무엇을 가르쳐야 하는지, 시간과 자원을 어떻게 사용해야 하는지를 지시하는 교육과정 지침에 얽매이지 않을 것이다.

성적이 부여되지 않으므로 교사는 관찰에 의한 학습평가의 지침을 따르게 된다. 아이들은 서로 비교하지 않는다. 학생들은 3년마다 수학이나 영어에서 자기 평가나 조력자 평가를 받고, 이전 보고서를 비교하여 개별 진도를 평가한다. 아이들은 확실히 발전할 것이다. 모든 아이는 1년 동안 어떤 식으로든 발전할 것이다.

"학교 교육"이 끝나는 시점에 치르는 졸업 자격시험에서 높은 점수를 받는 많은 언스쿨링 학생의 사례에서 알 수 있듯이, 대부분 아이는 18세가 되면 강제 교과 과정을 이수하는 학교의 학생들과 비슷한 수준에 도달하거나 그 이상일 수 있다.

홈스쿨링 학생과 마찬가지로 교사는 전체 학급의 수업 계획이 아닌 각 학생을 위한 연간 개별 교육 계획을 작성할 수 있다. 이러한 계획은 자유롭게 적용될 수 있으므로 자유롭게 변경할 수 있다. 예기치 않은 폭설로 인해 우주 센터로 예정된 나들이가 취소될 수 있지만, 대신 눈의 과학적 특성에 대해 배울 기회로 활용할 수 있다. 연간 교육 계획은 많은 종잡을 수 없고 흥미로운 교육적 순간을 포착할 수 있게 해줄 것이다.

모든 아이에게 이런 기회가 주어져야 하지 않을까? 이러한 유형의 학교는 부모가 일하는 동안 아이들이 갈 수 있는 장소, 홈스쿨링과 같은 낮은 성인 대 아동 비율의 혜택, 언스쿨링 아이들이 누리는 관심사의 세계를 탐구할 수 있는 자유 등 모든 장점을 포괄한다. 물론 교사 급여가 이미 교육 예산의 80%를 차지하는 상황에서 교사 대 학생 비율을 1:5로 맞추기 위한 재원 마련 등 극복해야 할 장애물이 수두룩하다. 행정 업무와 교육과정을 절약하면 비용을 상쇄할 수 있을 것이다. 도서관, 커뮤니티 센터와 파트너십을 통해 하루 중 반나절 동안 무료 놀이를 제공하여 비용을 절감할 수도 있다. 교사는 나머지 반나절 동안 포드에서 학습을 진행할 수 있다.

미국을 포함한 많은 국가에서 연방 정부는 교육을 통제하며 각 주의 교육부는 아이가 도달해야 할 목표를 정해놓고 있다. 미국에는 개별 주에서 통제할 수 있는 권한은 거의 없지만 표준화된 시험을 통해 충족해야 하는 공통 핵심 표준이 있다(common core, 2010).

반면, 캐나다에서는 교육에 대한 연방 정부의 관할권이 없으며 각 주의 규제를 받는다. 표준은 학생들이 알아야 할 내용, 개발해야 할 태도, 습득해야 할 기술을 개괄적으로 설명하지만, 아이들이 이러한 표준에 도달하는 방법을 지시하지는 않는다. 그것은 부모, 학습자, 교사의 몫이다. 학교는 최소한 두 가지 트랙을 제공할 수 있다. 하나는 내가 설명한 자기 주도적이고 관심에 기반한 자유 학교다. 다른 하나는 현재 시스템에 익숙한 가족을 위한 현재 우리가 가지고 있는 정부 주도 교육과정의 의무화 모델이다.

하지만 부모들은 학교란 아이 교육을 위한 하나의 선택에 불과하다는 사실을 알아야 한다. 홈스쿨링과 언스쿨링은 실행이 가능한 경로다. 모두 아동 교육이라는 공통목표를 위해 노력한다.

디지털 세대는 또래와
교육과정보다 성인과 자기
주도성을 더 필요로 한다.

06

교육의 간략한 역사

"영원한 경계는 자유의 대가다."

– 웬델 필립스

19세기까지는 홈스쿨링이 일반적이었다.

"삶의 모든 영역에서 아이 교육은 부모의 책임이다. 부모, 학교가 제 역할을 하든 못하든 아이는 교육을 받을 수 있도록 해야 한다. 왜 그런가? 그것은 당신의 아이이기 때문이다. 교육받지 못한 35세 청년이 결국 최저임금을 받으며 생활비를 벌기 위해 고군분투한다면 그것은 학교 시스템의 책임이 아니다. 그 '아이'가 아파트에서 쫓겨날 경우, 교장을 찾아가서 주택 융자금의 상환을 요청하거나 여분의 교실로 이사하지 않을 것이다. 그 '아이', 당신의 아이는 당신에게 돌아올 것이다. 그것이 당신이 원하는 것인가?(Winget, 2010)"

부모가 아이의 교육을 주도하는 것은 검증되지 않은 새로운 유행이 아니다. 예전부터 가정 교육과 도제식 교육을 통해 아이들은 부모와 함께 놀고 일할 수 있었다. 많은 부유한 유럽인들은 집에서 다양한 전문 지식을 갖춘 개인 지도 교사와 가정교사에게 교육받았다. 레오나르도 다빈치, 레오 톨스토이, 아마데우스 모차르트, 알버트 아인슈타인, 벤자민 프랭클린 등이 유명한 홈스쿨링 학생들이다. 테일러 스위

프트와 일론 머스크의 아이도 홈스쿨링을 했다.

1800년대의 산업혁명은 변화의 주요 요인이었다. 엔진의 발명으로 대량 생산을 위한 공장이 건설되기 시작했다. 공장에는 노동자가 필요했다. 부모들이 밭에서 일하거나 집에서 도제로 하던 일을 공장에서 하게 되자, 부모가 일하는 동안 아이들을 어떻게 돌봐야 하는지에 대한 문제가 생겼다. 아이들을 돌보기 위해 마을에서 가장 교육을 많이 받은 사람을 고용했다. 영국 정부는 교육을 개신교, 관습, 영어 등 문화적 정체성을 확립하는 수단으로 여겼다. 모든 아이가 적절한 가치, 행동 기준, 사고에 대한 공식적인 교육을 받게 되면 범죄, 빈곤, 빈둥거리는 일과 같은 많은 사회문제가 사라질 것이다(Canadian Encyclopedia, 2014).

학교 시스템은 원래 프로이센의 계획에 기반한 것으로, 비판적으로 생각하지 않는 순종적인 공장 노동자를 배출하는 데 주로 관심이 있었다. 프랑스 혁명에서 알 수 있듯이 농촌 인구의 힘에 대한 두려움은 순종에 대한 보상을 제공하고 반대와 반란을 억제하는 학교 시스템을 만들었다.

100년 동안의 대중 교육

미국에서는 대부분 학생은 원룸 교실에서 교육받았다. 여행 경험이 많은 교육자 호레이스 만은 1837년 공립학교 교육과정을 도입했다. 그는 1848년 학생의 나이 등급을 혁신하였고, 1852년에는 의무 출석법을 통과시켰다(Education News, 2013). 최초의 지능 테스트는 1905년 비네가 개발하여 아이들을 더욱 세밀하게 분류하는 데 사용되었다. 초중등교육법은 1965년에 제정되었다(Armstrong, 2006).

캐나다에서는 프랑스 정착민 출신의 가톨릭교회 선교사들이 뉴프랑스(캐나다)에서 최초의 학교를 운영했다. 19세기 초 개신교 정부는 개신교 학교를 설립했다. 이후 가톨릭과 개신교는 아이들을 어떻게 가르쳐야 하는지를 합의하지 못했다. 1867년 BNA 법에 두 종교 학교 시스템이 모두 명시되었다(Wikipedia). 1871년에는 의무 출석과 공적 자금 지원이 법으로 제정되었다. 1883년에 이르러 원룸 학교는 오늘날 우리가 알고 있는 시스템으로 발전해 나갔다. 교사 연수, 학급, 나이별 학년 분류, 필수 교과 교육과정이 시스템에 포함되었다.

이후 150년 동안 교육 시스템은 산업 공장과 조립라인 모델을 기반으로 했다. 아이들은 지식으로 채워야 할 빈 양동이로 여겨졌다. CBC의 국가 기술 특파원인 토드 마핀(Tod Maffin)은 학생들이 텀블러에 담긴 돌처럼 12년 동안 처리된 후 정부의 성과에 따라 버려진다는 비유를 사용하였다(Maffin, 2008). 학생들은 어떤 교육과정을 언제 배워야 하는지에 대한 지시를 받는다. 다른 방식으로 학습하거나 이에 따르지 않는 아이들은 실패자로 분류된다.

종교와 언어가 논쟁의 대상이 되었다. 가톨릭과 프랑스어가 주를 이루는 퀘벡을 제외한 캐나다의 교육 시스템은 개신교와 영어였다. 학교는 아침 기도, 성경 공부, 기독교적 가치관을 근본으로 삼았다(Byfield, 1998).

1882년 제임스 터너(James Turner) 목사는 현재 에드먼턴으로 알려진 자기 집 지하실에서 앨버타 최초의 학교를 열었다. 원룸 학교의 초창기에는 여학생에게 가사를, 남학생에게 무역과 공장 생산기술을 가르쳤다. 이 시스템은 좋은 학생이 좋은 노동자와 좋은 소비자가 되어 공장주와 판매업자에게 돈을 벌게 해주기 때문에 순응을 중요하게 생각했다. 1938년에 학교 위원회가 설립되었다. 어린아이들에게 양육의 역할 모델을 제공하기 위해 젊은 여성 교사들이 고용되었다. 이들은 자신을 진정한 교육자라고 여기는 남성 관리자의 감독을 받았다. 오늘날에도 초등학교와 유치원 교사의 대부분은 여성이 차지하며, 감독직은 대부분 남성이 차지하는 등 시스템 안에서 교사의 성비가 불균형하게 이루어지고 있다. 오늘날 앨버타에서 교육은 100억 달러 규모의 거대한 산업이 되었다(Byfield, 1998).

1700년대 후반에 장 자크 루소는 아이들의 타고난 호기심을 장려했으며, 1899년 존 듀이는 아이들의 지도와 체험학습을 강조하는 진보적 교육 모델을 추진하기 시작했다. 의도는 좋았으나 교육에 대한 정부의 개입이 점점 더 커지면서 듀이의 교육철학은 길을 잃었다. 학교 위원회와 함께 표준화되고 의무적인 교육과정이 도입되면서 학부모의 바람은 뒷전으로 밀려났다.

학교 위원회는 또한 교사들이 직업으로서의 소명을 확립할 수 있도록 했다. 그때까지 교사들은 매우 열악한 근무 조건에서 일했기 때문에 이는 좋은 일이었다. 1935년에 설립된 교원 노조는 오늘날 43,000명의 조합원과 수백만 명이 연간 회비를 내는 강력한 로비 단체이며 정치 세력이다(Wikipedia, 2018).

전쟁 이후 베이비붐으로 학교가 필요한 인구가 크게 늘었다. 1950년대와 60년대에 수요가 폭발적으로 증가하면서 모든 동네에 학교가 세워졌다. 넘쳐나는 수요를 감당하기 위해 모듈형 교실이 만들어졌다. 그러나 1970년대에 많은 여성이 직장에 진출하면서 가족 규모가 줄고 교실 공간이 더 이상 필요하지 않게 되었다. 1990년대에는 학교의 활용도가 떨어지자 일부 학교는 남는 공간을 대안 프로그램과 사립학교에 임대했다. 사립학교의 등록률은 학교 인구의 약 5%를 차지하지만 다양한 유형의 교육 요구를 충족한다. 협약학교는 또한 대안교육을 원하는 학부모의 요구를 충족시킨다. 사립학교와 협약학교 모두 정부 프로그램을 따라야 하지만, 홈스쿨링 학생은 면제된다.

1970년대에 다시 유행한 가정 교육

1870년대부터 1970년대까지의 100년 동안 공립학교 교육 시스템에서 교육과정, 교수법, 건물까지도 모두 실험 대상이었다. 이러한 실험은 변화의 효과에 대한 실질적인 증거는 부족한 상태에서 이루어졌다. 한 학교 건물의 사례로 살펴보자. 1970년대에는 많은 학교가 아이들의 공부에 방해가 될 것으로 여겨 창문 없이 건축되었다. 앨버타 사회기반시설의 신학교 프로젝트 감독자인 존 깁슨(John Gibson)은 "누군가는 밖을 내다보면 집중력이 흐트러질 수 있다."라고 말했다. 이후 연구 결과로 자연광이 학업 성취도를 향상한다는 사실이 밝혀지면서 현대의 신축학교는 많은 창문을 갖추게 되었다. 그렇다면 아이들이 놀이터, 공원, 하이킹, 캠핑 등 야외 활동을 통해 배울 수 있도록 하는 것은 어떨까? 캘거리 교육 위원회의 시설 책임자인 프랭크 코핑거(Frank Coppinger)는 "현대 교실 교육의 발전을 고려하여 설계에 유연성을 반영하는 것이 중요하다. 앞으로 교실 교육이 어떻게 진화할지 예측할 수 없는 까닭에 이러한 유연성이 필수적이다."라고 말했다 (Gibson, 2012).

공립학교 시스템은 교사와 아이들을 대상으로 지속적인 실험을 하고 있다. 1970년대에 파닉스를 대체하기 위해 총체적 영어학습법(whole language)이 도입되었을 때, 기존의 암기식 학습에 익숙한 학부모와 교사들 사이에서 큰 불만이 발생하여 시스템은 다시 파닉스 교육으로 돌아갔다. 결국 파닉스와 총체적 영어학습법을 함께 가르치는 쪽으로 자리를 잡았다. 그런데도 실험의 중간에 투입된 아이들이 글을 읽을 수 없는 상황이 발생하는 등 안타까운 일이 일어났다. 최근에도 정부는 '발견 수학'의 효과를 검증하지 않은 채 교과 과정에 이 방법을 도입했다. 실제로 언스쿨링 아이들의 가정환경에서는 이 방법이 매우 효과적인 것을 알고 있다. 하지만 학교와 같은 위계적 기관에서는 효과가 거의 없었다. 또 다른 실험에서는 두세 명의 교사가 60명 이상의 아이를 대상으로 열린 교실에서 팀티칭을 시도하였으나, 결과적으로 시끄러운 교실이 되었고 아이들은 결국 자기 교실로 돌아가야 했다.

부모들이 실험을 충분히 하지 못하거나 그들의 관심을 무시하는 행정 당국으로 인해 불신의 경지에 이르게 되면, 부모들은 아이들의 안전과 교육에 관심을 기울이며 결국 집에서 교육을 하게 된다. 현재 홈스쿨링을 선택한 집단은 주로 교수법과 이데올로기에 관한 교육 방식을 고려하여 이를 선택한 것이다.

1960년대의 '히피 세대'와 1970년대의 '자기중심 세대(me generation)'의 아이들은 두 가지 이유로 주류 학교에서 탈퇴하였다. 첫째, 기존의 교육 방식은 자연스럽고 유기적인 학습을 선호하는 부모들에게는 적합하지 않았다. 둘째, 교실에서 벗어나 자연으로 돌아가려는 욕구가 학교와 맞지 않았다. 아동중심주의가 그 목표였으며 아이들이 자연스럽게 배울 수 있도록 하는 것은 많은 가정에서 공감받았다.

이러한 가정 교육의 옹호자인 존 홀트(John Holt)는 1970년 "*학교교육 없이 성장하기(Growing Without Schooling)*" 잡지를 창간했다. 홀트는 아이들이 필요한 때에 필요한 것을 배울 수 있는 능력을 믿었다. 그는 1989년 "*항상 배우기(Learning all the Time)*"라는 책을 통해 언스쿨링 교육을 장려했다. 그러나 초기에는 이와 같은 유형의 가정 교육을 하는 많은 사람이 아동 학대나 방임의 혐의로 조사를 받았다. 당국은 아이들을 학교로 복귀시키도록 압박하는 모든 수단을 동원했다. 1960년대와 70년대 초기의 홈스쿨링은 절충적 성격을 띠고 구조화된 홈스쿨링과 비구조화된 홈스쿨링을 조합하여 시행되었다.

1980년대에는 교회와 학교가 서서히 분리되기 시작하면서 대부분의 공립학교가 세속화되었다. 종교를 믿지 않는 가정과 다른 종교를 믿는 학생들의 입학자 수가 늘면서, 신, 기도, 크리스마스를 비롯한 기독교와 관련된 내용의 언급이 모두 삭제되었다. 전통적인 종교적 언급을 유지하고자 하는 학교는 사립학교로 전환해야 했다. 이에 대한 대안으로 부모들은 홈스쿨링을 고려하게 되었다.

근본주의 기독교인들은 이데올로기에 기반한 홈스쿨링을 가장 많이 지지했다. 부모들은 아이에게 창조론을 가르치고 진화론을 가르치고 싶지 않았으며 신 중심의 교육과정을 원했다. 틈새시장이 형성되면서 많은 교육 기업에서는 부모들이 집에서 아이를 쉽게 가르치는 데 사용할 수 있는 일괄 교육과정을 개발했다. 색슨(Saxon), 밥 존스(Bob-Jones), 알파 오메가(Alpha Omega), 라이프팩(Lifepac)은 전 학년과 과목에 걸친 교육과정을 생산했다. 학년별, 과목별 교육과정과 종교적 틀을 갖춘 교육과정이 많이 제공되었다. 린다 돕슨(Linder Dobson)과 메리 프라이드(Mary Pride)는 이러한 유형의 홈스쿨링을 이끄는 권위자였다. 홈스쿨링은 대부분 학교를 가정으로 재현하는 형식으로 진행되었다. 오늘날 대다수 사람이 상상하는 홈스쿨링의 모습은 미디어에서 엄마가 주방 칠판 앞에 서있고 아이들이 식탁 주위에 둘러 앉아 공부하는 모습으로 묘사된다.

밀레니엄이 시작될 즈음, 인터넷은 활기를 띠고 있었다. 온라인 수업이 인기를 얻으면서 각국 학교 위원회에서 온라인 수업을 제공하기 시작했다. 학습자들은 언제든지 접속하여 수학과 과학 등의 무료 동영상 강의를 반복해서 시청할 수 있게 되었다. 원하는 사람은 누구나 교사의 강의를 무료로 이용할 수 있게 되었다. 오늘날에는 미용 기술부터 미적분까지 누구나 인터넷을 통해 다양한 분야의 지식을 습득할 수 있다.

교육이 세계화되고 국경이 허물어지면서 학생들은 어디서든 교육을 받을 수 있게 되었고, 이로 인해 국가 간 경쟁이 발생하기도 한다. 캐나다의 학교에서 배우는 내용이 일본의 학교보다 더 우수하거나 가치 있는 내용일 수 있다. 이제 교육이 보편적으로 무료로 제공되면서 학교와 대학은 교육뿐만 아니라 인증도 판매하고 있다. 학교와 대학은 시험과 인증을 통해 수익을 올리며 실제 수업 등록자 수의 감소를 보충하고 있다.

캐나다에서는 5세에서 18세 사이의 약 700만 명의 학생이 학교에 다니고 있다(Hildebrandt, 2014). 이 중 5%는 사립학교에 다니고 있고, 2%는 홈스쿨링을 하고 있다. 이 통계에는 부모가 직접 통제하는 홈스쿨링만 포함되며, 집에서 온라인 수업을 하는 원격 교육은 포함되지 않는다. 모든 과목을 온라인으로 수강하는 학생과 한 과목만 온라인으로 수강하는 학생을 구분하기 어려워 홈스쿨링 통계에는 반영되지 않는다. 그런데도 대부분 학생이 12년 동안 언제든지 집에서 온라인 수업을 할 수 있는 까닭에 원격 교육 통계가 과장되었다고 추측된다. 전체 학생의 2%를 차지하는 홈스쿨링 학생 가운데 10%는 언스쿨링 방식으로 교육받으며, 완전히 자기 주도적으로 학습한다. 캐나다의 홈스쿨링은 최근 5년간 약 29% 성장했으며, 매년 약 7%의 증가율을 보이고 있다(Roslin, 2010; Boesveld, 2011; Van Pelt, 2015).

미국은 약 5,600만 명의 학생을 보유하고 있으며, 이 중 약 3~4%에 해당하는 200만 명 이상이 홈스쿨링을 하고 있다. 그중 10%는 언스쿨링 방식으로 교육을 받고 있다. 미국 가정 교육 연구소(National Home Education Research Institute)의 연구에 따르면 미국의 홈스쿨링은 최근 10년간 매년 7~15%까지 성장한 것으로 나타났다(Martin, 2012). 세계적으로 홈스쿨링은 금지된 몇몇 국가를 제외하고 모든 국가에서 매년 크게 증가하고 있다. 미국 내에서도 부모들은 홈스쿨링을 위해 다른 지역으로 이주하거나 홈스쿨링 친화적인 주로 이주하는 경우가 있다. 홈스쿨링의 성장 원인은 아이들의 학습을 방해하고 싶지 않은 부모들의 요구에 기인한다.

1950년대 공장식 조립라인의 교육 모델이 절정에 이르렀을 때 축적된 지식은 50년마다 두 배로 증가했다. 디지털 혁명이 진행되는 현대에는 지식이 2년마다 두 배로 증가하고 있다. 현재는 필요한 콘텐츠가 즉시 필요한 시점에 제공되어야 한다. 그런데 학교 시스템이 새로운 교육과정을 설계하고 구현하는 데 10~15년이 걸린다. 이는 더 이상 현대 사회에 어울리지 않는다. 대개 6세가 되면 아이들은 스마트폰을 갖게 되는데 작은 손안에 엄청난 양의 지식을 소유하게 된다. 교사는 이제 마을에서 가장 잘 교육받은 사람이 아니다. 교육은 끊임없이 변화하고 있다. 향후 50년 동안 어떤 교육이 필요한지는 아무도 예측할 수 없다.

언스쿨링은 합법이다.

언스쿨링과 홈스쿨링은 세계의 대부분 지역에서 완전히 합법적이다. 이는 아이의 부모가 그들의 첫 번째이자 평생 스승이기 때문이다. 세계인권선언 제26조 3항은 **"부모는 아이에게 어떤 형태의 교육을 제공할지 선택할 권리가 있다"**라고 규정하고 있다. 부모는 교육철학, 교육과정, 자원 활용, 전달 방법, 평가 등을 통제할 수 있다. 교육은 아이가 처음으로 문턱을 넘을 때 가정에서 시작되며 아이가 집을 떠날 때까지 계속된다. 학교에서는 교사가 교실의 주인 역할을 하지만, 가정에서는 부모가 자신의 아이를 가장 잘 알고 있는 최고의 교사다.

캐나다의 공립학교에서도 학부모의 권리는 다른 모든 권리보다 우선시된다. 앨버타주의 법안 44조는 학교에서 아이에게 노출되는 콘텐츠에 대해 부모가 거부할 수 있는 권리를 보장한다. 그러나 홈스쿨링 부모와 심지어 아이를 학교에 보내는 부모조차 아직도 아이 교육에 관한 결정에서 외부인으로 여겨진다. 대부분의 공장형 학교 기관은 가족의 가치관이나 종교적인 이유로 수업에서 아이를 제외할 수 있는 권리를 보장한 법안 44조에 반대했다. 이 법안은 교육과정의 사용 여부와 방법을 포함하여 부모가 아이의 교육에 대한 최종 결정 권한을 가지고 있다는 사실을 명확히 밝히며 언스쿨링을 합법화하고 있다. 부모가 아이의 교육 방향을 직접 결정하고 싶다면, 그들은 그렇게 할 수 있는 모든 법적 권리가 보장되어 있어서 얼마든지 가능하다. 부모는 아이가 만 16세가 될 때까지 교육에 대한 법적 통제력을 갖게 된다.

대다수 주요 정부 교육 모델은 결과를 중심으로 한다. 결과란 교사와 학부모가 선택한 방법과 자원을 사용하여 달성하고자 하는 목표를 의미한다. 그래서 교육자에게 많은 재량권이 부여된다.

여전히 많은 학교에서는 홈스쿨링을 회의적인 시각으로 바라보는 경향이 있다. 가정 교육과 학교 교육 사이에는 갈등이 존재한다. 협력, 자원 공유, 정보 공유 등이 더 잘 이루어져야 한다. 결국 가정 교육 부모 역시 납세자이며 학교에서 사용하지 못하는 자원에 대한 비용을 부담하고 있다. 일부 학부모는 파트타임으로 홈스쿨링을 하고 싶어 하지만 한두 과목의 홈스쿨링은 허용되지 않는다. 학교는 "우리는 '전체 아동'을 교육한다."라는 주장을 내놓으며 항변한다. 이는 "한 과목만 가르치거나 일부 학년만 가르치면 지원금을 받을 수 없다."라는 사실을 대변한다. 그래서 대다수의 경우 가정에서 한두 과목만 가르치고 나머지는 동네 학교에 보내는 것은 캐나다에서 불가한 선택이다. 온라인 과정을 제외하고 교실 수업 출석은 선택의 여지가 없다. 하지만 이는 아이의 최선의 이익에 부합하지 않는다. 가정과 학교는 자원 공유를 더 장려해야 한다.

부모는 훌륭한 교사다. 부모는 어떤 분야에서의 전문 지식이 부족할 수 있으나 자기 아이를 가장 잘 이해하는 사람이다. 연구에 따르면 부모의 교육 수준은 중요하지 않다. 가정 교육의 성공 요인은 성인이 제공하는 일대일 관심에 있다(Van Pelt, 2015). 홈스쿨링 부모는 아이에게 맞춤형 교육을 쉽게 제공할 수 있다. 많은 부모가 대학에 다니지 않았고 교육학 학위를 가지지 않았다. 하지만 부모들은 수천 년 동안 아이를 가르치면서 가르치는 기술을 배우지 않아도 전혀 문제가 없었다. 인간이 아닌 동물들도 본능적으로 자신의 새끼를 가르치며 교육한다. 최소한 부모들은 아이가 필요로 하는 전문 지식을 어떻게 얻을 수 있는지를 알고 있다.

대다수의 홈스쿨링 부모는 이러한 지식을 기반으로 적어도 초등학교 수준의 교육을 제공할 수 있는 준비가 되어 있다. 만약 자신의 지식이나 전문 지식의 한계에 도달하게 된다면 아이에게 개별적인 과외 교사를 고용하여 교육을 지원할 수 있다. 또는 인터넷에서 제공되는 자료를 활용하여 아이 스스로 학습하도록 조력할 수도 있다. 내 남편은 교사가 아니다. 하지만 엔지니어이기 때문에 아이들의 과학 공부를 도와줄 수 있다. 현대 사회는 인터넷을 통해 부모와 아이가 교육과정에서 상호 지원을 할 수 있는 다양한 수업 자료, 텍스트, 비디오 등을 제공한다. 나의 4명의 아이들은 고등학교 교육의 대부분을 스스로 배웠으며 일부는 약간의 외부 과외를 받아 정부 시험에 합격하는 데 성공했다. 이 경험은 고등 교육 이후의 학습을 위한 훌륭한 연습이 되었다.

교사들조차도 도움이 필요하다. 예를 들어, 예술에 대한 배경지식이 없는 교사들은 예술을 가르치는 것이 어려울 수 있다. 그러나 예산이 부족하여 예술 교사를 고용할 수 없을 때, 그들이 이를 맡아야 하는 경우가 종종 있다. 학교 밖에서 요가 강사는 반드시 자격증을 소지해야만 줌바를 가르칠 수 있다. 그러나 예술 교사는 수학을 가르쳐야 할 수도 있다.

"아이의 교육에 참여하고 싶다면 교실에서 자원봉사를 더 많이 하면 되겠지요?"라는 말을 자주 듣는다. 교육의 큰 문제 중 하나는 자원의 부족보다 자원의 효율성이다. 연구에 따르면 부모가 아이의 교육에 더 많이 참여할수록 학생의 학업 성취도가 높아진다는 결과가 많이 있다. 그러나 학부모의 참여를 어렵게 만드는 장벽들이 너무 많다. 학교 행정은 학부모의 교실 내 방문을 통제하는 경향이 있다. 학부모가 교실에 들어가는 것을 허용하더라도, 단순한 업무로 게시판에 눈송이를 붙이거나 문제지를 복사하는 것 등을 맡긴다. 교사 연합은 학부모가 교사나 보조교사의 역할을 하지 못하도록 막고 있다. 이로써 학부모의 수업 참여를 억제한다. 그러나 정부는 '공식' 보조교사 예산을 삭감하여 아이들이 더 많은 개별적인 도움을 받을 수 있는 성인 자원봉사자들의 혜택을 제한하는 결과를 가져왔다. 많은 조부모는 학교에서 아이들에게 책을 읽어주고 싶어 한다. 성인 자원봉사자들은 자르기, 그림 그리기, 수학 문제 풀기 등을 돕기를 원한다. 그러나 자원봉사자들을 조직하고, 일정을 관리하며, 교육을 지원하는 일은 교사의 역할이 아니기 때문에 누군가 이 일을 책임질 사람을 고용해야 한다. 교실에서 자원봉사자의 참여는 긍정적이지만, 그것의 조직화는 어려운 일이다.

언스쿨링의 학업적 이점

"두려움의 문화에서는 창의성이 존재할 수 없다. 창의적으로 되려면 위험을 감수해야 한다."

언스쿨링은 성인과의 일대일 학습이다.

연구는 아이가 성인과 더 많이 접촉할수록 콘텐츠를 더 잘 흡수한다는 결과를 보여준다. 많은 부모는 사립학교의 교사 1명당 학생 16명의 비율에 기꺼이 비용을 지급한다. 그러나 사립학교를 이용할 수 없거나 사립학교에 보낼 여유가 없는 가정은 어떻게 해야 하는가?

일반적인 학교 학급 규모가 점점 커지고 있다. 캐나다의 공립학교 시스템에서는 유치원부터 3학년까지는 '읽기 학습'이 주된 목표이지만, 4학년 이후부터는 '학습을 위한 읽기'가 주된 목표로 교사 1명당 학생 23명의 비율을 보인다. 4학년부터 중학교까지는 대략 교사 1명당 학생 30명, 고등학교에서는 교사 1명당 학생 40명의 비율이 된다.

아이들은 이제 어느 때보다도 성인들의 도움이 더 필요하지만, 교사들의 행정 업무는 학생들을 도울 시간을 줄이고 있다. "2011년 5월에 우리 지역 도시의 학교에서 20명의 교사가 자신의 근무 시간을 기록했다. 주당 수업 시간은 19시간에 불과했으나 채점과 행정 업무에 25시간을 사용했다. 또한 10시간은 감독, 사무 활동, 전문적 개발에 할당되었다. 교사들은 학생들 앞에서 수업하는 시간보다 교실 밖에서 일하는 시간이 더 많았다."(Teghtmeyer, 2012)

언스쿨링 교육에서는 성인 대 아동 비율이 1:1로 구성될 수 있다. 이는 언스쿨링 아동의 가장 큰 학업적 이점 중 하나인 성인의 지원을 무제한으로 받을 수 있다는 것을 의미한다. 많은 홈스쿨링 학생들이 사립학교 학생들보다 학업 성취도가 훨씬 높다는 사실이 밝혀졌다 (Basham, 2007). 비록 대가족일지라도 성인과 아동의 비율이 사립학교의 1:16 비율보다 훨씬 낮다.

성인과 함께 지낼수록 아이의 어휘력이 확장된다.

또 다른 이점은 청각 언어에 대한 접근성이다. 성인의 말을 듣고 계속 대화하는 아이들의 어휘력은 기하급수적으로 증가한다(ECMap, 2014). 이는 5세 미만의 어린아이들에게서 입증된 사실이다. 아이들이 성장함에 따라 이러한 현상이 지속되지 않을 것이라고 믿을 이유가 없다. 연구에 따르면 성인과 더 많은 시간을 보내는 아이는 더 많은 단어를 듣고 더 정교한 어휘를 사용하며 '섬김과 보답' 응답으로 더 쉽게 상호작용할 수 있다(Leman, 2009). 스크린은 이러한 맞춤형 인간 "응답"을 제공할 수 없다.

몇 년 전 퀘벡에서 시행된 하루 7달러의 탁아 서비스는 시설에 맡겨진 아이들이 적어도 한 명의 성인과 함께 집에 있는 아이들보다 학업 성취도가 낮다는 것을 보여주는 또 다른 사례이다. 탁아소에 다니는 아이들이 집에 있는 또래 아이들보다 학업적으로 더 앞서 있을 것이라는 이론을 세웠지만, 실제로는 그렇지 않았다. 반대로 교실에서 또래와 함께 있게 되면 아이들은 불이익을 받았다(Maclean's, 2014). 시끄럽고 수다스러운 또래 친구들로 가득한 교실은 최고의 학습 환경을 제공하지 못한다. 더 조용하고 스트레스가 적으며 성인들의 언어가 풍부한 가정환경이 아이들에게 훨씬 더 좋다.

학교에서 아이는 성인과 대화가 허용되지 않는다. 다른 아이들에게 방해가 되지 않도록 조용히 앉아서 과제를 수행하도록 지시받는다. 수업 시간에 서로 말을 걸거나 대화하는 것도 허용되지 않는다. 내 아이들은 집에 있을 때 같은 방에 연결되어 있어서 컴퓨터 게임을 하면서도 끊임없이 서로 수다를 떨었다. 그들은 웃으며 게임과 캐릭터를 묘사하고 다른 게이머와 그들이 무엇을 할 것인지 농담을 했다. 그들은 계속해서 언어를 듣고 사용했다. 홈스쿨링이 사회성을 길러주지 못한다는 주장과 달리, 형제자매들과 자유롭게 대화할 기회는 사회성의 중요한 부분이다.

많은 사람은 홈스쿨링을 받은 아이들이 성인과 대화할 때 눈을 마주칠 가능성이 크다는 점을 강조한다. 이는 수년간 성인과 대화하는 연습의 결과이다.

아동 옹호자이자 연구자인 그레이엄 클라인(Graham Clyne)은 학령기 아동에게 정서적, 사회적, 교육적으로 좋은 결과를 가져다주는 가장 좋은 방법은 부모가 아이와 함께 게임하고, 책을 읽고, 화면을 끄고, 숙제와 스포츠에 참여하는 것이라고 말한다. 그는 학교 아이들에 대해서 말했으나 홈스쿨링 아이들에게도 똑같이 적용된다(Clyne, 2008). 성인은 아이들이 보여주는 관심과 소통에 보답하는 중요한 역할을 한다.

언스쿨링은 과거가 아닌 미래를 위해 아이들을 준비시킨다.

학교는 어제의 역사를 가르치고, 현재에 필요한 지식과 기술을 가르친다. 그러나 학교는 내일을 위한 준비를 가르치지 않는다. 아이들은 역사를 배워야 하지만, 현재와 앞으로 60년 동안의 직장 생활에 필요한 역량도 갖추어야 한다.

학교 시스템의 교육과정은 15년마다 검토하고 개편된다. 이 기간은 교과서 인쇄와 교사 연수에 충분하지 않다. 앨버타주에서는 2007년부터 2011년까지 과학, 수학, 사회 교과 과정 개편이 이루어졌다. 반면에 영어는 지난 20년 동안 검토된 적이 없다. 핵심 과목은 2024년까지 다시 개정하지 않을 것으로 보인다. 우리는 아이들에게 시대에 뒤떨어진 사실을 가르치고 있다.

일부 학교에서는 여전히 필기 기술을 가르치고 있다. 있으면 좋겠지만 꼭 필요한가? 오늘날 미래에 대비해서 모든 아이에게 HTML 코딩(하이퍼텍스트 마크업 언어)을 가르치는 것이 훨씬 유용한다. 이는 필기보다 훨씬 더 유용하다! 하지만 캐나다의 일부 학교에서는 코딩을 가르치지 않는다. HTML을 익히면 보통 아이도 인터넷에서 웹 페이지를 디자인하고, 블로그 서식을 지정하고, 사진 크기를 조정하고 이름을 지정하는 등 매우 창의적인 작업을 할 수 있다. 이러한 기술은 오늘날 모든 아이에게 필요하며 앞으로도 계속 사용할 기술이다.

언스쿨링 아이들은 자신이 관심 있는 분야를 배운다. 앱이나 코딩과 같은 새로운 기술일 수도 있고, 필기나 서체(calligraphy)와 같은 오래된 기술도 흥미를 끌 수 있다. 어떤 아이들은 아직 알려지지 않은 영역인 코딩을 배우고 싶어 한다. 다른 아이들은 그다지 흥미를 느끼지 못할 수도 있지만, 괜찮다. 다른 방향으로도 똑같이 멀리 갈 수 있다. 언스쿨링 학생들은 구식 교육과정을 따를 필요가 없으므로 최신 아이디어와 최첨단 기술, 콘텐츠를 찾아볼 수 있다. 또한 학교에 다니는 아이들에게는 없는 자유 시간도 충분히 누릴 수 있다.

언스쿨링은 개인 맞춤형 교육이다.

학교에서 개인 맞춤형 학습이 축소되고 있다. 모든 아이는 고유하며 맞춤형 교육을 받을 자격이 있다. 대부분의 학교는 개인 맞춤형 학습을 제공한다고 주장하지만, 실제로는 관료적인 실행 계획으로 인해 대규모 교육 기관에서 학생 개개인에게 맞춤형 학습 경험을 제공하기는 사실상 어렵다.

교실은 집단 학습을 위해 설계되었다. 책상은 일렬이나 원형으로 구성될 수 있으나 주제는 표준화되어 있다. 아이들은 하루 대부분을 같은 좌석에 같은 또래 친구들과 같은 교실에서 함께 보낸다. 게시판, 교사, 장식은 바뀔 수 있으나 방식은 같다. 이러한 단조로움과 동일성은 학교 시스템이 수백 명의 학생을 교육할 때 의미가 있다. 그러나 한 아이를 교육할 때는 의미가 없다.

많은 사람이 새로운 탐구 기반 교육과정이 더 개인화되지 않았는지 묻는다. 대답은 '아니다'이다. 이 모델에서는 학생의 진정한 호기심에서 비롯된 진짜 질문이 아니라 학교가 원하는 질문을 하도록 요구한다. 거꾸로 말하면, '질문'을 하는 쪽은 학생이 아니라 학교다. "학생은 콘텐츠를 학습하는 방법에는 선택권이 있으나 콘텐츠 자체를 선택할 수는 없다."(CCSDL, 2012) 학생들은 관심이 없는 답에 질문을 하도록 강요받는다.

언스쿨링은 가족 단위뿐만 아니라 가족 내 아이들에 대한 맞춤화를 가능하게 한다. 언스쿨링을 하는 사람들은 흔히 가족들에게 맞는 것을 한다고 말하는데, 이는 각 아이에게 맞는 것이 무엇인지 고려했다는 의미이다. 나는 엄마와 교사로서 나에게 무엇이 적합한지에 대해 선호하는 것이 있다. 나는 문제집 풀이를 좋아한다. 학교에서 배운 것을 집에서 복습하는 것을 좋아하며, 그렇게 하는 아이도 한 명 있다. 하지만 나머지 네 명은 완전히 다르다. 매년 아이들의 나이, 성별, 원하는 지식에 따라 필요한 교육 선택이 무엇인지 조사하고 있다. 어느 해에는 내 딸이 온라인 수학과 과학 강좌를 수강했다. 다른 해에는 완전한 휴식을 원해서 수학과 과학은 물론 사실상 모든 학업을 제쳐두었다. 딸은 뜨개질하고, 책을 읽고, 미술 프로젝트를 하며, 매일 10시간씩 월드 오브 워크래프트를 했다. 그것은 바로 딸에게 필요한 것이었다. 그해에 그녀의 형제들은 서로 다른 욕구가 있었다. 따라서 핵심은 가족 전체에 적합한 것, 각 아이에게 적합한 것, 그리고 부모가 실행 가능하고 견딜 수 있는 것 사이의 균형을 찾는 일이다.

모든 아이는 학습 스타일, 성격, 관심사, 지능에 따라 언스쿨링과 같은 개인화된 학습 경험을 누릴 권리가 있다.

학습은 내재적이다.

의무 교육은 학생이 배워야 할 내용을 다른 누군가가 결정하는 것을 의미한다. 하지만 대부분 인간은 태초부터 자신의 문제를 해결하기 위해 무엇을, 언제, 얼마나 알아야 하는지 정확히 알고 있다. 이를 내재적 학습이라고 하며, 학습 동기는 내면에서 비롯된다. 외재적 학습은 학습자 외부의 무언가 또는 누군가가 특정 아이디어를 특정 방식으로 학습하도록 학생에게 뇌물을 주거나, 강요하거나, 처벌할 때 일어난다.

공립학교는 정의상 *외재적* 학습이다.

홈스쿨링을 시작할 때만 해도 아이들 머리의 지퍼를 열고 내용물을 부은 다음 다시 지퍼를 잠그면, 부은 내용물이 그대로 남아서 "완료"라고 확인하면 될 줄 알았다. 교사는 아이들이 폭넓은 지식을 갖출 때까지 계속 더 많은 것을 부어 넣는다! 나는 아이들에게 배, 수상정,

침몰선에 대한 단원을 가르친 지 약 2년이 지난 후 질문을 했을 때 아이들이 아무것도 기억하지 못하는 사실에 경악했다! 다른 부모들처럼 나도 아이들에게 가르친 모든 것이 뇌에 저장되어서 필요할 때 그 지식을 불러오기만 하면 된다고 생각했다. 아이들이 계속 지식을 쌓아갈 것으로 생각했다. 물론 아이들은 배 – 수상정 – 침몰선에 대한 정보를 일상적으로 사용하지 않았다. 나중에 단기기억과 장기기억에 대해 알게 된 후에야 아이들에게 가르친 내용 중 상당 부분이 기억에 남지 않는다는 사실을 깨달았다.

뇌 발달에 대해 알려진 바에 따르면 경험은 신경전달물질을 자극하여 뉴런 사이의 길을 만들고 강화하는 데 도움이 된다. 반복되는 지식과 경험은 경로를 강화하고, 뇌는 자주 사용하지 않는 경로를 정리한다. 아이들이 학습한 내용을 기억하려면 특정 지식이나 경험에 지속적이고 반복적으로 노출되어 뇌가 경로 배선을 강화하고 학습 내용을 장기기억으로 옮길 수 있도록 해야 한다. 아이들이 무언가를 한 번만 배우면 그 지식은 사라진다. 어린아이들은 종종 똑같은 잠자리 이야기를 듣거나 같은 영화를 여러 번 보고 싶어 한다. 아이들은 반복을 통해 학습한다. 정보는 계속 제시되고 사용되어야 한다. 만약 우리가 6년 동안 매주 배 – 수상정 – 침몰선에 대해 다뤘다면 아이들은 분명히 기억했을 것이다!

반면에 아이들이 자신이 즐긴 모든 비디오 게임의 이름, 음악, 콘텐츠를 기억하는 사실이 놀라웠다. 그도 그럴 것이 자주 가지고 놀았기 때문이다. 10년이 지난 지금, 운영 체제와 콘솔이 바뀌면서 우리가 소유했던 컴퓨터와 닌텐도 64 게임 중 상당수가 쓸모없게 되었다. 하지만 아이들은 온라인에서 게임을 찾을 수 있고, 여전히 게임 방법을 기억하고 있으며, 음악과 캐릭터를 좋아했다고 웃으며 이야기한다. 아이들은 여전히 포케랩 노래를 외울 수 있다! 비디오 게임은 정말 아이들의 오랜 기억 속에 자리 잡았다.

아이들의 내재적 학습을 방해하는 요인은 무엇인가?

- 부모나 교사가 기술 숙달이나 콘텐츠를 너무 빨리 또는 너무 세게 밀어붙이는 경우
- 맥락 없이 암기식으로 사실적인 정보를 학습하는 경우
- 학습자의 주제에 대한 동의가 없는 경우

내 딸이 일곱 살이었을 때 피아노를 만지작거리기를 정말 좋아했다. 하루에도 몇 시간씩 곡을 만들어 연주하고 연습했다. 이를 눈치챈 나는 딸을 피아노 레슨에 등록했다. 딸 아이의 흥미는 점차 줄어들었고, 레슨을 받기는 했지만 몇 년 동안 연주와 연습을 중단했다. 그녀의 내재적 동기가 사라진 것이다.

언스쿨링은 아이가 스스로 콘텐츠를 선택하기 때문에 자신의 흥미를 유발하고 학습 내용을 장기기억에 남길 수 있다. 어떤 과목에 대해 더 배우고 싶다면 공식적인 교육을 포함하여 자신이 선택한 지식을 어떤 형태로든 더 많이 찾을 것이다. 더 배우고 싶지 않다면 교사, 반 친구들, 자신의 시간 등 누구의 시간도 낭비하지 않을 것이다. 엄청난 양의 자유 시간이 주어지면 아이들은 진정으로 자신의 열정을 추구할 수 있다.

언스쿨링은 모든 학습 스타일을 수용한다.

콘텐츠를 학습 스타일에 맞게 전달하지 않으면 학교는 아이들의 학습에 대한 자신감을 떨어뜨릴 수 있다. 아이들은 종종 학습 장애가 있는 것으로 분류되지만 실제로는 콘텐츠 전달 시스템에 장애가 있을

때가 많다. 교사는 일반적으로 자신의 학습 스타일로 가르친다. 하지만 성인 교육자로서 나는 이를 바꿔 학생의 학습 스타일에 맞게 가르치는 것이 얼마나 어려운지 잘 알고 있다. 예를 들어 교사가 나처럼 시각 학습자라면 파워포인트와 같은 시각적 학습 기법을 많이 사용할 것이다.

유아기부터 5세까지의 초기에는 모든 것을 만져야 하는 촉각, 모든 것을 입에 넣어야 하는 미각, 청각, 시각, 후각 등 오감을 통해 학습한다. 보건 기관은 부모가 이러한 유형의 학습을 장려하도록 권장한다. 아이들은 5세가 넘어가면서 미각을 통한 구강 탐색을 말하기와 교환한다. 아이들은 토론과 대화를 즐기며 언어 능력을 키운다. 아이들은 자유로운 놀이를 통해 체험학습을 지속한다.

유치원은 공립학교에서 체험학습을 가장 많이 하는 학년으로 놀이 센터가 있는 경우가 많다. 하지만 체험학습은 거기서부터 내리막길을 걷게 되며, 1학년이 되면 좌식 학습이 도입된다. 6세 아이들은 아직 몸을 움직여야 하는데, 종일 앉아서 하는 수업에 적응하기 힘들어한다. 놀이에서 가장 잘 소모되는 에너지는 가만히 앉아 집중하는 데 사용해야 한다.

학년이 올라가게 되면 교육 전달 방식은 촉각, 미각, 시각, 청각, 후각의 오감에서 시각과 청각의 두 가지 감각으로 바뀐다. 아이들이 1학년이 되어 읽을 수 있게 되면(1학년이 되면 읽을 수 있을 것으로 예상한다), 페이지든 화면이든 대부분 텍스트를 기반으로 전달된다. 이는 정보나 기술을 다수의 학생에게 한 방향으로만 전달하는 비용 효율적인 형태라고 할 수 있다. 교사가 아이들에게 "앉아서 조용히 해!"라고 훈계하는 것은 운동 감각과 토론이라는 두 가지 중요한 학습 형태를 빼앗는 것이다. 35명의 수다쟁이 학생들의 소음이 꽤 높은 데시벨 수준에 도달할 수 있는데, 누가 교사를 비난할 수 있겠는가!

아래 표에서 우리는 오감을 통해 학습하며, 이는 어린 시절이나 초등학교 1학년뿐만 아니라 성인이 되어서도 마찬가지다. 체험학습은 모든 감각을 아우르며 뇌에 학습을 심어준다. 온라인과 교과서 학습은 경제적으로 효율적인 전달 방법이지만 시각과 청각이라는 두 가지 감각만 활용하는 까닭에 기억력 유지에 최적이 아니다. 온라인 수업은 "학생이 게시물을 올리고 이에 응답하도록 요구함으로써 토론"을 제공한다. 다른 학습자의 한 줄짜리 게시글에 대한 응답으로 한 줄짜리 게시글을 작성하는 것은 토론이 아니다. 이는 실제 주고받는 대면 대화가 아니다.

데일의 경험의 원추는 학생들이 "진짜 일을 해보도록" 허용하고 실제로 격려하는 언스쿨링 방식이 거의 완벽한 보유율을 달성하는 것을 보여준다. 언스쿨링은 모든 형태의 학습이 언제나 허용되기 때문에 학습의 자신감을 키울 수 있다.

수동적 학습 활동: 2주일 후 평균 학습 보유율(%)	
읽기	10
듣기(강의나 강연)	20
이미지 보기	30
시범이나 비디오 보기, 전시물 관람	50
능동적 학습 활동: 2주일 후 평균 학습 보유율(%)	
토론에 참여하고, 강연하고, 촬영 현장에서 무언가를 보기	70
역할극, 극적 프레젠테이션 또는 시뮬레이션에 참여하기	90
실제로 해보기	100

출처: *Dale, 1969, Cone of Experience*

강제 학습은 사라지는 데 반해 언스쿨링 학습은 고착된다.

프랑스어 몰입 교육은 학습이 더 이상 계속 적용되지 않을 때 어떻게 손실되는지 보여주는 사례다. 캐나다 통계청의 자료에 따르면 12학년 내내 프랑스어 몰입형 학교에 다닌 아이들은 졸업 후 학습의 일부를 잃는다고 한다. 1996년 인구 조사에서 15~19세의 프랑스어 몰입 교육 졸업자 중 16.3%가 이중 언어를 구사한다고 답했지만, 2011년 인구 조사에서는 이 중 9.6%만이 여전히 이중 언어를 구사한다고 답했다 (Friesen, 2013). 사람들이 셰익스피어를 계속 읽지 않거나 라틴어를 말하지 않거나 다항식을 정기적으로 사용하지 않을 때도 마찬가지다.

학교에서 아이들은 내용을 배우고 시험을 통과하지만, 그 지식은 단기기억으로만 남아 금방 뇌에서 사라진다. 교사는 의무 교육과정을 흥미롭게 만들기 위해 열심히 노력한다. 하지만 아이들이 타고난 발달 요구와 과정에 따라 스스로 선택한 주제만큼 흥미를 끌지 못한다. 콘텐츠나 전달 방식을 학습자가 결정하지 않는 한 태만함과 참여율 저하는 항상 문제가 될 것이다.

언스쿨링은 우아한 교육의 즐거움으로 아이들을 유혹한다. 만약 그것이 고착되면 굉장할 것이다. 관심이 싹트고 더 깊고 폭넓은 지식에 대한 열망으로 이어질 것이다. 관심이 없다면 아이는 학습을 거부할 것이기 때문에 시간과 자원, 부모와 아이의 노력을 낭비할 필요가 없다. 닌텐도가 비디오 게임을 학교 시장에 출시했을 때 증명된 것처럼, 아이들은 자기가 관심 있는 주제에 대한 학습을 오래 보유한다! 나는 10대의 큰아이들에게 "너 일곱 살 때 종이로 덧셈을 배웠던 거 기억나?"라고 셀 수 없을 만큼 물어봤다. 아이들은 멍한 눈빛으로 대답했다. 아이들은 놀이의 세부 사항을 기억하지 못할 수도 있다. 하지만 자신들이 주도한 활동에 참여하여 얻은 체험학습은 뇌의 경로를 강화하여 학습 내용을 종이에 적용할 수 있는 토대가 되었다. 고등학교 교과서에서 공중을 향하여 수직으로 쏘아 올린 화살이 물리학 원리와 속도에 따라 어느 지점에서 떨어지기 시작하는지를 설명할 때, 아이들은 7살 때 실제로 양궁장에서 화살을 쏴 본 경험이 있어서 직관적으로 알 수 있었다.

대학생 아이들에게 어렸을 때 들었던 수업과 언스쿨링 현장 학습에 데리고 다녔을 때 어떤 기억이 나는지 물었다. 아이들의 대답은 놀라웠다. 수업에서 배운 내용을 기억하는 아이는 단 한 명도 없었다. 하지만 로비에 있던 사탕 자판기, 장시간 차를 타고 이동하던 일, 앞 좌석에 누가 앉을지를 놓고 다투던 일 등은 기억하고 있었다. 아이들은 점토 만들기, 가라테, 레고 등 재미있는 수업이 기억에 남는다고 말했다. 내 아들은 욕조에서 초콜릿 푸딩을 가지고 놀았던 기억은 있으나 배와 부력의 수업은 기억하지 못했다. 아이들은 모두 불을 좋아했다. 그래서 그런지 내 감독 아래 바깥에서 시도했던 불 실험을 기억했다. 아이들은 모두 좋아하는 영화를 기억하고 있었다. 1년 동안 고등학교에 다녔던 내 아들에게 학교 경험에서 무엇을 기억하는지 물었다. 아들은 수업에서 배운 것은 조금이지만, 가장 큰 교훈은 "권위에 복종하는 법"과 "사회적으로 적응하는 법"이라고 대답했다. 그것은 학교 환경에서 그의 생존 문제였다. 나는 집에서 학교를 재현하는 홈스쿨링 친구들과 공립학교에 다니는 친구들에게 아이가 "이해하지 못하더라도" 걱정하지 말라고 말하고 싶다. 어차피 기억하지 못할 테니까! 그렇다, 교육은 뇌를 훈련하고 뉴런을 활성화하지만 즐겁게 할 수 있는 방법은 많이 있다. 시스템에서 읽으라고 지시하는 것이 아니라 자신이 읽고 싶은 것을 골라서 읽는 것과 같은 것이다. 언스쿨링은 아이들이 몰입 시 배운 개념을 확고히 하여 학습을 단기기억에서 장기기억으로 옮긴다.

연중 내내 교육이 이루어지므로 여름방학으로 인한 학습 손실이 없다.

여름방학의 학습 손실은 아이들이 학교 일정과 교육과정을 무리하게 소화해야 할 때 발생한다. 연구에 따르면 학생들은 긴 여름방학 동안 약 한 달의 학교 교육이 퇴보하고 손실된다고 한다. 오하이오주립대학의 연구에 따르면 시험 점수는 연중 학사일정에 따라 달라지지 않는 것으로 나타났다. 학교는 연중 여름방학이 4주에 불과하고 가을, 크리스마스, 봄 방학에는 더 긴 방학이 있다(Cuthbertson, 2012). 독해력과 수학 능력이 가장 큰 타격을 받는다. 이 연구는 아이들의 콘텐츠 보유력이 떨어지는 것을 알려주지만, 아이들이 콘텐츠에 몰입했는지 지루해했는지는 검증하지 않았다. 내 아이는 여름 동안 포켓몬 150마리를 모두 외울 수 있었으나 수학 구구단은 외우지 못했다. 여름방학 학습 손실은 아이들이 억지로 배워야 하는 영역에서만 발생한다. 하지만 아이들이 흥미를 느끼는 새로운 것을 더 많이 배울 수도 있다.

뇌 발달 측면에서 보면 이는 당연한 일이다. 뇌는 잘 사용되는 영역의 뉴런 사이의 경로를 강화하고 사용하지 않는 경로를 정리한다. 뇌는 필요에 따라 항상 유용한 정보를 단기 또는 장기 저장소에 "파일로 보존"한다. 예를 들어, 여름방학 동안 곱셈이 필요하지 않은 아이라면 카드 게임에 필요한 포켓몬 통계와 같은 유용한 정보에 우선순위를 두고 구구단은 버릴 것이다!

아이들이 배우는 것은 대부분 우리 눈에 보이지 않는다. 아이들이 지시을 얼마나 많이 흡수하고 기억하는지는 주제에 관한 관심 수준과 직접적인 관계가 있다. 아이들은 스스로 학습하도록 내버려 두면 특정 과제나 목표 달성에 필요한 새로운 정보와 기술을 배우게 된다. 여름은 놀이를 위한 계절이다. 아이들은 놀이를 통해 배운다.

아이가 주도성, 협동심, 학습에 대한 열정을 키우기를 원한다면 문제지를 강요해서는 안 된다. 문제지로는 이러한 발달을 촉진할 수 없다. 대신 아이의 관심을 유도하고 질문에 귀 기울이며 스스로 답을 찾도록 도와주라. 그것이 바로 언스쿨링 아이들이 하는 일이다.

"뇌에는 '열린 시간'과 '닫힌 시간'이 없다. 뇌는 정보를 받아들이고, 분류하고, 상관관계를 도출하고, 연결하고, 저장하는 일을 하루 24시간, 1년 365일 계속한다."(Tracy R, 2002)

여름 학습이 겨울 학습을 훨씬 능가하는 것으로 나타났다. 여름에는 공부할 필요가 없었고 아이들의 흥미를 촉진할 수 있는 시간이 훨씬 더 많았기 때문이다. 아이들이 가장 원하는 책과 비디오는 모두 도서관에서 구할 수 있었다. 대부분의 홈스쿨링 수업, 활동, 프로그램이 여름방학 동안 문을 닫았기 때문에 우리는 구조화되지 않은 긴 시간을 독서로 보냈다. 여름은 일 년 중 가장 구조화되지 않은 시간이었고 가장 생산적인 시간이었다. 아이들의 독서 실력은 비약적으로 발전했다.

실제로 여름방학에 학교를 쉬면 학습량이 풍부해진다. 학습이 계속되면 여름방학으로 인한 학습 손실은 없다.

언스쿨링은 학습과 맥락을 통합한다.

분리된 과목 학습은 단절 학습이다. 수업 시간이 빠듯하다. 교육과정에 너무 많은 과목의 학습 목표가 포함되어 있어서 학습범위와 순서를 신중하게 나눠야 한다. 많은 학습 목표가 여러 과목에 걸쳐 반복된다. 비판적 사고는 영어, 사회, 수학, 과학의 학습 목표이고 모든 과목의 박스에 체크 표시를 하면 학습이 완료된다. 이 모든 과목의 또다른 학습 목표는 팀과 협력이다. 하지만 아이가 모든 과목에서 팀워크를 배울 필요는 없다. 한 번이면 충분하다. 사회 과목 교육과정 개발자가 수학 과목 교육과정 개발자와 서로 떨어져 고립된 장소에서 작업하기 때문에 목표가 중복된다. 아이가 집에서 학습할 때는 중복이 없다. 팀워크는 팀워크이다.

언스쿨링은 과목 영역을 구분하지 않는다. 모든 핵심 과목은 다른 모든 과목과 연관되어 있다. 언스쿨링에서는 아이가 원하는 만큼 한 가지 주제를 깊게 탐구할 수 있다. 과목은 서로 겹치기 때문에 수학, 영어, 사회, 과학, 미술, 체육이 모두 하나의 관심 주제에서 다뤄질 수 있다. 예를 들어, 월드 오브 워크래프트는 아름다운 그래픽의 풍경을 통해 미술을, 백분율을 통해 수학을, 게임 내 지침을 읽고 쓰기를 통해 언어를 가르친다. 또한 길드 성원 간의 문제 해결을 통해 대인관계 기술을, 움직임과 움직임에 관련된 물리학을 통해 과학을, 그리고 다양한 구성원들의 정치를 탐색하는 과정을 통해 사회 과목을 가르친다.

지역 농산물 시장 방문은 또 다른 경험이다. 학교에 다니는 아이는 교육과정을 잘 아는 교사와 함께 시장견학을 떠나 시장의 특정 영역에 국한하여 배울 수 있다. 이에 비해 같은 시장을 견학하는 언스쿨링 아이들은 각각 자신의 관심에 맞는 사물과 아이디어를 발견하면서 자연스럽게 자신의 발달 단계에 적합한 정보를 흡수할 수 있다. 아이들은 특별한 순서나 계획 없이 주제를 학습한다. 하지만 아이들은 이미 알고 있는 지식에 의미와 깊이를 더하며 정보를 순차적으로 분류하거나 제시할 필요 없이 차곡차곡 쌓아간다. '종별로 나눈 과목'은 실제 학습이 아닌 인위적인 구성이다.

학교의 모든 아이는 종소리에 따라 시계를 보며 생활한다. 종소리는 과목과 시간별로 최소한의 수업을 구분한다. 수업이 끝난 시간, 쉬는 시간, 집에 갈 시간이 되었을 때 종소리가 울리고 실제 학습은 중단된다. 아이는 학습에 흥미를 느끼고 계속 학습하고 싶어도 원하든 원하지 않든 강제로 학습을 중단하고 다음 날 다시 시작해야 한다.

언스쿨링은 모든 유형의 학습과 자원을 동등한 위치에 놓는다. '교육적'으로 간주하는 경험과 '정크'로 간주하는 경험이 동등한 비중을 차지한다. 아이들은 나이가 들면서 취침 시간, 식단, 공부, 게임 제한 시간, 학업 성취도 등 놀랍도록 건강한 쪽을 선택한다. 예를 들어, 음식 선택에서도 이러한 개념을 뒷받침하는 연구 결과가 있다. 디저트와 저녁 식사를 같은 접시에 담아 제공할 때, 한 가지 선택이 다른 선택보다 더 낫다고 강조하지 않으면 아이들은 식사의 모든 부분을 먹게 된다는 것을 알고 있다(Satter, 2000). 마찬가지로 비디오 게임보다 문제집을 더 중요하게 생각하지 않으면 아이들은 우리의 미묘한 판단을 인식하지 못하고 자신에게 맞는 것을 선택할 것이다.

아이들은 표준화 시험이 아닌 호기심을 통해 학습한다.

표준화 시험은 학교가 납세자, 정부, 기타 이해관계자에게 책임감을 보여줄 수 있는 한 가지 방법이다. 언스쿨링 학생과 홈스쿨링 학생은 자신 외에는 누구에게도 책임을 지지 않기 때문에 시험이 필요하지 않다. 언스쿨링 학습은 눈에 보이지 않고 흩어져 있으며 나이나 시간별로 등급이 매겨지지 않는 경우가 많다. 그러므로 특정 시점의 특정 콘텐츠를 테스트하는 것은 불가능하다. 컨커디어 대학의 연구(2011)에서 10세가 아닌 18세 아동을 대상으로 측정했다면 언스쿨링 아이들의 성취는 다른 결과가 나왔을 수 있다.

언스쿨링 아이에게는 일본 전쟁을 3학년에서 공부하든 8학년에서 공부하든 상관없다. 학교에서는 8학년 때 시험을 치르지만, 아이가 10학년이 될 때까지 이 주제에 관심이 없다면 어떻게 될까? 아이가 주제에 관심이 많거나 시험에 필요한 자료를 공부하면 원하는 점수를 얻을 수 있는 것을 직감할 수 있을 정도로 성숙해지면 시험에서 더 좋은 성적을 거둘 수 있다.

앞에서 여름방학의 학습 손실에 관해 설명한 것처럼 학생은 시험을 위해 자료를 학습한 다음 더 이상 필요하지 않으면 즉시 잊어버린다. 정보가 그렇게 일회용이라면 애초에 아이들이 왜 그것을 배워야 하는 것인가? 아이가 일본어를 정말로 알아야 하는 경우 취업이나 대학 진학 또는 일본 여행을 원하기 때문에 실제로 그것이 필요할 때 그때 공부하면 된다. 우리 아이들은 아직 선택하지 않은 특정 학습 주제가 시험에 포함되어 있어서 초기에 사회와 과학 과목의 국가 표준화 시험을 치르지 않았다. 하지만 12학년이 되어서 시험을 치르게 되었다. 이는 그때까지 단 1년이 아닌 18년에 걸친 지식의 축적이 시험에서 좋은 성적을 거두는 데 필요한 학습을 제공했다.

개별 학습자는 자신에게 필요한 정보의 범위와 필요한 시기를 안다.

언스쿨링은 강한 집중력을 유발한다.

학교에서는 학습을 중단하는 사태가 끊이지 않는다. 교실, 교사, 과목 변경을 알리는 종소리가 울리면 학습이 갑자기 중단된다. 외부인의 교실 방문, 교사 호출, 인터컴 메시지 등은 끊임없이 흐름을 방해한다. 학습에 열중하는 아이들은 학습에 관심이 없는 다른 사람들의 방해에 짜증이 난다. 학생들은 집중하고 집중하는 방법을 배워야 한다.

언스쿨링은 집중할 수 있는 시간과 공간을 제공한다.

비판적 사고를 장려한다.

대규모 관료 조직은 문제를 잘 처리하지 못한다. 그들은 본질상 복종의 조건에 따라 작동하며 절대적으로 정당의 노선에 따른다. 방해

꾼이 너무 많으면 수렁에 빠져서 시간과 효율성을 상실하게 된다.

비판적인 사고방식은 정해진 콘텐츠를 전달하는 흐름을 방해하기 때문에 혼란을 일으킨다. 수업에 반대하는 학생은 종종 방과 후에 홀로 교실에 남거나 수치심을 느껴 침묵을 강요당하는 방식으로 처리한다. 질문을 했다는 이유로 벌을 받는다.

모든 아이는 비판적인 사고를 해야 한다. 내용부터 규칙과 규정에 이르기까지 이해하지 못하는 모든 것을 정중하게 질문해야 한다. 비판적 사고는 정보를 수집하고, 내재 가치와 가정을 드러내고, 자료를 세분화하고, 주장을 분석하는 것이다.

언스쿨링은 처벌 없이 질문을 장려한다.

문제 해결을 권장한다.

학교에 문제가 발생하면 교장, 교사, 지원 담당자가 문제를 해결해야 한다. 아이들과 상의하는 일은 거의 없다. 하지만 파이낸셜포스트가 채용 과정에서 가장 중요하게 여기는 10가지 기술 중 하나가 바로 문제 해결 능력이다(Financial Post, 2007). 교육 시스템에서 대부분의 문제 해결은 핵심 이해관계자인 학습자를 무시한다. 학생과 관련된 문제는 협의와 협력이 아닌 처벌과 뇌물을 사용하여 "해결"한다. 학생들은 해결책을 찾기 위해 브레인스토밍을 하도록 요구받지 않는다. 학생 자신들이 영향을 받는 주요 결정에 대해서도 전혀 의견을 묻지 않는다. 하지만 인생의 성공은 문제 해결로 이루어진다. 항상 상생이 목표가 될 때, 삶은 훨씬 더 쉽고 건강해지며 스트레스는 훨씬 줄어든다. 학교 제도권 밖에서 성인의 도움을 받으면 아이들은 다양한 문제를 자유롭게 문제 해결하는 연습을 할 수 있다.

주도성과 근성을 장려한다.

학교는 하나의 기관이므로 규칙, 일상, 정책, 절차, 권한이 있어야 한다. 효율적으로 운영하기 위해서는 개인 맞춤형 학습 등 다른 모든 고려사항보다 이러한 요소를 먼저 준수해야 한다. 규범에서 벗어난 활동을 하고자 하는 학생은 "책임 문제", "안전 문제" 또는 단순한 "정책"을 이유로 학교에서 배제되는 일이 많다. 언스쿨링의 장점은 바로 이러한 제약이 없다는 데 있다. 아들이 감자로 총을 만들고 싶다고 하면 그렇게 하도록 해라! 안전하기만 하면 무엇이든 할 수 있다! 언스쿨링은 "안 돼, 그러면 안 돼. 우리 정책에 어긋나잖아."가 아닌 '예'를 허용한다.

주도성의 장려는 편안해야 한다. 나는 거의 모든 학습 기회에 "그래!"라고 말한다. 나는 호기심을 억압하지 않고 보상하기를 원한다. 하지만 단 두 가지 규칙이 있다. 그러한 활동은 안전해야 한다는 것과 자신이 어지럽힌 것은 스스로 치워야 한다는 것이다. 어느 정도 위험이 수반되는 활동은 반드시 성인의 감독을 받아야 한다. 아이들은 신이 나서 어떻게 할지 모른다. 아이들은 시도하는 것을 좋아한다. 아이들은 실험하고 좋은 결과든 나쁜 결과든 그 결과와 경험을 통해 가장 잘 배운다!

언스쿨링은 다양한 연령대와 관심사별로 분류한다.

학교에서는 관심사나 능력이 아닌 나이에 따라 학년이 정해진다. 그러므로 아이들은 종종 자신의 실제 수준에 맞지 않는 집단에 속하게 된다. 어떤 아이들은 한 학년 올라갈 수 있으나 나이 정책 때문에 월반이 보류된다. 어떤 아이들은 1년을 더 반복해야 하지만, 실패가 아이의 자존감에 영향을 미친다는 시스템의 믿음 때문에 그냥 그대로 진급한다. 예전에는 학교에서 한 아이를 낙제시키고 1년을 반복하게 하는 일이 흔히 있었다. 더 이상 이런 일은 일어나지 않는다. 아이들은 나이만을 기준으로 학년에 배정된다. 또래 문화가 잔인할 수 있고 낙제하면 괴롭힘을 당할 수 있다는 전제 아래 한 해의 교육과정을 마치지 못했더라도 진급한다. 같은 학년의 아이들은 자신의 진도에 따라 평가받는 것이 아니라 서로 비교하고 학급 진도에 따라 평가받는다. 이 시스템 자체가 괴롭힘을 유발한다.

또한 특정 과목의 고급 과정을 수강하는 아이는 자신의 나이 수준을 1년 이상 초과하는 과정을 수강할 수 없다. 이는 매우 불공정하다. 아이가 수학에 뛰어나다면 나이 때문에 주저해서는 안 될 것이다. 아이의 흥미와 능력에 따라 더 복잡한 도전이 필요하다면 아이의 이해 수준에 맞는 과정을 수강할 수 있어야 한다. 반면에 도움이 필요한 아이에게는 열등감을 느끼지 않도록 맞춤형 학습 자료를 제공하여 도움을 주어야 한다.

진정한 개인 맞춤형 학습은 같은 학년의 똑같은 수업으로는 제공할 수 없다. 학습은 학교 밖 교육만큼이나 다양한 연령대에 친화적이어야 한다.

우열반 편성도 없다.

북미에서는 15세나 10학년에 국가 시스템의 판단과 배치 기준에 따라 아동이 분류되고 순위가 매겨진다. 유럽에서는 더 빠르다. 일부 국가에서는 10세부터 우열반을 편성하기도 한다. 이는 잘못된 것이다. 연구에 따르면 아이들의 뇌는 전전두엽 피질이 발달하지 않으며, 13세나 14세가 되어야 추상적인 사고 능력이 발달한다. 그러므로 아이들은 자기 능력을 발휘하기도 전에 분류되어 우열반에 들어가게 된다.

교사는 아이가 특정 트랙(track)에 따라 어떤 과정을 밟아야 하는지 부모에게 추천한다. 트랙에는 "직업 및 고용 가능성" 트랙, "예술 및 인문학 중등 과정" 트랙, "STEM 중등 과정" 트랙 등이 있다. 캐나다에서는 한두 과목만 추가로 수강하면 트랙 간을 쉽게 이동할 수 있다. 하지만 대부분의 부모는 아이가 어떤 트랙에 들어갈지에 대해 최종 결정권을 가지고 있다는 사실을 잘 모르는 경우가 많다. 내 아들은 수학에 어려움을 겪었다. 교사는 아들을 10학년 일반 수학에 배정했다. 나는 아들이 예술 수학을 할 수 있다는 것을 알고 밀어붙였다. 아들은 잘 해냈다. 그 후 아들은 STEM 수학에 들어가기로 했다. 노력 끝에 아들은 성공하여 이과 대학 프로그램에 지원할 자격을 얻었다. 아이들이 언스쿨링을 할 경우에 고등 교육과정의 입학시험을 신청하고 서류를 작성할 때까지 분류되지 않는다. 학습자는 항상 자기 능력을 증명하고 자신에게 적합한 과정을 결정할 동등한 기회가 있다. 학습자는 항상 스스로 트랙을 결정할 수 있어야 한다. 다른 누구도 그렇게 해서는 안 된다. 학습자는 자신에게 무엇이 적합한지 가장 잘 알고 있다.

언스쿨링은 주제를 깊이 있게 탐구할 수 있다.

학교에서는 주제가 광범위하고 희석되어 있다. 학교는 학생들에게 모든 것을 얕고 광범위하게 가르친다. 목표는 최대한 노출이지만 시간 제약으로 깊이 있는 관련 학습을 할 수 없다. 아이들은 단편적인 지식의 달인이 되고 아무것도 모르는 전문가가 된다. 깊이 있는 학습은 학생 각자의 시간에 이루어져야 한다. 학교는 주제를 골라서 가르친다. 한 아이가 12년 동안 모든 국가를 공부할 수는 없으므로 시스템에서 몇 가지를 선택한다: 일본, 브라질, 페루, 그리스. 왜 시스템이 그것을 선택해야 하는가? 학습자가 선택할 수 없는 이유는 무엇인가?

분명히 맞춤형 학습은 성인용 모델이다. 사람들이 모든 주제에 능숙한 것은 아니다. 우리는 전문화한다. 아이들이 "모든 것을 조금씩 알아야 한다"라는 것은 시대에 뒤떨어진 생각이다.

아이들은 대부분 고등학교를 졸업할 때 자신이 인생에서 무엇을 하고 싶은지 모른다. 많은 학생이 자신의 열정을 추구하고 진정한 관심 분야를 좁힐 시간도 없이 맹목적으로 대학에 입학한다. 그들은 직업을 얻고 돈을 벌기 위해 고등 교육 기관에 진학해야 한다고 강요받는다. 하지만 엔지니어는 제빵사가 되고 싶었을 수도 있고, 심리학자는 예술가로서 더 행복했을 수도 있으며, 교사는 의학에 대한 열정이 있었을 수도 있다.

아이들은 무언가를 알아야 할 때 모바일 기기를 통해 정보를 쉽게 얻을 수 있다. 아이들에게는 자신의 진정한 열정에 집중하고 자신에게 중요한 것을 깊이 이해하는 일이 더 필요해졌다. 어떤 부모들은 내가 처음에 그랬던 것처럼 저녁에 아이들의 관심사에 집중하여 학교에서 다루지 않는 교육과정을 보강한다. 이를 '방과 후 교육'이라고 부른다. 그렇다면 학교에서는 결국 아무것도 배우지 않는 것이 된다는 생각이 든다. 하루 중 가장 좋은 시간을 왜 학교에서 보내는지 궁금해진다. 부모는 "방과 후"에 아이들이 진정으로 배우고 싶은 것을 배우도록 노력한다. 하지만 그때쯤이면 아이들은 지쳐 있고, 도와주려고 해도 짜증이 많으며, 열정이 있는 주제에 대해서도 열의를 보이지 않을 수 있다. 모든 학교는 많은 주제 중에서 몇 가지 주제를 선택해 가르친다. 언스쿨링에서는 학생이 선택한다. 원하는 만큼, 원하는 기간 동안, 원하는 만큼 깊이 공부할 수 있다.

학교를 그만두면 시간이 생긴다.

언스쿨링은 기업가의 능력을 배운다.

학교에서는 대학에 갈 때까지 기업 경영의 방법을 가르치지 않는다. 그러므로 많은 아이가 예술 작품이나 제작품을 판매할 수 있지만, 이에 필요한 비즈니스 기술은 배우지 못한다. 기업에서 성공하려면 비판적 사고, 위험 감수, 창의적 문제 해결, 경청 능력, 주도성 등이 필요하다. 훌륭한 의사소통 능력과 대인관계 능력은 필수다. 조직과 기록 관리는 오랜 시간, 규율, 책임감이 필요하다. 성공하려면 수천 번의 거절에도 굴하지 않고 예스(YES)를 위해 앞으로 나아가는 끈기가 필요하다. 성공하려면 반대하는 사람들에 맞서 제품이나 서비스에 대한 확고한 믿음이 필요하다. 성공하려면 실수를 저지르고 그로부터 배워야 하며 모델, 아이디어 또는 제품이 완벽해질 때까지 재조정해야 한다.

학교와 같은 관료주의 기관은 사업 경영 방법이나 경쟁 환경에서 성공하는 방법을 가르치지 않는다. 학교에서는 개인의 진로나 직업 선택과 관계없이 오늘날의 세계에서 필수적인 지식인 금융 이해력에 대한 주제를 거의 다루지 않는다.

많은 언스쿨링 젊은이들이 사업을 시작한다. 이들은 비즈니스를 실행하면서 수학, 영어, 과학, 사회성을 배운다.

언스쿨링 학생들은 유연성을 가지고 기업가 활동에 참여할 수 있다.

언스쿨링은 창의력을 키운다.

규정된 교육과정은 창의성을 죽인다. 놀이는 창의력을 촉진한다. 어느 날 내 딸의 유치원에서 미술 프로젝트를 하고 있었다. 아이들은 과일 조각을 반으로 잘라 물감에 담가 종이에 찍어내는 작업을 하고 있었다. 학부모 자원봉사자로서 나는 5명의 아이로 구성된 집단을 감독하도록 배정받았다. 나는 아이들에게 과일 아트를 만들기 위한 '샘플'을 보여주었다.

네 명의 아이가 과일을 물감에 담그는 모습을 보았다. 레몬 반쪽은 노란색 물감에, 오렌지 반쪽은 주황색 물감에 담그는 등 대부분 색상이 일치했다. 한 남자아이는 레몬 반쪽을 파란색 물감에 담갔다. 나는 아이가 종이 전체에 아름다운 소용돌이를 그리는 모습을 흥미롭게 지켜보았다. 그는 다른 과일과 다른 물감 색으로 계속 그렇게 했다. 프린트가 아닌 스우시(Swoosh; 나이키의 로고)였다. 다른 색의 스우시였다. 나는 이 아이는 멀리 갈 것으로 생각했다! 여기 정말 기발한 생각이 있는 아이가 있다! 다른 아이들은 그에게 "잘못하고 있다"라고 경고했다. 분명히 세뇌는 일찍 시작하는 것 같다! 나는 그 아이의 해석이 마음에 든다고 말했다. 학부모 자원봉사자들은 우리 조의 작품을 모아 테이블 위에 올려놓고 말렸다. 20분 후, 아이들이 다른 활동을 할 때 교사가 조용히 작품을 살피는 것을 보았다. 교사는 소용돌이 모양의 그림을 내밀며 학부모 자원봉사자들에게 누구 조의 작품인지 물었다. 나는 순식간에 내 학창 시절로 돌아갔다. 두려움에 가득 찬 나는 손을 들고 더듬거리며 "우리 조예요. 아름답지 않나요?"라고 말했다. 교사는 나에게 아이와 함께 앉아 아이에게 다시 그림 그리는 법을 보여주라고 부탁했다. "교실 밖 게시판에 그림을 걸어야 하는데 이 그림은 다른 그림과 어울리지 않아요." 창의력이 뛰어난 아이에게 그림을 다시 그리라고 할 수 없다고 항의했더니 교사는 다른 학부모 자원봉사자에게 부탁했다. 나는 다시는 그 교실에서 자원봉사를 하지 않았다.

아이들은 유치원에 무엇을 가지고 오는가? 창의력, 호기심, 주도성, 그리고 충만한 자신감이다. 정해진 교육과정에 맞추기 위해 자기 아이디어가 차단되면 아이들은 포기하고 묵인하게 된다. 3학년이 되면 아이들의 사랑스럽고 자발적인 특성은 대부분 억눌린다. 아이들은 조용하게 된다. 강제로 다시 하도록 강요당하는 것보다 규범을 따르는 편이 더 쉽다.

우리는 아이들이 새로운 아이디어를 떠올리도록 계속 지원하는 환경을 제공해야 한다. 억지로 먹이고 역류시키는 구식 모델을 버려야 한다. 아이들이 낡은 방식을 따르지 않고 새로운 결과를 생산하도록 장려해야 한다. 샘플은 버팀목일 뿐이다. 아이들은 샘플이 없으면 훨씬 더 창의적으로 된다. 우리는 아이들에게 '정답'을 맞혀서 시험에서 A를 받는 것이 아닌 발견의 기쁨을 위해 배우는 것을 좋아하도록 가르쳐야 한다. 교육 분야의 누구도 창의성이 중요하다는 사실을 부인하지 않는다. 하지만 현실에서는 교사의 지식에 도전을 시도했다가 정학 처분을 당하거나 시험에서 정답을 썼으나 오답으로 표시되는 등 미묘하지만 매우 분명한 방식으로 창의성이 차단되는 경우가 많다. 수학에서는 '잘못된' 방법으로 정답을 맞히는 경우가 자주 발생한다.

교육의 주요 근거로서 혁신이 그 어느 때보다 절실히 요구되고 있다. 오늘날 세상의 문제는 혁신을 요구한다. 창의성, 즉 혁신에는 실험, 위험 감수, 실패가 포함된다. 실패는 최종 결과물을 완성하기 위한 반복적인 시도와 이를 위해 필요한 인내를 강요하는 창의적 과정에서 필수적이다.

우리 사회는 혁신가, 엔지니어, 건축가, 디자이너, 연구원, 발명가, 사상가, 과학자를 절실히 필요로 한다. 많은 사람이 유용한 무언가를 생각해 내기까지 수천 번 실패한다. 켄 로빈슨(Ken Robinson)은 "학교가 창의성을 죽인다"라는 제목의 TED 강연에서 창의성을 "가치 있는 독창적인 아이디어"라고 아주 간단하게 정의한다. 그는 창의성은 오래된 문제와 새로운 문제 모두에 대한 새로운 해결책을 발명하기 때문에 비판적 사고보다 훨씬 더 중요하며, 문제를 비판적으로 해결하려면 창의성이 필요하다고 말한다. 켄에게 언스쿨링에 대해 어떻게 생각하냐고 물었을 때 그는 "좋아요"라고 대답했다(Robinson, 2013).

다중 지능 이론의 주창자인 하워드 가드너(Howard Gardner)는 창의성은 지능이 아니라 논리, 언어, 음악, 신체 운동 감각, 인간관계, 개인 내적, 자연적, 공간 지능 등 8가지 지능 각각에 창의성이 있다고 말한다. 논리, 언어, 공간 지능은 기존의 IQ 테스트로 측정한다. 다른 지능은 학교에서 그다지 중요하게 평가되지 않는다. 이는 해당 영역의 표준화 시험이 부족하기 때문이다(Gardner, 1983).

시인 셰리 윌슨(Sheri-D Wilson)은 다음과 같이 말했다. "누구나 무언가에 재능이 있다. 단지 그것을 찾는 것이 문제일 뿐이다. 창의성은 욕망과 호기심에 관한 것이며 때로는 그냥 놀면서 무슨 일이 일어나는지 지켜봐야 할 때도 있다."(Loney, 2012)

창의적인 사람들은 주변의 정보나 자료를 모아 새로운 방식으로 재조합한다. 우뇌형과 좌뇌형은 모두 창의적이다. 창의적인 작업을 하는 동안 피험자를 대상으로 MRI를 촬영한 결과 뇌의 양쪽이 모두 활성화되는 것으로 나타났다. 서던캘리포니아대학교 신경과학 조교수인 리사 아지즈-자데(Lisa Aziz-Zadeh)는 *사회인지 및 정서 신경과학 저널(Social Cognitive and Affective Neuroscience)*에 실린 '뇌 연구'에서 MRI가 '아하'의 순간을 포착할 수 있다고 말한다. 사람들이 퍼즐을 완성했을 때 뇌의 감정적인 부분에 불이 들어와 성공의 기쁨으로 인해 도파민이 분비되는 것을 보여준다.

특히 아이들의 창의성을 키울 수 있는 언스쿨링은 무엇인가?

1. 계획, 샘플, 모델, 이미지 또는 기대치가 미리 정해져 있지 않다.

샘플은 아이들이 사전에 인지한 결과와 같은 방법으로 실행하여 같은 결과를 얻도록 안내한다. 언스쿨링에서는 아이들이 독창적인 아이디어를 내도록 장려한다.

2. 자원과 소모품

인습에 얽매이지 않는 아이디어는 때때로 학교 공급 시스템을 통해 얻을 수 없는 자원과 물품의 도움을 받기도 한다. 언스쿨링 학생들은 프로젝트에 필요한 흥미로운 재료를 매입하거나 다락방을 뒤지거나 재봉실이나 차고를 뒤져서 프로젝트를 완성하거나 창의력을 발휘할 수 있는 물건을 찾을 수 있는 부러운 위치에 있다.

3. 시간

뇌가 잘 기능하려면 물, 영양가 있는 음식, 충분한 수면이 필요하다는 것은 누구나 알고 있는 사실이다. 운동도 중요하다. 하지만 창의력을 발휘하려면 뇌에 휴식 시간이 필요하다. 아이들은 하루에 6시간을 학교에서 보내고, 3시간은 통학에 쓰고, 나머지 3시간은 숙제를 한다. 생각을 처리하고 "그냥" 있을 시간이 거의 없는 경우가 많다. 하지만 이것은 매우 중요하다. 뇌가 새로운 아이디어를 가정하고, 공식화하고, 상상하고, 스며들게 하려면 휴대전화, 사람, 화면의 방해로부터 자유로워지는 것이 중요하다. 오늘날 사람들은 "느긋하게 쉬는" 시간이 충분하지 않다. 두뇌는 긴장을 풀고 집중에서 벗어날 수 있어야 한다. 생각이 이끄는 대로 어디든 떠돌아다닐 수 있어야 한다. 창의적인 아이디어가 떠오르지 않을 때는 뇌의 긴장을 풀어주는 것이 도움이 된다. 억지로 해결해야 한다는 압박을 받지 않을 때 예기치 않게 해결책이 떠오르는 경우가 많다.

나는 캘거리에서 새스커툰까지 6시간을 운전하는 동안 새로운 아이디어를 떠올리고 핸즈프리 음성 녹음기에 받아서 쓰기를 좋아한다. 많은 사람이 러닝머신 위에서, 또는 샤워 중, 명상 중, 침대에 누워 있을 때 창의적인 생각을 한다. 밤에 아이디어가 떠오르면 잠에서 깨기도 한다. 어떤 사람들은 숙면 후 이른 아침에 상쾌한 기분으로 깨어났을 때, 어떤 사람들은 늦은 밤에 두뇌가 이완되고 집중력이 떨어진 상태에서 더 창의적인 생각을 한다고 느낀다. 흥미롭게도 일상적으로 창의력을 발휘하는 사람들은 '아침형'이나 '밤중형' 인간일 가능성이 더 크다.

4. 실수는 축하받는다.

우리는 모두 어린아이들이 작은 테이프 조각이나 접착제 한 점으로 무거운 프로젝트를 붙이려고 하는 것을 본 적이 있다. 무엇이 효과가 있는지 알아내려면 많은 실패가 필요하다. 나는 27달러 상당의 각설탕과 액체 풀로 각설탕 성을 만들었던 기억이 난다. 접착제를 잘못 사용해서 설탕이 녹아 엉망진창이 되어버렸다. "오늘날 학교에서는 프로젝트, 자료, 교육, 결과물이 미리 계획되고 정해져 있어서 아이들은 그런 것을 배우지 못한다. 아이들은 틀릴 기회를 얻지 못한다."(Stephanie J, 2000)

사람들이 실수를 두려워하면 창의적인 아이디어를 떠올리지 못한다. 그들은 그것들을 과하게 생각하고 버린다. 아이디어는 평가에 얽매이지 않을 때 자유롭게 흘러나온다. 이러한 이유로 다른 사람들과 브레인스토밍하면 창의적인 해결책을 찾는 데 도움이 된다. 더 많은 아이디어를 생성하면 할수록 그 가운데 하나 이상의 아이디어가 실현

될 가능성이 커진다.

우리 가족은 누군가 실수를 하면 "이번 일을 통해 무엇을 배웠니?"라고 묻는다. 비난과 처벌의 분위기를 조성하는 대신 실수를 용인하고 배움을 촉진한다. 모두가 다른 사람의 아이디어를 지지하고 효과가 있는 아이디어를 장려하기 위해 최선을 다한다면 우리 사회는 더 나은 사회가 될 것이다. 나는 아이들이 평균 학점이 아니라 얼마나 많은 실수를 저지르고, 책임을 지고, 창의적으로 해결했는지에 따라 장학금을 주는 날을 꿈꾼다!

5. 자존감이 건강하다.

또래의 학교 환경은 징벌이 지배적이다. 이는 개인의 자존감을 크게 손상할 수 있다. 아무리 인기 많은 아이라도 실수를 두려워하며 항상 경계한다. 하지만 실수하고 이를 통해 배우는 능력은 창의력과 위험 감수 능력의 필수 요소다. 건강한 자존감을 가진 아이들은 위험을 감수하고 실패를 두려워하지 않는다. 우리 아이들은 "아, 그래. 그건 안 됐어. 이렇게 해보자…"라고 말할 수 있어야 한다. 자신을 일으켜 세우고 다시 시도할 수 있는 능력은 직업과 인생의 성공에서 매우 중요하다.

우리 가족에게는 "혹시…"라는 문구가 최고의 아이디어 자극제였다. 실현 가능 여부와 상관없이 어떤 아이디어를 내놓아도 누구도 비판하지 않는다. 우리는 모두 잘되지 않으면 포기할 수 있는 충분한 자존감이 있다. 다른 방식으로 요소를 재조합하여 다시 한번 시도할 수 있는 자유가 있다. 내 아이들이 플레이도우, 모래, 물의 요소를 결합한 날, 방문했던 친구들은 "이건 말도 안 된다"라며 겁을 먹었다. 하지만 내 아이들은 그것을 해냈고, 재미있게 놀았으며, 빵가루를 입힌 플레이도우의 특성을 발견했다.

언스쿨링은 아이들이 학창 시절에 놀고 탐구하며 정해진 교육과정으로는 키울 수 없는 창의력을 키울 수 있게 해준다. 이것이 바로 학교 시스템을 재검토해야 하는 가장 중요한 이유 가운데 하나다.

부정행위가 없다.

학교 시스템은 아이들에게 실수는 나쁘다는 생각을 심어주는 데 최악이다. 전체 시스템은 성적을 기반으로 아이들에게 동기를 부여하지만, 그 과정에서 낮은 성적은 아이들에게 불이익을 준다. 학생들은 시험이나 프로젝트에서 시간이나 노력에 대한 보상을 받지 못하며 학습의 질에 대한 평가도 받지 못한다. 실수에 따라 부정적인 점수가 매겨진다. 이상적으로는 모든 학생에게 점수를 부여한 다음 최종 평가 전에 지적한 모든 항목을 수정할 기회를 제공해야 한다. 이렇게 하면 실제로 학습이 이루어지고 잘못된 점수가 영구적으로 남지 않는다. 하지만 그렇게 하려면 시간이 너무 많이 걸린다.

사람들은 성공보다 실수를 통해 더 많이 배우기 때문에 실수는 학습 과정에서 매우 중요하다. 실수를 통해 사람들은 요소를 재조합하거나 재구성할 수 있다. 사람들은 잘못된 결정을 내려야 그 결정이 잘못되었다는 것을, 그리고 그 이유를 알게 된다. 실수를 처벌하여 점수를 매기면 아이들은 자신의 실수를 은폐하게 된다.

실수의 은폐는 최악의 경우 생명을 위협할 수 있는 예기치 못한 결과를 초래할 수 있다. 나는 내 아이의 뇌외과 의사가 시험에서 부정행위를 하기를 원하지 않는다. 그것은 창의성을 차단한다. 가장 흔하게는 부정행위 문화를 조장한다. 부정행위는 우리 학교에 만연해 있다. 캐나다 대학생을 대상으로 한 설문조사에 따르면 73%는 고등학교 때 작문에서 부정행위를 한 경험이 있고 58%는 시험에서 부정행위를 한 경험이 있다고 답했다(CBC, 2016). 미국 고등학생 23,000명을 대상으로 한 설문조사에 따르면 51%가 시험 부정행위를 한 적이 있다고 답했다(Huffington Post, 2012). 대다수 학생이 부정행위를 한다면 시스템에 문제가 있는 것이다.

언스쿨링에는 치열한 점수 경쟁이 없는 까닭에 부정행위가 없다.

부모, 교사, 돌보미도 학습한다.

우리는 평생 학습과 학습에 대한 열정을 계속 이어 나가야 한다. 우리 자신의 직업을 따르거나 호기심을 갖고 성인 교육과정을 수강함으로써 아이에게 모범을 보일 때, 우리는 아이의 배움에 대한 열정을 불러일으킬 수 있다. 언스쿨링에서 학습은 가르치는 것이 아니라 이해하는 것이다.

아이들이 더 많은 시간을 독서에 할애할 수 있다.

학교에 다니는 학생들은 학년당 한 권의 영어 소설을 읽어야 한다. 그게 전부다. 다양한 연령대의 홈스쿨링 학부모를 대상으로 한 비공식 설문조사에서 놀라운 독서 습관이 드러났다. 홈스쿨링 아이들은 1년에 10권에서 40권의 소설을 읽는다. 왜 그럴까? 자유 시간이 있었기 때문이다. 독서는 아이디어, 토론, 세계 지식을 향상하고 즐거움을 제공한다. 결코 독서는 해롭지 않으며, 언스쿨링 아이들은 자유 시간이 많아서 열렬한 독서가가 되는 경향이 있다. 남자아이들도 다독한다. 그래픽 소설뿐만 아니다. 학교에 다니는 소년들은 흥미로운 모험 이야기가 부족하여 10대 시절에 독서를 중단하는 경우가 많지만, 그 장르는 분명히 성장해 왔다. 나는 내 10대 남자아이들이 픽션과 논픽션 모두 1년에 최소 15권의 책을 읽는 모습을 보았다. 이제 학교를 졸업한 청소년들도 여전히 열렬한 독서가다.

수면은 아이들의 뇌를 성장하게 한다.

충분한 수면 시간은 언스쿨링의 신체적 이점일 뿐만 아니라 학업 성취도에도 크게 도움이 된다. 초등학생 아이의 자연스러운 수면 리듬은 일찍 자고 일찍 일어나는 것으로, 이른 아침 등교에 적합하다. 하지만 나이가 들면서 아이들의 일주기 리듬은 늦게 자고 늦게 일어나는 것으로 바뀐다. 청소년들은 이른 등교로 수면 부족에 시달린다. 이는 중학교와 고등학교 학업 성취도에 영향을 미치는 중요한 요인이다. 청소년들이 아침에 더 오래 잘 수 있도록 허용해야 한다. 우리 사회는 청소년들의 요구에 적응해야 한다. 내 16세 아이는 매일 밤 침대에서 한 시간 동안 책을 읽은 후 새벽 1시에 잠자리에 든다. 그는 매일 정오까지 잔다. 아침 7시에 일어나 제시간에 맞춰 수업에 가야 하는 또래 아이들에 비해 엄청난 이점이 있다고 확신한다. 대학생들은 수면 시간에 맞춰 수업 일정을 다소 유연하게 조정할 수 있다.

몬트리올 맥길 대학교와 더글라스 병원 연구 센터의 로이트 그루버 (Reut Gruber)는 아이 수면에 관한 연구를 주도했다. 그녀는 아이들의 수면을 줄이면 짜증을 내고 울거나 좌절할 가능성이 커지며, 이는 모두 학습에 장애가 된다는 사실을 발견했다. 7~11세 아이를 대상으로 한 연구에 따르면 수면 시간이 많을수록 행동이 개선되는 것으로 나타났다(Seaman, 2012). 우리는 모두 이것이 10대 초반과 10대 청소년에게 어떤 영향을 미칠지 짐작할 수 있다!

잠을 충분히 자지 못하면 고혈압, 뇌졸중, 당뇨병, 심장병, 면역 체계 손상, 체중 증가 경향의 위험에 노출된다. 브리티시 컬럼비아 대학

(UBC)의 심리학 교수인 스탠리 코렌 박사(Stanley Coren)는 전날 밤 수면이 1시간 부족할 때마다 일시적으로 IQ가 1점씩 떨어진다고 주장한다. *직업 및 환경 의학 저널*에 실린 보고서에 따르면 수면 부족으로 고통받는 사람은 포도주 한 잔을 마신 것과 비슷한 정신적 손상을 경험할 수 있다고 한다(Rainey, 2012). 12학년 말 18세 청소년을 대상으로 하는 대부분의 고난도 시험은 오후에 시험을 치르면 청소년이 더 잘할 수 있다는 연구 결과가 있다. 그런데도 시험은 일정을 맞추기 쉽도록 오전에 치른다. 학생의 최선의 이익이 시스템의 첫 번째 고려 사항이 아닌 또 다른 사례다.

언스쿨링 아이는 정오 또는 그 이후까지 늦잠을 잘 수 있다. 충분한 수면은 뇌세포 발달에 도움이 된다.

08

언스쿨링의 사회적 이점

"강제적인 교제는 사회화가 아니다."

- 익명

집단 괴롭힘이 최소화된다.

세계에서 학교와 정확히 비슷한 두 가지 기관이 있다. 강제 출석과 명확한 계층 구조를 가진 곳: 감옥과 정신병원이다.

- 모든 곳이 의무적이다. 구성원들은 도망갈 수 없으며 정해진 기간 동안 그곳에 있어야 한다.
- 모두 계층적이며 권리, 특권, 통제계층이 있다.
- 모든 경우에 계층 구조는 보상과 처벌 시스템을 통해 최하위 구성원들을 통제한다. 이는 모두 행동 통제의 한 형태이다.

모두가 시간 제약을 받는다.

이것이 유발하는 스트레스에서 사회 질서가 발생한다. 관리자는 최상위에 있고 학생은 최하위에 있다. 계층주의는 모든 수준에서 스트레스를 유발한다. 집단 괴롭힘은 계층주의의 부산물이며 모든 학교와 모든 학년에서 만연한다. 집단 괴롭힘은 스트레스를 유발하고 스트레스는 더 많은 집단 괴롭힘을 유발한다. 연구에 따르면 심지어 스트레스를 받는 쥐들도 다른 쥐들을 물려고 하는 경향이 있다!

Bullying.org는 캐나다 고등학교에서 한 달에 약 282,000건의 괴롭힘이 발생한다고 추정한다. 일부 심각한 사건은 청소년 사망 원인 중 2위인 청소년 자살로 이어지기도 한다(Press, 2012).

언스쿨링에서 집단 괴롭힘을 당하는 경우는 거의 없다. 대부분 부모는 아이를 괴롭히지 않는다. 이러한 형태의 학습에는 하향식 위계질서나 사회적 계급 체계가 없다. 학습자가 자신의 진로를 자유롭게 선택할 수 있어서 괴롭힘을 유발하는 가장 큰 요인인 통제가 제거된다.

홈스쿨링 커뮤니티에는 신체적, 학습적, 행동적, 정서적 차이로 인해 학교에서 괴롭힘을 당할 수 있는 아이가 많이 있다. 괴롭힘은 아동 집단이 있는 곳이라면 어디에서나 어느 정도 발생한다. 홈스쿨링에서도 괴롭힘이 발생할 수 있지만 그 규모는 훨씬 작다. 돌보는 성인들의 참여 덕분에 더 쉽게 통제되고 대처할 수 있다. 홈스쿨링 아동은 신체적이나 정신적 차이가 있는 타인을 존중하는 방법을 더 세심히 지도받는다.

학교에서는 점심시간에 감독관 한 명이 운동장에서 200명에 달하는 아이들을 동시에 감시하고 관리한다. 이는 역부족이며, 감독관의 레이더망 밖에서 괴롭힘이 발생한다. 괴롭힘은 운동장, 화장실, 버스, 하굣길, 라커룸 등에서 일어난다. 성인이 알아차리고 대처할 수 있는 신체적 괴롭힘 외에도 요즘에는 특히 소셜 미디어에서 괴롭힘이 심각하다. 피해자가 직접 말하지 않으면 발견하기가 훨씬 어렵다. 이러한 종류의 괴롭힘은 아이의 자존감을 갉아먹고 훨씬 더 심각한 결과를 초래할 수 있다.

"*캐리(Carrie)*"는 학교 괴롭힘을 다룬 최고의 영화다. 흥미롭게도 1976년의 첫 번째 영화와 2014년에 새로 개봉한 두 번째 영화는 사이버 괴롭힘이 등장했다는 점을 제외하면 학교 관계에서 거의 차이가 없다. 이러한 새로운 수단은 24시간 내내 괴롭힘을 당할 기회를 제공하며, 어린 피해자에게는 엄청난 스트레스를 준다.

우리는 괴롭힘을 당하는 사람들이 자존감이 낮다고 생각하는 경향이 있다. 하지만 이제 꼭 그렇지만은 않다는 것을 알게 되었다. 괴롭힘을 가하는 사람들은 누군가를 쓰러뜨릴 때 자기가 강하다고 느끼는 묘한 특권 의식을 가지고 있다. 괴롭힘에 대한 교육과 포스터나 배려 카드와 같은 예방 전략은 효과적이지 않다. 학교에는 항상 괴롭힘 문제가 있었다. 진정으로 자발적이고, 합의에 따른, 비징벌적이며, 비폭력적인 분위기가 조성되지 않는 한 괴롭힘 문제는 계속될 것이다. 문제의 원인을 외면한 채 "우리는 관심이 있다"라는 포스터만 붙일 것이 아니라 시스템을 근본적으로 바꿔야 한다.

진정한 자존감은 진정한 성취에서 나온다. 또래 친구들이 한순간 서로를 세워주고 다음 순간 서로를 무너뜨리는 데서 나오지 않는다. 자존감은 먼저 부모와 아이, 그리고 아이, 부모, 교사, 관리자 간의 존중하는 관계에서 형성된다.

많은 사람은 홈스쿨링 아이들이 현실 세계로부터 보호받는다고 생각한다. 나는 홈스쿨링 아이들은 아이들의 최선의 이익을 위해 행동하는 성인들의 보호를 받으며 현실 세계에 노출된다고 생각한다. 언스쿨링 프레젠테이션에서 나는 두 장의 사진을 보여준다. 첫 번째는 튼튼하고 키가 크고 가지가 아름다운 나무 사진이다. 이제 나무가 자랐기 때문에 강한 바람과 사나운 폭풍우도 견딜 수 있을 만큼 튼튼해졌다고 설명한다. 두 번째는 자연의 힘으로 줄기가 갈라지고 90도 각도로 구부러진 울퉁불퉁하고 뒤틀린 나무 사진이다. 나는 아이들을 나무에 비유한다. 또래의 압력, 괴롭힘, 강압적인 교사, 그리고 다른 세력의 부정적인 영향과 그런 영향에 저항할 수 있을 만큼 강하고 곧게 자랄 때까지 홈스쿨링 부모는 아이들의 자존감, 존엄성, 경이로움, 배움에 대한 사랑을 보호해 주어야 한다. 나무를 보호하고 지지대를 세우는 것은 아이가 강하게 성장하는 데 필수적이다. 부모로서 우리의 역할은 아이가 스스로 준비가 될 때까지 아이의 몸과 마음, 정신을 보호하는 것이다. 괴롭힘은 아이들이 스스로 해결할 수 있는 문제가 아니다.

나는 우리가 맡긴 아이들을 따뜻하게 보살피고 돌보는 학교, 교사, 관리자가 많다는 것을 알고 있지만 그렇지 않은 학교도 많이 있다. 학교 밖에서 괴롭힘을 당하는 일은 거의 없다.

부모는 관리 업무가 줄고 아이와 상호작용 시간이 늘어난다.

우리는 이미 교사가 부모 역할까지 맡게 되면서 업무량이 점점 더 복잡해지고 있다고 논의한 바 있다. 오늘날 북미 학교에서 교사가 된다는 것은 힘든 일이다. 교사는 학부모, 아이, 교장, 교육과정의 요구 사이에서 끊임없이 밀고 당겨지고 있다. 교사들은 유능하고 전문적이며 모두에게서 존중받아야 한다. 그들은 엄청난 인내심, 재치, 자제력, 지식을 소유해야 한다.

교사가 수업과 거의 관련이 없는 업무에 너무 많은 부담을 느낀다고 말하는 교사 친구들이 많다. 이는 아이들에게 좋지 않다. 교사가 행정 업무에 더 많은 시간을 낼수록 아이들을 가르치는 데 사용할 시간은 줄어든다. 예전에는 특별한 도움이 필요한 학생들은 보조교사와 함께 교실에 통합되어 그들을 지원했다. 그런데 예산 삭감으로 보조교사가 없어졌다. 특수교육이 필요한 학생들은 여전히 교실에 남아 있고, 교사들은 이제 거의 도움을 받지 못한 채 큰 책임감을 가지고 혼자서 학생들을 도맡아 가르치고 있다. 보호와 육아만큼 성인에게 많은 것을 기대하는 직업이 또 있을까 싶다.

학급 규모는 다양하지만, 초등학교 고학년의 경우 최대 30명, 고등학교의 경우 최대 40명까지 다양한 학습 욕구를 가진 학생을 수용한다. 교사는 학생 수만큼이나 다양한 기질, 성격, 학습 스타일, 신체적 요구, 지적 수준에 대처해야 한다. 교사는 수업을 계획하고 대화형 학습을 구현하기 위한 자료를 준비해야 한다. 과제를 주고, 확인하고, 기록해야 한다. 교사는 ESL(제2외국어로서의 영어) 벤치마킹, 기술 도입, 교육과정 갱신, 대체 평가, 프로젝트 계획, 집단 작업, 포용성, 다양한 학습자 프로필을 위한 차별화된 교육에 대처해야 한다. 개별 프로그램 계획(IPP), 수업 계획, 성적표의 서류작업을 완료하고, 학부모의 전화와 이메일에 답장하고, 면담해야 한다. 교사는 점심시간을 감독하고 스포츠를 지도하거나 클럽 및 과외 활동을 운영해야 한다. 교사의 주당 평균 근무 시간은 교육, 평가, 계획 및 감독 업무로 인해 56시간에 달할 수 있다(Calgary Herald, 2012). 이는 학업에만 해당되는 이야기이다. 그런 다음 학업 문제 외에도 학생들의 정서적, 사회적 문제를 코칭하고 경청하는 데 시간을 내야 한다. 교사들이 지치는 것은 당연하다.

언스쿨링에서는 교사나 부모가 계획하고, 전달하고, 확인할 필요가 없다. 성인은 유기적으로 일어나는 학습을 관찰한다. 즐겁고 흥미진진하다. 아이가 "아하!"하는 순간을 좋아하지 않는 부모나 교사가 있을까?

언스쿨링은 가족과 관심사에 더 많은 시간을 제공한다.

학교는 아이들의 삶에 큰 영향을 미친다. 수면을 제외하고는 하루 중 이렇게 많은 시간을 차지하는 활동은 없다. 관심사를 찾거나 가족과 시간을 보내는 데 사용할 수 있는 시간을 모두 학교에서 소비한다. 아이들은 평균 1년에 180일, 즉 인생의 12,000시간을 학교에서 보낸다. 이는 통학 시간을 제외한 하루 6시간이다. 학교는 더 어린 나이에 더 무거운 숙제를 내주고 있다. 아이는 엄마 아빠보다 교사를 더 많이 만난다. 형제자매보다 또래 친구들과 더 많이 교류한다. 연구에 따르면 아이의 건강과 웰빙보다 더 중요한 것은 없다. 가족은 청소년기에도 아이의 삶에서 중심에 있어야 한다(Neufeld, 2004).

아이와 청소년은 무엇을 읽어야 할지, 무엇을 배워야 할지, 시간을 어떻게 보내야 할지 스스로 결정할 수 없다는 가정이 학교의 교육철학에 내포되어 있다. 또한 과제를 계속하기 위해서는 지속적인 감독이 필요하다는 것, 아이 자신에게 맡겨두면 문제를 일으키거나 무의미한 오락에 시간을 낭비할 것이라는 가정이 깔려 있다. 학교는 아이들이 자신의 시간을 통제하고 채울 수 있는 외부 시스템이 필요하다고 주장한다. 그러므로 아이들이 무능하다고 생각하는 것은 자기 충족 예언이 되어 아이들은 교사 없이는 배울 수 없다고 믿게 된다. 아이들은 수동적인 기계가 되어버린다: "지식으로 나를 채우고, 무엇을 해야 하는지 알려주고, 시간을 보낼 수 있는 무언가를 제공하고, 나를 즐겁게 해주세요!" 아이들은 자율성과 시간 관리에 대한 개인의 책임감을 상실하게 된다.

언스쿨링은 전체 학습 과정에 가족이 참여할 수 있도록 지원한다. 아기, 유아, 어린이집 나이의 형제자매가 모두 가족 학습 활동에 참여한다. 누구도 소외되지 않는다. 모든 아이는 자신의 속도와 이해 수준에 맞춰 학습한다.

가족이 모두 함께 적극적으로 학습하지 않더라도 매일 밤 산책, 심부름, 독서, 비디오 시청, 가족 저녁 식사 등 다른 일을 할 수 있는 기회가 있다. 연구에 따르면 함께 식사하는 가정의 아이는 노년기에 행동상의 문제가 더 적게 발생한다. 함께 식사하는 가족의 아이는 학업 성적이 더 우수하고 우울증, 약물 남용, 비만 또는 섭식장애에 걸릴 위험이 더 낮다(Warren, 2017). 그러나 많은 가정에서는 저녁 식사 시간 동안 가족 구성원이 너무 빈번히 다른 방향으로 이동하기 때문에 일주일에 한 끼 정도도 함께 식사하기가 쉽지 않다.

언스쿨링은 가족 시간을 극대화한다.

또래 문화가 최소화된다.

"그렇다, 내 아이들은 사회화가 잘 되어 있다. 나는 이틀에 한 번씩 아이들을 화장실에 가두고 때리고 점심값을 빼앗는다."라고 한 홈스쿨링 엄마는 말한다.

학교에서는 또래 문화가 지배한다. 학교는 소수의 교사가 다수의 아이를 가르칠 때 가장 효율적이다. 이것은 규모의 경제이지만 최선의 학습 방법은 아니다. 아이들은 나이에 따라 또래 집단으로 분류된다. 5세부터 18세까지 아이들은 또래 문화의 지배 아래 있으며 의무적으로 함께 어울려야 하는 상황에 대처하기 위한 전략을 개발한다. 또래를 특별히 좋아하지 않을 때도 또래에게 집착하는 이유는 혼자보다는 다른 사람과 함께 미지의 세계에 맞서는 것이 더 낫다고 생각하기 때문이다.

아이들은 편리한 관계를 강요받지 않고 교제하고 싶은 사람을 자유롭게 선택해야 한다. 이는 아이들이 성장함에 따라 더욱 중요해진다. 수감자와 같은 또래 친구들은 시설 생활에 대한 완충 역할을 할 수 있다. 농담, 지지, 칭찬을 통해 더 기분 좋게 만들기도 하지만 스트레스의 원인이 될 수도 있다. 또래의 압력은 아이들에게 적절한 옷을 입고, 적절한 휴대전화를 소유하고, 행동에 순응함으로써 남들과 어울리도록 강요한다.

심지어 또래의 압력에 저항하고 싶은 아이들도 그러지 못하는 경우가 많다. 따뜻하고 체계적인 가정에서 사회성을 기르는 아이들도 원치 않는 일을 하도록 강요받을 수 있다. 또래의 압력은 폭음, 마약, 섹스, 절도, 기물 파손, 장난, 범죄에 가담할 위험을 초래할 수 있다. 아이들은 또래의 인정을 받는 즉각적인 만족감을 넘어서는 생각을 하지 않는 때가 많다. 안전, 결과 또는 미래의 파급효과에 대해 생각하지 않는다. 뇌의 쾌락 중추에 즉각적인 영향을 미치는 것이 주의력보다 우선하기 때문이다(McMahon, 2015). 집단행동 연구는 또래 집단이 위험에 대해 논의할 때 이성의 목소리는 검증과 수용을 요구하는 더 큰 목소리에 쉽게 묻힐 수 있다는 것을 보여준다. 집단 사고방식은 도움이 필요한 사람을 돕고자 하는 본능을 억제한다. 한 연구는 사람이 다쳤을 때 방관자의 행동을 조사했다. 한 명의 방관자는 70%가 도움을 요청했지만, 집단에 속해 있을 때는 40%만 도움을 요청했다. 집단 사고방식은 사람들을 다른 사람이 처리해 줄 것으로 생각하게 만드는 경향이 있다. 이를 "방관자 효과"라고 한다(Beilski, 2015).

가정에서는 부모가 여전히 주요 영향력을 행사하지만, 아이들은 깨어 있는 대부분의 시간을 학교에서 보내기 때문에 학교에서는 또래 친구들이 아이들에게 가장 큰 영향을 미친다. 또래 친구는 본질적으로 부모나 성인과 달리 양육하지 않는다. 아이의 친한 친구는 양육적일 수 있지만, 또래 집단 전체는 그렇지 않다. 또래가 긍정적인 영향과 부정적인 영향을 미칠 수 있다는 점은 인정한다. 하지만 또래가 긴밀한 접촉을 통해 함께 보내는 시간이 엄청나다는 점은 부인할 수 없다(Neufeld, 2004).

언스쿨링에서 가족은 형성기의 가장 중요한 '또래 집단'이며, 아이 양육에 훨씬 더 건강한 환경을 제공한다.

아이들의 적응보다 개성을 장려한다.

학교에는 수많은 아이가 있다. 아이들은 정서적으로 너무 어려서 개성은 좋은 것이며 더 바람직한 것이라는 사실을 이해하지 못하기 때문에 서로 달라붙어 유대감을 형성한다. 교복, 특정 유형이나 스타일의 복장과 같은 학교 복장 규범을 통해 적응하라는 압력이 가해진다. 그러한 규범에는 모든 것 앞에 "~처럼"이라는 단어를 붙이는 음성 패턴, 모든 프로젝트를 비슷하게 만드는 학교 공부의 유사성, 음악 취향, 헤어 스타일, 장신구, 색상, 자전거 등 다양한 속성과 소유물이 포함된다.

이에 적응하지 못하는 아이들은 따돌림을 당하지는 않더라도 사회적으로 배척당한다. 이러한 사회적 고립은 아이의 스트레스를 증가시키기 때문에 필요한 통과의례로 생각해서는 안 된다. 아이가 인정받는다고 느끼며 자라면 사회적, 정서적으로 건강해진다.

언스쿨링의 단체 활동에는 휠체어를 탄 아이, 보라색 머리와 분홍색 안경을 쓴 아이, 남자로 변해가는 여자아이, 아스퍼거 증후군을 앓고 있는 아이 등이 포함될 수 있다. 홈스쿨링과 언스쿨링 집단의 다양성은 놀랍다. 아이들은 또래와 성인 모두로부터 자신의 개성을 표현하도록 장려된다. 내가 근무하는 학교의 교장이 14살 아들에게 "커서 뭐가 되고 싶니?"라고 물은 적이 있다. 내 아들은 "이미 그렇게 되고 있어요."라고 대답했다.

언스쿨링은 최적의 다양한 사회화를 제공한다.

"내 딸의 성적표에는 하나부터 열까지 '수업 시간에 사교 활동에 지나치게 많은 시간을 보낸다'라고 쓰여 있었다. 이제 언스쿨링을 하니 더 이상 문제가 되지 않는다. 하루 종일 친구들과 어울릴 수 있다!" 홈스쿨링 집단에 속한 한 엄마의 이야기이다.

또래가 사회화의 좋은 원천을 제공한다고 주장할 수도 있다. 하지만 현실에서 사회화는 인위적으로 형성된 동년배 집단과 일상적인 관계 이상의 의미가 있다. 아이들은 자신의 이웃, 지역사회나 도시, 그리고 인터넷을 통해 글로벌 커뮤니티에서 사교하는 방법을 배워야 한다. 뒷마당 울타리 너머의 이웃과 대화를 나누거나 중국에 사는 사람과 이메일을 주고받으려면 기본적인 사회화 기술이 필요하다.

아이들은 소속감과 참여가 필요하다. 그들은 그것을 가족과 지역사회에서 언제든지 충분히 찾을 수 있다. 클럽이나 단체와 같은 사회 기관이나 자원봉사를 통해 다른 사람들과 함께 배우고 일할 수 있다. 학교와 같은 전일제의 준 사회적 기관이 아니어도 사교하고 소속감을 느낄 수 있다. 사실, 모든 아이가 학교 사회 집단에 포함될 수 있도록 배려하는 성인들이 없다면 학교는 누군가를 외부인으로 느끼게 만들 수 있다.

콘크리트 벽과 철조망은 학교 아이들을 실제 생활, 가족 간의 교류, 지역사회 참여, 직장 내 교류, 다양한 인구로부터 고립시킨다. 성인이 된 나는 다양한 친구들을 사귀고 있다. 아이들도 다양한 문화, 나이, 종교, 정체성, 성별, 국적, 성적 취향, 장애가 있는 사람들에게 노출되어야 한다. 현실 세계와 분리된 학교에서는 그럴 수 없다.

언스쿨링 아이들은 부모의 심부름, 현장 학습, 자원봉사를 하면서 지역사회의 공동체와 더 많은 상호작용을 한다. 그들은 지역사회의 풍부한 다양성을 실제로 경험한다.

사회화는 기관보다 가정과 지역사회에서 더 잘 배울 수 있다.

아이들은 부모, 학교, 지역사회, 미디어 등 사회의 4가지 주체에 의해 사회화되지만 대부분 사람은 학교가 유일한 사회화의 주체라고 생각한다. 그러나 막상 질문을 던지면 대부분의 사람은 최소한 감독자만 있는 대규모 학교 운동장은 아이들이 다른 사람들과 어울리고 즐기는 법을 가르치는 이상적인 장소가 아니라는 것을 인정할 것이다. 학교에 다니는 아이들은 쉬는 시간, 버스 안, 점심시간에 자유롭게 어울릴 수 있다. 버스 모니터나 급식실 감독을 해 본 사람이라면 '사교'가 대부분 놀림, 자랑, 일방적인 행동, 괴롭힘으로 이루어지는 것을 알 것이다. 성인이 거의 없거나 전혀 없는 학령기 아이들로 가득 찬 공간에서는 대화, 경청, 배려가 거의 이루어지지 않는다. 사회적 도구가 어디서 학습되는지 살펴보자.

예절은 유아기 시기에 가정에서 처음 배운다.

공유는 다른 사람이 자신의 소유물, 공간, 자원을 사용할 수 있도록 허용하는 것이다. 아주 어릴 때부터 가정에서 배워왔으며 어린 시절 내내 계속된다.

팀워크는 집단 내에서 협상하고 서로 교대하며 공동의 목표를 위해 노력하는 것을 말한다. 가족 내 활동, 홈스쿨 집단, 프로젝트, 비디오 게임 등을 통해 가르칠 수 있다.

친절은 친구를 돕고 공감하며 자원봉사를 하는 등 우리가 다른 사람들과 교류하는 거의 모든 활동을 통해 나타난다. '일상적인 자선 활동'은 신문 헤드라인을 장식하지는 않는다. 하지만 우리 도시와 지역사회, 사회를 살기 좋은 곳으로 만들고 아이들에게 윤리적 시민이 되도록 가르치는 데 가장 중요한 요소다. 언스쿨링은 아이들이 이웃의 산책로를 닦고, 잔디를 깎고, 개를 산책시키고, 심부름하며, 푸드뱅크나 노숙자 쉼터에서 자원봉사를 할 시간이 충분하다.

대화와 토론은 공공장소에서 가장 잘 연습할 수 있는 기술이다. 놀이와 즐거운 방문객과의 만남은 아이들이 성인들의 대화 규칙을 듣고 배우는 좋은 기회다. 저녁 식탁은 경청과 대화에 대해 배울 수 있는 살아있는 교실임을 기억해야 한다!

훌륭한 스포츠맨십은 자만하지 않고 승리하는 방법과 낙관적이며 낙천적인 태도를 유지하면서 우아하게 패배하는 방법을 배우는 것이다. 스포츠맨십은 배우기 어렵지만 소유해야 할 매우 귀중한 기술이다. 모든 종류의 경쟁 활동은 이 기술을 가르친다.

협동과 협업은 집단이나 팀과 함께 돕거나 어울리는 것을 의미한다. 많은 학교 교육과정의 필수 요소이며 스포츠, 현장 학습, 집안일, 활동, 비디오 게임, 자원봉사, 여행 등을 통해 집에서도 배울 수 있다. 대가족이 함께 생활하는 것만으로도 매일 협력이 필요하다. 글쓰기 클럽이나 마인크래프트와 같은 공동의 관심사를 가진 집단에 가입하면 협동심을 기를 수 있고, 협력하는 사회적 기술을 연마할 수 있다.

문제 해결에는 공감, 갈등 해결, 협상 기술, 해결책 찾기가 필요하다. 이는 가족, 친구, 직장, 커뮤니티 또는 조직 집단과 관계를 통해 가장 잘 습득할 수 있다.

캐나다의 한 홈스쿨링 단체의 연구에 따르면 홈스쿨링 성인 응답자의 67%가 "매우 행복하다"라고 답했다. 이와 달리 보통 사람들은 43%가 행복하다고 답했다(Cummings, 2013).

개인적으로 나는 학교의 또래 문화가 최악의 사회화 유형이라고 생각한다. 15세 소년에게 남자가 되는 법을 가장 잘 가르칠 수 있는 사람은 다른 15세 소년이 아니라 성인 남자다.

언스쿨링 아이들은 다른 아이들과 마찬가지로 사회화되어 있다. 어쩌면 더 그럴 수도 있다.

언스쿨링은 친밀한 우정을 촉진한다.

언스쿨링 가정의 부모들은 흔히 "사회성은 어때요?"라는 질문을 많이 받는다. 이 질문을 너무 자주 듣다 보면 입을 다물고 싶다는 심정이 들기도 한다. 신기하게도 많은 사람은 언스쿨링 학생들의 학업 성취도에는 만족하지만 같은 또래 친구들과 매일 교제하지 않는 언스쿨링 아이는 균형 잡힌 시민으로 성장하는 데 필요한 사회적 기술이 부족할까 봐 걱정한다.

사람들이 "사회성은 어떻게 되나요?"라고 물을 때, "우리 아이가 건강한 관계를 맺으며 예의 바르고 관용적이며 소통하는 성인이 되는 방법을 어떻게 배울 수 있을까요?"라는 질문이 아니라 "우리 아이가 어떻게 친구를 찾을 수 있을까요?"라는 질문을 의미한다.

이는 타당한 우려다. 첫째로, 친구는 항상 학교에서 오는 것만은 아니다. 나이별 집단으로 묶인 아이들이 반드시 서로 잘 어울리는 것은 아니며 기질, 문화, 성 역할에 대한 기대가 다르다. 친구는 학교뿐만 아니라 아이의 삶의 모든 곳에서 찾을 수 있다. 클럽, 스포츠팀, 교회, 관심사 중심 수업, 동네는 다양한 친구들을 만날 수 있는 좋은 장소이다.

둘째로, 아이들은 또래보다 성인을 더 필요로 한다. 아이에게는 친구 한 명만 있으면 충분하며, 교실 전체가 친구로 가득할 필요는 없다.

셋째로, 괴롭힘, 비꼬는 말, 놀림 등 부정적인 사회화 행동에 노출된 아이는 나이가 들면서 이러한 부정적 행동에 더 잘 대처하는 방법을 배운다는 속설이 있다. 그러나 이러한 주장은 연구 결과로 뒷받침되지 않는다. 사실, 연구 결과는 괴롭힘과 놀림을 최소한 적게 경험한 아이들이 장기적으로 자존감과 자신감을 가진 성인으로 성장하는 반면, 불쾌한 사회화에 일찍 노출된 아이들은 평생 상처를 남긴다는 사실을 증명했다. 해결책은 부정적인 사회화를 모니터링하고 부드럽게 바로잡을 수 있도록 주변에 많은 성인을 두고 자기주장, 긍정적인 대립 기술, 갈등 해결 기술, 친절, 매너, 공감을 본받는 것이다.

정중한 질문을 장려한다.

"항상 모든 것에 의문을 제기하라. 무언가를 배워라! 절대 멈추지 마라!"라고 에우리피데스(Euripides)가 말했다. 대부분의 최고 CEO는 항상 의문을 제기하는 기이한 능력이 있다. 어떻게 작동할까? 무엇이 작동하게 할까? 왜 그럴까? 부모로서 나는 종종 질문이 지겨워질 때가 있다. 교사도 마찬가지일 것이다. 우리도 인간이니까. 때때로 우리는 "내가 하라고 했으니까" 또는 "그냥 그러니까 그대로 해"라고 말하고 싶을 때가 있다. "신경 쓰지 마라." 성인으로서 우리는 특정 주제를 탐구할 시간이 있을 때 질문을 환영한다. 하지만 교사들은 과중한 부담을 느낄 수 있다.

아이들은 어떤 제안을 정중하게 거절하거나 반대하고 호기심을 충족하기 위한 질문을 할 때 보상을 받아야 한다. 대부분의 경우에 아이는 의도적으로 반대하는 것이 아니다. 그저 알고 싶어 할 뿐이다! 특히 진정한 목적이 아닌 규칙을 위한 규칙에 관해서는 더 그렇다. 질문을 하는 것은 야유가 아니다. 진정으로 답을 구하는 것이다.

언스쿨링은 질문을 장려한다

언스쿨링은 위계적이지 않고 협력적이다.

강자(시스템)와 약자(학생) 사이에는 분명한 선이 있다. 학교는 낯선 사람이 집 밖에서 아이들에게 권력을 행사하는 첫 번째 장소다. 아이들은 질문에 답하고 싶거나, 화장실에 가고 싶거나, 음식이나 음료를 얻고 싶거나, 생각을 표현하고 싶거나, 친구와 이야기를 나누고 싶은 기본적인 욕구를 종종 거부당한다. 사람들은 아이의 동의를 구하지 않으며 아이에게 무엇을 해야 하는지 지시만 한다. 그러나 아이는 자신의 욕구가 충족되지 않을 때 항상 다른 사람의 동의를 구한다.

아이들은 좀처럼 학교에 대해 불평하지 않는다. 아이들은 규칙을 따르고 선을 지키는 사람에게 보상이 따른다는 것을 빨리 배운다. 아이들은 홈스쿨링 부모보다 교사에게 더 순종한다. 이유는 두 가지이다. 부모와 더 친밀하며 부모와 오랫동안 함께 있기 때문이다. 교사는 아이에 대해 모르는 것들이 많다. 그들은 아이와 오직 1년 동안만 함께 있을 뿐이다. 부모는 친숙하고 아이들과 가족의 역사를 공유한다.

언스쿨링 집단이 결성되면 감독자인 성인은 집단의 상사가 아니라 촉진자 역할을 하며 집단이 원활하게 활동할 수 있도록 돕는다. 집단이 프로젝트를 진행할 수 있도록 도우며 집단에 필요한 자원을 확보한다. 집단에 속한 아이들은 서로에게서 배우도록 장려한다. 내 딸의 글쓰기 동아리에서는 아이들이 자신의 글을 큰 소리로 읽고 서로에게 지지와 소중한 피드백을 제공했다. 몇몇 소녀들은 기꺼이 조언하거나 도움이 필요한 사람들과 함께 일하기도 했다. 물론 과제에 집중하지 않고 내내 웃고 수다를 떨며 시간을 보내는 아이들도 있었다. 하지만 그 아이들에게는 그 당시에 그렇게 했던 것이 옳은 일이었을지도 모른다. 언스쿨링은 민주적이고 서로 존중하며 협력하는 방식이다.

언스쿨링은 경쟁보다 자기 계발을 촉진한다.

학교 시스템은 모순으로 가득 차 있다. 아이들은 낯선 사람, 심지어 적일 수도 있는 사람들과 함께 대규모 학급에 속해 있지만 조화롭게 관계를 맺어야 한다. 아이들은 서로 협력하고 도와야 하지만 종형 곡선의 점수를 얻기 위해 경쟁에 놓이게 된다. 학교는 순응과 복종을 조장하나 우리 사회에서 중요시되는 것은 개인주의다(Gray, 1994).

언스쿨링 교육에서는 개인보다는 공동체에 초점을 맞추며, 언스쿨링 아이들은 협력하고, 나누고, 돕는 법을 배운다. 아이는 경험과 지식이 부족하더라도 성인과 동등한 존중과 존엄성을 부여받는다. 학습과 실천에서 공동체가 강조된다. 갈등은 언스쿨링 상태에서도 정상이지만, 성인들은 아이들에게 필요한 도움과 행동을 본보기로 보여준다.

언스쿨링에는 점수가 없고 오직 학습을 위한 학습만 존재한다. '우등생'이 되기 위한 경쟁도 보상도 없으며, 종형 곡선 평가도 불필요하다. 학교의 전통적인 성적 평가는 협업이 아닌 경쟁을 조장하지만, 현실 세계에서는 팀으로 협력하는 능력이 좋은 평가를 얻는다. 학교에서는 특정수의 학생들만이 장학금과 상을 받는다. 이는 부정행위를 조장할 뿐 아니라 어떤 대가를 치르더라도 승리하려는 사고방식을 낳는다. 세상에는 경쟁이 아닌 협력적 리더십이 필요하다.

언스쿨링은 순종보다 리더십을 촉진한다.

학교는 아이들에게 착하고 순종적인 추종자가 되도록 가르친다. 모든 아이가 지도자가 될 수는 없다. 하지만 좋은 직무 습관을 가르치는 일은 내용을 가르치는 일만큼 중요하다. 우리 학교 모델에서 이는 아이가 첫 번째 '상사'인 교사에게 순종하는 것을 의미한다.

비록 부정적인 용어이기는 하지만 우리 사회는 군대, 학교, 사무실, 병원, 공항 등 대규모 기관에서 강제적인 복종과 억압적인 권력 사용이 때때로 필요하거나 오히려 필요하다고 인정한다. 불쾌감을 줄 수 있으므로 이에 관해 더 이상 이야기하지 않겠다. 학교에는 두 가지 교육과정이 있다. 학문적 교육과정과 이미 앞에서 잠재적 교육과정이라고 언급한 위계적인 교육과정이 있다. 그것은 많은 콘텐츠가 아니라 순종적이고 순응하는 시민이 되는 방법을 가르치는 학교를 지칭하는데 사용된다.

"좋은" 학생은 주의를 집중하고 교사의 지시를 잘 따르는 학생이다. 학교는 프로젝트나 자원봉사 활동 등 교실 밖의 학생 리더십을 장려하지만, 교실 안에서는 교사의 권위에 도전하는 것으로 여기기 때문에 권장하지 않는다. 교사는 교실의 리더이며 다른 사람은 설 자리가 없다. 교실 훼방꾼은 어떤 의미에서 리더이지만 교사와 상충하는 리더이다. 좋은 학생은 수업 시간에 집중하고, 내용을 숙지했더라도 숙제를 잘하고, 토론에서 손을 자주 들지만, 너무 많은 질문으로 수업을 방해하지 않는다. 좋은 학생은 똑똑하지 않으나 열심히 노력한다. 학교는 교도소나 정신병원처럼 순종적인 행동에 보상을 준다.

언스쿨링은 건강한 직업윤리를 기른다.

"아이들이 학교에 가기 싫으면 가지 않아도 된다면, 바른 직업윤리는 어디서 배울 수 있는가?" 이는 언스쿨링 아이들에게 흔히 하는 질문이다. "아이들은 어디서 친구를 찾을 수 있을까?"라는 질문과 마찬가지로 바른 직업윤리를 배울 수 있는 유일한 곳은 교육 기관이라고 가정한다. 아이들은 생활에 참여함으로써 규율을 배운다. 나는 수업, 자원봉사, 기타 활동에 등록할 때 아이들에게 요구 사항을 알려주고 적어도 처음 3회 동안 전념할 준비가 되었는지 묻고 정직하게 시도해 보게 한다. 걸 가이드, 축구팀, 비디오 게임의 길드에 가입하는 약속일 수 있다. 아이들이 약속한 활동에 가고 싶어 하지 않을 때도 많았지만, 나는 좋은 부모로서 아이들에게 가자고 권유했고, 아이들은 언제나 가기를 잘했다고 기뻐했다. 우리 가족의 철학은 항상 "가는 것을 기본"으로 삼는 것이었다. 그렇지 않으면 우리가 무엇을 놓쳤는지 결코 알 수 없기 때문이다. 우리 아이들은 이를 받아들였다.

우리 30명의 팀원은 모두 직업을 가지고 있었다. 모두 대학에 일찍 입학했다. 내 아이들이 첫 직장을 얻었을 때, 몇 년 동안 늦잠을 자던 아이들도 일찍 일어나는 데 어려움을 겪지 않았다. 오전 5시에 일어나서 오전 6시까지 출근하거나 오전 6시에 일어나서 오전 8시 대학 수업을 듣는 것도 괜찮았다. 그들은 아프지 않으면 병가를 낸 적이 없었다. 아이들은 약속에 따른 요구 사항을 지킬 것이다. 아이들을 직장에 '준비'시키는 데 몇 년을 소비할 필요가 없다.

언스쿨링 아이들은 모범과 자기 경험을 통해 좋은 습관을 배운다. 그것들이 나타나야 할 때가 되면 그렇게 할 것이다.

언스쿨링은 소비를 억제한다.

한 콘퍼런스에서 교육 미래학자인 알피 콘은 다음과 같이 말했다. "우리 학교는 아이들에게 일찍부터 인생의 주된 목표로 돈을 좇도록 가르친다. 우리는 소비주의, 오락, 외부 만족의 원천에 관한 집착을 조장함으로써 물질 중독과 도박, 쇼핑 중독을 키우고 있다."(Kohn, 2009) 콘은 우리의 전통적인 학교 시스템이 현상 유지를 따르고 북미 기업의 높은 이윤을 위해 열심히 일하는 양순한 숙련 노동자를 양성하는 데 관심이 있다고 믿는다. 좋은 점수를 받고, 대학에 진학하고,

고소득 직업을 얻고, 구매, 구매, 구매한다. 취업 준비도 좋지만, 교육은 여행, 예술, 시, 음악 등 인생이 제공하는 모든 것을 즐기기 위한 준비 과정이어야 한다.

학교는 여러 가지 방법으로 소비주의를 조장한다. 예를 들어, 학교는 피자의 날과 같은 기금 모금 활동, 기타 교육 기본 기금 마련을 위한 초콜릿 바, 선물, 화분, 물품 판매 등 다양한 방법으로 소비를 장려한다. 이것으로 인해 아이들은 압력을 받아 엄마나 아빠가 직장에서 점점 더 많은 수의 품목을 팔게 하고 아이는 가장 많이 판 대가로 상을 받는다.

학교는 교실 자료, 교실 명명권 등에 기업 로고를 넣는 대가로 기업 후원금을 받는 것을 고려해 왔다. 하지만 이러한 개념은 기업이 학생들을 세뇌하고 편파적 교육과정이 간섭하여 관계를 악용할 수 있다고 생각하는 대중에게는 불쾌감을 준다. 8세 미만의 아이는 광고와 편견 없는 정보를 구분할 수 없다는 점을 고려하면 이는 합리적인 우려이다. 그러나 기업들은 종종 교사용 안내서, 교실 용품, 스포츠, 음악 장비 등 유용한 교육 용품에 브랜드를 부착하여 은근한 스폰서 광고를 제공하는 방식으로 참여하기도 한다.

신학기 세일 광고에는 아이가 하루 대부분을 학교에서 보내고 아이와 떨어져 지내야 한다는 생각에 안도하는 부모들의 모습이 그려져 있다. 참으로 슬픈 일이다. 우리는 아이들을 무분별한 소비주의로부터 보호하고 가족의 가치를 지켜야 한다. 우리는 학교가 아닌 가정 내에서 이를 가장 잘 통제할 수 있다. 가정에서는 아이들을 입는 것, 최신 기기가 있는 것으로 판단하지 않는다. 방수 바지나 헐렁한 셔츠를 입어도 괜찮다. 홈스쿨링을 하는 또래 친구들은 꽤 수용적인 편이다.

우리는 물건보다 가치 있는 관계로 아이들을 키우기를 원하기 때문에 언스쿨링 아이들은 소비주의에서 벗어날 수 있다.

지위 추구보다 배움을 중시한다.

나는 유럽의 친구들과 언스쿨링에 관해 이야기하면서 한 가지 특이한 점을 발견했다. 유럽에서는 학습이 아니라 특정 학교의 평판이 중요하다는 것이었다! 이력서에 명문교의 이름을 기재하는 것은 첫 직장을 구할 때 매우 중요하다. 이력서에 "엄마가 가르쳤음"이라고 적혀 있으면 그 아이는 아무 데도 갈 수 없다! 그러므로 영향력이 있거나 강력한 부모를 둔 또래 친구들과 연결을 지지하고 권장한다. 사립학교의 매력 중 하나는 직업 세계에 진입하고 발전하는 데 필요한 전략적 관계를 형성하는 것이다. 이러한 지위 의식은 오랫동안 지속되어 왔으며 가까운 미래에도 사라지지 않을 것이다. 그러나 부인할 수 없고 멈출 수 없는 온라인 학습과 가상 학교의 성장으로 인해 시간이 지남에 따라 지위 추적이 줄어들 수 있다. 온라인상에서의 관계는 시작과 유지가 더 어렵기 때문에 그럴 가능성이 높다.

언스쿨링에서는 경력을 쌓는 것이 아니라 우정과 공통의 관심사를 바탕으로 건강한 관계를 형성한다.

형제자매는 어릴 때부터 친밀하게 성장하고 성인이 되어서도 좋은 관계를 유지한다.

홈스쿨링의 가장 큰 사회적 이점 중 하나인 친밀한 가족과 형제자매 관계를 언급하면서 이 장을 마무리하겠다. 30명의 팀원은 모두 형제자매 간의 관계가 학교 교육을 받은 친구들보다 더 친밀하며, 성인이 되어도 이러한 형제자매 관계가 계속된다고 말했다. 나이별로 분리된 학습 환경 밖에서 성장하는 언스쿨링 아이들은 형제자매를 부적합한 놀이 친구로 생각하지 않는다. 학교에서는 6학년은 6학년 학생

끼리만 어울린다. 반면 집에서는 형제자매를 포함한 모든 연령대의 아이들과 어울린다. 언스쿨링 아이들은 이런 다양한 교류를 중요하게 여기며 그런 방식으로 학습한다. 따라서 아이들은 동생을 돌보고 함께 노는 것이 옳다고 배우게 된다. 나이가 많은 형제를 따르기도 하며, 성인들과도 어울린다. 아기들과도 논다. 24살인 내 아들은 13살인 동생과 함께 컴퓨터를 제작할 예정이다. 다른 형제자매들은 서로 다른 도시에 살고 있지만 인터넷을 통해 한 팀으로 컴퓨터 게임을 즐긴다. 서로 멀리 떨어져 있는 대학에 다니면서 서로 과외를 해주기도 한다. 이러한 관계는 평생 지속된다.

물론 모든 아이는 어느 시점에서 관계의 갈등을 겪는다. 내 아이 중 한 명이 형제자매에게 화를 냈던 일이 있다. 일주일 동안 동생 옆에 나란히 앉지 않고 등을 돌려 컴퓨터 게임을 했던 기억이 난다. 언젠가 싸움이 심해져서 학교에 보내 다툼이 줄어들었으면 좋겠다고 생각한 적도 있었다. 하지만 아이들이 학교에 가면 형제자매와의 교류가 줄어든다. 같은 버스를 타는 일도 드물고, 점심시간에 함께 어울리지도 않으며, 숙제도 함께 하지 않는다. 복도에서 동생과 어울리거나 "안녕"이라고 인사하는 것조차 어색해 보인다.

친밀한 형제자매 관계의 장기적인 이점은 무엇일까? 아이들은 보드게임과 레고를 함께하며 인형극을 만들고 요새를 짓는 등 다양한 활동을 공유하며 함께 성장한다. 평균 나이가 11살인 다섯 아이를 둔 나의 경우, 집에 있는 동안 모두 함께 놀기도 하고 한 명이 대학에 있을 때는 함께 게임을 즐기기도 한다.

일반적으로 학교에 다니는 아이들에게 이러한 종류의 상호작용은 성인 형제들이 학령기의 경쟁을 넘어선 후에 일어난다. 이러한 상호작용은 10대와 청년기에는 드물다고 한다. 그러나 언스쿨링 아이들에게는 이것이 항상 그들의 일상이었기 때문에 계속된다. 어떤 가정에서는 학업 성취 때문에 가족이 압박을 받고 있을지도 모르지만, 여전히 가족은 아이를 양육하는 가장 좋은 사회구조다. 우리는 장기적으로 가족 관계를 보호하고 강화해야 한다. 언스쿨링 옹호자인 팻 파렌가(Pat Farenga)는 "교육이라는 제단 위에서 가족 간의 친밀함을 희생해서는 안 된다"라고 말한다.

언스쿨링은 평생 지속되는 형제자매 관계를 촉진한다.

09

언스쿨링의 정서적 이점

"교육부에는 70만 명의 학생이 있고, 학교 위원회에는 15만 명의 학생이, 교장에게는 600명의 학생이, 교사에게는 40명의 학생이, 그리고 당신의 아이는 당신에게 있다. 그리고 당신은 아이에게 가장 좋은 것이 무엇인지 알고 있다."

아이들에게는 정서적 안식처가 필요하다.

많은 직장에는 사람들이 생각하고 사색할 수 있는 공간이 있다. 전자기기는 없다. 수족관이나 자연 풍경과 같은 시각적 즐거움을 통해 사람들은 자신의 진정한 내면의 목소리에 귀를 기울일 수 있다. 내가 1970년대에 학교에 다닐 때만 해도 직원 흡연실이 있었다. 학교는 스트레스가 많고 아이들은 스트레스로부터 휴식이 필요하다. 쉬는 시간과 점심시간은 학업 스트레스로부터 휴식을 제공하지만 사회적 스트레스로부터 휴식은 제공하지 않는다. 집에 돌아와서 진정한 자기 모습이 될 때까지 하루 6시간 동안 겉으로 용감하고 외향적인 미소를 짓고 외향적인 태도를 보여야 하는 내성적인 사람들에게 이것은 가장 힘든 일이 될 수 있다.

내향적인 사람은 내면에서 에너지를 얻기 때문에 재충전하고 활력을 되찾으려면 혼자만의 시간이 필요하다. 외향적인 사람은 다른 사람들과 상호작용을 통해 에너지를 얻는다.

가정을 기반으로 한 일부 교육 가족은 집에 있지 않고 끊임없이 이벤트와 활동을 위해 이동한다. 내성적인 가족 구성원이 잠옷을 입고 집에 있기를 선택한다면 이것도 효과적일 수 있다!

언스쿨링은 내성적인 사람들에게 사교적인 시간을 허용하는 동시에 혼자만의 시간을 통해 활력을 되찾을 수 있게 해준다. 외향적인 사람들에게는 원하는 만큼 사교적으로 지낼 수 있도록 해준다.

아이들은 고등학생이 되어도 소진되지 않는다.

대부분 아이는 유치원 3년을 시작으로 13년의 의무교육, 4~7년의 고등 교육 등 총 20~25년간 학교 교육을 받는다. 긴 시간이다. 대부분의 아이가 어린 시절의 대부분을 교육 기관에서 보낸다. 이 가운데 오직 고등학교 졸업생의 40%만이 고등 교육 기관의 진학을 추구하는 것은 놀랍지 않다. 이들은 너무 일찍 교육 여정을 시작하여 소진해버린다.

캐나다에서 12학년은 12학년 성적에 따라 고등 교육 입학 여부가 결정되기 때문에 성적이 중요한 유일한 학년이다. 16세와 17세의 아이들은 12학년의 성공을 위해 노력해야 하지만, 12년 이상 학교에 다닌 아이들은 그저 탈출만을 고대하고 있을 뿐이다! 그들은 시험, 과제, 구조에 지쳤다. 심지어 대부분의 교도소 형량이 아이들이 선고받는 평균 학교생활 기간보다 짧다! 이를 보상하기 위해 많은 학생이 파티를 열거나 바람직하지 않은 활동에 참여한다. 미국에서는 학생들의 소진이 더 심각한 상태다. 잦은 의무적인 시험으로 인해 아이들은 4학년이 되면 소진되기 시작하고 중학생이 되면 학교를 정말 싫어하게 된다(Abeles, 2009).

이와는 대조적으로, 고등학교에 입학하여 정규 교육을 시작하는 언스쿨링 아동은 열의와 참여도가 높다. 다른 아이들이 소진해있을 때 그들은 준비하며, 이것이 언스쿨링을 하는 가장 중요한 학업적 이유 중 하나이다.

소진은 아이들이 너무 일찍부터 지나치게 구조화된 공식 수업에 노출되면서 발생한다. 많은 아이에게 학업 압박은 엄청난 스트레스를 유발한다. 문제지, 종일 수업 계획, 심지어 1세 유아를 위한 교복까지 도입하는 어린이집 '학교'를 본 적이 있다!

이러한 조기 교육 환경은 선의의 야심에 찬 부모에게는 매력적일 수 있지만, 아이들에게는 득보다 실이 더 많을 수 있다. 소진의 또 다른 원인은 휴지기간이 거의 없거나 전혀 없다는 점이다. 이튼 사립학교의 사감이자 슬로우 교육 운동의 지지자인 마이크 그레니에(Mike Grenier)는 다음과 같이 말한다. "강압적인 부모는 아이의 장래를 향상하기보다는 오히려 해를 끼칠 위험이 있다. 휴지기간은 나쁜 것이 아니다. 아이들이 지나치게 통제당하면 의욕이 떨어질 수 있다. 우리의 전체 교육 시스템은 아이들의 실제 필요와 절망적일 정도로 동떨어져 있다. 정해진 목표에 중점을 둔 교육과정과 엄격한 시험은 아이들에게 아무런 도움이 되지 않는다. 생년월일에 따라 시험을 통해 집단을 구성하는 시스템은 아이들 개개인을 비인간화한다."(Grenier, 2012)

만약 어떤 심화 보충 활동이 아이들에게 좋다면 많을수록 더 좋을까? 아이를 무언가 또는 여러 가지에 등록시켜야 한다는 압박감을 느끼는가? 어느 해에는 10살과 14살인 아이들을 어떤 구조화된 활동에도 등록시키지 않았다. 매일 활동할 기회를 만들기 위해 시간을 냈다. 결국 우리는 항상 바빠졌지만 지루하거나 스트레스를 받지 않았다. 부모는 아이들이 모든 것에 참여할 수 없다는 것을 깨달아야 한다! 한 가지 활동에 '예'라고 하면 다른 활동에는 '아니오'라고 말해야 한다. 아이들은 부모와 함께하는 시간을 원하고 소중히 여긴다.

아이가 지쳐 있는지 어떻게 아는가? 스트레스는 두통, 졸음, 목과 허리 통증, 복통, 호흡 곤란, 가슴 두근거림, 수면 장애 등의 신체적 증상으로 나타난다. 스트레스는 행동 변화를 일으킬 수 있다. 청소년은 약물, 알코올, 섹스, 게임 또는 도박을 시도할 수 있다. 섭식장애가 발생할 수 있다. 불안, 사회적 금단, 짜증을 경험할 수 있다. 적대적이거나 폭력적으로 변할 수 있다. 성적이 떨어질 수 있다. 즐겁게 놀지 못할 수도 있다(Abeles, 2009).

자유 시간 부족이 얼마나 심각한지 알고 있는가? 베이비붐 세대는 오늘날 우리 아이들보다 250% 더 많은 자유 시간을 누렸다(Smith, 2005). 아이들이 너무 많은 활동에 참여하는 것은 최악의 결과를 가져온다. 아이들은 더 많은 과외, 하키 캠프, 댄스 레슨, 밤샘 파티가 필요하지 않다. 부모, 형제자매, 특히 자기 자신과 더 많은 시간이 필요하다. 아이들에게는 부모가 필요하다. 간단히 말해, 아이는 부모에게 더 많은 것을 원한다.

7년 전, 우리는 9살부터 20살까지 네 명의 아이를 데리고 아일랜드로 4주간의 휴가를 떠났다. 휴대전화도 컴퓨터도 없었다. 카드 게임, 우노 카드, 종이와 마커만 가지고 갔다. 아이들은 끊임없이 즐겁게 놀았다. 아이들은 주변에서 구할 수 있는 재료를 활용해 창의력을 발휘했다. 일상에서 벗어나 많은 대화와 토론을 끌어내는 반가운 휴식 시간이었다.

언스쿨링을 하면 여유로운 휴지기간이 많이 생긴다.

언스쿨링은 붐비지 않고 평온하다.

학교는 소란스럽고 혼잡하여 집중이 어려운 곳이다. 버스, 영화관, 교회, 강의실도 붐비기는 마찬가지지만, 사람들이 하루 6시간, 주 5일

내내 그 안에 머무는 경우는 드물다. 일부 사람들은 내향적이든 외향적이든 아이들은 군중 속에서 사는 법을 배워야 한다고 말한다. 쥐를 대상으로 한 실험에서 쥐는 혼잡한 환경에서 스트레스를 받는다는 사실이 밝혀졌다. 인간에게는 얼마나 더 적용될 수 있을까! 하지만 현실 세계에서는 사람들은 어디서, 어떻게 일할지 선택할 수 있다. 어떤 사람은 기업가가 되고, 어떤 사람은 가족 단위의 소규모 회사에서 일하고, 어떤 사람은 대기업의 일을 선택한다. 학교에 다니는 아이들은 더 친밀한 환경을 선택할 수 없다. 아무리 좋은 사립학교 교실이라도 학생 12명 대 교사 1명의 비율이지만, 전체 학교는 여전히 붐빈다.

언스쿨링 아이들은 자신의 성격과 개별 학습 스타일에 따라 자신에게 가장 적합한 환경을 선택할 수 있다. 많은 아이에게 이러한 환경은 조용하고 고요하며 영혼을 풍요롭게 하는 공간이다.

언스쿨링 아이는 스트레스를 받지 않는다.

성적, 또래, 사회적 탐색, 괴롭힘, 무기, 성적 압박, 불면증, 시험, 체벌, 옷차림, 관계의 어려움, 교사의 성격, 일정, 숙제, 집단 활동, 부모의 기대, 지루한 교육과정, 또래의 압력, 좋은 성적에 대한 끊임없는 강조, 다시 말해서 학교다! 아이에게서 학교를 떼어내면 스트레스 요인 중 95%를 제거할 수 있다!

토론토 학교 위원회는 7~12학년 학생 103,000명을 대상으로 전국에서 가장 큰 규모의 설문조사를 진행했다(Hammer, 2013). 이 설문조사 결과에 따르면 고등학생 4명 중 3명이 자신의 미래를 걱정하는 것으로 나타났다. 이들은 밤에 잠을 잘 수 없고 울고 싶다는 생각이 자주 들었다고 응답했다.

모든 사람은 스트레스를 받는다. 심지어 언스쿨링 학생도 마찬가지로 스트레스를 받는다. 스트레스가 모두 나쁜 것은 아니다. 스트레스에는 긍정적인 스트레스, 견딜 수 있는 스트레스, 독성 스트레스의 세 가지 종류가 있다.

긍정적인 스트레스는 동기를 부여하고 회복력을 키운다. 긍정적인 스트레스는 생일, 여행, 시험, 수업 발표, 새로운 놀이 친구 등 아이들이 걱정하는 사건, 사람, 상황에 의해 유발된다. 긍정적인 스트레스는 아이들에게 동기를 부여하고 도전에 직면하거나 두려움을 극복했을 때 성취감을 높인다.

견딜 수 있는 스트레스는 불쾌하고 싫지만 돌보는 부모가 아이를 지원하면 가라앉는다. 지속적이지 않다. 견딜 수 있는 스트레스는 괴롭힘, 또래의 압력, 과도한 업무량, 지나친 시험, 비열한 교사, 그리고 여러 가지 부정적인 힘으로 인해 발생할 수 있다. 대부분의 경우에 아이들은 돌보는 부모에 의해 완충되기 때문에 학교 스트레스를 견딜 수 있다.

독성 스트레스는 아이가 견딜 수 있는 스트레스를 계속 견뎌내지만 돌보는 성인의 지원을 받지 못하는 상태에서 스트레스가 지속될 때 발생한다. 많은 아이가 견딜 수 있는 스트레스에 대처할 수 있도록 도와주는 지원 시스템이 가정에 없을 경우 견딜 수 있는 스트레스가 독성이 될 수 있다. 더 심각한 문제는 일부 아이에게는 가정생활이 또 다른 스트레스의 원인이 되어 고통을 가중한다는 것이다. 이러한 아이들은 ACES(아동기 이상 경험)를 겪고 있을 수 있다. 이는 스테로이드 호르몬인 코르티솔과 "투쟁 또는 도피" 호르몬인 아드레날린을 과도하게 분비하여 아이의 뇌 성장에 영향을 미친다. 독성 스트레스는 뇌 구조를 변화시키고 후에 여러 가지 건강 문제를 일으킨다(Palix, 2017).

언스쿨링 아이는 견딜 수 있거나 독성이 있는 스트레스를 매일 계속 받지 않는다. 학교에 다니는 아이는 친구나 교사가 스트레스를 해소해 줄 수 있지만, 부모는 매일 학교에 있을 수 없고 교사는 바쁘다. 학교 친구는 완충지대가 아니라 스트레스의 원천이 될 수 있다. 어린 시절에 스트레스를 덜 받으면 나중에 성인이 되어서 받는 스트레스를 견뎌내는 건강한 뇌가 준비된다.

언스쿨링 아이의 스트레스는 일시적이며, 대부분 돌봐주는 부모의 도움을 받는다.

언스쿨링은 처벌이나 뇌물이 필요하지 않다.

나는 인간을 처벌해서는 안 된다는 확고한 신념을 가지고 있다. 신체적, 정서적인 처벌은 동기를 부여하지 않는다. 동기 부여는 문제를 해결하는 방법이다. 하지만 학습을 강요하기 위한 처벌은 학교와 홈스쿨링 모두에서 학습 이탈의 가장 일반적인 '해결책'이다. 우리는 간청하고, 뇌물을 주며, 벌을 준다. 회유한다. 때리기도 한다. 전자기기나 특권을 빼앗는다. 우리는 때때로 성공할지 모르나 다음 의지 테스트까지만 가능하다. 배우고 싶지 않은 사람에게 무엇을 가르치려고 하는 것보다 더 나쁜 것은 없다. 9학년 학생 30명을 가르치는 교사의 경우, 그중 단 2명만이 다항식에 대해 배우고 싶어 하고 나머지는 친구의 페이스북 업데이트만 확인하려고 한다. 주의를 기울이지 않으면 매를 맞을지도 모른다는 위협에도 불구하고 아이들이 강아지의 장난에 낄낄대는 동안 식탁에서 아이들의 주의를 집중시켜 덧셈을 가르치려 애쓰는 홈스쿨링 부모들의 심정이 이해가 간다. 교사와 홈스쿨링 부모의 좌절감에 공감한다. 간단한 해결책은 계획을 내려놓고 재미있게 노는 것이다!

학교는 지속적인 평가가 이루어지는 환경이다. 이는 학습에 큰 영향을 미친다. 여기서는 아이가 무엇을 배우느냐가 아니라 다른 사람의 평가가 중요하다. 교사는 점수로 평가하고 또래 친구들은 사회적 지위로 "평가"한다. 학습은 끊임없이 평가되기 때문에 즐겁지 않다. 학교 학습에는 목적이 있다. 그러나 진정한 학습은 목적이 아닌 단순한 즐거움을 위해 일어난다. 언스쿨링에서는 부모가 과제를 완수하기 위해 아이와 싸우지 않는다. 학교 교육과 언스쿨링의 세 가지 긍정적인 차이점은 다음과 같다.

1. 언스쿨링은 외적 통제보다 내적 동기를 중시한다.

아이들은 학습에 보상이 필요하지 않다. 아이들은 읽기를 좋아해서 읽기를 선택하며, 뇌물을 주어서 선택하는 것은 아니다.

아이들은 벌을 주면 배우지 않는다. 나는 학교에서 아이를 체벌하는 것을 보았다. 그렇다. 많은 학교가 여전히 체벌을 허용하고 있으며 방과 후 교실에 남기, 베껴 쓰기, 추가 잡일을 명령하거나 완료하지 않은 과제에 낮은 성적을 부여한다. 나는 홈스쿨링을 하는 부모들이 숙제를 다 하지 않았다는 이유로 매를 들거나 타임아웃을 주거나 놀이, 컴퓨터 게임, 비디오 시간, 외출을 제한하는 것을 보았다. 언스쿨링 부모는 이런 일을 하지 않는다. 그들은 아이가 원하는 것을 배울 수 있도록 허용한다.

육아 분야에서는 벌이 관계와 의사소통에 어떤 영향을 미치는지 보여주는 많은 연구가 있다. 학교에서는 문제의 원인을 파악하기 위해 집단 체벌을 자주 사용한다. 이는 불공평하며 아이들이 서로 괴롭히고 전체 집단의 처벌을 회피하기 위해 잘못을 은폐하도록 가르친다. 협력과 지지를 권장하지 않는다. 서로 헐뜯는 것은 권장된다.

2. 언스쿨링에는 평가가 없다.

학습 가치를 인정한다면 학습 결과를 평가하지 않는다. 평가는 프로이센이 사람들을 통제하기 위해 고안한 제도이다. 학교는 정해진 내용을 전달했다는 것을 증명하기 위해 아이들이 불쾌하고 관련 없는 정보를 읽고 공부하고 이해하도록 성적을 매긴다. 성인 교육에서는 일반적으로 성적을 매기지 않는다. 성인들은 스스로 원하기 때문에 그곳에 있는 것이다.

평가는 동기를 변화시킨다. 아이들은 "이게 시험에 나오나요?" 또는 "평가하지 않는데 왜 이걸 해야 하나요?"라고 묻는다. 실제로 평가하지 않다면 아이들은 왜 그 자료를 배우려고 할까? 평가를 통해 아이들은 자신이 흥미를 느끼는 것이 아니라 다른 사람의 평가를 받을 학습에만 시간을 계획하는 방법을 배우게 된다.

나는 고백한다. 나도 한때 뇌물로 아이를 통제하려 했던 부모였다. 어느 날 집안일을 하면 용돈을 받던 아들이 갑자기 집안일을 거절했을 때 부질없음을 깨달았다. 회사에서 손님이 오는데 집안일을 하라고 했더니 아들은 "이번 주에는 돈이 필요 없으니 괜찮아요, 안 할 거예요"라고 대답했다. 그것은 용납할 수 없는 일이었다! 나는 그의 도움이 필요했다. 그날 이후로 나는 아이들에게 집안일을 돕는 대가로 돈을 주지 않았다. 아이들이 배변 훈련을 할 때 사탕을 주는 것도 중단했다. 집안일에 대한 용돈도 주지 않았다. 학교 과제 완수에 대한 보상으로 주던 간식을 거절했다. 좋은 점수나 자원봉사에 대한 보상도 중단했다. 아이들이 어차피 해야 할 일, 즉 멋진 아이들처럼 행동하고 즐거움을 위해 배우는 일을 한 대가로 받은 풍선, 연필, 스티커, 피자 쿠폰을 모두 회수해서 감췄다.

정말로 평가가 없다면 아이들이 소파에서 내려올까? 당연하다! 하지만 성적은 본질적으로 사회가 어떤 유형의 학습을 중요시하고 어떤 유형의 학습을 중요시하지 않는지를 아이들에게 전달한다. 내 아들 닐은 13살 때 고등학교 수준의 물리학 교과서를 해변으로 가져와서 읽곤 했다. 닐은 성적을 매기거나 물리학 공부를 강요받지 않았다. 닐은 물리학에 대해 배우고 싶었고 배우는 것을 즐겼기 때문에 그렇게 했다. 우리 가족은 피아노, 기타, 라틴어, 일본어, 독일어, 철학을 배우고, 맥주 만들기, 빵 굽기, 정원 가꾸기, 바느질, 양초 만들기, 컴퓨터 코딩 등 다양한 수업과 활동에 참여했다. 이런 일을 통해서도 모든 아이에게 배움을 즐기는 일이 자주 일어났다. 이런 활동들과 다른 많은 것들은 학령기와 그 이후에 지식을 늘리는 즐거움 외에는 어떤 공로나 보상도 없이 배웠다.

내가 아이들에게 무언가를 해달라고 부탁하면 아이들은 "무엇을 줄 건데요, 대가가 뭐예요?"라고 대답했다. 나는 항상 "나의 변함없는 사랑과 감사!"라고 말했다(MULAA; my Undying Love and Appreciation).

우리 집에서는 학습을 촉진하기 위해 뇌물을 주거나 벌을 준 적이 없다. 아이들은 새로운 것을 배우지 않았더라도 비디오 게임을 하거나 나들이를 갈 수 있었다. 남편과 나는 눈에 보이는 그런 활동의 즐거움을 통해 평생 학습, 독서, 봉사 활동에 대한 사랑의 모범을 보여주었다. 우리 아이들은 모두 하루에 적어도 3시간 이상 즐겁게 책을 읽고, 심지어 10대 소년들도 창의적인 표현의 기쁨을 위해 글을 쓴다. 수학을 배우는 이유는 문제 해결을 위한 도구를 제공하기 때문이다. 과학과 사회는 세상을 배우고 지식을 공유하는 자신감을 주기 때문이다. 기술을 익히고 지식을 습득하는 전율을 경험한다.

점수는 작업의 품질을 평가하는 편리한 방법이다. 그러나 평가가 학습자의 통제를 벗어난다는 점에 문제가 있다. 평가자의 편견에 의해 평가가 흐려질 수 있다. 학생이 스스로 자신의 노력과 작업의 질을 평가할 수 없는 이유는 무엇인가? 자기 평가는 가장 훌륭한 교사이며 가장 공정한 평가이다. 아이가 놀이에서 자기 평가를 하는 모습을 보라. 그는 결과에 만족할 때까지 조정한다.

자기 평가는 가장 좋은 동기 부여 방법 가운데 하나지만 의심스러운 것으로 판단한다. 연구에 따르면 자기 평가의 결과가 교사의 평가와 같거나 더 높은 경우가 많으며, 아이들은 종종 교사보다 자신에게 더 가혹한 평가를 하는 것으로 나타났다. "특이한 아이는 특권을 남용하고 자신을 더 높게 평가하지만, 대부분의 경우에 아이들은 자기 평가가 의미하는 신뢰와 권한 강화를 통해 이익을 얻는다."(Kohn, 2009)

놀이가 평가되는 순간 그것은 일이 된다. 내 아들 매튜는 미술 창작을 좋아했지만 일로 생각하지 않았다. 그는 월드 오브 워크래프트의 아름다운 장면을 그리고 칠할 수 있었다. 그러나 직장에서 상사의 평가를 받거나 특정 기대치를 가진 고객이 돈을 지급하게 되면 창작의 기쁨이 순식간에 사라진다고 느꼈다. 그는 더 이상 자기 창작물을 소유할 수 없게 될 것이다.

3. 언스쿨링은 통제받지 않고 관계의 영향력을 증강한다.

통제와 영향력은 상호 배타적이다. 사람들을 통제하려고 하면 할수록 사람들에게 미치는 영향력은 줄어들게 된다. 영향력은 지속적이어서 강력하다. 설득력이 있다. 상호 존중하는 관계에서는 결코 약해지는 일이 없다. 성인의 영향력은 성인이 곁에 없을 때도 아이에게 남아 있다.

나는 양육에서 벌이나 보상을 옹호하지 않으며(내 책 "고통 없는 훈육"에도 나와 있듯이), 교육에서도 이를 옹호하지 않는다. 많은 언스쿨링 부모와 교사는 평생 학습의 모델이 되며, 그들의 영향력은 아이와의 좋은 관계와 아이가 부모의 행동과 가치를 모방하는 데 반영된다.

일반적으로 규칙은 아니지만 영향력에는 기대치가 따른다. 강제할 필요는 없다. 아이들은 자신의 의지에 따라 높은 기대치를 갖게 된다. 아이들은 자신에게 무엇을 기대하는지 알고 싶어 하지만 그 기대에 따르도록 강요하는 것은 싫어한다. 스스로 선택하고 싶어 한다. 물론 이는 성인에게도 똑같이 적용된다.

잔소리, 수치심, 최후통첩, 뇌물, 고함, 벌은 아이들에게 동기를 부여하지 못한다. 개선에 대한 열망은 내면에서 우러나야 하며 언스쿨링은 그 열망을 불러일으킨다.

언스쿨링은 실패를 축하한다.

학교에서 실패는 나쁜 것이다. 아이들은 학교에서 실패하게 되면 부정행위를 하거나 자퇴하는 방식으로 해결한다. 언스쿨링은 실패를 학습의 중요한 부분으로 활용하는 메커니즘을 제공한다. 결코 실패는 처벌받지 않는다. 실패를 두려워할 필요가 없다. 실패는 학습자에게 변화의 시기를 알려주는 도구이다. 사람들은 성공보다 실패를 통해 더 많은 것을 배우며 우리는 실패의 유용성을 인정해야 한다.

대부분 최고경영자는 성공의 요인으로 실패를 꼽는다. 모든 아이는 역경에 대처하는 방법을 배워야 한다. 넘어졌다 다시 일어나 행동하고, 변화하고, 다시 시도하는 아이들은 인생에서 멀리 나아갈 수 있다. 그들은 주도성, 인내, 끈기를 보여준다. 어떤 사람들은 이를 "그릿"이라고 부른다. 아이가 행복한 삶을 살 수 있도록 부모가 역경을 밀어내는 제설기 역할을 하듯이 학교가 낮은 점수로부터 아이들을 보호하는 것은 학교가 "제설기" 역할을 하는 것이다. 우리 주의 한 학교에서는 아이들이 숙제를 제출하지 않아도 기본 점수를 주는 학교 방침을 기부하고 0점을 준 교사를 해고했다(Chan, 2014). 아이들을 애지중지하여 실패로부터 보호하는 것은 단기적으로나 장기적으로나 아이들에게 도움이 되지 않는다. 운전면허 시험, 수영 배지, 음악 경연대회, 기타 시험, 경연대회에서 실패의 경험을 용인하는 부모와 학교는 아이들이 쓰러져도 다시 일어설 수 있다는 자신감과 체력을 키우는 데 도움을 준다. 그것은 자존감을 키우고 넘어져도 다시 일어설 수 있다는 자신감을 심어주며, 인생의 교훈을 배워 앞으로 나아갈 수 있다는 확신을 심어준다.

실패는 근성과 결단력을 키운다. 내 아들 중 한 명은 특정 기업 프로그램에 들어가기 위해서 네 번이나 낙방했다. 마침내 다섯 번째에 성공했다. 아들의 승리는 만족스러웠고 끈기와 인내심을 배웠다. 투쟁은 그를 더 강하게 만들었다. 나중에 그는 더 훌륭한 직원이 되었다.

언스쿨링은 학교에서 배우지 못한 유용한 삶의 교훈을 많이 가르쳐준다.

아이들은 뛰어난 의사소통 기술을 개발한다.

아이들은 학교에서 말해서는 안 된다. 학교에서의 사교 활동은 통제적이고 인위적이다. 교사는 교실에서 대화가 일어나면 그 흐름을 통제한다. 학교는 정숙함을 요구하므로 아이들이 집중해야 교사는 초점을 맞출 수 있다. 그러나 그것은 인위적으로 조성된 정숙한 환경일 뿐이다. 시끄러운 교실은 학습과 활동의 중심이 아니라 거친 혼돈으로 여겨진다. 아이들은 학교에서 과제를 마치면 조용히 지내야 한다. 아이들은 성인처럼 어디서든 대화하고 사교할 수 있어야 한다. 아이들이 하는 모든 말에 귀를 기울여야 하며 자주 대화를 나눌 수 있어야 한다.

온라인 학습은 더 심각하다. 매우 조용하고 소극적이다. 글쓰기는 말하기와 다르다. 한 줄 문장은 토론이 아니다.

언스쿨링에서 아이들은 자유롭게 이야기하고 수다를 떨며 듣는 기술을 개발할 수 있다. 대화와 스토리텔링 능력, 어휘력, 다른 아이들

및 성인들과의 대인관계 기술을 향상할 수 있다.

아이들은 사람의 손길을 갈망한다.

학교에서는 다른 사람을 만지는 것을 허용하지 않는다. 그러나 아이들은 돌봐주는 성인, 형제자매, 친구들이 제공하는 비성적인 사람 간 접촉이 필요하다.

포옹, 등 두드리기, 하이파이브, 손잡기 등이 필요하다. 수많은 연구에 따르면 포옹과 같은 애정 어린 접촉은 스트레스를 줄이고, 언어 습득을 강화하며, 기억력을 향상하고, IQ를 높일 수 있다고 한다 (Hatfield, 2009). 안타깝게도 규칙상 교사가 학교에서 아이들을 만지는 것은 더 이상 허용되지 않는다. 서클 타임에서 교사의 무릎에 웅크리고 앉는 것은 더 이상 허용되지 않지만 어린 시절의 소중한 추억 중 하나이다.

차가운 디지털 세계에서도 포옹은 기술이 닿지 않는 곳까지 침투할 수 있다. 언스쿨링에서는 "아니오"라고 말하는 사람을 존중하며, 아이와 성인 모두 마음껏 포옹할 수 있다.

가족 식사를 더 많이 즐길 수 있다.

심리치료사 마이클 하그스트롬(Michael Haggstom) 박사는 가족 식사 시간은 낭비가 아니라고 말했다. 부모는 아이를 지겨운 방과 후 '심화' 활동에 데려다주는 것을 사랑의 표현으로 생각하고 왜 아이들은 부모 마음을 몰라주고 자기에게 관심이 없다고 생각하는지 궁금해한다. 하그스트롬은 "활동 횟수를 줄이고 함께 앉아서 식사하는 시간을 늘리는 것이 더 낫다"라고 말한다(Bodner, 2009). 하루에 20분 정도 함께 식사하면서 전자기기 없이 이야기와 의견을 교환하고 대화를 나누면 아이는 가족의 일원처럼 느끼게 된다. 어떤 주제도 제한하지 말아야 한다. 어려운 주제를 다루는 것은 아이들에게 어떤 주제든지 이야기할 수 있다는 것을 알려준다. 격식을 차리지 않고 간단한 식사 시간을 가질 필요가 있다. 인류는 석기 시대부터 모닥불을 중심으로 음식을 나누며 대화했으며, 모닥불이나 식탁에서 함께하는 식사는 오늘날에도 중요한 유대감과 교육적 경험으로 이어져 왔다. 성인들과 토론하는 연습을 한 아이들은 나중에 더 효과적으로 토론하고 교수나 다른 성인들과 더 편안하게 말할 수 있다. 또한 아이들이 식사 준비와 뒤처리를 돕는 것은 더 많은 기술을 배우고 건강한 식습관을 장려하는 데 도움이 된다.

많은 기관과 시설에서 낮 시간대 과외 활동과 수업에 대한 수요를 파악하고 하루 중 이용률이 낮은 시간대에 언스쿨링 프로그램을 자주 제공하고 있다. 언스쿨링 가족은 대부분의 커뮤니티 활동과 수업을 낮 시간대에 진행하고 매일 저녁 가족과 함께 저녁 식사를 할 수 있다.

정서 지능이 높아진다.

외국 학교의 학생들은 모국에서 암기 학습을 요구하는 수학과 과학 분야에서 놀라운 학업 성적을 거둔다. 하지만 리더십, 낙관주의, 창의성, 감사, 자신감, 의사소통, 팀워크 등과 같은 암기로는 배울 수 없는 소프트 스킬을 배우기 위해 캐나다로 유학을 온다.

언스쿨링에서는 똑똑한 학습자뿐만 아니라 훌륭한 인간으로 성장하는 전인적 아동이 되도록 돕는다. 아이들의 사회적, 정서적, 영적 발달은 인지적 발달만큼이나 중요하다. 아이들은 편안한 집 환경에서 웃고 울며 감정을 자유롭게 표현할 수 있다. 고립감을 느끼지 않으면서 예배하고 기도하는 법을 배울 수 있다. 추가 교육이 아닌 교육의 일부로 커뮤니티에 참여하는 시간을 가질 수 있다.

언스쿨링은 감정 표현과 인성 발달을 촉진한다.

자존감과 자신감을 보호한다.

형식적인 수업은 자기 주도적 학습의 자신감을 약화한다. 교사, 교실, 문제집 없이는 학습할 수 없다는 말을 자주 듣게 되면 아이들은 스스로 학습할 수 있는 자기 능력을 믿지 못하게 된다.

아이들에게 자전거 타는 법을 가르쳐주는 회사가 생겼다. 그것은 어린 시절의 소중한 의례였으며 부모와 아이가 함께 만드는 소중한 추억이었다. 이제 부모들은 아이들에게 요리, 안전, 운전, 예절, 문제 해결, 레고, 집에서 혼자 생활하기 위한 지침, 베이비시팅 수업 등을 외부 전문가에게 맡기는 경우가 많다. 스케이트, 축구 등 부모가 가르쳐주던 많은 활동도 이제는 전문가에게 외주를 주어 배우게 되었다. 부모들은 아이를 가르칠 수 있는 자신감을 상실했다.

나 또한 다른 부모들과 마찬가지로 아이를 가르칠 기술이 없다고 생각했다. 첫 아이에게는 다양한 레슨을 제공했다. 그 결과 아이가 수업을 지루하게 여겨 스스로 기술을 익히는 데서 오는 재미를 느끼지 못했다. 그 후 다른 세 아이에게는 형식적인 수업을 제공하지 않았다. 다섯째 아이가 제발 학원에 등록하지 말아 달라고 간청하고 나서야 내 모습을 깨달았다! 마지막 세 아이는 자동차 운전, 스케이트, 스키, 자전거 타기, 요리 등을 스스로 배웠다. "부모들은 가장 기본적인 어린 시절의 일들을 직접 가르치기 위해 전문가를 고용하고 있다."(Lakritz, 2012) 우리는 이를 통해 비용을 많이 절약하고 아이들은 거의 모든 것을 스스로 배울 수 있는 자신감을 가지게 되었다.

언스쿨링에서는 학습이나 행동에 어려움이 있는 아이들에게 알맞은 학습 방법을 맞춤화하여 자신감을 강화하는 환경에서 양육한다. 아이들은 다른 아이들에 비해 학습 능력이 떨어진다는 것을 나타내는 성적, 숙제, 시험이 없는 한, 학습에 대한 자신감을 높일 수 있다.

언스쿨링은 아이의 자아 존중감을 높여 자존감을 강화한다. 아이들은 자신이 다른 사람들만큼 가치가 있다고 믿으면서 자란다. 아이들은 성공 시 격려와 축하를 받는다. 또한 다양한 사람들과 교류하면서 더 큰 커뮤니티에 속하게 되면 아이들의 자존감도 높아진다. 아이들은 사회적 기여자로서 자신의 역할을 가치 있게 여길 것이다.

10

언스쿨링의 신체적 이점

"청소년 불안의 75%는 충분한 수면 부족으로 인해 발생한다."

가정은 더 건강한 학습 환경이다.

1970년대 어린 시절, 학생들에게 나눠주던 반쯤 젖은 문제지에서 갓 인쇄된 종이의 냄새를 맡았던 기억이 난다. 우리는 그 냄새를 좋아했고 복사본을 받자마자 숨을 깊이 들이마셨다. 잉크는 신선했고 우리 어린 손가락에 보라색 얼룩을 남겼다. 나는 종종 그것이 우리 건강에 얼마나 해로웠는지 궁금하다! 책상 위에는 우리가 책상을 닦을 때 사용하는 세정제와 문질러 닦아냈던 얇은 막이 남아있는 등 다른 독소도 있었다. 우리는 손도 씻지 않고 책상 위에서 점심을 먹었다.

오늘날에도 학교에는 드라이 지우개와 복사기에서 나는 냄새, 예민한 아이들에게 두통과 행동 문제를 일으킬 수 있는 형광등, 그리고 흡입 시 독성을 띠는 분필 등 환경 독소가 존재한다. 오래된 학교의 벽과 천장에는 여전히 석면이 많이 남아있다. 책가방은 위험할 정도로 무겁고 아이들은 체중의 10% 이상에 해당하는 책가방을 메고 다닌다. 이는 향후 허리 질환의 확실한 원인이 된다. 그리고 공회전하는 버스와 매연까지! 나는 아이들을 학교에서 데리고 오려고 잔디밭을 지나갈 때 토하지 않도록 숨을 참아야 했다. 그리고 아이들은 버스를 타기 위해 줄을 서면서 매일 30분 동안 매연 속에 서 있다. 아이들은 깨어있는 대부분의 시간 동안 자연환경에서 신선한 실외 공기를 마셔야 한다.

무선 기술이 아이 건강에 미치는 영향에 대해서는 아직 결론이 나지 않았다. 캐나다 보건부는 휴대전화와 같은 Wi-Fi 송신기가 안전하다고 생각하고 있다. 그러나 이 기술은 아직 너무 초기 단계이기 때문에 학교 정책에 이러한 기술의 안전성에 대한 정보를 제공할 수 있는 장기적이고 광범위한 연구가 이루어지지 않았다.

어린아이들은 피부가 얇고 뇌와 신경계가 아직 발달 중이기 때문에 환경 오염 물질의 영향에 취약하다.

언스쿨링은 집 안에서 가족들이 유해 물질의 노출을 통제하여 최소화한다.

음식은 집에서 만들어지고 더 건강하다.

학교에서의 영양은 대부분 포장 식품을 의미한다. 언스쿨링 아이들은 가공되지 않은 따뜻한 식사를 아침과 점심에 즐길 수 있다. 가족 구성원들은 종종 낮 시간대에 활동을 계획하므로 대다수 가정에서는 매일 저녁 가족과 함께 식사한다.

기본 재료를 이용한 요리에 더 많은 시간을 할애함으로써 건강한 식습관을 더욱 강화할 수 있다. 이동 중에 가공된 음식을 먹는 것을 줄이면 영양 섭취 품질이 향상된다.

언스쿨링 아이들도 가끔은 패스트푸드를 먹을 수 있다. 그러나 학교나 직장에 다니는 가정과 비교할 때 정크 푸드의 섭취량은 매우 적다.

아이들은 더 많은 수면을 한다.

이에 대해서는 이미 앞에서 자세히 설명했다. 학령기 아동은 밤에 9~12시간의 수면이 필요하며, 청소년은 밤에 8~10시간의 수면이 필요하다(CPS, 2016). 언스쿨링은 아이들이 늦게 일어나 수면 시간을 충분히 확보할 수 있도록 지원한다.

아이들은 더 많은 신체 활동을 즐길 수 있다.

학교 일정에서 해방된 언스쿨링 아이들과 부모들은 산책이나 자전거 타기와 같은 활동에 더 많은 시간을 투자할 수 있다. 학교 시즌이 돌아오면, 언스쿨링 아이들은 붐비지 않은 낮 시간대에 공원, 해변, 놀이터, 동물원, 테니스장 등 다양한 레크리에이션 장소를 누빈다.

학교에서 쉬는 시간이 줄어드는 이유는 두 가지이다. 일부 학교에서는 벌칙으로 쉬는 시간을 없애거나, 다른 많은 학교에서는 더 많은 학습 시간을 위해 쉬는 시간을 줄이고 있다. 이는 둘 다 잘못된 접근 방식이다.

아이들은 쉬는 시간을 통해 혜택을 얻는다. 사실, 쉬는 시간은 교사와의 관계 다음으로 학교에서 가장 중요한 부분일 수 있다. 아이들의 주의 집중 시간은 40~50분 정도이며, 아이들의 뇌는 휴식이 필요하다(Arnall, 2014). 쉬는 시간 동안 아이들은 운동장에서 뛰며, 점프하며, 활동을 통해 사회적 기술을 배우고 공유한다. 이러한 활동은 수업 복귀 시 집중력을 높이고 생산성을 증가시키며 방해 행동을 줄여준다 예를 들어 일본에서는 매시간 10분의 쉬는 시간이 주어진다. 핀란드에서는 쉬는 시간이 더 길게 확보된다.

언스쿨링 아이들은 원하는 때에 언제든지 놀이와 활동을 통해 휴식을 취할 수 있다. 쉬는 시간의 모든 혜택을 시간제한 없이 누릴 수 있다.

언스쿨링은 안전하다.

아이들은 학교에 무기를 지참하지 않는다. 도보로 통학하는 동안 납치, 교통사고와 같은 위험성이 줄어든다.

학교 일정으로부터의 자유는 스트레스를 줄인다.

학령기 아이를 둔 부모라면, 놀이 일정의 조정이 얼마나 복잡한 일인지 알 것이다! 아이들이 참여하는 모든 활동은 학교 일정에 따라 이루어진다. 아이들은 학교 수업이 있는 날에는 다음 날 일찍 일어나야 하므로 일찍 잠자리에 들어야 한다. 일식과 같은 중요한 천문 현상을 보기 위해 늦은 시간까지 학교에 남을 수 없다. 주말에는 심부름이나 생일 파티로 인해 가족들이 함께 게임을 하거나 시간을 보내기가 어렵다. 그리고 평일 저녁 식사는 서둘러야 한다. 언스쿨링을 하면 스트레스가 줄어든다.

사회에 대한 혜택

"학교 공부가 내 교육에 방해가 되지 않도록 내버려 두지 않겠다."

- 마크 트웨인, 작가

아이를 위한 최선의 이익이 항상 최우선 고려사항이다.

예산 조달은 다른 어떤 요소보다 교육의 의사 결정에 가장 큰 영향을 미친다. 그것은 아이들을 위한 최상의 이익을 우선할 때도 있다. 많은 경우에 연구를 통해 새롭고 성공적인 방침을 알 수 있다. 하지만 우리는 비용 절감을 위해서 낡은 관행에 계속 예산을 지원한다. 교육은 경제를 계속 활성화하는 산업이다. 아이들의 성취도나 진전에 영향을 미치지 않는다는 연구 결과에도 불구하고 그것이 경제적인 면에서 더욱 적합하다는 이유만으로 지속하고 있는 몇 가지 교육방안을 생각해 보자.

졸업 자격시험 일정

연구에 따르면 청소년의 뇌는 일주기 리듬에 맞추기 위해 아침 늦게까지 잠을 자야 한다고 한다. 그러나 청소년의 뇌가 더 효율적으로 작동하는 오후로 졸업 자격시험을 옮기려면 비용이 많이 든다.

고등학교 수업 시작 시간

10대들은 수면 부족으로 고민하고 있다. 8시 30분 또는 그보다 늦은 시간에 학교를 시작하면 아침 첫 수업뿐만 아니라 오전 내내 성취도가 크게 향상될 것이다(Macmillan, 2017).

종일반 유치원

2세에서 5세 아동을 위한 어린이집과 5세 아동을 위한 종일반 유치원은 온타리오주에서 시작된 방안으로 매우 적은 연구 결과를 기반으로 하고 있다. 한 보고서에 따르면 유치원에서 2년이 지난 후 취약 계층의 아동이 얻는 이득은 미미하며, 평균 아동에게는 전혀 이득이 없는 것으로 나타났다(Maclean's, 2014). 이러한 아이들은 부모와 함께 놀거나 창의적인 활동을 통해 시간을 보내는 것이 더 유리할 수도 있다.

디지털 교과서와 수업 방법

교사와 교과서 비용을 최소화하기 위한 또 다른 교육 트렌드는 학교 내에서 온라인 학습을 도입하는 것이다. 그러나 이러한 방식으로 가르치는 결과에 따른 콘텐츠의 보유율을 입증하는 연구는 거의 없다. 실제로 최근 연구에 따르면 보유율이 오히려 감소하는 것으로 나타났다(Retrieve, 2017). 확실히, 운동 지능을 가진 학습자들은 일부 측면을 놓칠 수 있다.

여유 과목의 부족

학생들이 스트레스를 받고 더 많은 휴식 시간이 필요하다는 연구 결과가 있는데도 불구하고, 고등학교 선택 수업을 의무적으로 채워야 하는 상황이 계속되고 있다. 학교의 지원금은 학생들이 고등학교 수준에서 수강하는 과목 수를 기준으로 책정된다. 이는 특히 이미 충분한 졸업 학점을 취득한 경우, 핵심 과목에 집중할 여유 시간을 없애는 결과를 초래한다. 학교는 더 많은 선택 과목을 수강하면 학생들의 기회가 더 넓어질 것이라고 주장한다. 그러나 학생들이 학교 밖에서 자신만의 방식으로 선택한 과목을 공부할 수는 없을까?

비핵심 교과의 축소

학교 예산 삭감의 대부분은 체육, 음악, 미술, 스포츠, 밴드, 가정 경제 등 아이들이 즐겨하는 프로그램 및 과학 용품, 실험 장비에 먼저 적용된다. 예산이 부족하면 수학, 과학, 사회, 영어와 같은 핵심 과목에만 예산이 할당된다.

바우처 교육 지원금 금지

바우처는 부모가 학교 교육이든 가정 학습 자원이든 교육 지원금을 자신들의 교육 선택에 사용할 수 있게 한다. 부모는 아이의 교육을 위한 교육 지원금의 사용을 공평하게 선택할 수 있어야 한다. 정부는 부모가 비용을 지불하지 않는다는 이유로 아이에게 부적절한 프로그램을 선택하도록 강요해서는 안 된다.

부모의 교육 선택에 교육비를 공평하게 지원하지 않는 교육 시스템은 아이들을 평등하게 대우하지 않는다. 모든 아이는 맞춤형 교육을 받을 자격이 있다. 학교에 다니기를 원하지 않는 학생들을 "교육"하며 학교는 매년 학생 1인당 15,000달러를 받는다. 만약 부모들이 자신의 아이 하습을 선택하여 가르친다면, 이 15,000달러를 집에서 가르치는 데 사용할 수 있을 것이다. 가정에서 교육하는 수많은 아이에게 아이 1인당 똑같은 자금을 평등하게 지원하면 실험 자료, 개인 교사, 장난감, 구기 종류, 게임, 현장 학습, 여행에 자금을 지원할 수 있다.

교육의 책임은 오직 언스쿨링 학생 본인에게만 있다.

우리 교육 시스템에는 재정적 책임을 효과적으로 감시하는 견제와 균형 장치가 있다. 국민의 세금은 당연히 정확하게 사용되어야 한다. 그러나 교육 결과에 대한 책임을 시스템의 재정적 책임과 연결해서는 안 되며 가정에서도 마찬가지다.

부모가 아이를 위한 교육 형태를 선택하는 권리는 부모가 아이에게 가장 적합한 교육철학을 가장 잘 알고 있다고 가정한다. 모든 아이는 사회적 이익을 위해 교육비를 지원받을 권리가 있다.

언스쿨링 부모는 학습을 제공하기 때문에 항상 지원금을 받아야 한다.

교육 지원금 지출에 더 많은 조사가 필요한가? 그렇다면 재정적 책임을 위해 그렇게 하면 된다. 부모는 실제로 피아노 레슨을 구매한 것을 영수증으로 증명해야 한다. 이는 공정한 절차다. 하지만 교육 결과에 대한 책임을 위한 것은 결코 아니다. 학부모는 공립학교와 마찬가지로 지원금이 잘 활용되었는지를 입증하기 위해 아이의 시험 결과를 제출할 필요는 없다. 이상하게도, 표준화 시험 결과가 좋지 않은 경우, 학교는 종종 더 많은 지원금을 받는다!

일부 가정 교육자는 지원금을 원하지 않는다. 하지만 일부 가정이 그렇다고 해서 모든 가정이 지원금 없이 가정 교육을 할 수 있는 것은 아니다. 일부에서는 지원금이 늘어나면 교육 결과에 대한 조사가 강화될 것을 우려한다. 하지만 증거는 이를 뒷받침하지 않으며, 오히려 그 반대의 현상이 발생했다. 앨버타 가정 교육의 역사는 지난 40년 동안 학부모에 대한 재정 지원이 줄어들면서 가정 교육에 대한 규제가 늘어났다는 사실을 분명하게 증명한다.

교육 책무성은 시스템의 결함 때문에 누구도 책임지지 않는다. 노조의 힘 덕분에 직무 무능으로 해고된 교직원은 거의 없다. 하지만 실제로 존재한다. 그렇다면 부모는 시스템의 무능함을 발견했을 때 누구에게 의지해야 하는가? 부모는 좌절감에 포기할 때까지 이 감독자 저 감독자를 찾아 전전하게 된다. 나는 아들의 9학년 정부 성취도 시험을 추적하려고 했다. 정부에서 학교로, 교사, 교장, 평가자, 교육감으로 끝없이, 그리고 헛되이 전달되었다. 아무도 아들의 기록을 찾지 못했고 몇 달 동안의 무익한 수색 끝에 결국 포기했다.

재정적 책임과 관련하여 학교 시스템은 비대해지고 낭비가 만연해 있다. 우리 지역 학교 위원회에는 20만 명의 학생을 위해 무려 700명의 관리자가 있다. 우리는 간접비와 학교 지원 비용 측면에서 가장 무거운 학교 시스템 중 하나를 가지고 있다(Labby, 2017). 각 부서는 섬처럼 운영된다. 납세자의 세금으로 최고의 교육적 가치를 얻기 위해 부서의 규모를 축소하고 자원을 공유하도록 만들 수 있다(Bieber, 2017).

언스쿨링 가정이 지원금 사용 방법을 통제할 수 있는 경우, 아동에게 가장 이익이 되는 방향으로만 지원금을 사용하도록 안내한다. 그들은 가장 신중한 소비를 하며 개별적이고 독특한 학습자의 필요에 맞는 재정적인 구매 결정을 내릴 수 있다.

언스쿨링은 공공 비용을 절감한다.

내가 13년 동안 다섯 아이를 언스쿨링을 한 결과 납세자들은 50만 달러를 절약할 수 있었다. 아이 한 명당 연간 약 800달러의 보조금을 받았다. 하지만 교사 급여, 교재, 버스, 건물, 인프라에 들어가는 연간 1만 5,000달러의 정부 지출 할당액을 절약할 수 있었다.

언스쿨링 아동은 두 가지 방법으로 공교육비를 보조한다.

첫째, 정부에 교육세를 납부한다. 우리의 경우 재산세로 연간 5,000달러를 냈다. 그중 2,500달러가 공립학교 학교 위원회로 보내졌다. 둘째, 우리 아이들을 제도권 밖에서 교육하여 학교에 다니는 아이들을 위해 공립학교 금고에 1인당 연간 14,200달러를 남겼다. 2012년에 캐나다의 홈스쿨링 학생과 언스쿨링 학생은 한 해 동안 공교육 시스템에 거의 3억 달러를 절약했다(Van Pelt, 2015). 부모와 아이가 훨씬 적은 납세자 비용으로 가정에서도 훌륭한 교육을 할 수 있는 것은 분명하다. 그러나 이 선택은 그러한 방식으로 시스템에 보조금을 지급할 수 있는 사람들만을 위한 것이어서는 안 된다.

진정한 교육 선택은 보조금이 뒷받침되는 선택이다.

학교 위원회에 아무리 많은 예산을 지원하더라도 학교는 항상 예산이 부족하다고 선언할 것이다. 학교 위원회가 더 많은 예산을 원할 때, 그들은 "이 돈을 교실로 돌려보낸다"라고 대중에게 호소한다. 많은 노조, 공익 단체, 정부 관료들은 가정 교육에 대한 선택권을 없애고 교실에만 예산이 투입되기를 바란다. 짐 존슨(Jim Johnson) 전 교육부 장관은 다음과 같이 말하며 재정 지원 선택권을 옹호했다. "아이가 어디로 갈지 선택할 수 있는 것은 부모이며, 우리가 아이들에게 성공할 다양한 기회를 제공하는 이유도 바로 여기에 있다. 우리는 모든 아이가 같은 틀에 들어갈 수 없다는 것을 알고 있다. 우리는 단순히 학교와 시스템에 투자하는 것이 아니라 아이들의 성공에 투자한다."(Alberta Views, 2013)

정부와 사회가 개인의 학습을 진정으로 소중히 여기고 아동을 위한 최선의 이익에 초점을 맞출 때, 모든 교육 선택에 동등하게 자금을 지원할 것이다. 가정에서 아이를 교육하는 데는 비용이 들기 마련이며, 보조금이 거의 없거나 전혀 없다면 여유 있는 사람들만 선택할 수 있는 선택지가 된다.

부모는 돈 때문이 아니라 사랑 때문에 아이의 교육을 맡는다. 다시 한번 강조하지만, 가정 교육에 비용이 들지 않다는 말이 아니다. 하지만 대부분 비용은 눈에 보이지 않는다. 부모는 아이에게 필요한 비용을 지급하며, 그 비용은 서류상으로는 거의 집계되지 않는다. 정부는 실제 비용을 조사하지 않고 가정 교육 지원금 한도를 설정한다. 그래서 부모는 스스로 알아서 해결해야 한다. 학교 시스템은 자원을 모니터링하는 행정적 부담을 원하지 않기 때문에 인근 학교에서 자원을 빌릴 수 없다. 가정에서 교육하는 부모는 직접 구매하거나 이웃과 자원을 공유한다. 아이들이 대학 진학을 준비할 때 우리는 12학년을 위한 정부의 교육과정 계획을 따랐다. 비용은 각 아동용 도서에 2,245달러, 그리고 프로젝트에 필요한 자원과 개인 지도에 비용이 더 많이 들었다. 지원금은 850달러밖에 받지 못했기 때문에 이 모든 비용은 자비로 충당했다.

또한 전업주부인 부모가 정규직 수입을 잃는 데 따른 기회비용도 인정해야 한다. 많은 부모가 이 수입을 포기해도 괜찮으며, 부모는 전문 교사가 아니기 때문에 가르치는 일에 보수를 받지 않는 것은 합리적이라고 생각한다. 하지만 어떤 아이도 필요한 교재, 수업, 과외, 자료가 없어서는 안 된다.

언스쿨링은 사회 비용을 절감시켜주지만, 그 비용 절감으로 아동이나 필요한 자원을 지불할 여력이 없는 가정의 희생을 의미해서는 안 된다. 언스쿨링 가정은 학교 학생들이 누리는 것과 최소한 동등한 자원을 지원받아야 하며, 부모는 정부의 교육 예산에서 교사 급여를 지출하지 않는 것에 대해 상당한 세금 공제를 받아야 한다. 소득 감소로 인한 비용을 상쇄하기 위해 가정 교육 가정도 소득 분할을 허용하여 세금 청구서를 줄일 수 있도록 해야 한다.

또 다른 요소는 시각이다. 정부는 가치 있는 일에 자금을 지원하고, 자기 주도 교육 자원에 자금을 지원하면 대안 교육 방법에 대한 그들의 이해를 검증할 수 있다. 이는 자기 주도 교육을 장려하고 연구자들이 더 많은 연구를 하도록 자극할 수 있다. 자기 주도 교육에 더 많은 자금이 지원된다면 최소한 더 많은 가정에서 시도해 볼 수 있을 것이기 때문에 주류가 될 것이다.

자유 학교에서 언스쿨링 비용

언스쿨링을 학교에서 실행하려면 교사 급여가 가장 큰 문제가 될 것이다. 30명의 학생을 위해 한 명의 교사를 고용하는 대신, 5명의 학생을 위해 한 명의 교사를 고용하는 꼴이 될 것이다. 이는 똑같은 30명의 학생을 위해 5명의 교사에게 지급하는 더 많은 급여와 차량, 연료, 유지보수 비용과 자원이 필요하다는 것을 의미한다. 이러한 추가 비용을 충당하기 위한 절감은 교육과정 개발, 관리, 시험, 라이선스, 교육과정의 용품에 대한 시스템에서 절약된 비용에서 나올 것이다. 학교는 여전히 아이들을 위한 거점이자 사회적 허브로서 건설되고 유지되어야 하므로 비용은 계속 지출될 것이다. 버스는 여전히 운행되어야 한다. 학생들이 더 이상 책을 거의 읽지 않고 디지털을 선호하는 까닭에 도서관은 스스로 재창조해야 한다. 학교와 협력하면 모든 연령대의 학습 환경에서 지역사회에 봉사할 수 있는 공간을 공유할 수 있을 것이다.

언스쿨링은 모든 교육의 이해당사자들에게 이익이 된다.

언스쿨링 아동은 다음과 같은 혜택을 누릴 수 있다.

- 성인과 아이의 일대일 비율은 개인의 관심과 관계를 증진한다. 성인 대 아이의 비율 향상은 개인적 관계를 향상한다.
- 아이는 학교가 제공할 때가 아니라 스스로 준비되었을 때 개념을 배운다. 이는 학습에 관한 자신감을 키운다.
- 학교와 관련된 견딜 수 있는 스트레스와 독성 스트레스가 훨씬 적다.
- 편안한 환경은 창의력을 발휘하고 학습에 위험을 감수하도록 장려한다.
- 학습은 아이들의 현재 관심사와 불가분의 관계다. 아이들은 계속 학습에 참여하여 학습을 유지한다.
- 아이가 늦게 글을 깨치거나 학습 장애가 있는 경우 아이의 자존감이 보호된다.
- 아이는 자신의 속도에 맞춰 학습한다. 이해한 개념을 빠르게 숙달하고 어려운 개념은 더 많은 시간을 들여 숙달한다.
- 아이들은 다양한 나이, 성별, 사회적 지위, 인종적 배경을 가진 친구들을 만난다.
- 시간을 효율적으로 사용하면 놀이, 휴식 시간, 활동, 학습 간의 균형을 맞춘다.
- 아이는 자기 활동에 소비하는 시간을 스스로 통제한다. 아이는 자기 시간을 스스로 관리한다.
- 아이는 필요할 때 활동 시간, 간식, 휴식, 조용한 시간을 가질 수 있다.
- 학습 장애가 있는 아이는 자신의 필요에 맞게 환경을 수정할 수 있다.
- 10대들은 자신의 생체 리듬에 늦게 맞춰 잔다. 수면 주기를 따라갈 수 있어 두뇌 발달에 도움이 된다.
- 집단 괴롭힘이나 또래의 압력이 거의 없다.

부모든 교사이든 촉진자는 다음과 같은 이점을 누릴 수 있다.

- 공부를 강요하기 위해서 아이와 싸우는 일이 없다.
- 기술을 이용하여 비디오, 인터넷, 튜터, 단원 학습, 이메일 등 어디서나 학습 향상을 위한 자원을 쉽게 확보할 수 있다.
- 아이들이 배우는 모습을 지켜보는 것은 부모와 교사의 기쁨이자 특권이다. 아이가 첫걸음을 내딛는 것을 보는 것만큼이나 신나는 일이다. 아이가 글을 읽기 시작하거나 마침내 '이해'의 불이 켜지는 것을 보는 일은 정말 보람된 경험이다.
- 도시락을 싸고, 통지문을 읽고, 돈을 쓰고, 빵을 만들고, 교사를 위해 쇼핑을 하고, 학교 협의회 회의나 학부모 회의에 참석하고, 모금하고, 뉴스레터를 읽거나 자원봉사를 신청할 필요가 없다. 부모가 확보할 수 있는 모든 시간은 양질의 즐거운 시간을 '함께' 보내는 데 투자할 수 있다.
- 추운 겨울 아침에 아이들을 문밖으로 내보내거나 외투를 입고 학교에 데려다 줄 필요가 없다!
- 학교를 마치고 집으로 돌아올 때 운동장에 내려달라고 떼쓰는 아이를 회유하거나 뇌물을 주거나 위협할 일이 없다.
- 배낭, 도시락 용기, 교체용 장갑과 모자, 방한화, 방한 바지 또는 아이가 꼭 보관해야 하는 비싼 전자기기를 잃어버릴까 11월까지 걱정할 필요가 없다.
- 하루에 4번 버스를 타거나 운전하거나 걸어서 등하교시킬 필요가 없다.
- 더 이상 배우기 싫어하는 아이들을 가르칠 필요가 없다!

온 가족이 혜택을 누릴 수 있다.

- 아이에게 휴대전화를 사주거나 옷을 사줘야 한다는 부모의 부담이 줄어든다.
- 시간 압박이 적고 학업과 관련된 스트레스가 훨씬 더 적다. 일정이 유연하다. 더 이상 "서둘러, 서둘러, 서둘러, 늦겠어!"라고 외칠 필요가 없다. 대신 "천천히 해. 넌 할 수 있어!"라고 말할 수 있다.
- 시간을 더 효율적으로 사용하여 놀이, 스포츠, 학습, 프로젝트, 업무 간에 균형을 유지한다.
- 삶이 훨씬 더 여유로워져 관계가 깊어지는 시간을 가질 수 있다. 모든 연령대의 가족, 형제자매와 더 많은 시간을 즐길 수 있다.
- 부모는 집 안팎의 일상 활동에 언스쿨링의 개념을 적용할 수 있어서 나이와 관계없이 모든 아이와 관계를 맺을 수 있다. 부모는 아이의 관심사를 직접적으로 알고 있다.
- 교육과 육아를 통합한다. 부모는 언스쿨링 활동에 아이와 함께 더 집중하며 보낸다. 그러므로 아이는 다른 시간에 혼자서 바쁘게 지낼 수 있고 부모는 자기 업무를 처리할 수 있다.
- 배움은 삶의 일부가 되고 그 자체로 사랑받는다. 학습은 월요일부터 금요일까지 오전 9시부터 오후 3시까지로 한정하지 않는다. 학습은 밤낮을 가리지 않고 언제든 일어난다.
- 아이들은 반 친구들과 경쟁하기보다 형제자매, 친구들과 협동하는 법을 배운다. 이는 직장에서 매우 중요한 기술이다.
- 가족들은 쇼핑몰, 공원, 극장, 동물원, 놀이터, 레스토랑, 스포츠 단지에서 주말과 방과 후 인파를 피할 수 있다.
- 부모 중 한 명이 다른 지역에서 근무하는 경우, 원하는 요일에 아이들과 함께 휴가를 보낼 수 있다.
- 숙제는 없다. 절대로!

- 가족 여행은 비수기에 여행하여 비용을 절약하고 혼잡을 피할 수 있다.
- 더 이상 유치원 비용, 개인 교습비, 여름학교 등록비가 없다.

커뮤니티에도 혜택이 돌아간다.

- 아이들은 원하는 날짜와 시간에 현장 학습을 떠나 자기 관심사에 맞는 활동을 하면서 실제 세계를 탐구한다. 지역사회 사람들이 어떻게 일하고, 놀고, 생활하는지 실제로 보고, 지역사회에서 자신의 위치에 대해 배우게 된다.
- 배움은 영원히 계속된다. 호기심 많은 아이는 호기심 많은 성인으로 성장한다. 호기심 많고 교육받은 사람은 지역사회에 도움이 된다.
- 지역사회 단체는 일반적으로 학령기 아동이 학교에 있는 낮 시간대에 가정 교육 프로그램을 제공할 수 있다는 이점이 있다.
- 더 많은 자선단체는 낮 시간대에 가족 자원봉사자를 더 많이 모집한다.

기업도 이익을 얻는다.

- 언스쿨링 아이들은 창의력과 주도성은 물론 문제 해결, 비판적, 분석적 사고, 정보 관리, 건강한 생활 습관, 사회성, 의사소통 능력이 더 많이 발달한다. 이러한 소프트 스킬과 기술력을 겸비한 다재다능한 개인은 훌륭한 리더, 관리자, 직원, 기업가가 될 수 있다.
- 아이들이 학교에 오기 싫어하면 교사는 수업 활동과 관계없이 출석만으로 '시체 자리(corpse-in-seat)' 점수를 주어야 한다. 이는 성공적인 비즈니스에 필수적인 두 가지 개인적 가치인 책임감과

책무성의 가르침을 약화한다.

- 아이들은 성인들이 안내하는 일과 자원봉사를 통해 직업윤리와 헌신을 배운다.
- 판매상은 한가한 시간대에도 더 많은 고객을 확보할 수 있다.
- 언스쿨링 아이들은 수준 높은 교육을 받고 자기 기술을 적용하는 방법을 배운다.

고등 교육 기관도 혜택을 누릴 수 있다.

- 언스쿨링 아이들은 더 많은 교육을 받는다. 학교에서 허용되는 자료 이해 수준은 50%로 추정된다. 내재적 동기 부여 학습의 경우 수용이 가능한 이해 수준이 100%까지 올라갈 수 있다.
- 언스쿨링 아이들은 독립적인 학습과 시간 관리가 잘 되어 있다. 정보를 떠먹여주거나 과제를 제출하도록 계속 상기시킬 필요가 없다. 아이들은 독립적으로 공부한다.
- 언스쿨링 학생들은 다양한 주제에 대한 많은 자료를 읽을 시간이 충분해서 독서 능력이 뛰어나다.
- 언스쿨링 아이들은 이미 사회화가 잘 되어 있어서 고등 교육 이후 다양한 인구 구성의 환경에 익숙하다. 이들은 다양한 나이, 종교, 문화, 인종, 능력을 지닌 사람들과 함께 성장하면서 그들과 대화하고 배우는 연습을 한다.
- 언스쿨링 학생은 더 성숙하고 자신이 선택한 직업에 대해 진지하게 학습할 준비가 되어 있다.
- 수업에 진지하게 참여하는 학생은 교수의 시간과 관심에 감사하고, 수업 분위기를 높이고, 풍요로운 학습 환경을 조성하는 데 도움을 준다. 학생들은 누군가가 정해놓은 일정에 따라 수업에 참석하는 것이 아니라 배우고 싶어서 수업에 참석한다. 학생들은 사려 깊은 질문을 하고 생산적인 토론을 촉진한다.

언스쿨링 방법

개인 맞춤형 교육의
3가지 핵심 요소

12

성인/촉진자

"교사는 교실의 교육 전문가다. 부모는 가정의 교육 전문가다."

세 발 의자

내 딸이 두 살이었을 때, 딸은 매달리고 또 매달렸다. 동생들을 돌보기 위해 내려놓을 때마다 딸은 "일어나, 일어나!"라고 외쳤다. 딸은 매우 끈질기게 매달렸고 나는 매번 딸을 안아주곤 했다. 주변 사람들은 내가 너무 친절하다고 힐난했지만 나는 계속했다. 이 아이가 22살이 되던 해, 대학을 졸업한 후 이탈리아로 여행을 떠나기로 했다. 내딸의 친구들은 모두 일이 있었다. 딸은 정규직이 없던 나에게 함께 가자고 했다. 나는 그 기회를 놓치지 않았다. 자유 시간도 있고, 친구인 딸도 있고, 멋진 나라를 방문할 수 있어서 정말 즐거웠다. 날마다 딸을 데려다주고 필요한 것을 뒷받침한 모든 일들이 보람으로 돌아왔다. 우리는 친밀한 가족 관계뿐만 아니라 체벌 없는 양육과 교육 덕분에 평생 우정을 쌓아가고 있다.

언스쿨링은 3가지 간단한 요소로 구성되어야 한다.

1. **성인:** 부모나 교사(조력자 역할), 조부모, 멘토, 형, 누나, 이모, 삼촌, 이웃, 친구, 도우미 등이 있다.

2. **지원:** 도서관 카드와 인터넷 연결 등이 기본이다.

3. **시간:** 풍부하고, 구조화되지 않았으며, 정말로 자유로운 시간.

이것이 전부이다. 두 다리만으로는 설 수 없는 의자처럼, 3가지 구성 요소를 모두 갖추어야만 한다. 좀 더 자세히 살펴보자. 이 장에서는 3가지 구성 요소 중 가장 중요한 성인의 역할에 중점을 둘 것이다. 언스쿨링 가정에서 성인은 부모이며, 자유 학교에서는 교사, 코치 또는 기타 돌보는 사람 등이다. 이들은 아이가 필요로 하거나 원하는 것을 이용할 수 있도록 도와주는 사람으로 모두 성인에 해당한다. 부모는 출생부터 취학 연령까지 아이의 신체적, 정서적, 사회적 발달을 돕는 역할을 한다. 전통적으로 부모는 아이의 인지 발달을 학교와 교사에게 맡겼다. 하지만 부모가 여러 분야의 전문가가 되면서 가정에서 인지 발달을 촉진하는 역할을 맡게 되었다. 성인은 교육과정보다 더 중요하다. 많은 접촉이 원격으로 이루어지는 디지털 세상에서 실제 세계에서 더 많은 성인과 접촉하는 것이 아이들에게 더욱 중요해졌다. "특히 가장 소외되고 가장 어려운 학생일수록 학교에 자기 자리가 있다는 느낌, 학교에 있는 성인들과 연결되어 있다는 느낌, 누군가 자신의 편이라는 느낌을 받아야 한다."(Gavel, 2014)

성인은 실제로 무엇을 하는 것인가? 학습자가 정말 원하지 않는 한, 성인은 직접 가르치지 않는다. 성인은 촉진자의 역할을 한다. 성인은 아이와 함께 장을 보고, 도서관이나 현장 학습에 동행하며, 아이가 읽을 수 없을 때 대신 읽고 쓰고, 질문에 대답한다. 성인은 열정과 지식, 그리고 아이가 원할 때 더 많은 자료를 찾을 수 있는 능력을 제공한다. 0세부터 12세까지의 초기에는 성인이 감독자의 역할을 한다. 아동이 청소년기에 접어들고 일반적으로 스스로 자원에 접근할 수 있게 되면 촉진자는 멘토 역할을 더 많이 하게 된다. 가정 교육 규정에 따

라 성인은 아이의 교육을 제공할 책임이 있지만, 반드시 가르칠 필요
는 없다. 교육이 일어나도록 지원하는 일만 가능하다.

성인이 감독을 받을까?

일부 주에서는 법에 따라 공인 교사가 홈스쿨링의 성인과 아동을
감독하도록 규정하고 있다. 이 감독자는 촉진자, 학습 지도자, 가정
교육관리자 또는 코디네이터라고 부른다. 나는 "보고자"라는 용어를
선호하는데, 이는 이들의 기본 역할이 아동의 진행 상황을 정부에 보
고하는 것이기 때문이다. 가정 교육을 시작한 첫해에는 그들의 도움
과 지원이 필요했지만, 경험이 쌓이면서 우리 과정에 자신감이 생겼
고, 내 마음속에서는 그들의 역할이 보고자로 강등되었다.

다른 언스쿨링 부모들은 페이스북 그룹과 지원 블로그를 통해 또래
지원을 제공한다. 캐나다에서 교사는 가정 교육의 이해를 증진하는
공식적이고 의무적인 교육을 받지 않는다. 하지만 법에 따라 홈스쿨
링 가정을 감독할 수 있는 위치에 놓이게 된다. 교육 경험이 없는 교
사는 가정 교육자나 학습자를 평가할 수 없다. 교사나 정부가 가정 교
육을 감독할 필요는 없다.

성인은 가르치기보다 촉진한다.

"촉진하다(facilitate)"라는 단어는 "끌어내다(to draw from)"라는 단어
에서 유래한 것으로, 학습자가 답을 찾도록 유도하는 방식으로 질문
을 던진다는 의미이다. 촉진자는 "생각하는" 질문을 한다. 이를 통해
아이들은 스스로 학습할 힘을 얻게 된다(Nichols, 2000).

이는 가정 교육에서 교사가 필요하지 않은 이유를 잘 설명한다. 실

제로 프레이저 보고서에 따르면 부모가 고등학교 졸업장이 없는 경우에도 아이를 고등학교까지 가정에서 훌륭하게 교육하는 것으로 나타났다(Van Pelt, 2015). 부모는 가르치지 않기 때문에 모든 과목에 대한 전문 지식을 갖출 필요가 없다. 아이가 원하는 자료를 적절하게 안내하는 방법만 알면 된다. 교사는 학교에서 가장 훌륭한 존재이지만 대부분의 아이는 교사와의 시간이 충분하지 않다. 하지만 교사는 아이들이 원하든 원하지 않든 직접 지도해야 한다. 많은 아이가 스스로 문제를 해결하는 것을 좋아하며 교사는 학생이 준비되었을 때 학습을 지원하는 조력자 역할만 하면 된다.

'학교'라는 시스템은 교사에게도 강요된다.

나는 교사와 부모가 가장 고귀한 직업이라고 생각한다. 교사와 부모 모두 아이들을 진심으로 사랑하고 변화를 일으키려는 열망으로 자기 일에 헌신한다. 그들의 많은 일은 무급이고 보상받지 못하며, 특히 평가절하되지만, 아이 개인과 사회 전체를 위해서 매우 소중한 역할을 한다. 아이가 이해했을 때 그 순간을 사랑하지 않는 부모나 교사는 없을 것이다. 그것은 정말 기쁨의 순간이다!

특히 학부모, 학생, 교장, 관리자, 정부 모두를 만족시켜야 하는 교사들을 정말 존경한다. 나는 그 모든 것을 다 해낼 수 없었다. 그렇게 해내는 교사들에게 늘 놀라움을 느낀다. 30명의 아이를 하루 6시간씩, 일 년에 200일 동안 성공적으로 가르치는 것은 성인이 될 만한 가치가 있다.

교사는 하루 중 많은 시간을 아이들보다는 평가와 행정 업무에 사용한다. 교사들이 교육에 전념할 수 있도록 이러한 행정 업무 부담을 덜어야 한다.

정부가 새로운 교육과정이나 교수법을 의무화할 때, 교사들은 교실 문을 닫아걸고 늘 해오던 대로만 가르친다는 이야기를 가끔 들었다. 근거에 기반하지 않을 수도 있는 교육과정을 몇 년마다 대대적으로 바꾸기는 어렵다는 점에서 이해가 된다. 교사도 사람이다. 효과가 있는 것을 왜 엉망으로 만들겠는가?

배우기 싫어하는 아이들을 상대하는 일은 교사에게 매우 힘든 일이다. 학습에 참여하지 않는 학생은 학습 장애부터 어려운 가정생활 환경에 이르기까지 학습에 방해가 되는 여러 장애물을 경험할 수 있다. 학생은 자기 잘못이 아니더라도 정부에서 의무적으로 실시하는 프로그램에 참여하기 어려울 수 있다. 이러한 학생들에게 동기를 부여하는 방법을 찾는 것은 교사에게 큰 도전이다.

촉진자의 역할은 통제가 아니라 영향을 미치는 것이다. 동기 부여는 뒤따르는 것이다. 교사가 놀이나 학습 과제를 통제하려고 하지 않을 때 영향력을 발휘하고 영향을 준다. 아이나 성인은 자기가 통제당하고 있다고 느끼면 반항하며 참여하지 않으려는 경향이 더욱 강해진다.

내 아이들이 학교나 내가 가르치는 것을 받아들이지 않으면 나는 잠시 쉬었다. 넷째와 다섯째 아이가 태어났을 때는 할 일이 너무 많아서 더 이상 식탁 수업을 시도하지 않았다. 다섯째는 매우 활발하고 보살피기가 까다로웠다. 포대기 안에 안긴 까다로운 아기, 온순한 유아, 호기심 많은 유치원생, 홈스쿨링 중인 두 남자아이를 돌보는 일은 나에게 너무 힘들었다. 그런 일이 2년 동안 계속되었다. 그동안 나는 내가 "교사"가 아니더라도 얼마나 많은 학습이 계속 일어나는지 알아차리고, 관찰하고, 기록했다. 조력자로서 내 역할에 확고히 뿌리를 내린 아이들은 스스로 학습을 결정하고 스스로 지식을 많이 흡수하고 있었다.

학습자에게는 질문을 안내할 교사가 필요한가?

많은 이론가는 탐구 기반, 체험 또는 발견 학습이 효과적이지 않다고 주장한다. 키르슈너(Kirschner), 스웰러(Sweller), 클락(Clark)은 "*수업 중 최소한의 안내가 효과가 없는 이유(Why Minimal Guidance During Instruction Does Not Work)*"라는 글에서 학습자가 문제를 해결할 수 있는 충분한 배경지식을 가지고 있을 때만 발견 학습이 일어난다고 주장한다(Kirshner, 2006). 나는 이에 동의하지 않는다.

첫째, 저자들은 순수한 자유 학습인 언스쿨링에 관한 연구에 충분히 접근하지 않았다. 둘째, 현재 학교 기반의 탐구 학습은 언스쿨링과 전혀 다른 형태이기 때문이다. 언스쿨링은 학습자가 실제로 자유롭게 질문하고 스스로 답을 찾을 수 있는 것을 의미한다. 학교에서는 탐구 기반 접근법을 사용하는 학습자에게 어떤 주제를 탐구해야 하는지 미리 알려준다. 질문은 학습자가 주도적으로 시작하지 않기 때문에 답을 찾고자 하는 진정한 동기를 갖지 못할 수 있다. 누구의 질문인가? 학생의 질문이 아니다.

교육이론은 언스쿨링 학생을 대상으로 한 것이 아니다. 위에 언급된 저자들도 비제도권 교육을 받은 학습자를 대상으로 연구를 수행한 것이 아니다. 이는 마치 동물원에 갇혀 있는 동물 연구와 매우 흡사하다. 동물원에서 동물을 연구하는 것은 야생 상태에서 동물을 연구하는 것과 큰 차이가 있다. 다른 사람이 선택한 것에 대한 '강력한 질문을 던지도록' 강요당하는 학교에서 공부하는 아이들과 자신의 호기심에서 나오는 강력한 질문을 던지는 가정에서 공부하는 아이들은 매우 다르다. 전자의 경우 학생은 답에 신경 쓰지 않지만, 후자의 경우 답을 찾으려는 학생의 열정을 막을 수 없다.

이것이 바로 캐나다의 수학 점수가 떨어지는 이유이다. 학교의 모든 수학은 탐구 기반이다. 학교의 학생들은 같은 결론에 도달하기 위해 다섯 가지 방법으로 문제를 풀어야 한다. 얼마나 혼란스러운가! 문제들은 자신들의 것이 아니다. 수학 문제가 인위적이기 때문에 아이들은 답을 알아내는 데 관심이 없다. 어떤 아이도 딕이 왜 소풍날에 물병 30개를 가져오는지 알고 싶어 하지 않는다. 내 13살 아들이 말했다. "아무도 소풍날에 물을 가져오지 않아요!" 아이들이 당신을 찾아와 저금한 80달러로 55달러짜리 비디오 게임과 15달러짜리 스킨(캐릭터 디자인) 3개를 추가로 살 수 있는지 알고 싶어 할 때, 아이들은 그 수학 문제를 해결할 수 있는 신뢰할만한 방법을 하나 이상 찾고자 하는 동기를 갖게 된다. 하나의 방법, 하나의 답. 실제 시나리오에서 아이들은 답을 찾을 것이다.

내 아이들이 처음 수학 개념을 놀이로 배울 때 나는 아이들이 빵굽기를 통해 분수를, 쇼핑을 통해 소수를, 비디오 게임을 통해 백분율을 배우는 것을 관찰했다. 아이들은 처음 7학년까지는 필요한 모든 수학을 머릿속으로 익혔다. 8학년이 되어서는 등가 분수의 덧셈을 배우기 위해 직접적인 지도가 필요했다. 그러나 분수를 정신적으로 더하는 방법을 배웠기 때문에 개념에 대한 직관적인 느낌이 살아있었다.

흔히 하는 질문은 "아이들이 아무것도 하지 않게 그냥 두는 부모는 어떤가?"이다.

나는 아이가 무언가를 배우고자 하는 욕구를 촉진하는 데 관심이 없었고, 아이의 교육 여부는 내 결정이 아니라고 생각했던 때가 있었다는 말을 꼭 해야겠다. 아이는 나에게 자료를 찾아달라고 떼를 썼고, 내가 나서지 않자 결국 스스로 찾아내곤 했다. 향후 대학 공부를 위한 훌륭한 연습이 되었다! 우리는 우리가 지식의 출입 통제자라고 생각하지만 그렇지 않다. 우리가 원할 때 우리는 조력자다. 하지만 우리가 조력하지 않을 때도, 어떤 장애물이 있더라도 우리 아이들은 알고 싶은 것을 반드시 알아낼 것이다. 우리가 누군가의 학습을 막을 수 있다고 생각한다면 그것은 오만이다. 그럴 수는 없다.

성인은 실제로 무엇을 하는가?

질문에 답하기. 아이가 질문을 할 때는 사실을 바탕으로 대답하고, 답을 모를 때는 함께 찾아보거나 책, 영화, 컴퓨터 게임, 전문가 등 다른 자료를 제시해야 한다. 때때로 이러한 질문은 불편한 시기에 나올 수 있다. 함께 실행하라. 한 엄마가 나에게 "지난주에 언스쿨링을 시작했어요. 내 홈스쿨링 중 가장 힘든 한 주였어요. 이것저것 찾아보고 여기저기 돌아다니느라 보통 앉아서 공부하는 하루 한 시간보다 훨씬 더 오래 걸렸어요!"라고 말했다.

질문하기. 세상에 흥미로운 관심을 가지고 당신이 관찰하고 발견한 것을 공유하라. 때로는 아이의 흥미를 자극할 수도 있다. 때로는 무미건조할 수도 있지만 괜찮다. 그냥 놔두라.

듣기. 아이가 통찰력, 이야기, 경험 등 무언가를 공유할 때 주의 깊게 들어라.

멘토 찾기. 아이가 관심 있는 직종에 종사하는 지인을 아이와 연결해 줄 수 있다. 그들은 워크숍이나 직업 체험을 제안할 수도 있다.

프로젝트 돕기. 아이들은 우리가 모든 것을 어디에 보관하는지 모르기 때문에 집안에서 물건을 찾을 수 있도록 도와주어야 한다. 만약 집에 없는 물건이 있으면 재정과 실행계획을 동원해 아이들이 구할 수 있도록 도우라.

튜터 채용하기. 부모보다 더 전문 지식을 가진 고학년 전담 튜터를 찾아서 채용하라.

물품 구매하기. 성인들은 돈이 있다. 아이들은 그렇지 않다. 성인은 운전할 수 있다. 아이들은 하지 못한다. 어린 10대 아들이 오래된 가전제품을 분해하고 싶다고 했을 때, 나는 자동차 열쇠를 들고 "보러 가자"라고 말했다. 우리는 정기적으로 재활용 수거 센터에 가거나 굿윌에서 저렴한 가전제품을 구매했다. 나는 소셜 미디어 그룹에 기부를 요청하는 글을 올렸다. 나는 조력자로서 그가 필요한 자원을 얻을 수 있도록 도울 수 있었다.

"프로그램" 관리하기. 성인은 정부의 가정 교육 행정 요건을 처리한다. 그들이 정부 규정을 준수하도록 교육 계획과 평가를 제공할 필요가 있다.

사물 노출하기. 이 방법은 '흩뿌리기'라고 한다. 아이들이 탐색하고, 읽고, 가지고 놀 수 있는 흥미로운 물건을 테이블, 카펫 또는 차 안에 놓아두라. 게임, 퍼즐, 책, 장난감, 키트, 실험 도구 등을 소개하라. 아이들은 선반에 있는 패턴 블록 상자를 내려놓고 놀지 않는다. 하지만 내가 상자를 내려놓고 테이블 위에 블록을 펼쳐놓으면 각각 다른 것을 손에 집어 들고 방으로 뛰어들어가 즉시 조립을 시작한다. 아이들이 흥미를 느끼지 못하면 그냥 놔두어도 괜찮다.

현장 학습에 데려가기. 도시를 탐험하고 극장, 갤러리, 박물관, 동물원, 과학관, 스포츠 이벤트, 레스토랑, 쇼를 관람하며 다양한 사람들을 만나보라.

여행하기. 언제나 훌륭한 학습 경험이 된다.

낯선 사람과 대화하기. 줄 서는 사람, 버스 안 등 모든 장소에서 만나는 사람들은 매우 흥미롭다. 부모가 낯선 사람과 대화하는 모습을 본 아이들은 세상은 놀라운 이야기를 가진 매력적인 사람들로 가득하며, 대부분의 사람은 개방적이고 신뢰할 수 있다는 사실을 알게 된다.

자연으로 돌아가기. 아이들과 함께 밖으로 나가라. 대부분의 아이는 성인이 나가서 함께 놀자고 제안하기 전까지는 밖에 나가기를 싫어한다. 밖에서 논 아이들은 너무 재미있어서 다시 안으로 들어갈 수 없다!

역할 조직하기. 집안일, 요리, 정원 가꾸기, 퇴비 만들기, 수리 등 집 안의 일상적인 성인 생활에 아이들을 참여시켜라.

인내심 갖기. 우리는 당장 결과를 볼 수 없을 것이다. 학습이 재미있고 다양한 방법으로 항상 수행할 수 있다는 것을 깨닫게 되면 시간이 지남에 따라 아이의 변화가 일어날 것이다. 아이가 공부하거나 책을 읽거나 글을 쓰고 싶어 하지 않는다고 좌절감을 느낄 수도 있다. 대신 음악을 듣게 하거나, 흉내 내는 게임을 하거나, 만화책을 읽거나, 밖에서 놀게 하라. 아이가 하고 싶은 것이 무엇이든 하게 하라.

신뢰하기. 이것은 매우 어려운 일이나 성공적인 촉진의 핵심이다. 자기 주도 학습의 힘을 믿어야 한다.

성인은 완벽하지 않다.

언스쿨링 부모들은 완벽하지 않다. 그래도 괜찮다! 사람들은 종종 "당신은 정말 용감한 사람이에요. 나라면 언스쿨링을 할 인내심이 없었을 거예요."라고 말한다. 나는 "나도 옆집 부모처럼 아이들에게 소리를 지릅니다!"라고 대답하고 싶다.

우리는 엘리트주의자가 아니다. 뉴스에서 홈스쿨링 학생들이 하버드 대학에 입학하거나 철자 대회에서 우승했다는 소식을 자주 듣게 된다. 그럴 수도 있고 아닐 수도 있다. 우리 대부분은 매우 평범한 사람들이다. 내가 참석했던 홈스쿨링 집단에는 7살에 바이올린 페스티벌에서 우승한 아이와 9살에 반지의 제왕을 읽은 아이도 있었다. 내 두 아이는 가게 한 귀퉁이에서 액션 피규어를 들고 "죽어, 죽어, 죽어!"라고 외치고 있었다. 사실 그날 아이들이 서로 친절하게 도와주고 예의 바르게 행동했으면 나는 점원에게 "네, 우리는 언스쿨링을 해요."라고 말했을 것이다. 만약 아이들이 악동처럼 행동했다면, 나는 그날이 교사연수일(하루 휴교)이라고 말했을 것이다!

나는 여러 영감을 주는 교육 세미나에서 참가자들에게 다음과 같은 질문을 던진 적이 있다.

"최악의 학습(교육) 경험은 무엇이었는가?"

참가자들은 다음과 같이 대답했다: 교사는 부적절하고, 성미가 급하고, 지루하고, 지식이 부족하고, 유머 감각이 없고, 이해 수준이 낮고, 열정이 없고, 에너지가 없고, 거만하고, 편애하고, 어쩔 수 없어 가르치고, 이기심이 강하고, 위협하고 벌을 준다. 나는 학생들 앞에 서 있는 것이 부끄러웠다.

"가장 기억에 남는 학습(교육) 경험은 무엇이었는가?"

그들은 다음과 같이 대답했다: 교사는 영감을 주고, 겸손하고, 재미있고, 우리를 믿고, 우리가 이해했는지 관심을 보이고, 학습을 돕기 위해 시간을 할애하고, 유머 감각이 있고, 진실하고, 유연하고, 자신이 하는 일을 즐기고, 비판적이지 않고, 학습자와 소통하고, 집단이 알고 있다고 믿고, 질문하고, 배우기 위해 실수를 허용하고, 지식이 많고, 매력적이며, 베풂을 실천한다(Friesen, 2009).

아이들은 언제나, 부모든 교사이든 학습을 도와주는 성인이 필요하다. 위의 긍정적인 특성을 모방하면 학습자는 배우는 것을 좋아하게 될 것이다. 하지만 나쁜 날에 자책하지 마라!

흩뿌리기

인간은 서로에게서 배운다. 인간이 환경에 적응해 온 방식이다. 그러므로 인간은 가르치기 힘든 존재이다. 양육의 모든 일은 가르치는 일이다. 아이들은 그대로 따라서 한다. 할아버지가 손자에게 물고기 낚는 법을 가르치거나 할머니가 손녀에게 뜨개질을 가르치는 것을 지켜보라. 그들은 인내심을 갖고 나이에 맞는 언어를 사용하며 질문에 대답한다. 우리는 타고난 교사다.

흔히 묻는 질문 중 하나는 "노출은 어떻게 하나요?"이다. 언스쿨링 아이들은 '노출이 안 된' 상태가 아니다. 노출이란 아이의 관심을 끌 수 있는지 알아보기 위해 물건을 주위에 흩트려 놓는 것을 말한다. 그렇게 하면 아이는 질문하고, 그 물건을 원래 의도한 대로, 어쩌면 완전히 새로운 방식으로 사용할 것이다. 별 반응이 없어도 그것을 그대로 두었다가 방을 정리할 때 다시 치우면 된다. 부모는 아이를 초대해 교향곡이나 연극을 소개한다. 아이들에게 노출되지 않기를 바라는 것들이 많지만 결국 우연히 발견하게 될 것이다. 인터넷에 쉽게 접근하기 때문에 노출 부족은 결코 문제가 되지 않는다.

언스쿨링 부모는 집 밖에서 일할 수 있는가?

물론이다. 실제로 많은 부모가 아르바이트나 재택근무, 또는 갓 태어난 아기를 돌보는 일을 하게 되면 삶의 다른 부분에 에너지를 쏟게 되어 아이의 학습 관리에 더 집중할 수 있다고 생각한다.

나는 언스쿨링을 하는 동안 아르바이트를 했는데 정말 도움이 되었다. 시간제 근무의 유일한 단점은 학령기 아이를 돌봐줄 사람을 찾는 것이었다. 만 12세 미만의 아이는 아이의 성숙도와 문제 해결 능력에 따라 성인의 감독이 필요하다. 나는 베이비시터 협동조합에 소속되어 있어서 도움이 되었지만, 아이들은 항상 어린이집에 가서 아이들과 놀고 싶어 하지 않았다. 보모들은 텔레비전 외에는 학령기 아이들을 즐겁게 해줄 방법을 몰라서, 아이들이 스스로 놀도록 내버려 두는 일도 불편해했다. 우리는 베이비시터 협동조합을 이용하는 것 외에 홈스쿨링 10대를 채용하여 집에서 감독하는 등 최선을 다해 육아를 해결했다. 아이들은 대부분 즐겁게 놀았고 스스로 학습을 지속했다. 하루가 끝나면 청소해야 할 엉망진창인 상황이 있었으나 그만한 가치가 있었다.

나는 전일제 일이 더 힘든 것을 알았다. 그렇게 하면서 아이들에게 촉진자의 역할을 할 수 없었다. 가끔 5일 연속으로 강의에 참석해야 할 때는 식사 준비, 빨래, 뒷정리가 정말 힘들었다. 전업주부인 부모들이 아이들을 학교에 보내는 이유를 알 수 있었다. 그들은 아이가 집에 불을 지르거나 도로로 뛰쳐나가지 않는다는 사실을 알고 있어서 마음에 평안을 느낄 것이다.

나는 어린아이들을 돌보는 데 큰아이들에게 많이 의존했다. 그들에게는 유급 직업이었다. 다른 집안일은 유급이 아니었으나 육아는 유급이었다. 왜냐하면 아이들이 성실하고 높은 수준으로 보살피는 일을 해야 했기 때문이다. 하지만 한 가지 더 추가한 사실이 있다. 보호자인 형과 보호를 받는 동생에게 모두 급여를 지급하여 두 사람 간의 협력을 장려했다. 한쪽에 더 많은 권한을 부여하지 않았다는 점에서 효과가 있었다. 그들은 한 팀이었다!

아이들이 나이가 들어 독학이나 온라인 강좌를 통해 좀 더 공식적인 학습을 시작하면서는 그들이 독립적인 학습에 익숙해졌기 때문에 나는 쉽게 집 밖으로 나가 일을 할 수 있었다.

부모는 몇 살부터 촉진자 역할을 그만두어야 하는가?

나는 아이가 스스로 해야 할 일을 알아서 대신해주는 헬리콥터 부모가 되고 싶지 않다. 아이의 역량이 성장함에 따라 서서히 놓아주어야 한다. 이 책의 4부에는 나이와 발달, 역량에 대한 장이 마련되어 있다. 13세부터 18세까지의 청소년기에는 아이가 스스로 몇 가지 관리 업무를 하기 시작한다. 이 시기는 양육의 마지막 3분의 1을 차지하므로 이양하기 시작해야 한다! 예를 들어, 15세가 되면 아이는 스스로 병원 예약을 할 수 있어야 한다. 부모는 왜 아직도 그렇게 하고 있는지 자문해볼 수 있다. 자신이 필요하다고 느끼기 때문인가? 책임을 내려놓는다는 의미는 아이를 덜 사랑한다는 것이 아니다. 필요한 존재로 느껴지려는 욕구보다 아이의 성장을 우선한다는 뜻이다.

부모는 아이에게 무엇이 필요한지 예측하고 얼마나 능동적으로 대처해야 하는가? 나는 그냥 기다렸다. 아이들은 자신에게 필요한 것이 있으면 나에게 요청했다. 어쨌든 아이가 다섯 명이 되다 보니 예상할 수 없었다. 아이들이 내 관심을 끌기 위해서는 꽤 목소리를 높여야 했다! 나는 특히 아이들이 독립하여 외지로 나가 살게 되었을 때 필요한 것을 스스로 찾도록 정말 격려하고 싶었다. 대부분의 경우에 아이들은 자원 능력이 뛰어나고 자립적인 모습을 보여주었다.

아이들이 항상 홈스쿨링 부모의 말을 듣지 않는 이유

학교 환경에서는 권위주의 교육이 효과적이지만 가정에서는 그렇지 않다. 교사는 크리스마스 이후까지 교실에서 웃지 말라는 지시를 받는다. 학생들은 누가 상사인지를 배우고 교사는 자신의 권위를 확립한다. 그러나 이러한 것은 가정환경에서 작동하지 않는다.

2004년 1월 30일, 캐나다 대법원은 역사적인 판결을 통해 가정에서 체벌은 계속 허용하되 학교에서는 체벌을 금지하는 형법 제43조의 결정을 유지했다. 이 판결은 학교에서 교사-학생 관계는 가정에서 부모‒아이 관계와 근본적으로 다르다는 점을 강조했다. 부모와 아이의 관계는 독특하다. 이는 가정 교육을 하는 모든 가정에서 증명한다. 이 표현은 내 후원 집단과 워크숍에 참여한 수천 명의 가정 교육 부모들이 표현한 감정을 적절히 반영한다. 아이가 학교를 중퇴하고 가정 교육을 하게 되면 안전하고 '익숙한' 환경으로 되돌아온다. 가정은 자신이 사랑하고 자신을 사랑하는 사람들과 자신의 감정, 좋아하는 것, 싫어하는 것, 관심사를 자유롭게 표현할 수 있는 곳이다.

부모가 아이에게 특정 교육과정을 강요하여 학교의 권위주의를 모방하려고 하면 결국 권력 투쟁, 싸움, 대립, 눈물을 흘리게 된다. 나 또한 "체계적인 학교를 가정에서 모방하는 홈스쿨링"을 시도한 첫해에 이런 일들을 모두 겪었다. 부모와 교사라는 두 가지 다른 역할을 동시에 수행하기는 매우 어렵다. 아이들은 이 두 역할을 구분하지 않으며, 가족들도 그렇게 하지 말아야 한다.

학교 교육과 가정 교육의 가장 큰 차이점은 관계에 대한 두려움이 없다는 것이다. 아이와 부모 모두 안전하다고 느낄 수 있다. 아이가 "난 과학이 싫어!"라고 소리쳐도 내일도 여전히 사랑받는다는 것을 안다. 아이는 칠판에 적힌 복잡한 수학 문제를 풀라고 해도 또래 친구들 앞에서처럼 창피해하지 않는다. 그러므로 가정에서는 "교사의 권위"가 통하지 않는다.

특히 어려웠던 어느 날, 나는 두 아들에게 긴 나눗셈을 가르치려고 했다. 두 아들은 10살과 11살 형제들이 그러하듯이 아찔한 표정을 짓고 있었다. 8살 된 누나가 4살 된 동생을 놀리자 울기 시작했다. 아기는 품에 안겨서 젖을 달라고 울부짖고 있었다. 나는 좌절하며 때로는 이성을 잃은 대부분의 홈스쿨링 부모처럼 아이들을 학교에 보내겠다고 협박했다. 적어도 그때는 내가 방과 후에 우유와 쿠키를 주는 사랑스러운 엄마가 되고, 학교 교사가 아이들에게 긴 나눗셈을 가르쳐야 하는 "나쁜 사람"이 될 수 있었으니까! 분명 학교 교사는 이보다 더 존경받는 존재였을 것이다! 아이들은 울기 시작했다. 다음 날, 나는 아이들의 수학 문제집에서 "수학 짜증"이라는 낙서를 발견했다. 정말 참담했다! 그러나 나 혼자가 아니라는 점을 깨달았다. 온라인 홈스쿨링 포럼에서 많은 부모가 같은 감정을 토로하는 사실을 알게 되었다. 아이들은 준비되지 않았거나 교재에 흥미를 느끼지 못해 주저하며, 부모들은 정부의 성과 기준을 충족시켜야 한다는 압박 속에서 좌절과 분노에 빠진다는 것을 말해주었다.

언스쿨링을 통해 우리는 긴장을 풀었다. 더 이상 감독자나 정부와의 문제로부터 아이들에게 학습을 강제하거나 결과물을 얻으려고 싸워야 할 필요가 없었다.

언스쿨링을 통해 우리 가정은 훨씬 더 사랑스럽고 재미있고 편안해졌다.

교육 스타일과 육아 스타일

나는 가정 교육의 교육 스타일이 가정의 양육 스타일과 매우 밀접하게 연관되어 있으며, 학교의 교사-학생 관계와 근본적으로 다르다는 결론에 도달했다. 부모 교육 프로그램에서는 협력적인 양육 스타일에서 부모가 거의 통제할 수 없는 네 가지 영역, 즉 식사, 수면, 배변 훈련, 학습이 있다는 사실을 부모들에게 가르친다. 부모의 역할은 이러한 행동이 일어날 수 있는 환경을 조성하는 것이다. 그러나 강압적인 강요는 피하는 것이 좋다. 협력적인 양육 스타일은 권위주의적 양육 스타일이나 허용적 양육 스타일보다 아이의 정서적, 신체적, 인지적 발달에 더 긍정적인 영향을 미친다는 연구 결과가 있다(Gordon, 2000). 협력적인 양육 스타일은 부모와 아이 모두의 요구를 충족시키는 반면, 권위주의적 양육 스타일은 부모의 요구만을 우선시한다.

부모와 아이 관계의 대가는 무엇인가? 영감 교육의 발표자인 마크 아니엘스키(Mark Anielski, 2009)는 "성공은 경제적인 것이 아니라 지속적인 행복과 웰빙이다. 우리 아이들의 교육 시스템에 이것은 실제로 어떻게 반영되고 있는가?"라고 말했다. 여러 연구에 따르면, 우리 사회에서 우리가 가장 중요하게 여기는 것은 관계다. 우리가 가장 소중하게 여기는 것은 가족이다. 우리는 진정으로 가치 있는 것을 가르치고 있는가?

언스쿨링은 방임 양육이 아니다.

급진적인 언스쿨링은 아동 주도 교육 방식을 육아 영역으로 가져온 것이다. 많은 급진적 언스쿨링 가정은 어떤 종류의 규칙과 구조도 거부하며, 자신의 가정에는 규칙이 없다고 주장한다. 그러나 실제로는 규칙이 있든 없든 누구나 어떤 형태의 규칙을 가지고 있다.

언스쿨링이란 부모나 돌보는 성인이 항상 아이 곁에서 세심한 주의를 기울이는 것이다. 방임 양육은 부모가 아이를 혼자 놔두고 스스로 돌보게 하는 방치 상황을 말한다. 그러나 언스쿨링의 경우 부모는 관여하여 아이와 함께 시간을 보내며 주의를 기울인다. 실제로 부모와 아이의 일대일 비율은 어떤 학교보다 더 깊은 관심을 제공한다.

때때로 미디어에서는 언스쿨링 교육을 방임이며 거의 학대에 가까운 양육 스타일로 묘사하여 비판한다. 미디어는 아이들이 난폭하게 달리거나 막대로 서로 싸우는 모습을 보여주는 이야기를 구성하여 시청자에게 아이들에게 지도, 제한 또는 구조가 없는 것처럼 언스쿨링을 오해하도록 유도한다. 이는 사실과는 전혀 다르다. 미디어는 종종 편향된 시각으로 언스쿨링을 부정적으로 묘사하는 경향이 있다.

가족만 다른 것이 아니라 아이들도 다르다. 기질은 타고난 것으로, 어떤 아이들은 배우고 싶은 내용과 방법을 단호하게 선택하는 반면 어떤 아이들은 어떤 교육이 주어지든 받아들인다. 아이와 부모의 기질이 잘 맞아야 한다. 급한 성격을 가진 부모가 활기찬 아이를 직접 가르치려고 하면 힘겨루기가 발생할 수 있다. 이처럼 육아에는 다양한 스타일이 있으며 가족 간의 조화가 중요하다.

급진적이든 교육적이든, 언스쿨링은 모든 가정에 적합할 수 있다. 중요한 것은 부모의 기질과 아이의 성향에 맞는 적절한 방식을 찾는 것이다. 모든 가족 구성원이 효과적으로 협력하며 만족한다면, 그것이 최상의 결과이다!

양육 스타일의 축

양육 스타일은 부모가 아이에게 대부분의 시간(약 70%)을 일관되게 행동하는 방식이라고 정의한다. 부모는 아플 때, 스트레스를 받을 때, 결근할 때, 휴가 중일 때와 같이 상황에 따라 양육 스타일이 일부 변할 수 있다. 또한 아이가 아프거나 휴가 중일 때 또는 기타 비정상적인 상황에서도 일시적으로 스타일이 변할 수 있다.

육아 스타일은 건강한 아이 양육에 필요한 두 가지 요소, 즉 양육과 구조 사이에서 연속성을 가지고 있다.

다음에서 다양한 양육 스타일을 설명한다. 여러 출처의 연구에 따르면 대부분 경우에 권위적 또는 협력적 스타일을 실천하는 것이 아이에게 최적의 결과를 가져다주는 것으로 나타났다. 권위주의적, 방종적, 방임적 스타일은 더 나쁜 결과와 관련이 있다. 처벌이 적은 스타일일수록 아이에게 더 이롭다는 연구 결과가 있다(NLSCY, 2004)(Arnall, 2013, 2014)(Baumrind, 1971).

권위주의적 양육 스타일: "내 방식 아니면 고속도로"

부모가 대부분의 결정을 내리고 아이의 의견을 거의 고려하지 않고 목표를 설정한다. 부모의 요구가 가장 중요하다.

권위적인 양육 스타일: "너는 의견을 낼 수 있지만, 결정은 내가 한다"

부모가 대부분의 결정을 내리고 목표와 규칙을 정하되 아이의 의견을 고려한다. 부모와 아이의 욕구는 똑같이 중요하며, 대부분 경우에 노력하는 협력을 통해 결정을 내린다. 그러나 갈등이 생길 때는 부모의 욕구가 우선한다.

협력적 육아 스타일: "함께 상생할 수 있는 해결책을 찾자"

협력적 육아는 아이의 의견, 감정, 나이에 맞는 결정을 위해 노력한다. 부모는 양육의 권한을 아이에게 넘기지 않지만, 아이가 성장함에 따라 자유를 늘려간다. 부모와 아이의 욕구는 똑같이 중요하며, 규칙을 정하고 안전을 위한 구조를 제공하면서도 자유로운 환경을 유지한다. 문제 발생 시 처벌보다 문제 해결에 중점을 둔다. 이러한 양육 스타일은 오늘날 많은 주요 CEO의 가정에서 두드러지게 나타난다 (Alter, 2016).

관대한(허용적인) 양육 스타일: "어쩔 수 없다"

부모는 아이에게 많은 것을 주며 아이의 일부 역할을 대신한다. 아이를 불편한 경험으로부터 보호하려는 의도가 있지만, 너무 많은 관여로 이어지기도 한다. 이러한 육아 스타일은 "헬리콥터" 또는 "제설기" 육아로도 알려져 있다.

무관여 양육 스타일: "내 문제가 아니야"

이 스타일은 아이로부터 존중이나 기여를 요구하지 않는다. 부모의 관여가 적으며 아이의 삶에서 떨어져 있다. 부모는 아이에게 지시나 감독을 거의 하지 않는다.

개인적으로 나는 구조보다 양육이 더 중요하다고 생각한다. 외부 세계는 사회, 직장, 학교에서 법과 규칙의 형태로 많은 구조를 제공한다. 교사, 코치, 확장된 가족, 친구들도 마찬가지이다. 그러나 오직 가족과 가까운 친구들만이 꾸준히 양육, 경청, 위로, 반응성을 제공할 수 있다. 본질적으로 이는 무조건적인 사랑이다. 주의 깊은 성인 한 명이 제공하는 양육만으로도 대부분의 유독한 스트레스를 예방할 수 있으며, 불우한 어린 시절 경험이 발생할 때 회복력을 제공한다.

부모는 대부분 권위적이고 협력적인 양육 스타일(다음 그림의 오른쪽 위 사분면)을 추구하는 것이 이상적이다. 이 영역에는 높은 수준의 구조와 양육이 포함된다. 항상 이 영역에 속하기는 어렵지만, 부모가 70%의 시간 동안 이 영역을 목표로 노력한다면 뛰어난 양육을 하고 있다고 볼 수 있다(Arnall, 2014).

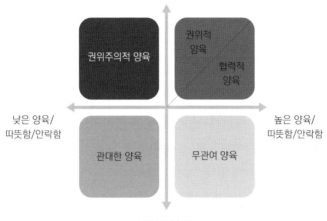

양육 스타일의 축

높은 기대/구조

권위주의적 양육

권위적 양육

협력적 양육

낮은 양육/따뜻함/안락함

높은 양육/따뜻함/안락함

관대한 양육

무관여 양육

낮은 기대/구조

The Parenting Style Axis(Arnall, 2014)

양육, 따뜻함, 안락함

구조가 아이의 다친 무릎에 붕대를 감는 것과 같다면, 양육은 더 나은 무릎을 만들기 위한 키스라고 할 수 있다! 1950년대에 시작된 연구, 특히 존 보울비(John Bowlby)와 메리 에인스워스(Mary Ainsworth)가 수행한 연구는 부모와 아이의 관계에서 애착, 따뜻함, 양육, 안락함의 중요성을 출생부터 끝없이 입증해 왔다(Bowlby, 1988). 부모가 양육 행동을 보여주는 몇 가지 방법은 다음과 같다.

- 친절하고 격려하는 말, 위로, 배려, 관심을 통해 무조건적 사랑을 표현한다.
- 경청하고 감정적인 확인을 제공한다.
- 포옹, 토닥임, 껴안기, 키스, 쓰다듬기 등 비언어적 접촉을 제공한다.
- 어떤 형태의 정서적 또는 신체적 처벌 없이 육아 문제를 해결한다.

기대치와 구조

누구나 가족 구성원에게서 말하거나 말하지 않는 기대가 있다. 우리 가정에서 기대하는 한 가지 예시는 우리가 잠자리에 들고 한참 후, 10대 아이들이 잠자리에 들 때 불을 끄는 일이다. 언스쿨링 부모는 교육과 학습을 중요하게 생각하지만 학교와 체계를 중요하게 생각하지 않는다. 대부분 아이가 필요할 때 지식을 찾을 것으로 기대한다.

기대치는 나이에 적합하게 설정되어야 하며 아이의 성격, 성별, 기질에 맞게 조절되어야 한다. 부모가 아동 발달에 대한 지식을 바탕으로 아이에게 사회적, 정서적, 인지적, 신체적인 측면에서 무엇을 기대해야 하는지 이해하면 도움이 된다. 17살 딸이 "대학에 가지 않는 것이 선택지가 될 줄은 몰랐어요. 사회, 부모, 그리고 다른 사람들의 기대는 항상 있었어요."라고 말한 적이 있다. 물론 딸에게는 많은 선택이 있었지만 우리는 선입견이 가득한 세상에 살고 있다는 사실을 인식해야 한다.

심지어 10대에도 부모의 지도, 조언, 지시, 멘토링, 감독, 아이의 행동 모니터링과 같은 구조적 지원이 필요하다. 다음은 모두 구조적 지원의 예시다.

- 신체적, 사회적, 학업적, 정서적 필요를 충족한다.
- 교육을 제공하거나 촉진한다.
- 아이와 나이에 적합한 결정을 내리고 안전한 환경을 조성한다.
- 삶의 상황을 안내하고 코칭, 멘토링, 교육을 제공한다.
- 협업적 문제 해결 방법을 사용하여 갈등을 해결한다.
- 가족 규칙과 제한을 함께 결정한다.
- 일정, 의식, 축하 행사를 함께 의논한다.

- 감독과 모니터링을 제공한다.
- 나이에 맞는 합리적인 행동 기대치를 설정한다.
- 나쁜 행동을 무시하지 않고 해결한다.
- 책임 있는 시민 의식과 관계 기술을 본받는다.
- 아이가 자기 잠재력을 개발할 수 있도록 기대한다.

권위주의적인 접근 방식은 교실에서 유용할 수 있으나 홈스쿨링 환경에서는 효과적이지 않을 수 있다. 권위주의적인 부모가 아이에게 교육 시스템을 따르도록 강요하기는 비교적 쉽지만, 아이에게 흥미 없거나 준비되지 않은 내용을 강요하는 것은 부정적인 영향을 미칠 수 있다. 아이가 준비되지 않은 내용을 학습하도록 강요하면 자신감 상실과 정서적인 문제가 생길 수 있다. 어떤 홈스쿨링 부모는 다음과 같이 이야기한다. "아들이 다니는 학교는 아들의 단점을 문제로 보고 강점은 무시하고 약점만 가르치려 했다. 아들은 자신을 그들처럼 보게 되었고, 이는 그들의 방식대로 성공해야 한다는 압박으로 이어졌다."

공동 육아를 지향하는 부모는 자신의 육아 철학에 맞는 가정 교육 스타일을 선택하여 부모와 아이 간의 유대감을 형성할 수 있다. 언스쿨링은 협력적 육아 스타일에 잘 어울리는 교육철학 중 하나다.

학업 성적 압박

우리는 정부가 홈스쿨링 부모에게 학습 성과, 과목, 방법을 강요하며 아이의 의지에 반하는 좌식 학습을 강조할 것이라는 점을 크게 우려한다. 공립학교에서는 교사들이 아이들을 격려하지만, 아이들이 감당할 수 없는 과목을 억지로 밀어붙이지 않는다. 정부는 홈스쿨링 학생에게 공립학교 학생보다 더 높은 기준을 요구할 수 없다. 감독하는 학교가 부모에게 특정 양육 방식을 지시해서는 안 되며, 부모나 아이에게 아이가 관심 없는 과목을 공부하거나 채택하도록 압력을 가해서도 안 된다. 이것은 아이에게 효과가 없는 가정 교육 방식이다. 만약 부모가 아이를 강하게 압박하여 배운 내용을 기억하게 할 경우라면 아이는 발달상 학습할 준비가 되어 있지 않을 것이다. 국가는 아이를 가장 잘 이해하는 부모의 자율성을 존중해야 한다.

홈스쿨링 포럼에서 한 엄마는 다음과 같이 말했다. "홈스쿨링을 시작한 첫 8개월 동안 아이들에게 강의하면서 아이의 주의를 집중시키기 위해 생각할 수 있는 모든 훈육 방법을 다 사용했다. 그러나 별다른 성공을 거두지 못했다... 이후 강의를 중단하고 아이와 함께 흥미를 느끼는 분야를 탐구하기 시작했다. 이 과정에서 교육과정은 학습을 위한 여러 도구 중 하나에 불과한 것을 깨달았다. 학습량에서 일어난 변화는 놀라웠다. 하지만 이것은 우리의 관계 개선에 비하면 아무것도 아니었다. 아이를 끊임없이 개선해야 하는 피조물이 아니라 인생의 길을 함께 가는 동료 여행자로 바라보는 방법을 배우려면 진정한 노력이 필요하다."

양육과 교육에 관한 근거 없는 8가지 신화

지난 20년 동안 육아 수업에서 자주 등장하는 육아와 교육에 관한 몇 가지 신화가 있다. 이러한 속설이 전 세계적으로 얼마나 널리 퍼져 있는지 늘 놀라고는 했다. 이러한 속설을 뒷받침하는 연구는 거의 없지만, 세대를 거치면서 이러한 신화는 계속되는 경향이 있다.

1. 나쁜 습관은 평생 지속된다.

친척이나 친구로부터 "아기를 침대에 함께 재우면 나쁜 습관이 생겨 아기가 절대 침대를 떠나지 않을 것이니 재우고 싶지 않다!"라는 말을 한 번쯤은 들어보았을 것이다. 그렇다면 아기가 기저귀에 너무 익숙해져 변기 사용법을 배우지 못할까 봐 기저귀를 채우지 말아야 하는가? 절대 그렇지 않다. 이런 식의 극단적인 생각은 현실적이지 않다. 실제로 아이들은 새로운 것을 배워나가며 성장하고 발전한다. 아이가 나쁜 습관을 깨기 위해서는 며칠의 노력만으로도 충분하다. 습관을 형성하는 데에는 성인의 경우에도 21일 정도의 시간이 걸린다. 그러므로 지금 효과적인 것을 실천하라. 아이나 성인 모두에게 변화의 기회를 주어 더 나은 방향으로 나아갈 수 있도록 해야 한다.

2. 아이는 만 3세까지 충동 조절 능력이 있어야 하므로 성인의 말을 "경청"해야 한다.

아니다, 만 3세까지는 충동 조절 능력이 없다. 어린아이들은 자기중심적이기 때문에 부모보다 자신의 욕구가 더 중요하다. 이는 정상적인 발달 과정이다. 학령기에 접어들면서 다른 사람의 필요를 인식하고 관심을 보이기 시작한다. 5~6세가 되면 자제력, 경청, 주의 집중력 등 실행기능이 향상되기 시작하므로 그 나이까지는 학교를 의무적으로 다니지 않아도 된다. 학령기에도 실행 능력이 최대로 발휘되지 않는다. 사춘기가 되면 실행 능력이 어느 정도 발달하고 17세 무렵에는 그 수준이 더욱 높아진다.

3. 실수나 잘못된 행동은 그 순간 바로잡아야 한다. 그렇지 않으면 즉시 잊어버린다.

다시 말하지만, 이를 뒷받침하는 연구는 없다. 그렇다, 아이들은 사건이 발생한 시점은 잊어버릴 수 있지만, 그 전의 일은 기억한다. 화가 나면 10분의 타임아웃을 통해 진정하고 다시 돌아와서 차분하고 현명하게 상황을 해결하라. 또는 모두가 기분이 좋고 가르침이 잘 기억될 수 있는 잠자리에 들 때 해결하라. 아이들은 여전히 기억할 것이다! 반복은 아이들이 일상적으로 좋은 선택을 하는 데 도움이 된다.

4. 아이들은 무언가를 영원히 기억하므로 어릴 때와 10대가 되어 저항하기 전에 많은 학습, 활동, 교훈, 경험, 여행 등을 미리 해두어야 한다.

그랬으면 좋겠다! 다섯 명의 아이를 데리고 전 세계를 여행했지만, 아이들은 12세 이전에는 아무것도 기억하지 못했다. 우리가 아이들의 머릿속에 박제했던 모든 교훈에 대해 아이들은 이제 아무것도 기억하지 못한다. 글쎄, 아마 영국의 삼륜차나 과학 실험으로 배를 욕조에 가라앉히거나 6살 때 누군가가 축구 경기에 가져온 멋진 간식처럼 한두 가지 기억이 떠오를 수도 있을 것이다. 하지만 사진을 보여줬을 때 기억을 되살리는 것은 아무것도 없었다. 분명히 그런 경험들이 무의식적으로 뇌에 쌓였겠지만, 어린 시절 가장 친했던 친구도 기억하지 못한다. 반대로 대학생이 된 아이들에게 어렸을 때 내가 얼마나 소리를 질렀는지 기억하냐고 물었더니 "전혀!"라고 대답했다. 좋은 점도 있다!

5. 어린아이들의 나쁜 행동을 뿌리 뽑기 위해서는 가혹한 훈육이 필요하다. 그렇지 않으면 그 행동이 눈덩이처럼 불어나 16세가 되면 격렬하고 반항적인 청소년으로 변할 수 있다.

아이들의 뇌는 단계적으로 발달하고 성장한다. 부모와 보호자는 뇌와 신체적, 정서적, 사회적 발달과 각 단계에서 기대할 수 있는 사항에 대해 알아야 한다. 만 13세가 된 아이는 만 3세 때와는 다른 아이이다. 그는 뇌가 더 발달하여 자신의 필요를 이해하고 행동을 조절할 수 있다. 자제력이 훨씬 더 강해진다. 그는 신체적 공격 대신 말을 사용할 수 있다.

미리 멀리 내다보지 마라. 아이에게 가르치고 설명할 어린 시절이 많이 남아 있다. 적절한 행동은 아이들이 이해하게 될 때 가르치는 것이 효과적이다. 부모들은 어린아이들의 뇌가 그것을 이해하기에 가장 적절하지 않은 시기에 가장 중요한 교훈들을 힘들게 가르쳐야 한다고 생각한다. 그렇다고 해서 어린 내 아들 네이선이 친구를 때리도록 그냥 내버려 두라는 말은 아니다. 몇 번이고 반복해서 가르치는 말로 행동을 해결하라. "아니, 우리는 친구를 때리지 않아. 자, 화가 나면 발을 쿵쿵 굴러봐!" 13세가 되면 네이선은 스스로 그것을 할 수 있는 자제력을 갖게 될 것이다. 공격성은 수도꼭지에서 물이 나오는 것과 같다. 아기 단계에서는 아무것도 나오지 않다가 2세에는 솟구치고, 4세에는 흐르고, 6세에는 방울방울 떨어지고 8세에는 튀기고, 10세에는 가끔 떨어지는 물방울과 같다. 12세가 되면 대부분 아이는 손 대신 말을 사용한다. 이는 가혹한 훈육의 결과가 아니라 뇌 발달과 자제력 때문이다.

6. 아이에게 벌을 주지 않으면 세상이 어떻게 돌아가는지 어떻게 배울 수 있는가? 아이가 배우려면 벌을 받아야 한다.

교사, 친구의 부모, 코치 등 아이들의 세계에서 부모 역할을 하는 사람들은 아이들에게 시간제한, 벌로 주어지는 타임아웃, 특권 박탈 및 여러 가지 다른 벌칙을 기꺼이 부과할 것이다. 그들이 그렇게 하도록 내버려 두어라.

반면에 당신은 아이에게 문제 해결이라는 실생활에서 유용한 기술을 가르치는 데 깊은 관심을 가지고 있다. 시간이 걸리지만 소통 증진, 상호 존중, 사랑이라는 결실을 얻을 수 있다. 서로 상생할 수 있는 해결책을 목표로 아이와 함께 문제를 해결하면 아이에게 훨씬 더 가치 있고 평생 지속될 삶의 기술을 가르칠 수 있다. 체벌이 부모와 아이의 존중, 의사소통, 친밀한 관계를 향상한다는 주장을 지지하는 연구는 없다. 반대로 체벌이 얼마나 해로운지를 보여주는 연구는 많다.

7. 아이들은 안정감을 느끼기 위해 제한을 원한다.

아니다, 그렇지 않다! 사실 아이들도 성인과 마찬가지로 자신만의 방식을 원한다. 무언가를 정말 원할 때 누군가 "안 돼"라고 말하면 몹시 기분이 나빠진다. 아이들도 마찬가지로 느낀다. 아이와 성인 모두 안정감을 느끼게 하는 것은 기대에 대한 정보를 알고 자율성을 유지하는 능력이다. 예를 들어 무도회에 참석할 때, 아이들은 무엇을 입을지 약간의 정보를 미리 알고 싶어 한다. 특정한 옷을 입으라는 강요보다는 정보를 통한 선택을 원한다. 아이들도 마찬가지이다. 아이들은 정보와 선택권을 원한다. 약간의 배경 정보와 함께 선택의 기회를 제공하면 아이들의 결정에 도움을 주고 자신감을 키울 수 있다.

8. 10대들은 부모와 어울리고 싶어 하지 않는다.

잘못된 생각이다. 반항하고 비행을 일삼는 10대를 대상으로 한 대부분의 연구에 따르면 이들은 따뜻하고 배려하는 부모나 규칙과 같은 가정 내 구조를 선호한다. 10대는 사생활을 원하지만, 자신을 존중하고, 어디에 있는지에 관심을 보이고, 걱정하고, 세상을 항해하도록 도와주는 부모의 참여를 원한다. 10대들은 처벌하거나 무시하거나 얕보는 부모를 원하지도 필요해지도 않는다. 아이와 가까이 지내라. 다만 속도 조절을 해야 한다. 만약 당신이 신뢰할 만한 코치, 편견 없는 정보 제공자, 문제 해결 멘토, 또는 비디오 게임에서 이길 수 있는 재미있는 상대라면 아이들은 당신을 영원히 사랑할 것이다!

언스쿨링 베테랑이 알려주는 팁

1. 아이와 편안하고 즐겁게 지내라.

가족과 함께 보내는 시간을 축하하라. 아이가 학업의 압박에서 벗어나 스트레스를 해소하면 형제자매와 더 잘 지낼 수 있다.

2. 집에서 형식적인 학교 교육을 시도하지 마라. 성공적인 언스쿨링의 비결을 알아보고 아이들이 스스로 얼마나 많이 배우는지 확인하라.

커뮤니티 생활은 완전한 교육과정을 제공한다. 직접 나가서 탐색하라. 아이들은 교과서로만 배우는 것이 아니라 부모와의 토론, 사람 관찰, 컴퓨터, 자원봉사, 형제자매, 비디오를 통해서도 많이 배울 수 있다. 실습이나 운동 감각 학습 스타일을 수용하라. 도시 곳곳으로 현장 학습을 떠나라. 다양한 커뮤니티 서비스에서 훌륭한 교육 기회를 제공한다.

3. 아이들에게 지루함을 경험하게 해보라.

뇌물 제공은 동기를 부여하는 가장 좋은 방법이 아니다. 가장 좋은 방법은 지루함이라고 불리는 아주 훌륭한 작은 개념이다. 나를 믿어라. 만약 홈스쿨링 부모들이 하루 종일 아이들을 즐겁게 해주어야 한다면, 우리는 매우 빨리 지칠 것이다. 부모가 아이의 시간을 채워주는 책임이 적을수록 아이는 그 일을 더 많이 떠맡는다.

아이들이 지루해지면 책임 의식을 갖고 창의적이고, 재미있고, 도전적인 학습 프로젝트를 스스로 찾는 법을 배운다. 당신이 할 일은 아이들을 감독하고 자료를 찾는 것을 돕는 것이다. 아이들이 외적 동기의 학습 프로젝트에서 내적 동기의 학습 프로젝트로 전환하는 데 얼마나 오래 걸리는지는 아이들이 항상 무엇을 하라는 지시를 받았던 기관에서 얼마나 오래 있었는지에 달려있을 것이다. 자신의 관심사를 따를 때 아이들이 얼마나 많은 것을 배우는지 관찰해 보라.

4. 학습을 강요하지 마라.

학습을 강요하면 관계에서 권력 투쟁이 일어나고 아이에게 학습이 불쾌하다는 인식만 심어줄 뿐이다. 학습자가 본질적으로 해당 주제를 배우려는 동기가 없다면 실제 학습이 일어날 가능성은 거의 없다. 아무리 많은 뇌물이나 벌을 주어도 변화가 일어나지 않는다. 학습은 항상 가르침의 결과물이 아니다. 학습은 학습자가 새로운 정보를 이전에 보유한 정보와 결합할 때 발생한다. 이 과정에는 기억, 지각, 개념 형성과 같은 중요한 뇌 기능이 관여한다. 이러한 작업은 모두 교사가 아닌 학습자의 통제 아래에서 이루어진다. 아이들은 타고난 학습자다.

13

자원

"놀이는 대학의 열쇠다."

체험학습이 서책 학습보다 낫다.

> 나는 내 아이를 말로 가르치려고 노력했으나,
> 아이는 종종 그것을 듣지 않고 지나쳤다.
> 책으로 아이를 가르치려 했지만,
> 아이는 의아한 표정만 지었다.
> 나는 절망해서 옆으로 돌아섰다.
> 이 아이를 어떻게 가르칠 수 있을까,
> 나는 고뇌했다.
> 아이는 내 손안에 열쇠를 놓고 말했다.
> "이리 오세요.
> 나랑 같이 놀아요!"
> − 익명

"많은 홈스쿨링 학생에게 집에서 학교를 재현하는 것은 지속 가능하지 않다. 나는 너무 지친 나머지 자기를 실패자라고 생각하는 사람들을 많이 보았다. 시중에 나와 있는 수많은 교육과정은 '제대로 된' 교육과정만 구매하면 성공할 수 있을 것이라는 믿음을 강조한다. 문제집과 문제지 유형의 구조에 자연스럽게 끌리는 아이가 아니라면, 그것은 적합하지 않을 것이다."(Deborah S, 2004)

체험학습은 시스템 밖에서 훨씬 더 쉽다. 교과서에서 개구리를 보는 것보다 연못에 있는 개구리를 실제로 관찰하는 것이 훨씬 더 의미 있는 학습이 될 수 있다. 모든 연령대의 아이에게는 놀이와 학습, 장난감과 교육 자료의 구분이 없다는 점을 기억하라. 모든 것이 교육적이다. 신발 끈을 묶거나 카메라로 사진을 찍거나 동그란 블록을 네모난 구멍에 밀어 넣는 방법을 배우는 아이는 환경을 조작하려고 애쓰는 것이다. 놀이라고 부르든지 학습이라고 부르든지, 그것은 목표를 달성하려고 노력하는 아이에 적용되는 것이다.

아이가 읽기를 완전히 끝낸 다음에는 소설책이 좋다. 논픽션 책, 교과서, 문제집은 아이가 원하고 준비가 되었을 때 유용하지만 오늘날 학교에서는 이러한 것들이 지나치게 많이 사용되고 있다. 우리 사회는 교육을 위해 책에 대한 의존도를 탈피해야 한다. 교사가 책으로 가르치고 아이들이 답안을 작성하는 일은 비교적 쉽다. 체험학습은 학교에서 좋아하는 교육 방법이 아니다. 이유는 학교에서 체험활동을 하려면 많은 준비와 활동 시간이 필요하고 뚜렷한 결과물을 쉽게 얻을 수 없기 때문이다. 성인 교육자로서 나는 학습자가 활동에 참여하여 '발견'하게 하는 것보다 '알려주는' 편이 더 쉽다는 점을 잘 알고 있다. 하지만 발견방식은 학습이 고착되기 때문에 훨씬 더 오래 기억에 남는다.

우리 문화에서 유튜브, 넷플릭스, 인터넷의 다양한 비디오 채널 등 동영상은 새로운 '책'이다. 라이브 연극을 경험하거나 영화를 보는 것만으로도 책과는 비교할 수 없는 풍부한 학습 경험을 할 수 있다. 그런데도 왜 아직도 아이들에게 셰익스피어를 읽으라고 강요하는지 잘 모르겠다. 하지만 책이 유일한 자료라면 학습 활동에 분장 가방을 추가하여 아이들이 셰익스피어 연극을 재연할 수 있도록 하라. 언스쿨링 방식으로 학습할 수 있는 자료는 무궁무진하다.

학교는 책을 사용해야 한다. 언스쿨링은 그렇지 않다.

언스쿨링 가정을 위한 최소한의 자원

도서관 카드와 인터넷 접속은 언스쿨링 학생을 위한 최소한의 자료다. 교과서, 문제집 교육과정은 학습자가 원하지 않는 한 필요하지 않다.

우리 도서관에서는 1인당 최대 100개의 자료를 대출할 수 있다! 나는 7개의 도서관 카드와 다양한 기한이 있는 책을 관리하느라 정신이 없었다. 책을 분실하기도 하고 시간과 비용이 많이 들었다. 하지만 몇 가지 유용한 팁을 발견했다!

- 매주 정해진 날을 도서관의 날로 정하라. 연장하려는 도서를 온라인 으로 확인한 다음 도서관에 직접 방문하여 오래된 책을 반납하고 새 책을 받아라. 우리 집에서는 매주 월요일이 도서관의 날이다.
- 도서관 대출 카드는 부모 명의로만 발급받아라. 도서관에 등록하 려면 아이 명의의 카드가 필요할 수 있지만 그 용도로만 사용하 라. 부모 이름으로 모든 책을 대출하면 확인해야 할 사항이 줄어 든다!
- 도서관 책을 절대 책장에 꽂아두지 않는 것을 가족 규칙으로 정하 라. 그렇게 하면 책을 더 빨리 잃어버릴 수 있다.
- 거실이나 가족실에 지정된 도서관 책 바구니를 비치하여 다음 도 서관의 날에 반납할 오래된 책을 보관하라. 온라인으로 반납 기 한을 확인하고, 반납할 책 목록을 작성하고, 바닥, 소파, 자동차, 화장실을 뒤져 잃어버린 책을 모으는 등 아이들이 참여하도록 유 도하라.

유용하지만 중요하지 않은 자원

우리 집에는 아이들이 원하는 대로 사용할 수 있는 많은 자원이 있었다. 정부의 재정 지원이 거의 없었기 때문에 자원을 확보하는 데 창의력을 발휘해야 했다. 대부분 벼룩시장이나 예전에 즐겨 찾던 아이 장난감 가게, 도서 및 교육과정 판매점에서 자료를 구매했다. 이러한 책과 자료 중 상당수는 2000년대 초반에 나온 것이어서 지금은 구식이 된 것도 있지만 풍부한 학습 환경이 어떤 모습인지 짐작할 수 있다. 또한 광범위한 서적과 참고 가이드도 마련되어 있었다.

포스터, 타임라인, 지도를 복도와 화장실에 걸어두고 매달 교체했다. 아이들이 양치하는 동안 볼거리를 제공했다!

많은 자원이 있었으나 아이들이 관심을 보이지 않으면 그중 많은 것은 사용하지 않았다. 나는 집에 있는 자원은 모두 사용해야 한다는 강박 관념을 극복해야 했다. 그러던 중 "원래 사용하려고 했다면 이미 사용했을 것"이라는 한 친구의 말에 용기를 얻었다. 지금은 적절한 시기나 장소가 아닐 것이다. 아마 절대 사용하지 않을 것이다. 괜찮다. "팔거나, 버려라. 죄책감에서 벗어나라."

때때로 홈스쿨링 콘퍼런스에서 커리큘럼 박람회에 갈 때도 같은 느낌을 받는다. 나는 내가 자원을 제공하지 않아 아이가 탐구할 수 없는 과목들을 모두 보지도 못한 것에 대해 미안함을 느끼며 박람회장을 빠져나온다. 정말 나쁜 엄마 같다! 반면에, 홈스쿨링 중고 커리큘럼 판매장에 들어가서, 남이 사용한 중고 책의 나머지 부분을 채우기 싫어하는 내 아이가 발을 구르며 책을 거부하기 전에 단 한 페이지만 쓰인 깨끗한 중고 책을 발견할 때는 기분이 좋다! 그래, 나는 정당하다고 느낀다! 나는 돈을 절약했고 부모와 아이와의 관계에서 스트레스를 피할 수 있었다. 중고 교육과정 판매는 판매자 아이의 수준에 맞지 않는 문제집이 많아서 판매하는 것이다. 내 아이에게 효과가 있을지 신중히 고려하라.

나는 작은 파란색 상자 안에 들어 있는 깔끔한 교육과정 패키지를 발견했다. 모든 아이가 사용할 수 있었다. 닌텐도 게임 큐브라는 것이었다. 아이들은 치트 코드와 게임 도움말이 담긴 닌텐도 파워 잡지(Nintendo Power)를 읽으면서 영어를 배웠다. 더 많은 게임을 위해 예산을 세우면서 수학을 배웠다. 하이랄(Hyrule; 젤다 전설 시리즈) 주위에 링크를 따라가며 사회 공부를 했다. 마리오가 원을 그리며 보우저(Bowser)를 휘두르는 힘과 질량을 관찰하며 과학을 배웠다.

비디오 게임은 모두 읽기, 쓰기, 문제 해결, 지연 만족, 비판적 사고, 창의력 기술을 요구하고 개발하기 때문에 모든 과목 영역에서 열거할 수 있다. 많은 게임이 "젤다의 전설"에서의 읽기 능력, 월드 오브 워크래프트에서의 상업, 경제, 팀 구성(team building)과 같은 특정 주제 영역을 개발한다. 비디오 게임은 중복을 피하기 위해서 모두 처음에 나열되어 있지만 모든 과목 영역에 권장된다. 특별히 "교육용"으로 판매되는 컴퓨터와 비디오 게임은 각 과목 영역 아래에 나열되어 있다. 성인은 나이별 권장 사항에 대한 엔터테인먼트 소프트웨어 등급 위원회(ERSB)의 등급을 준수하여 게임 레벨을 플레이어의 이해와 능력 발달에 맞추는 것이 좋다. 교육적이지 않은 비디오 게임은 없다. 그러므로 교육용 비디오 게임과 일반 비디오 게임을 구분하지 않는다.

교육과정과 관련된 비디오/컴퓨터 게임

다음은 30인 팀이 지식 기반에 공헌한 몇 가지 게임이다: 미스트, 페이블, 월드 오브 워크래프트(팀워크), 에이지 오브 엠파이어(역사),

리븐, 문명(역사), 듄, 디아블로, 스타크래프트, 젤다의 전설(낚시), 마리오와 루이지, 오블리비언, 스카이림(정치), Half‑Life(이론 물리학), 그레알(수학), 트랜스포머(협동과 팀워크), 테라리아, 포자(생물학), 스피로나이트(팀워크), 소닉(협동), 요시(협동), 마인크래프트(논리 및 수학), 로블록스, 클럽 펭귄, 배틀필드 베트남, 심즈 시리즈(건강), 콜 오브 듀티, 헤일로, 오버워치(문제 해결) 및 리그 오브 레전드(팀워크).

언어			
도서	컴퓨터 게임 및 오디오/비디오	장난감	보드게임
·도서관 카드 ·수백 권의 소설 및 논픽션 책이 있는 가정 소장품, 다양한 독서 수준 및 장르	·Reader Rabbit, Jumpstart 및 다양한 읽기를 배우는 컴퓨터 게임 ·워드 프로세싱 및 타자 연습 소프트웨어 ·온라인 백과사전 ·영어, 수화 및 외국어 ·교육 및 번역 소프트웨어 ·데스크탑 출판 소프트웨어, 예: InDesign 웹사이트 ·제작 및 블로그 소프트웨어 ·음성 인식 소프트웨어: Dragonspeak ·디지털 음성 녹음기 및 비디오 녹음기 ·파워포인트, 프레지 및 포토샵 소프트웨어 ·마이크, 전자책 리더 ·오디오북, CD, DVD 및 MP3 플레이어 ·Legacy Family Tree 와 같은 소프트웨어	·읽기 목록으로 만든 단어 카드의 단어 벽 ·문장 빌더 텐트 카드 ·파닉스 플래시 카드 ·펜, 연필, 마커, 색연필, 크레용, 종이, 트레이싱 페이퍼, 저널, 일기, 카드 세트 ·자석 글자와 단어 ·타자기 또는 노트북 ·알파벳 모양과 글자 블록 ·전화기 ·서예 용구 ·십자말풀이, 애너그램, 단어 찾기 퍼즐, 코딩 퍼즐, 스도쿠 ·다양한 주제의 라미네이트 포스터 ·우체국 센터: 우표, 스탬프 패드, 오래된 정크 메일 봉투, 스티커, 종이 패드, 편지지, 골판지 상자	·모노폴리 ·스크래블 ·리스크 ·퀴들러 ·블러트 ·보글 ·아웃버스트 ·마스터 마인드 ·매드 갭 ·클루 ·패스워드 ·스캐터고리 ·트리비얼 퍼슈트 ·업워즈 ·벌더대시 ·상자 속의 물건들 ·스도쿠 ·타부 ·히어-미-아웃 ·아이들이 게임 내 또는 게임 외에서 다른 사람과 소통(글쓰기) 해야 하는 모든 게임

수학		
컴퓨터 게임 및 오디오/비디오	**장난감**	**보드게임**
·칸 아카데미, Math TV, 유튜브 비디오 ·Math-U-See, 빌 나이, 곱셈 랩 비디오 ·Cluefinders, Mathblaster, 마인크래프트, Sonic Schoolhouse, Freddie Fish, Logical Journey of the Zoombinis, Math Munchers, Reader Rabbit Math, Math Rock, Logic Quest, Chessmaster, Brain Teasers, 스도쿠 ·엑셀과 같은 데이터베이스 관리 소프트웨어 ·Quickbooks와 같은 재무 관리 소프트웨어 ·코드 아카데미와 같은 컴퓨터 프로그래밍/코딩 소프트웨어	·Math- U- See 조작물 및 분수 오버레이 ·넷 삽입이 있는 3D 도형 ·대수 타일 및 Cuisenaire 막대 ·마른 지우개 보드 그리드 ·자리값 도장 ·Math-U-See 분수 오버레이 ·패턴 블록 및 숫자 다면체 주사위 ·줄자, 컵 및 주방 저울 ·곱셈 및 나눗셈 플래시 카드 ·소수, 분수 및 백분율 스택 큐브 ·균형 저울 및 추 ·주판 및 계산기 ·다양한 주제의 라미네이트 포스터 ·브레인 티저 카드 팩 ·시계: 24시간, 디지털, 로마 숫자, 전통적인 동전 분류기 및 롤링 종이 ·가게 센터: 계산대 및 놀이/실제 돈, 장난감 또는 실제 음식을 구매할 수 있는 물품, 지갑, 핸드백, 놀이 또는 실제 돈, 및 오래된 신용카드 ·차고/작업장 센터: 나무 조각, 망치, 못, 나사, 도구, 톱, 포커	·포커 ·분수 피자 ·솔리테어 ·블랙잭 ·러미 ·우노 ·키노 ·백개먼 ·배틀쉽 ·빙고 ·도미노 ·캔디랜드 ·테트리스 ·체스 ·체커 ·바둑 ·클루 ·커넥트4 ·게스 후 ·마스터마인드 ·오셀로 ·페이데이 ·파치지 ·콰르토 ·브래코 ·블로커스 ·시퀀스 ·트리오미노스 ·카르멘 샌디에이고는 미국의 어디에? ·야찌 ·크리비지 ·모노폴리 ·스킵보

과학			
도서	컴퓨터 게임 및 오디오/비디오	장난감	보드게임
·내셔널 지오그래픽 잡지 ·메이크 매거진 ·과학 실험 책 ·매직 스쿨버스 ·과학 참고서	·빌 나이 과학 비디오 ·매직 스쿨버스 컴퓨터 게임 ·레고 마인드스톰과 같은 컴퓨터 지원 건설 키트 ·심앤트, 심사파리, 심타워 시리즈	·암석, 광물, 조개, 또는 금속 수집 키트, 암석 연마기 ·개미 농장 ·식충 식물 테라리움 ·눈금 실린더와 플라스틱 플라스크가 포함된 화학 세트 ·숟가락, 믹싱 볼 ·리트머스 종이 ·현미경 ·다양한 주제의 라미네이트 포스터 ·도시 과학 센터와 동물원의 연간 이용권 ·화학, 전자, 전기, 껌 만들기, 비누 등 과학 키트 ·우량계, 새 먹이통, 개구리 연못 ·플레이도우와 숟가락, 플라스틱 나이프, 구슬 목걸이, 반지, 감자 리서 또는 파스타 메이커, 컵, 머핀 틀, 롤링 핀 ·퇴비 및 벌레 양육통 ·미니어처 장난감 동물과 식물 ·하이킹 및 캠핑 장비 ·가정용 플라네타륨, 하늘 구체 및 별자리 프로젝터 ·야간 투시경과 스파이 안경, 쌍안경, 돋보기 및 다양한 형태의 프리즘 ·K'NEX, 메카노, 레고,	·쥐덫 ·벌 ·벌레와 민달팽이 ·쥬만지 ·내셔널 지오그래픽

		에렉터, 링컨 로그, 기어 및 블록	
		·인체, 뇌, 심장, 해골, 근육, 인간 및 동물 모델	
		·실내/실외 정원 센터: 고품질 삽, 쟁기, 화분용 흙, 용기, 씨앗, 앞치마, 뚜껑이 있는 재활용 투명 플라스틱 채소 용기, 그리고 땅 한 구획	
		·전자 센터: 모터와 전선, 배터리, LED 조명, 회로 차단기, 미니 모터, 전자 조립 키트 등	
		·자연 센터: 둥지, 애완동물 우리, 애완동물, 막대기, 조약돌, 깃털, 잔디 키우기 키트	
		·부엌 센터: 놀이용 부엌, 실제 재료, 실제 및 놀이용 도구와 기구	
		·모래 센터: 삽, 양동이, 물, 진흙, 모래상자	

사회, 지리, 역사			
도서	컴퓨터 게임 및 오디오/비디오	장난감	보드게임
·세계 지도책과 벽지도 ·내셔널 지오그래픽, 맥클린스, 이코노미스트, 타임 잡지 ·세계 역사 연대표 ·백과사전 ·여러 나라의 참고서	·구글 어스 ·쉰들러 리스트, 미시시피 버닝과 같은 비디오 컬렉션 또는 넷플릭스 구독 ·에이지 오브 엠파이어, 에이지 오브 미솔로지, 에이지 오브 미솔로지 타이탄, 월드 카르멘 샌디에이고,	·지구본 ·나라별 및 세계 지도 퍼즐 ·다양한 주제의 라미네이트 포스터 ·박물관 연간 이용권 및 지역 축제 방문	·리스크, 월드 카르멘 샌디에이고, 패밀리 퓨드, 위자, 커리어, 인생 게임, 카탄의 개척자 시리즈

줌 지니어스, 심시티, 몽키 아일랜드 탈출, 문명, 듄, 심스와 같은 컴퓨터 게임		

건강과 웰빙			
도서	컴퓨터 게임 및 오디오/비디오	장난감	보드게임
· 고도로 효과적인 10 대의 7가지 습관(생활 기술) · 고든 트레이닝의 효과적인 훈련(의사소통 기술) · 내 낙하산의 색깔은? (직업 선택) · 7가지 지능(다중 지능) · 학습 스타일 테스트 · 기질 테스트 · 마이어스-브릭스와 같은 성격 테스트	· 직업 검색 소프트웨어	· 다양한 주제의 라미네이트 포스터 · 건강 및 미용 센터: 브러시, 모자, 가발, 고데기와 롤러, 매니큐어, 치실, 화장품, 네일 도구 · 놀이집 센터: 인형, 담요, 아기 장비 · 의료 센터: 마스크, 실험실 가운, 의사 키트, 청진기	· 스크루플스 · 커리어 · 인생 게임 · 리스크 · 판사와 배심원 · 테라피 · 트루 컬러 · 언게임

시각 예술		
컴퓨터 게임 및 오디오/비디오	장난감	보드게임
· 전자 드로잉 태블릿 · 핀터레스트 · 어도비와 같은 그래픽 이미지 처리 소프트웨어 · 홈 및 가든 디자인 소프트웨어 · 클립아트, 게티 이미지와 같은 그래픽 이미지 라이브러리 · 오토캐드와 같은 컴퓨터 디자인 소프트웨어 · 파워포인트 및 프레지 · 스캐너	· 다양한 주제의 라미네이트 포스터 · 직소 퍼즐, 2차원 및 3차원 퍼즐 · K'NEX, 레고, 메카노, 블록 및 건축 세트 · 미술 세트 및 키트, 포트폴리오 케이스 · 캔버스, 카드, 종이 · 펜, 연필 및 드로잉 도구 · 채색 재료: 마커, 크레용, 색	· 피셔너리 · 크레이니엄 · 틱택토 · 당나귀 꼬리 달기 · 배틀쉽 · 미스트 · 트라테고 · 레고 · 3D 블로커스 · 마우스트랩

	·연필, 유화 크레용, 목탄, 분필 및 칠판 ·비디오 카메라, 카메라 ·니팅, 직조 및 섬유 공예 기계 및 도구 ·아크릴, 템페라, 유화, 수채화, 얼굴, 손가락, 천, 벽 및 도자기 페인트 ·공예용 풀, 글루건, 테이프, 풀 스틱, 벨크로, 자석 테이프, 글리터 풀, 목공 풀, 그라우트 및 에폭시 ·다양한 브러시, 면봉, 구슬, 이쑤시개, 칫솔, 스펀지 및 아이스크림 막대 ·바니시 및 무광 마감재 및 플라스틱 용기 ·공예 재료: 스팽글, 보석, 글리터, 비즈, 아이스크림 막대, 꽃, 리본, 천 조각, 양모, 끈, 솜, 철사, 실, 파이프 클리너, 자수 실, 깃털, 구글 눈, 폼폼, 펠트, 유리 조각 및 모래 ·캘리그래피 세트 ·모형 비행기 및 자동차 키트 ·도장, 잉크 패드 및 빙고 다버 ·선물 포장지, 축하 카드, 리본 ·플라스티신, 점토, 플레이도우, 스컬피, 구프 ·종이접기 종이, 트레이싱 종이, 신문지, 크레페 종이, 색지, 흰 종이, 카드 스톡, 롤종이 ·다양한 절단용 가위, 구멍 펀치 ·모양 템플릿, 3D 인체 모형 ·뷰마스터 프로젝터, LED 프로젝터, 에치-아-스케치 ·마스크 제작 및 얼굴 페인팅 재료 ·목공 센터: 스크롤쏘, 손톱, 망치, 못, 나사, 파일, 사포, 목재, 띠톱, 선반, 라우터, 드라이버와 같은 도구 및 장비	
·레고, 마인드스톰과 같은 컴퓨터 지원 건설 키트 ·사진 및 비디오 처리 소프트웨어 ·드로잉 및 페인팅 소프트웨어 ·패션 소프트웨어		

	·재봉 센터: 손 재봉통, 재봉틀 및 테이블, 실, 패턴, 천 조각 통, 배팅 가방	

체육 교육, 체육관 및 스포츠

컴퓨터 게임 및 오디오/비디오	장난감	보드게임
·피트니스 소프트웨어 ·플라이트 시뮬레이터와 같은 고액션 시뮬레이션 소프트웨어 ·액션 플레이 및 아케이드 게임: 스타워즈, 스타트렉, 군사, 탐정, 경찰 및 자동차 경주 ·비디오 게임: 마리오 골프, 마리오 레이싱, Wii 핏, Wii 스포츠, 댄스 댄스 레볼루션 ·인체 해부학 및 건강 참고 자료	·구매 또는 대여한 스포츠 장비: 롤러블레이드, 스케이트, 스키, 스케이트보드, 스노보드, 테니스 라켓, 스쿼시 라켓, 요가 매트, 골프 클럽 등 ·자전거 및 헬멧, 프리스비, 배드민턴, 야구, 미식축구, 축구공, 농구 골대 및 공 ·에어하키 또는 당구대, 트램펄린, 수영장 ·연, 줄넘기, 훌라후프, 스쿠터 ·집, 로켓 등을 만들기 위한 대형 가전 크기의 종이 상자 ·오래된 소파 쿠션, 시트 및 페인트 폴 또는 바닥 걸레 폴을 사용한 요새 만들기 ·놀이 장소, 볼링장 및 실내 놀이 체육관의 연간 이용권 ·다양한 주제의 라미네이트 포스터	·잭스 ·티들리윙크 ·픽업 스틱 ·젠가 ·커-플렁크 ·트위스터

음악, 드라마, 공연 예술

컴퓨터 게임 및 오디오/비디오	장난감	보드게임
·음악 녹음 및 믹싱 소프트웨어 ·악기 교육, 이론 및 악보 소프트웨어 ·음정 인식, 노래 및 멜로디 기억 소프트웨어 ·심튠즈, 기타 히어로, 록 밴드, 댄스 댄스 레볼루션	·인형 극장, 봉제 인형, 담요 및 인형 ·마술 키트 ·극장, 오페라, 발레 및 콘서트 연간 이용권 ·다양한 주제의 라미네이트 포스터	·앵코르 ·노터빌리티 ·송 버스트 ·사이먼 ·헨리 ·몸으로 말해요(단어 추측 게임) ·크레이니엄

·비디오 카메라 및 MP3 플레이어 ·유튜브 및 비메오 ·디지털 악보	·<u>악기</u>: 자작(드럼, 딸랑이, 쉐이커, 냄비와 프라이팬), 대여 또는 구매(바이올린, 피아노, 키보드, 드럼, 기타) ·리코더, 노래방 기계, 라디오, 스테레오 ·<u>음악 센터</u>: 녹음 장비 및 악기 ·<u>패션 센터</u>: 벨트, 신발, 흥미로운 천 조각, 망사, 텍스처, 모자, 보석류, 장갑, 조끼	

14

비구조화 시간

"우리는 아이들의 호기심을 믿어야 하고, 그 호기심을 채워주기만 하면 된다."

언스쿨링을 하는 사람은 전구를 어떻게 교체하나요?

이 시나리오는 일반적인 언스쿨링의 하루가 어떤 모습인지, 비형식 학습이 얼마나 쉽게 성과에 반영될 수 있는지를 보여준다.

엄마는 커피를 마시러 일어나면서 거실이 어둡다고 불평한다. 엄마는 이미 컴퓨터 게임을 하는 아이에게 차고에 가서 새 전구를 가져오라고 한다. 아이는 구불구불한 LED 전구에 푹 빠져 어떻게 작동하는지 궁금해한다. 아이는 컴퓨터로 돌아와 빛과 전기(과학)에 대해 찾아본다. 아이는 놀이용 반죽으로 전구 모형을 만들고 토머스 에디슨의 전기(사회)를 읽는다.

에디슨의 생애에 관한 촌극(연극)을 동생들과 함께 공연하자고 말한다. 이제 남매는 다양한 광원에 관심을 지니게 되었다. 오전에 홈스쿨 피아노 레슨(음악)에 다녀온 후 엄마에게 양초를 만들 수 있는 재료를 사달라고 조른다(과학). 엄마는 아이들이 양초를 살 수 있는 홈스쿨링 예산이 충분한지(수학) 알아보기 위해 집으로 돌아오는 차 안에서 재료의 비용을 설명해 준다. 집에 돌아온 엄마는 아이들에게 정부 담당자에게 보내는 편지를 써서 홈스쿨링 프로젝트(영어)에 더 많은 지원을 요청하는 방법을 설명한다. 이는 정부 구조와 교육 결정에 실제로 책임이 있는 사람(사회)에 관한 토론으로 이어진다. 이제 아이들은 가족 내 컴퓨터 사용권(사회)에 대해 아이들끼리 토론(영어)을 하고 싶어 한다. 아이들은 결정을 내리지 못해 형제자매를 변호사로 고용하여 판사와 배심원 역할을 하는 인형과 함께 법정 소송(사회)을 재연한다.

아이들은 배가 고파서 점심을 먹기로 한다. 엄마는 세탁실에서 영양가 있는 음식(건강)을 먹어야 한다고 외친다. 점심 식사 후, 법정 장면은 아이들이 흥미를 잃어서 레스토랑으로 변신한다. 주방에서 재료를 섞고(과학) 나머지 가족에게 판매할 물약을 제공하기로 한다(수학). 아이들은 간판, 브로셔, 메뉴판(영어와 시각 예술)을 만들고 금전 등록기(수학)를 설치한다. 아이들은 하나둘씩 다시 흥미를 잃고 부엌을 엉망으로 만든다. 엄마는 청소(작업 경험)를 상기시키고 남매는 누가 더 많은 일을 하는지를 두고 논쟁한다. 엄마는 아이들에게 감성 지능과 갈등 해결 기술(건강)을 코칭한다.

부엌을 정리한 후 아이들은 바깥으로 나가 다툼(사회화)을 계속한다. 3시간 후 엄마가 밖을 내다보았다. 아이들은 진흙 도시, 콘도, 쇼핑센터를 건설하고 뒤뜰의 거대한 흙구덩이에 사는 벌레와 곤충을 관찰하느라 정신이 없었다(과학 및 사회). 이 흙구덩이는 지난번 거대한 가문비나무를 제거할 때 생긴 것이다. 동네 아이들은 학교를 마치고 집에 돌아와 집짓기 프로젝트에 합류했다. 진흙탕에 빠진 10명의 아이가 간식과 화장실이 필요하다고 뒷집 초인종을 눌렀다. 이웃의 성화에 못 이긴 엄마는 아이들을 각자의 집으로 보내고 호스로 진흙을 씻어낸다. 아빠가 집에 돌아오고 가족은 저녁 식사(사회화 및 영어 교육)를 위해 한자리에 앉는다.

학교에서 돌아온 이웃 아이들이 건축 프로젝트에 합류했다. 열 명의 흙투성이 아이들이 간식을 먹고 화장실을 사용하려고 이웃집의 뒷문 초인종을 눌렀다. 이웃의 성화에 못 이긴 엄마는 아이들을 각자의 집으로 돌려보내 진흙을 씻어내게 했다. 아빠가 집에 돌아오고 가족은 가족 저녁 식사를 함께 한다(사회화 및 영어).

다른 일정에 참여하지 않은 이웃 아이들은 저녁 식사 후 다시 돌아왔다. 의자, 베개, 시트, 봉제 인형, 놀이용 그릇 등을 꺼내 앞마당에 캠프를 차렸다. 그들은 임시 텐트 아래에 모여 이야기, 농담, 일화(영어)를 나눈다. 캠프장 옆에 레모네이드 가판대(수학, 미술, 영어)를 설치하여 음료를 팔기 시작했다. 기업가 정신에 보답하고 격려하려는 관대한 이웃들 덕분에 50달러 이상의 수익을 올렸다. 이는 나눔과 공정성에 관한 대화를 촉발하여 돈을 어디에 쓸 것인지(수학)에 대한 고민으로 이어진다.

아이들은 학교 운동장으로 내려가 어두워질 때까지 땅따먹기, 술래잡기, 숨바꼭질 놀이(체육)를 한다. 동네 학교 아이들은 집에 돌아가 씻고 잠자리에 들어갈 시간이 되어서 우리 아이들도 모두 집으로 돌아왔다. 아이들은 좋아하는 책을 들고 거실로 가서 껴안고, 책을 읽거나(영어), DVD를 보거나(사회), 가족 보드게임(수학)을 한다. 아이들은 거실이 얼마나 어두워졌는지 알아차린다. 밤이 되었기 때문에 아빠는 아이에게 차고에서 새 전구를 가져오라고 요청한다. ...

학교 아이들은 매주 한 시간씩 개별적인 관심을 받는다.

교사가 맡은 학생 수가 30명이고 일주일에 30시간의 수업 시간이 있는 경우 각 학생은 일주일에 1시간씩 교사와의 개별 시간을 갖는다. 홈스쿨링 학부모는 같은 기간 동안 아이에게 30시간의 개별적인 관심을 쏟는다.

아이들이 학교에서 어떻게 시간을 보내는지 궁금한 적이 있는가? 아이들은 하루 6시간 동안 내내 집중하며 수업에 열심히 임하고 있을까? 그럴 리 없다. 연구에 따르면 아이들은 약 10%의 시간 동안 과제에 집중하는 것으로 나타났다. 이는 대략 하루에 36분으로, 홈스쿨링 아이가 초등학교 시절에 한 자리에서 과제를 수행하는 데 걸리는 시간과 거의 같다. 학교에 다니는 아이들은 줄을 서고, 모두가 조용해지기를 기다리고, 자리에 앉고, 학급 사진값이 걷히기를 기다리고, 현장학습 방문증이 나눠지기를 기다리고, 연필을 깎고, 모두가 조용해지기를 기다리고, 외투를 입고, 줄을 서고, 앉고, 인터폰으로 안내 방송을 듣고, 모두가 조용해지기를 기다리고, 시험지를 제출하고, 수학 교과서 76페이지를 모두 찾기를 기다리고, 선생님이 학생 6명에게 76페이지를 찾아주는 것을 기다리고, 모두가 조용해질 때까지 기다려야한다...(Stephanie J, 2000).

어린 시절의 아이들에게 가장 유용한 6가지 활동

학교 공부나 홈스쿨링을 하지 않을 때 아이들은 하루 종일 무엇을 하는가? 두 아이의 언스쿨링 엄마인 린다 C는 다음과 같이 말한다. "일어나서 이메일을 확인하고, 게임하고, 아침을 먹고, 밖에 나가 레고를 하고, 심부름이나 현장 학습을 하고, 프로젝트를 하고, 무엇을 만들고, 키우고, 엉망으로 만들고, 질문에 대한 답을 찾는다. 우리는 놀고, 배우고, 생활한다." 우리는 일상생활 외에도 더 많은 것을 짜낸다.

1. **정보에 접근한다:** 컴퓨터, 책, 스피커, 전화기. 아이에게는 매일 독서할 시간과 공간을 주어야 한다.
2. **가능하면 여행한다:** 사회, 과학, 인간관계 기술을 배우는 가장 좋은

방법은 여행이다. 또한 여행은 자국의 모든 것을 감사하게 만든다. 더 많이 여행하라.

3. **자원봉사를 한다:** 급여, 점수, 승진 등 외적인 보상이 아닌 강한 직업윤리를 기르기 위해 정기적으로 자원봉사를 해야 한다. 직업 체험, 견습생, 여러 기관과 협력하는 집단 활동 등 다양한 종류의 자원봉사가 있다. 축제, 콘서트, 연극 등에도 자원봉사자가 필요하다. 12세 이상의 우리 아이들은 매주 푸드뱅크에서 자원봉사를 했다. 어린아이들은 이웃의 산책로를 닦거나, 아픈 친구나 친척을 위해 쿠키를 굽거나, 슬픈 사람을 위해 공예품을 만들 수 있다.

4. **다양한 환경에서 사람들과 어울린다:** 놀이모임, 홈스테이, 데이트, 커뮤니티 활동 모임, 저녁 파티. 이러한 모임은 대화 시작과 끝내기, 문제 해결, 감성 지능, 자기주장, 공감적 경청, 갈등 해결 등 대인 커뮤니케이션 기술을 배울 수 있는 좋은 방법이다.

5. **야외로 나간다:** 자연 속에서 야외 활동을 하면 신체 활동과 탐험을 통해 웰빙이 향상된다. 캠핑, 피크닉, 산책, 스포츠.

6. **프로젝트를 수행한다:** 레모네이드 가판대부터 3D(3차원) 인쇄 프로젝트에 이르기까지 모든 프로젝트를 개념화, 조사, 설계, 구현, 평가한다.

언스쿨링 학습은 전통적 학교와 정말 크게 다른가?

그렇지 않다, 놀랍도록 비슷하다. 아이들이 공부하고 싶은 것을 선택할 수 있으면 어릴 적 공통된 관심사를 선택하게 된다.

적어도 인지 발달이 구체적 조작 단계에 있는 초등학생 시기에는 대부분의 아이의 관심사는 자연스럽게 국가 교육과정의 목표를 따른다. 즉 일상생활에서 친숙하고 보고 만질 수 있는 유형의 사물과 관련된 개념이라면 정보를 추가로 처리할 수 있다. 실제로 국가 교육과정 개발자들은 곤충, 정원, 뜨고 가라앉는 물건, 자석, 계절, 지역사회와 가족, 색깔, 블록 수 세기, 행성, 비행기, 자동차, 책 등 아이들의 생활에 친숙한 것들과 연계된 학교 학습 결과를 선택한다. 대부분의 아이가 적어도 절반 이상의 주제에 관심을 보이기 때문에 이러한 주제를 선택한다.

이러한 주제는 부모의 소개나 학교의 지시 없이 아이들 스스로 알아서 공부해야 한다. 차이점은 모든 아이가 어린 시절의 어느 시점에서 배와 부력에 관심을 보이지만 이 주제가 학교에서 제시되는 2학년 수준까지는 항상 그렇지 않을 수 있다는 것이다. 자석 놀이를 좋아하지 않는 아이나 애벌레와 애벌레의 욕구에 호기심이 없는 아이를 데리고 오라. 그러나 학교에서는 특정 시점에만 이러한 관심사를 공부할 수 있다.

새내기 언스쿨링 부모의 가장 흔한 고민 10가지

취학 연령이 된 아이의 언스쿨링을 고려하거나 아이의 학교 중퇴를 결정할 때 처음으로 언스쿨링을 하는 부모는 많은 질문, 걱정, 두려움을 갖게 된다. 다음과 같은 우려는 거의 모든 신규 언스쿨링 부모에게 나타나는 공통적인 문제다.

1. 가정과 학습의 균형을 맞출 수 있을까? 학습을 촉진하는 데 많은 시간을 할애하면 육아에 지장을 받을까 걱정한다.

당신은 이미 육아와 촉진자의 역할을 병행하고 있을 것이다. 이 둘 사이에는 큰 차이가 없다. 아이가 태어났을 때부터 부모는 조력자 역할을 해왔고 그 사랑스러운 스타일은 변하지 않을 것이다. 열정을 마음껏 발산하고 아이와 공유하라. 아이가 자신의 열정을 부모와 공유하게 하라. 부모도 배우는 까닭에 많은 부모는 교사와 학생의 역할이 뒤바뀌는 것으로 생각한다. 아이를 가르친다는 것은 어린아이의 머릿속을 사실로 채우는 것이 아니라 부모와 아이가 함께 여행하고 탐구하는 여정이라고 생각하라.

2. 내 아이의 교육이 좋은 대학에서 인정받지 못할까 걱정한다. 나는 내 아이가 전통적인 학교에 다니는 아이들과 똑같은 기회를 누리기를 바란다.

고등학생이 되면 의욕이 넘치는 많은 언스쿨링 청소년이 졸업 시험에 합격하고 목표를 향해 나아가는 데 도움이 되는 과정을 적극적으로 찾는다. 때가 되면 대학 진학에 대해 걱정할 필요가 없다.

3. 작년에는 숙제에 대해 잔소리해도 아이들이 내 말을 듣지 않았다. 올해도 숙제에 대해 잔소리하면 어떨까? 아이들의 교육이 내 손에 있다면 어떨까? 내가 제안해도 들어주지 않으면 어떻게 될까?

심지어 집에서 학교를 따라 하는 홈스쿨링도 학교보다 훨씬 적은 시간이 소요된다. 앞서 언급했듯이 많은 경우 학교 아이들이 숙제하며 보내는 시간보다 훨씬 더 적은 시간이다.

아이들은 배우기 위해 태어나며 지식을 추구한다. 유아부터 노인에 이르기까지 인간이 세상과 그 작동 방식에 대해 알고 싶어 하는 것은 당연한 일이다. 하지만 때때로 아이는 부모가 계획한 것과 다른 학습 목표를 가지고 있을 수 있다. 끔찍한 하루를 보내더라도 흐름에 따라 즐겁게 시간을 보내며 관계 구축을 즐겨라.

4. 하루 종일 아이들을 즐겁게 해주느라 소진될까 걱정한다.

하루 종일 아이와 놀아주려고 하지 마라! 부모가 끊임없이 오락을 제공해야 한다는 생각이 어디서 왔는지 나는 잘 모르겠다. 하지만 그것은 시작하고 싶지 않은 습관이다. 오늘은 보드게임, 내일은 공예용품, 다음 날은 의상 트렁크 등 아이들을 위해 무언가를 남겨두라. 아이들은 스스로 집중하는 법을 배울 것이다. 지시하려는 노력을 멈추면 아이들의 창의력에 놀랄 것이다. 아이의 아이디어에 "안 돼"라고 말하지 마라. "그래"라고 말하는 습관을 들인 다음 한계를 설명하라: "좋아, 하지만 청소해야 해!" 아이를 즐겁게 해주는 습관을 들이지 않으면 아이는 하루를 채우기 위해 부모를 찾는 습관을 들이지 않게 되고, 부모는 자신만의 자유 시간을 갖게 된다. 많은 언스쿨링 학생이 가내 사업을 하거나 글을 쓰거나 남는 시간 동안 아르바이트를 하기도 한다. 아이들이 창의력, 의사 결정, 문제 해결 능력을 개발할 수 있는 것은 덤이다. 하지만 어질러진 곳은 반드시 치우도록 지도하라.

5. 형제자매 중 한 명만 홈스쿨링을 하고 있다. 아이들이 잘 지낼 수 있을까?

아이들은 형제자매의 교육 환경이 다를 수 있다는 사실을 쉽게 받아들인다. 괜찮다. 아이가 홈스쿨링이나 언스쿨링을 원할 수도 있고, 그렇지 않을 수도 있다. 매년 각 아이에게 선택권을 주게 되면 아이들의 선택에 따른 다른 불가피한 불만에서 비롯하는 권력 투쟁을 덜어준다.

아이들이 쉴 새 없이 싸워서 학교에 보내면 더 나아지지 않을까 하는 생각이 드는 나쁜 날이 있을 것이다. 하지만 학교에 다니더라도 그런 날은 있을 것이다. 대부분의 언스쿨링 아이들은 어릴 때 서로 어울리는 법을 배웠기 때문에 형제자매가 훨씬 더 좋은 관계를 누린다고 말한다.

6. 분수처럼 내가 잘 모르는 것을 어떻게 가르칠 수 있을까?

부모가 가르치든 가르치지 않든 아이들은 분수를 배우게 된다. 수학 개념은 빵 굽기, 쇼핑, 나눔 등 일상생활에서 배운다. 언어는 열렬한 독서를 통해 배운다. 아이가 중학생과 고등학생이 되면 온라인 교사와 튜터가 부모가 가르칠 수 없는, 아이가 필요로 하고 배우고 싶어 하는 것을 가르칠 수 있다. 학생이 준비되면 교사가 나타날 것이라고 믿으라! 그리고 발달적으로 그 무렵이면 아이들은 부모의 말을 듣지 않더라도 외부 교사의 말을 들을 수 있을 만큼 충분히 성숙해진다!

7. 올해 잘못된 선택을 했다면 어떻게 하는가? 프로그램? 교육 과정? 수업?

겨우 1년이다! 정해진 것은 아무것도 없다. 연간 계획(연도 계획과 함께 감독관에게 제출하는 서류)은 진행 중인 작업으로 언제든지 조정할 수 있다. 자신에게 맞지 않는 활동은 과감히 포기하라. 당신이 주도권을 쥐고 있다! 대부분 홈스쿨링 학생은 한 해의 목표를 끝내지 못한다. 우리는 인간이고 인간은 미루기 마련이다. 휴가가 생기거나 손님이 오거나 새로운 프로젝트가 생겨서 다른 일들이 미뤄지는 등 삶이 최선의 의도를 방해할 때가 있다. 그리고 많은 홈스쿨링 학생이 한 학년을 마치지 못하더라도 아이들은 다음 학년으로 넘어가서 잘 해낸다! 아이와 함께 보내는 시간을 즐겨라.

8. 학교 사진 촬영, 연말 파티, 스쿨버스 타기, 크리스마스 파티, 현장 학습 등 학교에 가지 않아서 아이들이 놓칠 수 있는 것을 걱정한다.

홈스쿨링 커뮤니티는 이러한 모든 경험을 제공한다. 학교에서는 대규모 집단을 위한 현장 학습을 준비하는 데 수반되는 복잡한 이동으로 인해 1년에 한 학년당 한두 번의 현장 학습만 허용한다. 가족이 함께라면 언제 어디든 갈 수 있다! 많은 나들이를 조직하는 지원 집단에 가입하면 매일 현장 학습에 나설 수 있다. 학교에서 프로그램을 진행하는 예술가, 작가, 발표자, 특별 게스트가 홈스쿨링 집단에게도 공연을 선보일 것이다. 필요한 것은 조직력뿐이다. 초창기 홈스쿨링 커뮤니티에서는 학교 사진 촬영, 재능과 관계없이 누구나 공연할 수 있는 연말 장기자랑 콘서트, 매주 현장 학습, 학부모가 주최하는 명절 파티, 음악 레슨, 연극과 볼거리 단체 할인 등을 제공했다. 가능성은 무궁무진하다.

어떤 부모들은 조직하는 것을 좋아한다. 당신도 그런 사람이라면 아이가 하고 싶어 하는 것을 골라서 날짜를 정하고 홍보하면 금방 모임을 만들 수 있다.

아쉬운 점은 스쿨버스 체험이다. 다른 집단에 참여하면 아이들이 스쿨버스 체험을 할 수 있을 것이다! 내 딸은 걸가이드 캠프에 스쿨버스를 타고 갔을 때 스쿨버스를 경험했다.

9. 친척들에게 우리가 무엇을 할 것인지 이야기하면 회의적인 반응과 침묵, 부정적인 의견이 돌아온다. 판단을 받는다면 어떻게 대처해야 하는가? 내 자신감이 약해진다.

안타깝게도 홈스쿨링과 언스쿨링을 더 많은 사람이 이해하게 될 때까지는 계속해서 비난받게 될 것이다. 대부분의 사람은 언스쿨링의 '사회적' 및 '학업적' 측면에 대해 고정관념을 가지고 있다. 홈스쿨링에 대해 무지하고 부정적으로 묘사하는 미디어에서 잘못된 정보를 얻는다. 많은 가족은 그저 미소를 지으며 "우리 가족을 위한 최적의 선택"이라고 말한다. 마음을 단단히 먹고 부정적인 의견은 무시하라.

10. 우리 아이는 매우 사교적이다. 아이가 어떻게 우정을 쌓을 수 있는가?

친구는 학교뿐만 아니라 모든 곳에서 찾을 수 있다. 어떤 아이들은 다른 아이들과 함께 있는 것을 좋아한다. 어떤 아이들은 주변에 사람이 많지 않은 집에 있는 것을 좋아한다. 홈스쿨링에서는 이 두 가지를 모두 충족시킬 수 있고 사회 활동의 속도를 조절할 수 있다. 대부분 도시에는 홈스쿨링 클럽, 이벤트가 있다, 야외 활동 애호가, 스포츠 동호회, 글쓰기 모임, 심지어 금요일 오후에 우리 집에서 열리는 마인크래프트 클럽까지 모두를 위한 조직적인 활동과 집단이 있다! 보이스카우트, 교회 집단, 커뮤니티 클래스 등 일반적인 커뮤니티 단체는 말할 것도 없다.

긴장을 풀고, 힘든 날을 위한 멘토를 찾고, 무엇보다도 아이와 학습을 즐겨라. 아이와 함께라면 절대 후회하지 않을 멋진 경험이 될 것이다!

편안하고 하나가 된 가족 시간 회복

오늘날 가족과 함께하는 시간이 부족하다. 모든 아이는 하루나 일주일 중 단지 몇 번의 정해진 순간이 아니라 항상 부모와 함께할 수 있어야 한다. 가족 간의 유대감 상실은 천식, 궤양, 심장병, 불안, 우울증, 자살, 약물 남용, 과민성 대사 증후군 등의 건강 문제로 이어질 수 있다. 부모와 아이 모두의 일상적인 스트레스를 완충하기 위해서는 긴밀한 가족 관계가 필요하다.

매일 함께 식사하라. 배가 고프지 않더라도 식탁에 모이기를 고집하라. 적어도 서로의 곁에서 즐겁게 시간을 보내라.

가족의 날을 지켜라. 배우자와 데이트와 마찬가지로 가족의 날은 일주일 중 단 하루만 가족 모두가 함께 보내는 성스러운 날로, 친구들이 끼어들어 가족 간의 사회적 교류가 약해지지 않도록 해야 한다.

아이가 학교에 다니는 경우 숙제를 거부하라.

특별한 공휴일, 생일, 가족 모임에 대한 활동과 관행의 침해를 거부하라.

생일, 특별한 날, 고등학교 졸업, 운전면허 취득과 같은 성취, 방학을 맞아 집으로 돌아오는 대학생 아이 등 통과의 권리를 인정하고 축하해 주라.

집 밖의 개인 활동에 대한 가치를 다시 생각해 보라. 가족 간의 소중한 대화 시간, 즐거움을 나누고 함께 배우는 시간을 빼앗는다. 포기할 가치가 있을까? 아이를 키울 수 있는 기간은 18년에 불과하다.

지루함은 창의력을 키우는 열쇠다.

지루함은 좋은 것이다. 비어 있는 시간을 통해 아이는 반성, 성찰, 고독의 기술을 쌓을 수 있다. 끊임없이 오락에 몰두하는 아이는 집중하는 법을 배우지 못한다. 뇌가 이완되어 몰입하거나 집중하지 않을 때 발생하는 창의적인 번뜩임도 얻지 못한다. 다른 사람이 계속 시간을 관리해 준다면 아이들은 추진력, 주도성, 끈기 등을 배우지 못한다. 이것이 바로 많은 언스쿨링 출신이 창업에 성공하는 이유다. 그들의 창의력은 지루함에서 비롯되었고, 그들은 그 창의력을 생산성으로 전환하기 위해 자신을 훈련했다.

성인들의 지시가 없다면 아이들은 하루 종일 무엇을 하는가?

아이들은 학교에 있을 때 많은 기회와 발견을 놓친다. 성인들이 시간을 통제하지 않는다면 아이들은 인생에서 더 많은 것을 탐구할 기회를 얻게 될 것이다.

구조화되지 않은 시간은 사람들을 걱정하게 한다. 구조, 특히 외부에서 강요된 구조가 없으면 불편함을 느낀다. 하지만 다음 두 가지 아이디어를 고려해 보라.

첫째, 구조가 필요한 아이들은 실행기능이 발달하면서 스스로 구조를 강요한다. 내 15살 딸은 매일 산책하도록 자신을 훈련했다. 17살 아들은 매일 오후 5시에 러닝머신에 올라갔고 아침, 점심, 저녁은 정해진 시간에 먹었다. 아이들은 낮이 아닌 저녁에 책을 읽는다. 낮 시간대는 아이에게 맞지 않았다. 매일 비타민을 먹고 신문을 읽는다. 10대를 제외하고는 대부분 자정 시간에 잠자리에 들고 오전 9시에 일어난다. 하지만 대부분의 사람은 우리가 홈스쿨링을 하거나 아이를 학교에 보내지 않는 까닭에 하루 생활이 비구조화된 것으로 생각한다. 정부가 정해진 등교 시간이라는 형태의 구조를 강요하지 않다고 해서 사람들이 자신의 시간을 스스로 통제할 수 없는 것은 아니다. 은퇴한 사람에게 물어보면 그들은 바쁘고 하루와 일주일에 구조, 리듬, 목적이 있다고 말한다.

둘째, 비구조화된 하루를 보낸다고 해서 아이들이 아무 일도 하지 않는 것은 아니다. 프로젝트와 의미 있는 활동으로 시간을 채우는 데 익숙한 아이들은 성인이 없을 때 쇼핑몰을 배회하거나 기물을 파손하거나 물건을 훔치거나 마약을 복용하는 데 시간을 보내지 않는다. 성인들은 아이들이 시간을 생산적으로 채울 수 있다고 믿고 있으며, 아이들은 그렇게 하는 연습을 많이 해왔다.

"우리는 실제로 다른 일을 할 시간이 있어서 언스쿨링을 좋아한다. 학교에 가면 아침 7시에 일어나서 10시간 동안 이미 알고 있는 많은 수학을 공부해야 한다. 예를 들어 나눗셈이나 곱셈을 배웠다면 수많은 문제를 더 풀어야 한다. 그런 다음 집에 돌아와서 수학책을 보고 잠을 자면 모든 것이 다시 시작된다. 반면에 학교를 그만두면 다른 것에서 수학을 배울 수 있다. 예를 들어, 나는 형과 함께 맞춤법, 수학, 문법을 배울 수 있는 온라인 컴퓨터 게임인 그라알(Graal)을 찾았다. 게임할 시간도 충분하다. 홈스쿨링을 할 수 있는 좋은 기회를 주셔서 감사하다." 학교에 다니지 않는 10세 어린이가 정부에 보낸 편지의 내용이다.

한 엄마는 다음과 같이 말한다. "우리는 네 가지 방식으로 함께 일을 처리합니다. 딸이 필요하고 하고 싶어 하는 일을 합니다(놀이와 프로젝트). 내가 필요하고 하고 싶은 일들을 합니다(일하기), 함께하는 일들도 있습니다(집안일과 잡일), 또한 따로 하는 일들도 있습니다(나는 피아노 연습을 하면 딸은 놉니다)."(Stephanie J, 2004)

내 아들 닐은 11학년 고등학교에 진학했다. 그는 학교에서 11학년 학생에게 할당된 한 과목 대신 두 과목을 더 수강할 만큼 학점이 많았다. 그는 숙제를 다 마치고 자유 시간 동안 도서관에 가서 앉아 생각에 잠기곤 했다. 성인들은 이러한 행동에 당황했다. 왜 그는 그냥 멍하니 앉아 있으며 아무것도 하지 않는 걸까! 그가 다음 해에 고등학교를 자신만의 방식으로 마치기 위해 언스쿨링을 하기로 선택한 것은 당연한 일이었다.

다음은 우리 아이들이 지루해서 완전히 스스로 했던 활동들이다! 이 목록은 매우 벅차게 보일 수 있으나 우리 아이들은 비디오 게임을 쉬지 않고 한 날들도 많았다! 결국 우리는 그들에게 다양한 활동을 요청했고, 아이들은 화면을 끄고 다른 무언가를 찾는 데 동의했다. 또한 각 활동에 해당하는 교과목을 표시하여, 독자들에게 간단한 활동이 얼마나 자연스럽게 교육적일 수 있는지 보여주고자 했다.

하루 종일 무엇을 하나요?

※ 범례: M-수학, E-영어, SC-과학, SS-사회, A-미술, D-드라마, PE-체육

5~11세

- 음식 만들기 및 베이킹: M
- 식당, 공장, 차고 등 놀이하기: M, E, SC, A
- 보드게임 놀이: M, E, SS
- 가사 및 동네 일과 프로젝트 수행: M, E, SC, SS, PE
- 보드게임 만들기: E, A
- 우체부 놀이 및 집안사람들에게 우편물 배달: E
- 그림 그리기, 조각, 공예: E, A
- 포션 만들기 및 가게 차리기: SC
- 공예 키트 만들기: A
- 홈 임프루브먼트 스토어의 목공 키트 조립: M, SC, A
- 인형, 인형극 인형, 봉제 인형 및 담요 만들기: A
- 걸 가이드, 스카우트, 4H, 주니어 성취, 주니어 포레스트 안내원, 군사 훈련생 프로젝트 및 배지 수행: M, E, SC, SS, A, D, PE
- 퍼즐 풀기: E, SS, A
- 카지노 놀이: M
- 워크숍 프로젝트 만들기: M, SC, A
- 친구 방문 및 밤샘 파티: E
- 바비, 폴리 포켓, 포켓몬 놀이: E
- 정원 가꾸기: SC
- 홈스쿨 박람회에서 시연 또는 연설: E
- 눈사람 및 눈 조각 만들기: SC, A
- 모래 조각 만들기: SC, A
- 포켓몬, 매직 스쿨버스, 빌 나이더 사이언스 가이 비디오 보기: SC, SS
- 스톡 팟 인 (종이 인형) 놀이: A
- 영화 만들기: E, A
- 회로 만들기: SC
- 자가 제작 영화 비디오 녹화: E, A, D
- 이야기, 만화 및 참고 도서 읽기: E
- 극장, 마임, 인형극 쇼 만들기 및 티켓, 표지판, 대본, 인형 만들기; 노래 부르기, 춤추기, 스킷 공연 M, E, A, D
- 사진, 디오라마, 요리책, 목록, 지도, 모바일, 벽화, 사진 앨범, 퍼즐, 테이프 녹음, 시간표, 포스터, 애니메이션 영화, 영화, 에칭, 그림, TV 프로그램, 저녁 식사, 재판, 설문 조사 만들기:

E, A
- 댄스, 필름스트립, 모델, 악기, 신문, 만화, 라디오 프로그램, 레시피, 슬라이드 쇼, 슬로건 및 광고, 보드게임, 범퍼 스티커, 청원서, 예술 작품, 설문지, 실험, 신제품, 의상, 디스플레이 만들기: M, E, SC, SS, A, D, PE
- 이야기 쓰기 및 그림책 삽화 그리기: E, A
- 혼자 또는 친구들과 공원에서 놀기: PE
- 책 쓰기 및 삽화 그리기(읽기 전 연령대): E, A
- 배드민턴, 캐치, 롤러블레이드, 수영, 스키 및 기타 스포츠 하기: PE
- 이야기, 일기, 달력, 차트, 콜라주, 모자이크 또는 컬렉션 삽화 그리기: E, A
- 레모네이드 가판대 운영: M
- 인터넷 및 상점에서 관심 항목 조사: M, E
- 도시 편의시설, 동물원 및 제조 공장 견학: SC, SS
- 골판지 상자로 기차, 성 및 도시 만들기: M, E, SC, SS
- 재활용을 위한 캔 및 병 수집: M, SC
- 범퍼 스티커 만들기: E
- 쇼핑하기: M
- 수집품 수집, 조사 및 정리하고 전시하기: E, A
- 여행 계획하기: M, E, SC, SS
- 책, 컴퓨터 프로그램, 편지, 편집자에게 보내는 편지, 새로운 법, 뉴스 리포트, 시, 노래
- 이야기, 에세이, 기사, 대본 쓰기: E, SS, A
- 여행하기: M, E, SC, SS, A, D, PE
- 자원봉사: M, E, SC, SS, A, D, PE

12~15세

- 요리하고 빵 만들기: M
- 집안일, 이웃, 지역사회에서의 잡일과 프로젝트: M, E, SC, SS, A, D, PE
- 보드게임 하기: M, E, SS
- 방 청소하고 집 유지보수 돕기: M, SC, A, PE
- 보드게임 만들기: E, A
- 자동차 고치기: SC
- 그림 그리기, 조각하기, 만화 그리기, 공예 만들기: E, A
- 가전제품 유지보수 배우기: SC
- 연 만들기: SC, A
- 작업장에서 프로젝트 만들기: M, SC, A
- 눈 조각 만들기: SC, A
- 선반 작업하기: M, SC, A
- 인형, 인형극 인형, 봉제 인형, 담요 만들기: A
- 부모와 함께 심부름하면서 소비자 관계 배우기: E
- 퍼즐, 스도쿠, 십자말풀이 하기: E, SS, A
- 친구 방문하고 밤샘하기: E
- 캠핑가기: SC, PE

- 정원 가꾸기: SC
- 개인적으로 또는 그룹 수업에서 체육관에서 운동하기: PE
- 토스트마스터즈 청소년 리더십에서 연설, 시연, 평가하기: E
- 자전거 타기, 걷기, 롤러블레이드, 스키, 스케이트 타기: PE
- 흥미 기반 홈스쿨 그룹 참여하기: M, E, SC, SS, A, PE, MU
- 컴퓨터 및 비디오 게임 하기: M, E, SC, SS, A, D, PE
- 현장 학습 가기: E, M, E, SC, SS, A, D, PE, MU
- 컴퓨터 프로그래밍, 앱 및 웹사이트 디자인하기: M, E, A
- 토론 주최하기: E
- 소셜 네트워크 참여하기: E
- 훈련 세션 계획하기: E
- 책, 신문, 웹사이트, 블로그, 포럼(예: Reddit) 읽기: E
- 모의 면접 참여하기: E, D
- 일기 쓰기 또는 언어 배우기: E
- 음악 연주하기: MU
- 이야기, 소설, 만화, 블로그 쓰기: E
- 기타, 피아노, 드럼 같은 악기 연주하기; 밴드에서 연주하기: MU
- 인터넷 및 상점에서 관심 항목 조사하기: M, E
- 음악 작곡하기: MU
- 교과서와 워크북으로 자기 학습하기; 워크북의 문제 풀기 및 해답 검토하기: M, E, SC, SS
- First Lego League, NaNoWriMo, 컴퓨터 프로그래밍, 글쓰기, 파쿠르, 비커헤드, 스포츠, 가라테 등과 같은 흥미 기반 클럽 참여하기: E, A, SS, SC, M, D, PE, MU
- 아이템 수집, 조사 및 정리, 컬렉션 전시하기: E, A
- 집 밖에서 일하기: M, E
- 여행하기: M, E, SC, SS, A, D, PE, MU
- 자원봉사 하기: M, E, SC, SS, A, D, PE, MU

16~20세

- 요리, 베이킹, 맥주 및 잼 만들기: M, SC
- 가사, 이웃, 커뮤니티 잡일 및 프로젝트 수행: M, E, SC, SS, A, D, PE
- 페인팅 및 조각: A
- 주택 개조 참여: M, E, SC, SS, A, PE
- 예술, 환경 보호, 커뮤니티 참여에 대한 지식과 감사를 강화하는 프로젝트 수행: M, E, SC, SS, A, D, MU
- 자전거, 오토바이, 자동차 작업: SC
- 스포츠 활동, 운동, 스키, 스케이트, 썰매, 자전거 타기, 캠핑: PE
- 가전제품 수리 및 유지 관리: SC
- 학문적 과목이나 개인 관심사에 대한 온라인 또는 오프라인 수업 참석: M) E, SC, SS, A, D, PE, MU
- 메이커 스튜디오에서 다양한 프로젝트 작업: SC, A
- 컴퓨터 바이러스 수리 및 하드 드라이브 재포맷: SC

- 3D 프린터 제작: SC
- 컴퓨터 프로그래밍, 스크립트 작성, 자바, 비디오 게임 개발; 앱 및 웹사이트 디자인: M, E, SC, A
- 부모를 위한 심부름: 세탁소, 병 수거, 공예점, 슈퍼마켓, 은행 등: M, E
- 소설 읽기(매일 약 3시간 독서): E
- 친구들과 파티, 게임 세션, 이벤트 주최 및 참석: E
- 책, 신문, 웹사이트, 블로그 및 포럼(예: Reddit) 읽기: E
- Toastmasters Youth Leadership에서 연설, 시연 또는 평가: E
- 일기 쓰기 또는 언어 배우기: E
- 관심 기반 홈스쿨 그룹 참여: M, E, SC, SS, A, PE, MU
- 소설 및 단편 소설 쓰기: E
- 콘서트, 축제, 지역 시설로의 당일 여행 참여: M, E, SC, SS, A, D, PE, MU
- 도서관에서 시간 보내기: M, E, SC, SS, A
- 코딩, 라틴어, 프랑스어 등 관심 있는 분야에서 젊거나 경험이 적은 사람 멘토링: E
- 교과서와 문제집으로 독학; 문제를 풀고 해설 검토: M, E, SC, SS
- 운전 교육을 받고 운전 배우기: M
- 가족과 함께 또는 혼자서 먼 나라의 친척 방문: M, E, SC, SS, A, PE
- 독학으로 악기 배우기: MU
- 가족 또는 친구와 여행 시 현지 도시의 박물관, 동물원, 과학 센터 및 문화 센터 방문: E, SC, SS, A, PE, MU
- First Lego League, NaNoWriMo, 컴퓨터 프로그래밍, 글쓰기, 파쿠르, Beakerhead, 스포츠, 가라테 등 관심 기반 클럽 참여: SC, M, D, PE, MU
- 임시 사무직, 소매업, 창고직에서 일하기: M, E, SC, SS, A, PE
- 자원봉사: M, E, SC, SS, A, D, PE, MU

15

평가

"중요한 것은 모든 것을 셀 수 있는 것도 아니고, 셀 수 있는 모든 것이 중요한 것도 아니다."

- 알버트 아인슈타인

학습 목표와 평가

사람들은 종종 나에게 "학생들이 배우고 있는지 어떻게 알 수 있는가?"라고 묻는다. 내 대답은 "배우지 않는지 어떻게 알 수 있는가?"이다.

미국의 가수 겸 배우인 어사 킷(Earsa Kitt)은 한때 "나는 항상 배우고 있다. 내 묘비는 내 졸업장이 될 것이다."라고 말했다.

언스쿨링 부모는 아이가 국가에 제출할 완성된 문제지로 가득 찬 바인더, 예술 작품으로 가득 찬 벽, 프로젝트로 가득한 작업실, 에세이 모음집 등 전통적인 학교의 물리적 요소가 없다는 점에서 학습이 일어나고 있다는 사실을 믿기 어려울 수 있다.

국가는 학교가 대중에게 책임을 지며 학교가 자신의 역할을 다하는 모습을 증명하기 위해 학교에서 가르친 내용의 평가를 요구한다. "평가는 학습이 일어났는지 또는 일어나고 있는지를 확인하는 방법이다."(CBElearn, 2013) 교육 분야에는 3가지 유형의 평가가 있으며, 모두 교실 환경에서 필요한 것이다(McTighe, 2005)(AB Assessment Consortium,

2013). 이러한 평가는 아동이 학습하고 있는지가 아니라 국가가 규정한 특정 결과를 학습하고 있는지를 측정하는 데 사용된다. 그러나 언스쿨링에서는 아래에서 설명하는 이유로 이러한 유형의 평가가 필요하지 않다.

1. 학습을 위한 평가(형성 평가)

이러한 유형의 평가는 성인 교육에서 학습자가 이미 알고 있는 내용과 다음에 알아야 할 내용을 파악하는 데 사용된다. 이를 "요구분석"이라고 한다. 이는 학년 초에 30명의 학생을 알지 못하는 상태에서 시작하는 교사에게도 해당한다. 교사는 각 아이의 능력을 알지 못한다; 홈스쿨링 환경에서는 분명히 그렇지 않다. 학교에서는 교사가 각 아이가 이미 무엇을 알고 있는지뿐만 아니라, 어떻게 배우는지도 평가해야 한다. 홈스쿨링에서는 아이의 지식수준과 학습 패턴, 기질과 성격, 지능의 강점과 약점, 좋아하는 것과 싫어하는 것 모두에 대해 이미 잘 알고 있다. 그리고 아이는 자신이 무엇을 배우고 싶은지를 여러 가지 방법으로 부모에게 전달할 수 있다. 매일 아이와 밀착된 상태로 보내는 언스쿨링 부모는 어떤 형태의 시험이 없어도 아이의 학습을 평가할 수 있다.

2. 학습으로서의 평가(평가가 제공하는 학습)

학교에서 교사는 아이들이 에세이를 작성하는 동안 계속 피드백을 제공한다. 이는 다음과 같이 진행한다. 학생이 에세이를 작성하면 교사가 피드백을 준다. 학생이 이를 반영하여 다시 에세이를 작성하면 교사가 더 많은 아이디어와 피드백을 추가하여 다시 피드백을 준다. 언스쿨링에서는 학습자가 주로 자기 평가를 통해 피드백을 받는다. 학습자는 특정 지식 목표를 달성하기 위해 무엇이 효과적이고 무엇이

비효과적인지 결정한다. 이를 문제 해결이라고도 한다. 이는 학습자 내부에서 이루어지는 평가이기 때문에 부모나 외부 감독자가 아이의 작업을 평가할 필요가 없다. 학습자가 자신의 결과를 스스로 결정하고 교과목을 학습하거나 개념을 만족스럽게 숙달하면 자기 평가가 끝난다. 이러한 지속적인 자기 평가는 언스쿨링에서 자연스럽게 일어나며 가장 효과적이다.

3. 학습평가(종합 평가)

이는 전통적인 평가 유형으로, 규정된 목표에 대한 학습이 실제로 이루어졌다는 것을 국가에 증명하기 위한 것이다. 이러한 유형의 평가에는 퀴즈, 시험, 에세이, 토론, 프레젠테이션, 그리고 종종 최종 점수가 되는 작업 결과물이 증거로 사용된다. 이러한 평가는 학교에서 필요한 것으로 결과의 책임은 시스템에 있다. 평가는 이러한 결과를 증명하기 위한 것이다.

가정 교육에서 부모는 누구에게도 책임을 지지 않는다. 아이들은 자신에게 책임을 진다. 스스로 학습을 증명할 필요가 없으므로 평가도 필요하지 않다.

누구를 위한 시험인가?

언스쿨링과 홈스쿨링 교육에서 부모는 태어날 때부터 아이를 관찰하고 함께 시간을 보냈기 때문에 아이의 능력을 이미 알고 있다. 이러한 이유로 주로 언스쿨링 부모들은 시험을 믿지 않거나 시험에 응하지 않는다. 하지만 만약 언스쿨링 교육이 시험을 받아들인다면 언스쿨링이 능률적이고 효과적이며 궁극적으로 아이의 미래를 준비하는 데 매우 성공적이라는 것을 보여줄 것이다.

학교 시스템에서 평가는 다양한 용도로 사용된다. 교사는 교장에게 자신이 효과적으로 가르치고 있다는 것을 증명하기 위해 평가가 필요하다. 교장은 학교가 정해진 교육과정을 실행하고 있다는 것을 학교 위원회에 증명하기 위해 평가가 필요하다. 학교 위원회는 학교가 국가의 명령에 따라 학교 시스템을 관리하는 것을 국가에 증명해야 한다. 정부는 납세자들에게 교육 세금이 현명하게 쓰이고 있으며 교육이 사회 발전을 위해 정당하게 제공되고 있다는 것을 증명해야 한다. 모든 사람은 교육 시스템이 검증되고 미래의 시민을 교육하는 데 잘 작동하고 있다는 것을 알고 싶어 한다. 평가, 시험이 그 증거를 제공한다.

언스쿨링과 홈스쿨링 학생은 학습은 끊임없이 계속되는 사실을 알고 있는 까닭에 증명서가 필요하지 않다.

언스쿨링의 계획과 평가는 학교와 반대다.

14장의 "언스쿨링을 하는 사람은 전구를 어떻게 교체하나요?"를 다시 읽어보면 학습 경로가 어떻게 비선형적이었는지 알 수 있다. 맛있는 커피 한 잔으로 하루를 시작하는 것 외에는 계획이 없었다! 하지만 하루가 끝나고 나면 많은 것을 배웠다는 것을 알 수 있었다. 캠핑장, 법정, 레모네이드 가판대, 촌극 등은 하루 중 부모가 학습을 기록할 수 있는 시간이었다. 양초 만들기, 진흙 콘도 만들기 등을 카메라에 담아 학습이 일어났다는 것을 당국에 보여주었다. 그렇게 했고, 몇 년이 지난 지금도 아이들과 나는 아이들이 무엇을 했는지 보는 것을 즐긴다.

학교 평가는 다음과 같이 전개된다.

국가 – 목표 – 코스 설계자 – 교사 – 학생 – 평가

학교 평가는 구체적이고 측정할 수 있으며 합리적이어야 한다. 계획은 정부에서 시작하여 학습자에게서 끝난다. 정부는 궁극적인 목표와 그 목표를 달성하기 위한 학습 결과를 설정한다. 그런 다음 코스 설계자가 코스 콘텐츠를 작성한다. 교사는 콘텐츠를 연구하고 결과를 달성하기 위해 강의 계획서 또는 코스 개요에 포함된 자료를 어떻게 가르치고, 제시하고, 전달할지 결정한 다음 사용할 자료를 결정한다. 이것이 교육과정이다.

교육과정은 직접 강의, 질문, 읽기, 화면의 텍스트 또는 기타 여러 가지 방법을 통해 학생에게 전달된다. 학생은 해당 과제(산출물)를 수행하고 교사는 이를 평가하고 피드백을 제공한다. 교사가 허용하는 경우 학생은 과제를 다시 수행할 수 있다. 때로는 학생이 도움이 필요한 경우에만 교사에게 접근할 수 있다(튜토리얼 학습). 교사는 루브릭, 퀴즈 또는 시험을 사용하여 목표를 얼마나 달성했는지 객관적으로 평가한다. 교사는 학생이 충족한 학습 결과, 충족하지 못한 학습 결과 또는 개발 중인 학습 결과에 대한 평가를 점수의 형태로 제공한다. 이 평가는 학생, 학부모, 교장, 그리고 궁극적으로 정부에 전달된다.

특정 평가는 언스쿨링에서 문제가 된다. 그 이유는 언스쿨링에는 미리 계획된 목표나 결과가 없고 전달 방법이나 교육과정이 미리 정해져 있지 않기 때문이다.

언스쿨링 평가는 다음과 같이 전개된다.

학생 - 학부모 - 감독자 - 결과 - 국가

계획은 학습자로부터 시작하여 정부로 끝난다. 아이는 논다. 부모는 아이가 한 일이나 본 것을 면밀하게 관찰하고 기록한다. 사진을 찍을 수도 있다. 부모는 감독관과 함께 활동을 검토하며, 감독관은 기록한다. 감독관은 학습 결과가 완료되었는지를 결정하고 평가 결과를 부모에게 다시 보내며 정부에 보고한다.

대부분의 언스쿨링 부모는 아이의 자발적인 학습을 쉽게 끼워 넣을 수 있는데도 정부가 정한 결과를 따르려고 하지 않는다. 우리는 성적이나 과목에 초점을 맞추지 않는다. 아이들은 모두 다 다르다. 어떤 아이는 11학년 수준의 읽기 능력을 보이지만 수학은 2학년 수준에서 배우고 있을 수 있다. 다른 30명의 아이와 비교하지 않으니 괜찮다.

언스쿨링은 각 아동의 독특성을 축하하고 발달 일정을 존중한다.

학교 평가 시스템에 확고한 신념을 가진 교육자들은 많은 연구가 학교 평가의 타당성을 뒷받침한다고 단호하게 주장한다. 연구 결과에 따르면 목표를 먼저 염두에 두고 계획을 세운 다음 그 목표를 지원하기 위해 활동을 계획하면 뇌가 학습할 수 있는 더 큰 기회를 얻을 수 있어 더 깊은 학습을 경험할 수 있다고 한다(Wiggins와 McTighe의 "*Understanding by Design*" 또는 앨버타 평가 컨소시엄의 "*학생평가를 위한 프레임 워크*" 2판 참조). 재미있는 활동을 먼저 찾은 다음 그것을 어떤 목적이나 목표에 끼워서 맞추려 하면 이해와 상관관계가 거의 없게 된다(CBE Learn Website, 2013).

이러한 특정 연구의 문제점은 주로 자기 주도적인 시간표에 따라 학습하는 언스쿨링 아동과 18세 시점에 그들이 축적한 지식에 관한 신뢰할 수 있는 광범위한 연구가 없다는 것이다. 언스쿨링 아이들은 부모가 아닌 스스로 자신의 활동을 계획한다. 위긴스(Wiggins)와 맥티게(McTighe)의 연구는 제도권 학교 환경에서만 이루어졌다. 제도권 환경과 정해진 목표 밖에서 자유롭게 학습하는 아동을 대상으로 한 연구가 아니다. 바다에서 고래를 연구하는 것과 수족관에서 고래를 연구하는 것의 차이를 생각해 보라. 환경은 모든 연구에서 필수적인 역할을 한다. 이를 고려하지 않으면 연구 결과가 크게 왜곡될 수 있다.

언스쿨링 아이들은 이미 목표를 염두에 두고 있다. 그들은 문제를 해결하고자 한다. 새가 어떻게 날아가는지 알고 싶다면, 이에 대해 배우기 위한 활동을 스스로 계획한다. 책을 펼치거나 인터넷에서 찾아보는 등 다른 사람이나 기관에서 미리 정해놓은 방법이 아니라 그 순간에 자기에게 맞는 방법을 선택한다. 아이를 관찰하는 것만으로도 그 방법을 알 수 있다. 아이들이 스스로 계획한 일정에 따라 얼마나 많이 배우고 즐겁게 학습하는지 놀랍다. 한 달에 한 번 정도 아이의 변화를 기록하다 보면 놀랍게도 아이가 자기 주도성과 호기심만으로 초등학교 7년간의 학습 결과를 거의 모두 다루는 것을 알 수 있다. 이것이 우리의 경험이었다. 심지어 우리는 아이들의 발견 학습 과정에서도 내적 동기가 정부의 결과와 일치하는 방식을 문서로 증명하기까지 했다.

어린아이들은 아무런 계획도 없이 배운다. 걷는 법, 말하는 법(4,000개 언어를 배울 수 있도록 미리 준비되어 있다!), 먹는 법을 배우고, 색깔과 숫자를 배우며, 심지어 유치원에 들어가기 전에 읽기를 배우기도 한다. 이러한 활동은 학습 결과를 염두에 두고 계획하지 않는다! 왜 아이들은 그것을 6세부터 시작해야 하는 것인가?

언스쿨링 시험의 15가지 문제점

시험은 학교에서 가장 일반적인 형태의 평가이다. 그러나 학교 밖 교육에서는 교육 내용과 전달 방식이 독특한 까닭에 문제가 발생한다.

1. 언스쿨링 학습은 구획화되거나 선형적이지 않다. 시험은 측정하도록 설계된 바로 그 형태이며, 시험은 잘못된 결과를 도출할 수 있다.

컨커디어 대학교(Chang, 2011)의 연구는 12명의 언스쿨링 아이가 정부가 배워야 한다고 생각하는 것을 배우지 못했는지를 측정했다. 이 시험은 다른 목표를 평가했다고 말할 수 있다.

언스쿨링 아이들은 교과목이나 학년도를 따르지 않는다. 과학, 사회, 역사, 지리, 언어, 예술 등 아이들을 테스트하기에는 너무 많은 영역이다. 학습하고자 하는 영역을 선택한 언스쿨링 학생은 해당 영역의 학습을 평가하기 위해 해당 영역의 시험을 찾지 않는다. 성적은 아무 의미가 없다. 또한 언스쿨링 학생에게 학년별 시험을 치르게 하는 것은 시험에 출제되는 주제를 선택하여 배우지 않았을 수 있기에 불공정하다. 학습은 모든 분야에 걸쳐 끊임없이 일어난다. 학교만이 학습을 과목 영역, 기간, 학년으로 나누고 있다.

엄마들은 아이들이 건강에 필요한 비타민을 충분히 먹는지 걱정하고, 정부는 아이들이 학습을 잘하고 있는지 걱정한다. 엄마는 매주 아이의 체내 비타민 A를 측정하여 흡수 여부를 확인하지 않아도 되며, 교사는 매달 학습을 확인하기 위해 시험을 볼 필요가 없다. 부모는 아이가 한 달 동안 몸에 필요한 영양소를 제공하는 다양한 좋은 음식을 먹는다는 것을 알고 있다. 마찬가지로 부모는 아이가 배운다는 것을 알고 있다. 학습 진보의 궤적은 종종 총알의 궤적이라기보다는 나비의 궤적과 비슷하다. 직선도 아니고 선형도 아니다. 아이의 발달, 나이, 관심사, 성격에 따라 다르게 나타나는 고원과 언덕, 계곡이 있다.

많은 경우 학습은 눈에 보이지 않는다. 아이들이 시험을 보지 않거나, 작품을 만들지 않거나, 에세이를 쓰지 않더라도 학습은 일어난다. 하지만 그렇다고 해서 학습이 일어나지 않았다는 의미는 아니다. 그러므로 부모의 관찰 기록은 학습자의 자기 평가 외에 부모가 가지고 있는 유일한 평가 도구인 경우가 많다. 이는 유효하고 가치 있는 평가 도구로 간주해야 한다.

2. 평가는 학습을 변화시킨다.

평가가 개입하게 되면 놀이의 성격이 달라진다. 결과가 목표가 되는 순간, 놀이는 더 이상 자유롭거나 자발적이지 않고 지시적인 것이 된다. 아이들이 시험을 보는 사실을 알게 되면 학습 자체를 즐기기보다 시험에 출제될 내용에 집중하게 된다. 시간과 에너지를 배분하는 방법을 배우게 된다. 시험에 출제되지 않을 내용을 학습하는 데 '시간 낭비'를 하지 않는다. 독후감을 써야 한다는 것보다 좋은 소설을 읽는 즐거움을 더 빨리 사라지게 하는 것은 없다!

평가가 가능한 결과는 일반적으로 상당한 시간 제약 안에서 충족되어야 하므로 아이들은 새로운 주제를 탐구하거나 주제를 깊이 파고들 수 없다. 내 딸이 대학에서 석사 프로그램에 지원하기 전에 평점(학점)을 올리기 위해 쉬운 과목을 수강하라는 조언을 받았을 때, 교육이 학습에 중점을 두지 않고 점수에 중점을 두었다는 사실을 더욱 분명히 깨달았다. 점수가 중요한 것은 맞지만, 점수가 교육과정을 결정해야 하는가, 아니면 교육과정이 점수를 결정해야 하는가? 많은 교사는 '시험에 맞춰 가르치는 것'은 많은 시간이 걸리고, 자연스러운 호기심을 억제한다는 점에서 진정한 학습에 불필요한 제약을 가한다고 불평

한다. 나도 동의한다.

선택과정에도 성적을 매긴다. 이는 바람직하지 않다. 선택의 목적은 한 분야에 대한 아이의 흥미를 자극하는 것이다. 새로운 것을 시도해 볼 수 있는 위험 부담이 적은 방법이다. 성적을 매기지 않는다는 사실을 아는 아이는 학습에 더 많은 위험을 감수하고 새로운 도전을 하기 위해 노력할 수 있다. 언스쿨링은 성적에 얽매이지 않는 진정한 학습을 촉진한다.

3. 시험은 많은 시간이 걸리고 스트레스가 많다.

학교 시험은 비용과 시간이 많이 든다. 학교의 주요 기능인 실제 교육 시간을 낭비하게 된다.

4. 시험이 콘텐츠가 되는 것은 학습에 좋은 방법이 아닐 수 있다.

교사는 아이들이 잘하고 있는지 어떻게 알 수 있는가? 교사는 아이들의 표정을 읽는다. 예를 들어 온라인 학습에서는 이러한 피드백이 없는 까닭에 많은 과제를 부과하여 필요한 평가 요소를 강화한다. 내 아들은 온라인으로 10학년 체육 수업을 들었다. 50시간의 글쓰기 과제와 75시간의 신체 활동 기록만으로 구성된 수업이었다! 분명히 학교는 아이들이 신체 활동을 할 수 있다고 믿지 않았다. 학교는 평가 요소가 필요했기 때문에 10개의 퀴즈, 3개의 에세이, 2개의 프로젝트, 그리고 의무적인 평가 대상인 서면 토론 과제를 부과했다. 온라인 수업의 글쓰기 요소는 실제 수업에서보다 훨씬 더 어려웠다. 이는 말이 안 된다. 교사와 학부모는 아이들이 참여하고 열정적일 때 학습한다는 것을 알고 있다.

5. 시험은 학습자의 부담으로 교사의 능력을 평가한다.

가르치고 배우는 것은 캐치볼과 같다. 교사는 아이의 흥분된 얼굴을 보고 공을 잡은 것을 알 수 있다. 하지만 교사가 공을 던졌는데 아이가 공을 잡으려 하지도 않다면 교사는 힘들어진다. 학교에서는 공을 던지는 교사나 공을 받는 학생이나 모두 학습에 대한 책임을 지게 한다. 언스쿨링 교육에서는 학습자의 책임이다.

6. 시험은 종종 취약점이 어디인지 알려주지 않는다.

교사가 학생을 평가할 때 숫자나 문자 표시 하나만으로는 모든 것을 알 수 없다. 질문의 의미를 오해하는 등 여러 가지 편견이 긍정적으로든 부정적으로든 시험 점수에 영향을 미칠 수 있다. 대부분의 교육 기관이나 프로그램에서는 채점이 끝난 후 학생이 다음 단계의 학습으로 넘어가기 위해서 개선해야 할 부분의 정보를 얻기 위한 자기 시험지의 검토를 허용하지 않는다. 이는 잘못된 것이다. 모든 응시자는 자신의 실수를 볼 수 있어야 하며, 최소한 정답을 확인하여 어디에서 틀렸는지 알 수 있어야 한다. 80%의 성적은 훌륭하지만, 틀린 문제의 20%를 어떻게 수정해야 하는지의 정보는 알려주지 않는다.

그러나 시험에 자기 평가를 도입하는 것은 큰 가치가 있다. 아이가 수학 프로그램을 시작하고 싶어서 자신의 수준을 확인해야 하는 경우 시험은 훌륭한 도구다. 점수 결과는 중요하지 않다. 학생에게 최적의 출발 수준을 알리는 지표로서 가치가 더 중요하다.

7. 시험은 종종 현재가 아닌 미래의 학생이 대상이다.

표준화 성취도 시험을 통해 학교는 현재 학생이 아닌 다음 해의 학생을 위해 더 나은 교육과정과 콘텐츠를 계획할 수 있다. 따라서 시험 결과는 학습을 정확하게 평가하지 못할 수도 있다.

8. 시험은 학습평가가 아닌 시험을 치르는 능력을 평가하는 경우가 많다.

아이들이 12살에 시험을 치르기 시작했을 때, 답안을 기록하고 객관식 답안지를 잃어버리지 않는 방법에 대한 지도가 필요했다. 아이들은 시험에 할당된 시간을 추정하고 계획을 세우는 방법과 시험 전 불안감을 줄이는 방법에 대한 안내가 필요했다. 종종 시험 문제가 너무 형편없이 출제되어 학습자가 무엇을 묻고 있는지 해독할 수 없을 때가 있다. 문제는 학습자의 지식이 아니라 시험이다.

언스쿨링 아이들은 시험에 익숙하지 않다. 그러므로 시험 내용을 알고 있어도 시험 절차에 대한 지도를 받지 않았기 때문에 성적이 좋지 않을 수 있다. 내 아들 중 한 명은 이를 잘 보여주는 나쁜 경험을 했다. 시험장에 들어가기 전에 교사가 계산기를 지우기 전에 재설정하라는 말을 듣지 못해 계산기 설정을 망쳐버린 것이다. 그래프 계산기가 디그리 모드(직각을 90등분)가 아닌 라디안 모드(수평을 파이로 사용)에 있었기 때문에 수학 시험 정답이 틀린 것이다. 당연히 시험 결과는 아이의 지식을 정확하게 반영하지 못했다.

9. 시험은 시작과 끝을 모두 포함해야 한다.

학습은 끝도 시작도 없다. 학습은 9월에 시작해서 6월에 끝나지 않는다. 자연스럽게 "궤도를 이탈하는" 것이다. 내 아이들은 여름방학 때 도서관에서 더 다양한 책과 비디오를 접할 수 있어서 매우 많은 것을 배웠다. 언스쿨링 '학기' 동안에는 외부 활동, 단체 활동, 놀이 데이트를 하느라 바빠서 책을 읽을 시간이 많지 않았다. 그러므로 아이들이 9월에 시험을 치렀다면 6월보다 지식이 많이 증가했을 것이다. 반대로 6월에 시험을 치렀다면 진전이 더 적었을 것이다. 또한 아이들이 학업 면에서 많은 것을 배우지 못하는 것처럼 보이는 정체기가 있는데, 정체기가 지나면 증명이 가능한 학습 쓰나미가 오기 때문에 괜찮다! 시험은 비선형적인 학습의 썰물과 밀물을 모두 포착하지 못한다.

또한 시험에는 시간제한이 있다. 실생활에서 시간이 정해져 있는 일은 거의 없다. 시간이 제한된 일의 스트레스는 학습자에게 영향을 미치고 지식을 성공적으로 출력하지 못하게 하여 인위적으로 낮은 점수를 받을 수 있다.

10. 학업 성취도 평가는 시험 직전 특정 기간의 학습만 측정한다.

시험은 시험을 치른 후 몇 년이 지난 뒤에도 지식을 보유하고 있는지 측정하지 않는다. 즉, 진정한 내재적 학습을 나타내는 지표가 아니다. 학교를 졸업한 후 2년이 지난 성인에게 학업 성취도 평가를 한다면, 현업에서 활발하게 일하지 않는 한 대부분이 불합격할 것이다!

11. 시험은 특정 가치를 가르친다.

시험 문제는 주로 학교에서 배우는 내용에 맞춰져 있어서, 아이들에게 학교 교육이 "정상적"이고 홈스쿨링은 "비정상적"이라는 인식을 줄 수 있다. 이러한 시험 문제는 홈스쿨링을 받는 아이들의 학습 경험을 반영하지 않는다. 예를 들어, 내 딸은 3학년 수학 시험을 보면서, 8살 나이에 문제의 70% 이상이 남자아이와 관련된 상황을 포함하고 있다는 사실을 알아차렸다. 이는 내 딸에게 수학이 남자아이들에게 더 적합하다는 잘못된 메시지를 전달할 수 있다. 부모들은 아이가 치르는 시험 문제를 거의 보지 않기 때문에, 이러한 성별이나 교육 방식에 대한 편향된 가치를 잘 발견하지 못한다.

12. 시험은 지적 영역만 측정한다.

시험은 주도성, 정직성, 창의성, 문제 해결력, 대인관계 기술 등 삶에서 성공하는 데 필수적인 기본적인 소프트 스킬을 측정하지 않는다. 아이들은 시험으로 측정할 수 없는 음악, 미술, 무용, 드라마, 스포츠, 운동, 기타 개인 기술 등과 같은 지적 영역에서 뛰어난 재능을 발휘할 수 있다. 핵심 과목의 시험 결과를 지나치게 강조하면 예술, 인문학, 스포츠에 뛰어난 아이들에게 지적 능력이 떨어진다고 말하게 된다.

13. 고부담 시험은 부정행위를 조장한다.

내 아이들이 대학교에 갔을 때, 최종 성적에서 시험이 50%에서 90%까지 차지했다. 왜 그렇게 높은지 물어보았더니, 수업 과제에서 부정행위가 만연해 있기 때문에 시험에 높은 비중을 두는 것이 부정행위를 통제하기가 더 쉽다고 답했다.

14. 성적은 자존감과 자신감을 손상할 수 있다.

성적은 아이의 진보에 대한 평가가 아니라 다른 아이와의 비교를 나타낸다. 성적은 특히 특수 아동의 자존감에 상처를 줄 수 있다. 적성, 지능, 능력이 다른 특수 아동은 다양한 요구와 학습 장애를 가지고 있다. 토마스 암스트롱(Thomas Armstrong)과 하워드 가드너(Howard Gardner)가 지적했듯이, 지능에는 적어도 8가지의 능력이 있다. 학교 시험은 언어(영어)와 논리(수학) 능력 두 가지만 측정한다.

15. 학습은 시험 이외의 다양한 형태로 평가할 수 있다.

포트폴리오, 프로젝트, 사진, 물리적 증거, 관찰, 자기 성찰 등은 학습을 증명하는 유효한 평가다. 그러나 이러한 평가 방식은 학생 간 비교를 어렵게 만들 수 있다. 이런 평가 방식은 대규모 전달, 표준화 교육과정, 컨베이어벨트식 교육 환경에서 필수적인 요소이며 편견이 내재되어 있다. 한 교사는 에세이를 A로 평가할 수 있지만 다른 교사는 완전히 다른 평가를 할 수 있다. 항상 가장 좋은 평가는 학습자의 자기 평가다.

사회적, 정서적, 신체적 건강을 검사하는가?

아동 발달에는 사회적, 정서적, 신체적, 인지적 측면의 4가지 차원이 존재한다. 우리는 한 사회의 일원으로서 납세자가 양육 프로그램, 의료 제공 또는 아동 수당 지급에 대한 합리적인 투자 수익을 보장하기 위해 아동의 신체적, 정서적, 사회적 건강을 주기적으로 또는 의무적으로 평가하지 않는다. 이러한 3가지 측면에서 아동의 건강을 모니터링하며 6세부터 18세까지의 만족스러운 발전을 보장하는 것은 부모의 역할이다. 아이들의 건강한 성장은 부모에게 맡겨야 한다. 정부가 아동 수당을 제공하는 대가로 부모에게 매년 '건강한 아이' 검진을 받도록 요구하는 것은 사적인 아동 양육에 대한 무리한 개입이 될 수 있다. 우리는 부모들이 아이에게 해를 끼치지 않을 것이라고 믿어야 한다. 그렇다면 왜 우리는 아이의 학습 상황을 검사하는 데 그렇게 관심을 기울이는 것일까? 아이가 배우고 있는지, 동료들을 따라잡고 있는지, 학업에서 동료를 따라잡는 것이 왜 중요한가? 아동의 진도와 관련해서만 비교할 수 있는 개인 맞춤형 학습에 무슨 문제가 있단 말인가?

의료 분야와 마찬가지로, 정부는 학교 밖 교육에 대한 규제와 개입을 최소화해야 한다.

부모를 신뢰하라.

홈스쿨링 가정의 99.9%에서 부모는 아이의 최선을 생각하며 아이의 행복을 최우선으로 두고 있다. 우리는 부모들이 아이의 정서적, 사회적, 신체적 발달을 책임지며 이에 대한 최선의 판단을 내릴 수 있다고 믿어야 한다.

고등학교 이전에는 평가가 없다.

시험은 생활 기술이며, 우리는 모두 이러한 기술을 익혀야 한다. 운전 면허증 시험, 요가 강사 자격시험, 수영 능력 시험, 가라테 단계 시험, 대학 입학시험 등을 준비하기 위해 시험을 치른다. 하지만 아동들이 6세에서부터 시험 준비를 시작해야 할까? 그렇지 않다. 그 시기에는 시험으로 인한 스트레스를 감당할 능력이 충분치 않으며, 필요한 시점이 오면 그때 응시 기술을 배우게 된다. 내 아이 중에 처음으로 시험을 보았던 경우는 수학과 영어의 국가 성취도 검사였다. 어떤 아이들은 9학년, 10학년, 심지어 12학년이 되어서야 시험을 보게 된다. 그들은 필요할 때 따라잡아 앞서 나간다. 고등학교는 시험 응시 기술을 연마하고 습득할 충분한 시간이 있다.

우리 아이들은 성적이라는 개념을 잘 몰랐다. 우리는 자기 평가가 최고라고 생각하며, "뭐가 재미있었나요? 무엇을 배웠나요?"와 같은 질문으로 아이들에게 접근했다. 아이들의 대답을 기록하지 않았다. 우리는 아이들이 다른 시각에서 생각할 수 있도록 도움을 주었다. 우리의 기록은 우리가 아이들에게 제공한 자원의 기록이었고, 아이들이 무엇을 이루어냈는지의 기록은 아니었다. 대부분의 아이는 학교식의 답변을 제공하지 못했다. 아이들이 2층 침대 위에서 인형극을 하고 있다는 것을 어떻게 교육 용어로 설명할 수 있는가? 아이들이 재미있는 활동을 할 때, 우리는 그 순간을 사진과 비디오로 기록해두었다. 이것은 현재에도 소중하게 간직하고 있으며 앞으로도 그렇게 할 것이다.

3가지 언스쿨링 평가 방식

앨버타주는 홈스쿨링 학습에 대해 3가지 형태의 공식 평가를 제공한다. 다른 주와 지역에서도 비슷한 체제를 가지고 있다. 연간 포트폴리오 평가는 의무적이다. 앨버타주는 캐나다 내에서 규제가 가장 엄격한 지역 중 하나이다.

1. 인증된 교사-감독관에 의한 연간 포트폴리오 평가 의무화

전통적인 부모 주도 가정 교육 프로그램을 선택한 언스쿨링과 홈스쿨링 학부모는 법적으로 공인된 교사-감독관의 방문을 연 2회만 받아야 한다. 첫 번째 방문은 가을에 이루어지며, 이때 학부모와 교사-감독관은 교육 계획을 검토하며 그 안에 포함된 20가지 결과물을 검토한다. 학부모가 계획의 주체이며, 이 계획은 반드시 수용해야 한다. 모든 목표는 20세까지 이루어져야 하며, 다양한 학습 활동은 매우 유연하여 다양한 형태로 만족스러운 결과를 얻을 수 있다.

두 번째 방문은 학부모와 교사-감독관이 아이가 계획에 따라 얼마나 발전했는지 평가하고 확신하는 연말에 이루어진다. 이때 교사-감독관은 아이와 학부모를 만나 얼마나 많은 흥미로운 일을 이루었는지를 이야기하도록 격려한다. 보고서 작성은 교사-감독관의 역할이며,

아이의 발전을 보고하고, 학부모가 가르치거나 행정적인 업무를 보고할 필요는 없다. 감독관은 긍정적인 교육적 용어로 아이의 활동을 설명하는 방법을 잘 알고 있다.

이 최소한의 개입 수준, 즉 두 번의 방문은 좋을 수도, 나쁠 수도 있다. 어떤 부모는 이것이 너무 사생활을 침해한다고 생각한다. 그들은 정부가 1년에 두 번이나 방문하여 가정생활에 개입하는 것을 원하지 않는다. 그러나 이러한 보고서 작성의 한 가지 장점은 "아이가 배우지 않고 있다", "가족이 아무것도 가르치지 않아 아이의 미래가 위협받는다", "부모가 최소한의 교육 프로그램을 제공하지 않는다"와 같은 비난으로부터 가족을 보호해 준다는 것이다. 아이의 학습과 발전 상황을 보여주는 이 법적 문서는 언스쿨링이 적절한 교육 방법이라는 것을 증명하는 데 도움이 된다. 또한 이러한 평가는 제출한 이전 보고서와만 비교하여 아동의 개별적인 진전을 평가하므로 유리하다. 내 아들은 3학년 때 글을 읽을 줄 몰랐으나 4학년에는 소설 시리즈를 읽었다. 그는 교실에서 배제되지 않았으며 놀림도 받지 않았다. 그의 평가는 이전 연도와 비교하여 진행 상황을 증명했다. 아들의 발전은 기쁨으로 축하할 가치가 있다. 모든 아이는 학습하고 발전하기 때문에 모두 성공한다. 어떤 아이가 1년 동안 TV만 보았더라도 아무것도 배우지 않았다고 할 수 없다. 이러한 평가는 그러한 점을 고려한다. 이는 반대론자들을 저지하고 자기 주도 교육의 유효성을 입증한다.

2. 비필수 표준화 시험

표준화된 시험은 관할 지역에 따라 모든 학교 아이들에게 대략 3학년마다 한 번씩 시행된다. 한 과목에 대한 "합격" 수준의 이해를 증명하려면 정답의 50%를 맞춰야 한다. 대다수 언스쿨링 아이들은 자기 학습을 통해 초등학교 과정의 50% 이상을 이해할 수 있다.

추가 연구를 위해 나는 언스쿨링 아이들에게 표준화 시험을 보게 했다. 내 아이 중 3명은 수학과 과학에서 9학년 수준의 시험, 일부는 수학과 영어에서 3학년과 6학년 수준의 시험을 보았다. 모두 최소한 '보통' 범주(정답의 50~80%)의 점수를 받았으며, 일부는 '우수' 범주(정답의 80~100%)의 점수를 받았다.

이 시험은 ELA(영어 언어 능력), 수학, 과학, 사회 과목의 핵심 과정을 대상으로 한다. 모든 아이가 의무적으로 치르지는 않지만, 특정한 날짜에 실시된다. 과학과 사회 과목은 학년 및 과목별로 시험을 치르게 된다. 아이가 자신의 과목을 선택하고 자신의 속도에 맞춰서 학습하는 홈스쿨링이나 언스쿨링 아이에게는 의미가 없다. 같은 이유로 언스쿨링 아이들에게 수학과 영어의 기본 능력조차도 때로는 시험에서 문제가 될 수 있다. 가정 교육자들은 정부 방침을 따르지 않아도 되므로 그들의 학습은 학교에 다니는 다른 아이들이나 시험 내용과 일치할 수도, 그렇지 않을 수도 있다.

미국에서는 필수 공통 핵심 시험을 요구한다.

3. 12학년 졸업 자격시험, SAT, ACT 또는 이에 상응하는 시험

이는 가장 중요한 시험 가운데 하나다. 아이가 특정 과목에 대한 지식이 있는지와 관계없이 국가시험을 통해 그 지식을 증명할 수 있다. 시험은 과목별로 다르므로 지식의 다양한 영역을 다루지는 않는다. 하지만 SAT, ACT 또는 졸업 자격시험의 통과는 아이가 해당 과목을 충분히 이해하고 있는 것을 증명한다.

이러한 표준화 시험이 모든 주에서 의무적으로 시행되지는 않는다. 이는 아쉬운 점이다. 매니토바의 고등학교 프로그램이 온타리오와 같이 엄격하지 않을 수도 있으므로 현재는 고등 교육 기관들이 학생들이 어느 지역에서 왔는지와 상관없이 자체 입학시험을 치른다.

이러한 "학교 교육 종료" 시험의 이점은 아동의 진전을 가장 객관적으로 평가할 수 있다는 것이다. 이 시험은 정부가 고용한 최소 3명의 아이를 잘 모르는 교사가 채점한다.

　학교 교육 종료 시험이 없는 지역에서 SAT나 ACT를 치르는 언스쿨링 학생은 국제적인 고등 교육 기관에 자신 있게 지원할 수 있다.

뒤처짐

　모든 언스쿨링 아이는 오직 자신과만 비교하기 때문에 아무도 뒤처지지 않는다. 그는 독특하다. 일부 부모는 언젠가 아이를 학교에 다시 보내고 싶을 때 학급 아이들보다 절망적일 만큼 뒤떨어져서 심한 놀림을 받지 않을까 걱정한다. 언스쿨링을 하다 학교로 돌아와서 이런 식으로 따돌림을 당한 아이는 단 한 명도 없다. 대부분 아이는 배정된 학년에 완벽하게 적응한다. "의사가 나보다 질병에 대해 훨씬 더 많이 알고 있지만, 아이들의 건강 여부를 알기 위해 매일 아이들을 데리고 의사를 만나러 갈 필요는 없다. 나는 매일 아이들과 함께 있다. 아이들이 어떻게 지내는지 지켜본다. 아이들이 무엇을 아는지 알고 있고 더 알고 싶어 하면 도와줄 수 있다."(Diana S, 1993)

목표와 교육과정 비교

　캐나다의 교육 시스템은 결과 중심이다. 결과를 달성하는 방법보다 결과가 더 중요하다. 주마다 지역적 차이는 있지만 각 학년은 비교적 비슷하다. 앨버타주에서는 사립, 공립, 협약 또는 가상 학교와 관계없이 각 학년과 과목에 똑같은 1,400개의 달성 목표가 있다. 유일한 예외는 가정 교육으로 아동당 20개의 목표가 있다.

목표와 교육과정을 활쏘기로 생각하라. 학습 목표는 과녁이다. 교육과정은 과녁에 적중하기 위한 수단, 즉 화살이다. 교육과정은 다양한 형태로 제공되며, 그중 하나가 바로 교과서와 문제집이다. 일부 지역에서는 고등학교 영어 소설과 같이 홈스쿨링 학생에게는 권장되고 교사에게는 필수인 자료 목록이 있을 수 있으나 이 역시 유연하다. 학교 위원회마다 선호하는 교육과정이 있으며 학부모는 이를 선택할지 자유롭게 결정할 수 있다.

심지어 성인도 '교육과정'이라고 말할 수 있다. 교육이 콘텐츠에서 역량으로 이동하면서 학생들은 이러한 역량 개발을 위한 인적 지원이 필요하다. 이는 교과서가 아닌 성인들에게서 비롯한다.

교육과정의 전달 방법도 다양하다. 자기 주도적 언스쿨링 방식에서는 학생들이 협동, 토론, 프레젠테이션, 직접 교수, 역할극, 묻고 응답하기, 응용하기 등의 방식으로 학습을 선택할 수 있다.

홈스쿨링 학생이 정부의 목표를 충족하지 못하면 강제로 그만둬야 하는가?

절대 그렇지 않다! 공립학교 학생이 표준화 성취도 시험에 실패하면 홈스쿨링이나 언스쿨링을 해야 하는가? 다시 말하지만, 결코 아니다! 특정 시스템을 지지하는 사람들이 자신의 시스템이 유일한 교육 모델이라고 가정한다면 오만한 태도다. 국가 시스템이 가장 많이 시행되기는 하지만 이것이 기본적인 표준은 아니다. 언스쿨링 교육에서 아이는 주어진 시간에 자신의 관심사에 따라 과녁과 화살을 무작위로 선택한다. 학교에서 학습자가 지시를 받아들이지 않거나 결과를 충족하지 못하더라도 교사는 절대 책임지지 않는다. 가정 교육에서는 부모도 책임이 없다.

학습은 전적으로 학습자가 통제할 수 있다. 부모가 할 수 있는 일은 자극적인 교육 환경을 제공하고, 아이의 호기심에 관심을 기울이며, 지적 욕구를 충족시키도록 돕는 일이다. 배변 훈련, 식사, 수면과 마찬가지로 부모는 학습 과정을 촉진할 수 있다. 하지만 부모는 결과를 강요하거나 통제할 수는 없다. 교사도 마찬가지다. 어떤 교육도 학생이 책을 읽게 만들 수는 없다. 부모가 야단친다고 해서 아이를 수학을 좋아하게 만들 수는 없다.

부모가 법적으로 해야 할 일은 아이의 교육을 돕는 것뿐이다. 풍부한 학습 환경의 제공만으로도 이미 법적 요건을 충분히 만족한다. 아이는 제안을 수용하거나 거부할 수 있다. 학교에서 교사는 나쁜 점수를 주겠다고 협박하거나 쉬는 시간을 빼앗거나 피자 쿠폰을 약속할 수 있다. 그러나 그는 아이를 1년 동안만 맡을 뿐이며 부모와 달리 아이와 평생 관계를 맺는 것은 아니다. 그들은 서로에 대한 최소한의 이해를 유지하면서 한 학년을 무사히 마치기를 바랄 뿐이다.

학부모는 정부가 정한 기준을 충족하지 못했다는 이유로 아이를 다시 학교에 보내도록 강요당해서는 안 된다. 국가는 부모에게 학교 교사보다 더 높은 수준의 책임을 물을 수 없다.

기록의 관리 유지

부모는 학교 밖에서 아이에게 제공한 지적 자극을 잘 기록해두는 것이 중요하다. 옳지 않은 일이지만, 부모는 종종 아이가 실제로 무엇을 배웠는지가 아니라 특정 주제 영역의 제시 방법을 얼마나 문서로 잘 작성했는지에 따라 평가받는다. 이는 특히 아이의 가시적인 결과물이 거의 없는 경우에 해당한다. 앨버타주에서는 두 차례의 감독관 방문이 의무화되어 이 작업을 수행해야 한다. 감독관 방문이나 다른 유형의 정부 간섭이 없는 캐나다 지역에서는 언스쿨링 가정에서 기록 보관 요건을 준수하지 않아도 된다.

앨버타주에서는 감독관이 아동의 지식을 직접 질문하는 경우는 거의 없으며, 부모가 제공하는 정보를 바탕으로 평가한다. 부모의 기록이 아동의 학습을 완벽하고 정확하게 평가하지는 않는다. 하지만 의무적이지 않은 시험을 제외하고는 현재까지 정부가 가정 교육에서 아동의 진전을 평가할 수 있는 유일한 방법이다.

전자기학(electromagnetism) 관련 비디오를 틀었는데 아이들이 10분 정도 보고서 지루하다며 방을 나갔다고 가정해 보자. 부모는 비디오를 보았다는 사실을 기록한다. 조력자로서 역할을 다한 것이다. 결코 아이에게 학습을 강요할 수 없다. 아이가 참여한 현장 학습, 여행 장소, 프로그램, 수업 개요, 도서관 대출 책, 시청한 동영상, 제작한 프로젝트, 프로젝트의 사진, 동영상을 기록하는 등의 형태로 문서를 작성할 수 있다. 어떤 부모는 소셜 미디어에 블로그를 제작하거나 사진을 모아 나중에 아이와 함께 즐길 수 있는 멋진 타임라인을 만들기도 한다. 다른 부모들은 학습 일지를 작성하고 대화를 기록한다. 일어나고 있는 모든 것을 기록할 필요는 없으며 대표적인 사례만 기록하면 된다.

가정 교육 지원 단체 가입과 권리 보호

온라인 학습을 통해 학교가 점점 더 가정으로 이동하고 있다. 우리는 전통적인 가정 교육을 유지할 권리를 보호하고 부모가 아이의 자기 주도적 교육에 대한 통제권을 유지하며 궁극적인 발언권을 가질 수 있도록 경계를 늦추지 말아야 한다. 모든 부모는 자기 권리를 알아야 한다. 온라인 및 통신 수업은 학교이며 부모는 이에 대해 아무런 발언권이 없다. 그러나 전통적인 가정 교육과 학교 밖 교육에서는 부모가 최종 결정권을 가진다.

홈스쿨 법률 단체에서 제공하는 방어 보험에 가입할 필요는 없다. 홈스쿨링은 합법이다. 확실하다. 당신의 교육철학을 공유하지 않는 낯선 사람이나 선의의 지인이 항상 존재할 것이다. 하지만 홈스쿨링을 한다는 이유만으로 당신의 집으로 찾아와 아이를 데려가는 일은 없을 것이다. 그런 두려움 때문에 낮 외출을 꺼리지 마라. 많은 지역의 사회 전문가들이 여전히 홈스쿨링이나 언스쿨링을 이해하지 못하지만, 그들은 법적으로 받아들여야 한다.

2007년부터 프레이저 보고서가 여러 차례 뉴스에 보도된 이후 홈스쿨링은 더욱 보편화되고 주류가 된 탓에 지난 10년 동안 학령기 아이가 매장 점원에게 "왜 학교에 가지 않아?"라는 질문을 받는 일은 거의 없어졌다. 나는 비인도적인 사건들을 처리해야 하는 힘든 사회복지사들이 이웃이 제보한 한 건의 불만으로 당장 어떤 조치를 할 것으로 생각하지 않는다. 어떤 조치를 하기 위해서는 클럽, 이웃, 친척 등 다양한 당사자가 한 명의 가해자에 대해 반복적으로 불만을 제기해야 한다. 증거가 필요할 경우 해당 주 또는 지방의 아동 보호 단체에 문의하여 지난 20년간 홈스쿨링만을 기준으로 홈스쿨링 학생을 조사한 사례가 몇 건이나 되는지 물어보라. 당신의 권리를 알고 계속해서 옹호하라. 우리는 인터넷 덕분에 서로 잘 연결되어 있다.

경계를 넘나드는 정부 규제

사회, 학교 관리자, 정부가 가정 교육에 대한 교육적 감독과 규제의 필요성을 느낀다는 점이 항상 흥미로울 것이다. 그들은 마치 학교가 궁극적인 교육 모델인 것처럼 부모는 아이에게 "학교에서 받는 교육과 동등한 교육"을 제공해야 한다고 주장한다. 많은 홈스쿨링 부모는 실제로 동등하지 않은 교육을 한다고 주장하며 오히려 아이들이 학교 교육보다 훨씬 더 우수한 교육을 받는다고 말한다.

학교 산업이 혼란에 빠졌다. 안데르센이 쓴 "*벌거벗은 임금님*"의 동화에서 벌거벗은 임금님을 보고 한 아이가 큰소리로 외칠 때까지 모든 사람이 멋진 옷이라고 칭송한다는 것을 상기하라. 모두가 희극에 참여한다. 마찬가지로 아이들이 인터넷, 가정, 지역사회에서 필요한 모든 것을 배울 수 있다는 것을 알고 있으면서도 직업 보호를 위한 사업자들의 로비를 고발하는 사람은 거의 없다. 사업자들은 의무적인 학교 출석이나 가정 교육 규정 또는 학교 출석 대신 의무적인 온라인 교육 시간을 강하게 요구한다. 규제에 잠재된 문제점을 살펴보라.

가정은 사적 공간이다.

국가, 지방, 주마다 홈스쿨링 규정이 다르다. 홈스쿨링에 대한 정부의 간섭과 규제는 지나치게 높으면 안 된다. 학교는 사회의 공익과 아이를 보호하기 위해, 그리고 납세자에게 책임지는 기관이기 때문에 규제되어야 한다. 그러나 가정은 신성한 공간이다.

의무 취학은 1900년대 초에 아이들이 공장이나 농장에서 일하는 대신 교육을 받을 수 있도록 제정되었다. 의무 취학은 정부 노동법이 어린 아동의 고용을 금지하는 이유로 더 이상 문제가 되지 않는다. 그러므로 정부는 더 이상 징벌적으로 학교 출석을 강요하지 않는다. 그런데도 왜 규제를 없애지 않는 것인가? 아이를 학교에 보내고 싶은 부모는 보낼 수 있다. 원하지 않는 부모는 보내지 않아도 된다. 아이들은 여전히 배울 것이다.

교육적 자유의 대가는 정부 규제를 끊임없이 경계하는 것이다. 우리는 언스쿨링과 홈스쿨링의 자유에 대한 정부 규제의 침해를 막아야 한다. 정부는 학교를 규제할 수 있으나 그 경계는 학교 울타리 안에서 끝나야 한다. 부모는 다른 사람이 아닌 자신의 아이만 가르친다. 학교 시스템이 가정의 신성함과 사생활을 침해하는 일이 있어서는 안 된다. 모든 가족은 자신의 권리를 알고 이해하며 그러한 권리가 침해될 때 목소리를 내야 한다.

정부와 학교는 가족이 어떻게 살아야 하는지, 무엇을 소중히 여겨야 하는지, 어떤 신념과 태도를 지녀야 하는지를 가르치려고 해서는 안 된다. 학교는 아이들에게 학문적 지식을 가르치기 위해 존재할 뿐이다. 세속적인 공립학교에서는 편견을 배제하고 정치적 올바름을 보장하기 위해 교육과정을 정기적으로 검토한다. 나는 우리 학교의 대부분 사회과 프로그램이 어느 정도 중립적이지만 종종 미묘한 가치관이 슬그머니 끼어드는 것은 이해한다. 딸의 고등학교 생물 교과서에서는 아타바스카 탄화수소 자원(Athabasca hydrocarbon resources)을 "오일샌드(oilsands)"라고 표현했다. 사회 교과서에서는 "타르샌드(tarsands)"라고 표현했다. 어떤 용어가 정서적으로 더 가치 있는지를 고민할 필요가 있다. 학교에는 편견이 존재한다. 아이에게 가르치는 가치는 학교가 아니라 부모가 통제해야 한다. 학교의 역할은 비판적 사고, 즉 무엇을 생각해야 하는지가 아니라 어떻게 생각해야 하는지를 가르치는 것이다.

부모는 아이의 가치관을 가르칠 권리가 있다.

일반적인 규제에 대한 우려는 부모가 정부나 더 나아가 지역사회가 추구하는 가치와 다른 가치관을 아이에게 가르칠 수 있다는 점이다.

많은 부모가 홈스쿨링을 선택하는 주된 이유는 가치관 때문이다. 교사들은 인성, 정직, 미덕, 매너, 윤리적 시민 의식의 모범이 될 수 있다. 그러나 학교 운동장에서는 다른 가치관도 존재한다. 부모는 아이가 학교 출석의 부산물로 소비주의, 또래의 압력, 조롱, 태도, 계급 서열, 집단 괴롭힘, 권위주의적 독재, 의심 없는 복종과 같은 것들을 배우기를 원하지 않는다. 내 아들은 1년 동안 고등학교에 다니면서 학문적으로 배운 것은 거의 없었지만 서열과 괴롭힘에 대해 많이 배웠다고 말했다.

규정 준수에는 많은 시간이 소요된다.

부모는 프로그램 계획, 학습 증명, 시험 결과에 대한 정부의 요구를 충족하는 것보다 더 나은 일을 할 수 있다. 부모가 보수를 받지 않는 행정 업무에 소비하는 시간은 학습 활동에 투입할 수 있는 시간이다.

부모는 교육의 적절성을 결정할 수 있는 가장 좋은 위치에 있다.

정부가 홈스쿨링 비용의 지원금을 제공하더라도 학교에 등록한 아이와 마찬가지로 개별 학생의 학업 성취도를 요구할 권리는 없다. 0~5세 부모를 위한 프로그램에서 많은 자금과 보조금은 투자 수익률에 대한 설명 없이 제공한다. 캐나다에서는 학교 보조금조차도 성과와 연계되지 않는다. 또한 부모는 아이에게 무엇이 최선인지 알기 때문에 정부는 교육과정, 프로그램, 결과에 관여할 수 없다. 시험은 정의상 표준화된 교육과정에 따라 달라진다. 그러므로 정부가 교육과정이나 프로그램에 관여할 수 없다면 시험도 관여할 수 없다. 부모가 원하는 것을 가르칠 수 없다면 홈스쿨링의 의미는 무엇인가?

교육 콘퍼런스에 참석하면 사람들이 "규정이 없는데 아이들이 어떻게 기본 교육을 제대로 받는지 알 수 있는가?"라고 묻는 경우가 흔하다. 홈스쿨링 아이들이 부족한 부분이 있다는 가정이 깔려있다. 많은 부모는 홈스쿨링이 평균적인 공립학교보다 더 잘할 수 있다고 생각하기에 홈스쿨링을 선택한다. 만약 학업 성취도에 보너스를 준다면 홈스쿨링 부모들은 부자가 될 것이다!

국가의 교육 의무를 다하게 되면 부모와 아이가 중요하다고 생각하는 과목에서 귀중한 시간을 빼앗게 된다. 현재 캐나다의 학생들은 로봇 공학이나 HTML 코딩에 대한 교육을 전혀 받지 못하고 있다. 이러한 분야의 기술 습득은 우리 아이들의 미래에 매우 중요하다. 부모는 시대에 뒤떨어진 정부 프로그램을 따르기보다 이러한 과목에 집중할 수 있어야 한다.

학교 직원은 가정 교육의 부적절한 감독자다.

이러한 점을 고려할 때 학교, 학교 위원회, 정부는 가족을 위해 봉사하는 것이며 그 반대가 아니라는 점을 기억하는 것이 중요하다. 토마스 암스트롱은 그의 저서 *최고의 학교(The Best Schools)*에서 "교육과 학습 전문가는 정치인, 공무원, 회계사 또는 표준화 시험의 기업이 아니라 교육자다."라고 말한다. 부모는 아이에 대한 전문가다. 부모는 아이에게 무엇이 최선인지, 가정에서 어떤 언스쿨링이나 홈스쿨링 방법이 효과적인지 알고 있다. 교사는 학생에게 무엇이 최선인지, 학교 교실에서 무엇이 효과적인지 알고 있다. 어느 한쪽이 다른 쪽을 감독하는 일이 있어서는 안 된다. 교육학 학위를 가진 캐나다의 교사는 언스쿨링이나 홈스쿨링의 고유한 철학과 관련된 교육을 의무적으로 받지 않는다. 교육 회계사나 사회복지사도 가정 교육에 대한 전문성 개발 교육을 받지 않는다. 교사가 감독자로서 가정 교육을 감독하도록 의무화하는 것은 부모의 권리를 침해하고 학교의 권한 한계를 넘어선 것이다.

육아에는 규제가 없다.

과학자들은 뇌 발달의 가장 중요한 시기는 0세에서 6세 사이라고 말한다. 아이들은 건강한 성장을 위해 뇌세포 연결을 발달시키기 위해 3D 체험학습이 필요하다. 이 시기에 아이들에게 최적의 발달 조건을 제공하기 위해 정부가 육아에 개입하는가? 아니다. 정부가 세금으로 지원하는 프로그램 수혜자에 대한 간섭, 모니터링이나 평가는 없다. 그렇다면 학령기에는 왜 그런가? 육아에 대한 정부의 감독이 없다면 가정 교육에 대한 정부의 감독도 없어야 한다. 부모는 아이가 6살이 되는 해에 갑자기 감독을 요구하지 않는다!

아이의 학업 능력은 부모가 가장 잘 알고 있다.

학부모가 공인 교사의 가정 방문을 받아야 하는가? 결코, 그렇지 않다! 부모는 아이의 기질, 학습 스타일, 특이한 점을 잘 알고 있으며, 이에 대처할 수 있는 검증된 전략을 알고 있다. 부모는 아이의 다양한 지능에 따른 강점과 약점, 그리고 매일매일의 학습 진척도를 잘 파악하고 있다. 아이가 받는 스트레스와 그에 대처하는 방법을 잘 이해하고 있다. 아이가 좋아하고 싫어하는 것을 알고 있다. 아이가 어떤 자극에 끌리는지 알고 있다. 아이에게 가장 적합한 학습 방법을 알고 있으며 인간관계 기술을 가르치는 방법도 알고 있다. 부모는 아이를 지원하기 위해 존재한다. 아이를 운동장에 버려두는 대신 함께 생활하면서 배우고 가르치는 존재다. 그들은 아이의 친구, 친구의 부모, 지역사회 구성원을 잘 알고 있다. 부모는 외부인의 평가가 아니라 자신의 관찰과 참여를 통해 이 모든 것을 이해하게 된다. 아이가 언스쿨에서 어떻게 시간을 보내는지를 평가하려면 매년 두 번의 감독관 방문이 필요하지 않다. 감독관의 한 시간 방문으로는 부모가 아이와 함께 보낸 시간 동안 배운 것을 파악할 수 없다. 이러한 방문은 허구에 불과하며 아이를 가르치는 능력에 대한 부모의 자신감을 약화할 뿐이다.

힘든 사건이 나쁜 법을 만든다.

사회가 홈스쿨링을 규제하려는 또 다른 이유는 홈스쿨링 아동의 학대를 우려하여 교사, 코치, 버스 운전사, 학교 간호사의 상시 감독 아래에서 이러한 학대를 예방할 수 있다는 믿음 때문이다. 미디어는 끔찍한 아동 학대 사례를 보도하며, 문제 있는 가정에서 홈스쿨링을 하는 경우 이를 더욱 강조하기도 한다. 하지만 공립학교에 등록된 아동의 학대 사례 수는 훨씬 많은데도 불구하고, 홈스쿨링 가정의 경우에만 뉴스에서 크게 다루는 일이 비일비재하다. 홈스쿨링 아동이 다른 아동보다 더 많은 학대나 방치될 위험성이 있다는 연구 결과는 없다 (Ray, 2018). 이러한 우려는 홈스쿨링이 점차 확대되면서, 공립학교 시스템의 지지자들이 홈스쿨링을 막기 위해 더 강력한 법규와 규제를 요구하는 데서 비롯한다. 이들은 자신들의 일자리가 위협당할 가능성이 있어서, 아동 학대 사례를 이용하여 부모들이 홈스쿨링을 할 수 없도록 방해하려는 경향이 있다. 홈스쿨링 학부모의 99%는 탁월한 역할을 하고 있다. 그들을 신뢰하는 것이 중요하다.

우리는 학대 발생률의 일부만을 기반으로 법을 만들지 않는다. 미국 성인 인구의 약 26%는 적어도 3가지 이상의 ACES(아동기 이상 경험)를 경험한 적이 있다(Palix, 2017). 이러한 유해한 경험은 성장하는 아이들의 뇌 구조 발달에 영향을 미칠 수 있다. 학교는 이러한 아이들의 가정 상황을 대부분 알지 못하며, 그들을 지원하기 위한 방책을 내놓는 일은 매우 드물다. 이러한 아동들의 평생 건강 문제와 이로 인한 의료비는 이제 보건 시스템과 궁극적으로 납세자가 부담해야 할 일이다. 반면, 언스쿨링을 통한 가정 교육은 이러한 해로운 경험을 겪지 않는다.

연구에 따르면 학대를 경험하는 아동의 대다수는 취학 전 아동인 유아와 미취학 아동이다. 흔들린 아기 증후군은 주로 1세에서 4세 사이에 가장 빈번하게 나타난다. 그러나 "부모의 학대 가능성을 확인하기 위해 부모를 조사한다"라는 주장으로 양육의 영역을 침범하는 것은 단지 핑계일 뿐이다.

규제에 대한 저항

부모가 홈스쿨링을 시작할 때, 관련 규정과 모든 관련자의 권리와 책임을 아는 것이 매우 중요하다. 많은 부모들이 자신의 권리를 알지 못한다. 학교는 부모가 그것을 알아차리지 못하는 사이에 권한을 넘어설 수 있다. 내가 아이들이 학교를 떠날 것이라고 통보했을 때, 나는 학교에 어떤 설명도 할 의무가 없었다. 하지만 학교는 아이들이 어디로 가는지, 내가 아이들을 가르치는 '막대한' 일을 감당할 수 있는지 등 권한이 없는 많은 질문을 했다. 그들의 질문은 내 자신감을 약화시키기 위한 것이었다.

부모로서, 나는 내 아이의 교육에 가장 큰 관심이 있다. 아이들의 성장은 나의 최우선 관심사이자 동기 부여의 근거이며 초점이다. 아이가 태어난 날부터, 나는 아이의 발달과 교육을 외부에 위탁하지 않았다. 만약 교육 시스템이 내 아이를 실패로 이끈다면, 내 아이는 성인이 될 때 실업자로 전락하여 지하실에서 생활하게 될 것이다. 그는 교사, 교장 또는 교육부 장관의 지하실에서 삶을 보내지 않을 것이다. 그래서 나는 자신감을 가지고 아이의 교육을 맡을 것이다. 왜냐하면 나는 할 수 있고 더 잘할 수 있기 때문이다.

모든 연구 후원자를 조사하라. 비판적으로 생각하라. 자신의 권리를 알고 행동주의와 옹호 단체의 활동에 참여하라. 양육과 마찬가지로, 언스쿨링에도 정부의 감독이 필요하지 않아야 한다.

언스쿨링과
아동 발달 단계

16

뇌의 기초

"재능은 어떻게 배웠는지 기억하지 않고도 잘할 수 있는 일이다."

- 데이비드 어바인

아동 발달 연구는 주로 제도교육을 받은 아동들을 대상으로 한다.

"인간 발달 연구는 교육 실천에 정보를 제공해야 한다."(Armstrong, 2006) 이 장에서는 아동의 "정상적인" 발달에 대해 알아볼 것이다. 학령기 아동의 정상적인 발달 연구는 대부분 학교 환경에서 또래와 위계적 권위가 있는 기관에서 생활하는 아동을 대상으로 수행되었다는 점을 염두에 두는 것이 중요하다. 아동 발달에 관한 연구는 지난 70년 동안 수행되어왔다. 학교 교육 시스템은 이미 그 당시에 확립되어 있었다. 우리는 동물이 사육환경과 야생에서 다르게 행동하는 사실을 알고 있다(Aldrich, 2015). 마찬가지로 우리는 홈스쿨링 아동을 대상으로 한 소규모 연구를 통해, 가정에서 교육받은 아동들은 학교에서 교육받은 아동들과 다르게 행동하는 사실을 알게 되었다. 가정 교육을 받은 아이들은 일반적으로 형제자매, 부모, 대가족과 더 친밀한 관계를 유지하며, 반항, 갈등, 언쟁과 같은 일반적인 10대와 청소년들의 행동 발달과 같은 특성을 나타내지 않는 것으로 밝혀졌다. 또한 홈스쿨링을 하는 아동들은 더 많은 수면을 하며 스트레스를 덜 받는다고 보고되었다. 이는 인지 발달뿐만 아니라 정서에도 영향을 준다. 홈스쿨링 아동들은 지역사회와 가족에 대한 소속감을 더 강하게 느낀다.

교육은 뇌에서 시작한다.

뇌는 생후 첫 6년 동안 가장 빠르게 발달한다. 아이의 경험이 사회적, 정서적, 신체적, 인지적 건강에 미치는 영향은 계속 연구하고 있다. 인간의 심장이나 폐와는 다르게 뇌는 태어날 때 완전히 형성되어 있지 않다. 즉, 뉴런이라 불리는 1,000억 개의 뇌세포는 이미 존재하지만 약 60%만 발달한 상태이다. 출생 시에는 이 세포들 사이의 연결이 제한적이다. 이는 아기의 뇌가 심장 박동과 호흡과 같은 기본 생존 기능을 통제하기 위한 정도의 연결만 형성되어 있다는 것을 의미한다. 시냅스라 불리는 세포 간 연결은 아이가 성장함에 따라 주변 환경과 상호작용하면서 형성된다. 이러한 연결 형성은 3세에 최고조에 달하지만 6세까지 계속된다.

뇌는 세포 간 연결 경로를 어떻게 형성할까? 뉴런은 세포체, 축삭돌기, 수상돌기로 구성된 신경 세포다. 축삭돌기는 한 세포에서 다른 세포로 신호를 전달하고, 수상돌기는 이 신호를 받는다. 세포체와 인접한 세포의 수상돌기 사이에는 시냅스라 불리는 틈이 존재한다. 신호는 이 틈새를 통해 신경전달물질이라고 불리는 화학적, 전기적 메신저에 의해 전달된다.

신경전달물질은 뇌의 뉴런들이 서로를 연결하는 "다리(bridges)"의 역할을 한다. 뇌세포가 신경전달물질을 통해 연결될 때, 그것들은 연결된 경로를 형성한 것으로 간주한다. 이러한 경로 형성은 뇌 "배선(wiring)"이라고도 한다. 이러한 경로는 뇌세포 사이에 같은 신호가 반복적으로 전달되면서 강화되어 두텁고 강한 경로로 발전한다. 이는 아이의 경험이 반복될수록 강화된다. 그러나 어떤 경로는 경험이 반복되지 않으면 약화하지만, 다른 경로는 새로운 경험에 따라 형성되며 반복되면 더 강화된다. 부모가 유아에게 어린 친구를 물지 말라고 반복해서 이야기하면, 이러한 반복적인 메시지는 특정 뇌 경로를 강화하는 역할을 한다. 결국 아이가 어린이집에 다닐 때가 되면 실행기능과 자제력이 향상되며 언어 능력이 발달하면서 무는 행동을 멈추게 된다.

이러한 연결 경로는 감정, 생각, 행동의 형성에 중요한 역할을 한다. 아동이 3세가 되면, 이미 뇌는 효율적인 작동을 위한 필수적인 연결을 형성한 후에 약하고 사용하지 않는 연결을 점차 삭제한다. 따라서 부모가 아이에게 책을 읽어주거나 대화를 나누지 않으면, 사용하지 않는 연결들은 사라진다.

10세가 되면, 아이는 약 500조 개의 연결을 보유하게 된다. 이는 성인과 거의 비슷한 수준이다. 연결은 어떻게 유지될까? 자주 활성화되는 연결은 강화되며, 그렇지 않은 연결은 약화한다.

축삭돌기는 미엘린이라는 절연층으로 덮여 있다. 이 미엘린은 약 25세까지 완전하게 성장하지 않는다. 그런데도 우리는 평생 계속해서 새로운 것을 배우고 경험하며 뇌를 형성해 나간다. 이것이 바로 뇌의 "가소성"이다(Durrant, 2011).

뇌는 태어날 때 가장 미성숙한 기관 가운데 하나이기 때문에 뇌의 성장과 발달을 위해서는 적절한 영양과 좋은 경험이 필요하다. 단백질, 당분, 지방(특히 아이에게는 우유를 섭취하는 것이 좋다), 그리고 비타민과 같은 영양소가 적절하게 공급되어야 한다. 뇌는 인체 내에서 산소를 가장 많이 소비하는 기관 가운데 하나이며, 체중의 2%에 불과하지만 산소의 20%를 사용한다(BodyWorlds, 2009).

뇌는 좋은 영양만으로 좋은 상태를 유지할 수 없다. 안전한 환경에서 부상을 피하고, 조기에 긍정적인 상호작용 경험을 하는 것도 중요하다. 아이의 환경은 뇌 발달에 큰 영향을 미치며, 후성유전학 (epigenetics) 분야에서는 환경이 뇌의 발달에 미치는 영향을 연구하며 뇌의 유연성을 이해하고 있다. 아동의 뇌는 비록 어떤 기술이 발달하지 않은 시대나 혹은 첨단 기술이 발달한 디지털 환경에 있더라도 적응할 수 있는 놀라운 능력이 있다. 그러나 보육의 질, 스트레스 해소, 긍정적인 자극 등은 어린 뇌의 발달에 큰 영향을 미치는 쌍방향적인 요소다. 뇌는 매우 반응성이 높은 기관이며, 초기의 부정적인 경험이 평균 수준의 지능을 가진 아이의 발달에 해를 끼치며 나중에 어려움을 초래할 수 있다. 반면에 양질의 사랑과 양육, 세심한 보살핌은 활기찬 아이로 키우고, 지능과 정서적 안정을 촉진할 수 있다.

아이는 학습을 통해 형성된 경로가 지속적인 경험을 통해 강화되지 않으면 지식을 "잃을" 수 있다. 6세에 프랑스어 몰입 수업을 중단한 아이는 8세까지 배운 프랑스어를 모두 잃을 가능성이 높다. 부모와 교사가 아이가 지식을 유지하기를 원한다면 뇌 경로를 계속 강화해야 한다. 독서, 대화, 다른 언어 사용, 여행, 승마나 마술쇼 관람과 같은 새로운 경험은 나이와 관계없이 아이들의 뇌 구조를 형성하는 데 도움을 준다. 화면 앞에서 세상을 관찰하는 것보다 실제 세상에서 "행동"하는 것이 훨씬 교육적이다.

오감을 모두 자극하는 경험의 중요성을 강조해야 한다.

아이들은 오감을 사용하는 3차원적인 경험이 필요하다. 예를 들어, 아이들은 플레이도우를 만져보고, 냄새를 맡아보고, 맛을 보고, 눈으로 보고, 듣는 등 다양한 감각을 사용하는 입체적인 경험이 필요하다. 이는 단순히 시각과 청각만 자극하는 태블릿 화면에서 플레이도우를 찾아보는 것보다 훨씬 더 효과적이다. 아이들은 아직 화면에서 플레이도우의 냄새를 맡거나 만질 수 없다. 모든 아이는 물건을 조작하고 탐구하는 것을 즐긴다. 아이들이 둘러앉은 테이블 위에 큰 플레이도우 공을 놓으면 누구도 그것을 가만두지 않을 것이다. 심지어는 식탁에서 차를 마시고 있는 엄마들도 마찬가지다. 큰 플레이도우를 내려놓으면 누군가가 그것을 알아차리고 만들기 시작할 것이다.

나이별 뇌 해부학

뇌는 척수 상단의 뇌간부터 머리 뒤, 위, 아래 방향으로 발달한다. 뇌의 발달은 태어나서부터 시작하여 약 25세까지 지속된다. 대뇌는 좌뇌 반구와 우뇌 반구로 나뉘며, 각 반구에는 엽(lobe)이라고 부르는 4개의 구역이 있으며, 각 엽은 특정한 신체 기능을 조절한다. 엽은 어린 시기의 여러 단계에서 발달하며, 특히 민감한 시기에 발달한다.

0~1세, 아기의 뇌 발달

뇌간은 태어날 때 아기의 뇌에서 가장 발달한 부분이다. 호흡, 혈압, 심박수 등의 기본 기능을 조절하며, 아기의 감정을 조절하는 역할도 한다. 또한 신생아의 울음과 젖 빨기와 같은 반사적인 신경 기능도 조절한다.

후두엽 또는 시각 피질은 머리 뒤에 위치하며 시각을 담당한다. 후두엽은 뇌 중에서도 가장 빨리 발달하는 구역 가운데 하나다(Covert, 2017).

아기들은 물건이나 장난감보다 사람과 상호작용하고 사랑받는 것을 좋아한다. 사랑과 스트레스 해소가 어디에서 나오는지를 아기는 빨리 배운다. 아기의 정서적 상호작용은 한 명 이상의 돌보미와의 연결을 통해 이루어지며, 안아주거나 기저귀를 갈아주는 등의 돌봄 행위를 통해 형성된다. 애착 육아는 기본적으로 스트레스를 해소하는 방식이다. 또한 도파민과 옥시토신과 같은 화학물질은 아기의 애착 형성과 부모와의 신뢰 형성에 중요한 역할을 한다. 아이들은 주로 시각, 청각, 후각, 촉각, 미각과 같은 다양한 감각을 통해 뉴런 연결을 발달시킨다. 특히 입은 주요 감각 기관이며, 4세까지는 아기가 탐색하고 경험하는 모든 것이 입 안으로 들어온다(Body Worlds, 2009).

아이들은 사물을 가지고 놀면서 세상과 상호작용한다. 아기들은 장난감과 골판지 상자를 구분하지 못하며, 아이들에게는 모두 똑같고 모두 좋아하는 것으로 보인다. 유아 교육용 놀이와 장난감 시장은 거대한 성장 산업이다. 유아용 장난감에 '조기 컴퓨터 코딩'이라는 라벨을 붙이는 전략은 부모가 아이에게 우위를 제공하고 있다고 생각하게 하는 마케팅 기법이다. 1세 미만의 아기를 둔 부모를 대상으로 하는 장난감과 상품 시장은 미국에서 연간 3억 4,300만 달러의 가치를 가지고 있다(Wildman, 2009). 그러나 아기가 필요로 하는 것은 성인과의 상호작용과 손에 들 수 있는 몇 가지 물건뿐이다. 조기 교육을 위한 장난감은 필요하지 않다.

1~2세, 유아의 뇌 발달

아이의 자아 감각은 1세에서 2세 사이에 시작된다. 아이는 보호자와 떨어져 있는 상황을 알아차린다. 사랑하는 사람이 자신의 곁을 떠나는 것을 막을 수 없어서 분리 불안이 시작된다. 유아가 성장하기 위해서는 성인의 도움이 필요하다. 2세가 되면 유아의 뇌는 성인의 뇌 시냅스의 두 배에 달한다.

아이들은 좋아하는 것과 싫어하는 것을 구분할 수 있다. 그러나 한계를 이해하지 못하고 원하는 것을 즉각 얻고 싶어 한다. 아이는 자제력이 거의 없다. 이 연령대의 아이들은 체계적이고 안전하며 따뜻한 학습 환경이 필요하다. 유아 행동의 90%는 무의식적이고 일상적이고 습관적으로 수행한다. 아이들은 단순하게 "행동"한다. 유아는 "충분히 생각"하지 않고 "더 잘 알지도" 못한다. 성인들은 몇 번이고 반복해서 지시하는 방식으로 가르친다. 이러한 반복은 뉴런 사이의 연결을 강화하여 아이가 성장함에 따라 간단한 힌트만으로도 지침을 기억하게 한다.

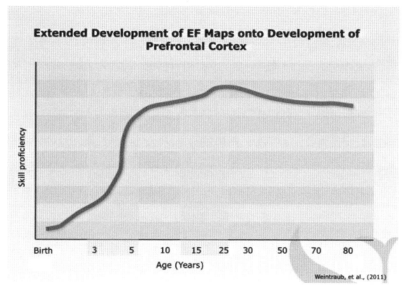

생애 전반에 걸친 실행기능 기술(Palix, 2017)

그래프를 살펴보면 유아는 자제력, 즉 실행기능이 거의 없는 것을 알 수 있다. 5세에서 6세 사이에 큰 발전이 나타나기 때문에 3살 아이가 체스를 두기는 어렵다. 실행기능의 4가지 영역인 작업 기억(체스 게임에서 여왕은 모든 방향으로 움직이고 성은 두 방향으로만 움직이는 것을 기억하는 능력), 집중력(산만한 상황에서도 집중하는 능력), 유연성(상대가

기사를 꺼냈을 때 새로운 수를 찾는 능력), 그리고 자제력(패배 시에도 보드를 방에 던지지 않는 능력)은 충분한 뇌 능력이 필요한 영역이다. 어린아이들이 "말을 듣지 않는" 주된 이유는 이 4가지 실행기능 기술이 3세 미만의 아이에게는 거의 존재하지 않기 때문이다. 이는 훈육의 문제가 아닌 발달의 문제다. 이것은 바로 많은 아이가 구조화된 학습을 할 준비가 되어 있지 않고 적어도 6세가 될 때까지 학교에서 앉아서 수업을 들을 준비가 되어 있지 않은 이유다.

3~5세, 미취학 아동의 뇌 발달

측두엽과 두정엽은 유아와 미취학 아동에서 가장 많이 발달하는 부위다. **측두엽**은 머리 옆쪽, 귀 위에 위치하며 청각과 언어 처리의 중심이다. 측두엽은 출생 전부터 발달을 시작하여 생후 1년에 최고조에 도달한다. 이는 유아들이 화를 내는 이유를 설명할 수 있다. 그들은 듣고 이해하지만, 내면에서 폭발하는 화산을 표현할 수 있는 어휘가 부족하기 때문이다. 또한 측두엽에는 감정을 조절하는 아몬드 모양의 작은 기관인 편도체도 포함되어 있다. 시상하부는 갈증, 배고픔, 성적 충동을 조절하며 감정과 밀접한 관련이 있다. 해마는 장기기억을 형성하고 아이들이 언어를 습득할 때 첫 번째 기억도 습득한다. 시상은 변연계의 제어 센터이다. 편도체, 시상하부, 해마의 작용은 모두 시상을 통해 전달된다(Body World, 2009).

두정엽은 머리 뒤쪽 상단에 위치하며 촉각, 미각, 후각을 처리한다. 또한 운동 협응을 관장하는 운동 피질도 포함되어 있다. 소근육 및 대근육 운동 능력은 아이들이 활동하기를 좋아하는 미취학 아동기에 정교하게 조정된다.

3세가 되면 덜 사용하는 뇌 경로를 정리하여 더 많이 사용하는 경로가 성장할 수 있는 공간을 마련하기 시작한다. 3세에서 6세 사이,

특히 4세에서 5세 사이에 아이의 실행기능이 크게 발전한다. 아이들은 성인의 말을 더 잘 듣는다. 가만히 앉아 있거나 말을 자제하는 능력에는 여전히 큰 차이가 있다. 그러나 많은 아이는 부모가 더 쉽게 교육할 수 있는 아이로 변해간다. 이러한 이유로 일부 국가에서는 7~8세까지 정규 교육을 미루는 경향이 있다. 부모를 대상으로 한 연구에 따르면 43%의 부모는 아이가 3세까지 자제력을 갖출 것으로 기대하지만, 실제로는 5세 또는 6세까지 자제력이 안정적으로 형성되지 않는 것으로 나타났다(Hawley, 2000).

6~12세, 학령기의 뇌 발달

아이들이 학령기에 접어들면서 전두엽이 발달한다. 이는 뇌의 마지막 발달 부위다. 전두엽은 이마 뒤쪽에 있으며 인지적 추론과 같은 고차원적인 기능을 담당한다. 이 시기의 아이들은 어떤 행동에 반응이 반드시 따른다는 결과적 사고가 발달하기 시작한다. 아직 추상적으로 생각할 수는 없지만, 일상생활에서 일어나는 사물과 사건 등의 유형과 구체적인 연산을 이해할 수 있다. 물리적 세계에서 무엇이든 직접 체험할 수 있다. 문제 해결, 감정 처리, 창의성, 판단력, 계획, 의사 결정, 충동 조절은 모두 대뇌의 이 부분에서 비롯된다. 6세가 되면 아이의 뇌는 성인 크기의 약 90%로 성장한다. 아이들은 여전히 주변 환경의 물리적 물체를 만지고 조작하면서 배우기 때문에 이 시기에는 체험학습이 뇌를 가장 잘 발달시킨다. 이제 아이들은 물건을 입에 넣지 않고 시각, 청각, 후각, 말하기를 통해 학습한다(Bady world, 2009).

13~17세, 10대의 뇌 발달

청소년기에는 회백질과 백질 모두 변화를 겪는다. 전두엽 피질은 3~5세 때와 비슷하게 실행기능이 다시 한번 크게 향상되며, 4가지 실행기능의 기술이 향상된다.

10대 청소년기에는 편도체가 가속 페달 역할을 하고 전두엽 피질은 브레이크 역할을 한다. 12세부터 전전두피질은 다시 성장하기 시작한다. 전두엽 피질은 뇌의 발달을 완성하는 마지막 부분이다. 청소년기의 경험적 학습은 청각, 시각, 촉각, 후각의 4가지 감각을 통해 계속된다. 청소년기에는 신호 장애가 나타날 수 있다. 신체는 성숙하나 신경계는 아직 발달 중이다.

10대들은 보상이나 쾌락을 기대하는 도파민을 갈망하며, 위험을 감수하거나 "아드레날린이 많이 분비되는" 활동, 약물 사용, 사춘기의 사랑, 비디오 게임이나 기타 경쟁 활동에서 승리하여 도파민을 얻는다. 이는 청소년기에 잘못된 의사 결정, 잘못된 문제 해결, 감정 조절 부족의 원인이 될 수 있다. 청소년의 타고난 뇌 브레이크가 항상 필요한 때에 작동하는 것은 아니므로, 신뢰할 수 있는 부모와 보호자가 청소년의 '외부 뇌'의 역할을 하여 청소년이 놓치고 있는 부분을 지적하고, 친절하고, 안전한 한계와 위험에 대비할 수 있도록 올바른 위험 분석을 도와주어야 한다. 부모와 아이 간의 신뢰와 소통을 위해서는 처벌적이지 않은 관계를 구축하는 것이 매우 중요하다.

이 나이의 아이들은 쾌락 중추 자극에 대한 강렬한 갈망으로 인해 정규 학교 생활이 다른 모든 것에 우선순위가 밀려나는 경우가 많다.

18~24세, 성장기 성인의 뇌 발달

이 나이가 되면 많은 아이와 성인은 자기 삶과 성인이 되기 위한 준비에 대해 훨씬 더 진지하게 생각하게 된다. 18세가 되면 아직 몇 년 동안은 고등학교 교육비를 지원받아 진학을 준비할 수 있다. 이 시기는 실행기능이 최적의 상태로 정점에 도달하며, 과거를 뒤로하고 미래 계획을 세우는 데 특히 좋다. 청소년의 뇌는 여전히 새로운 사고

방식에 민감하며, 인지 행동 치료는 중독 치료, 새롭고 유용한 사고 패턴 형성, 새로운 생활 방식과 새로운 관계 구축에 매우 효과적이다.

25~50세, 성인의 뇌 발달

25세가 되면 뇌의 회로는 대부분 정해진 상태이지만, 학습은 계속할 수 있다. 지속적인 학습은 새로운 경로를 자극하고 기존 경로를 강화한다. 뇌는 100년 동안 작동할 수 있지만, 뉴런이 죽으면 대체되지 않는다. 뇌는 25세에서 50세 사이에 가장 강력하다. 50세 이후에는 더 이상 최고의 성능을 발휘하지 못하지만, 대부분의 사람에게는 여전히 잘 작동한다! 중요한 것은 새로운 학습과 사회적 관계를 통해 뇌를 계속 활성화하고 도전하는 것이다.

기억력

뇌는 놀라운 능력이 있다!

기억은 3가지 형태가 있다. **즉각 기억**(Immediate memory)은 정보를 즉시 사용할 때 유용하다. 전화를 걸 수 있을 만큼 오랫동안 전화번호를 기억하는 것이 그 예이다. 그리고 전두엽 피질에 자리한 **작업 기억**이 있다. 대부분 성인은 약 20분 동안 한 가지 아이디어에 집중할 수 있는 작업 기억을 유지한다. 마지막으로 **장기기억**은 대뇌 피질과 관련이 있다. 이 인상적인 영역은 단기기억과 작업 기억에서 정보를 수집하고 이 두 가지를 종합하여 기억을 생성한다.

해마와 편도체는 기억을 감정으로 쌔칠하기 때문에 좋아하는 노래, 아이가 태어난 날, 결혼기념일, 처음 실연을 당한 날 등을 기억한다. 인생의 주요 사건에는 기쁨이든 고통이든 강렬한 감정이 얽혀 있어서 우리는 이것을 기억한다. 아이들은 우리가 인내심을 가지고 양육한 수년간의 시간을 기억하지 못할 것이다. 그들은 우리가 분노로 이성을 잃고 그들에게 소리를 질렀던 한 번의 순간을 기억할 것이다. 이는 그들이 그 경험에 붙인 강렬한 두려움의 감정 때문이다. 한 번은 남편에게 화가 나서 화분을 현관문 밖으로 던진 적이 있다. 아주 사소한 일이었지만, 아이들은 아직도 그 일을 기억하고 있다. 평소에 나는 매우 침착한 편이다! 내 행동에 대한 두려움이 너무 강해서 아이들이 기억하는 것이다.

사람들은 일반적으로 3세 이전을 기억하지 못한다. 3세에서 6세 사이의 미취학 아동은 한 번의 특별한 사건은 기억한다. 학령기 아동은 자신이 관련된 감정을 통해 아이디어나 사람을 기억한다. 10대는 더 나은 기억이 있지만, 최근의 10대 시절에 대해서만 기억한다. 대학생 아이들이 크리스마스를 맞아 집에 왔을 때, 한 아들에게 5살 때 토마스 탱크 엔진 기차 세트의 큰 엔진 고든(Gordon)을 왜 좋아했는지 물었다. 아들은 기억하지 못했다. 12살 아들에게도 생후 3년 동안 왜 소리를 질렀는지 물었더니 모르겠다고 했다. 7살, 8살, 9살 아이들과 함께 영국을 여행했을 때의 유일한 기억은 삼륜차를 본 것이 전부였다. 부모가 아이들에게 1~2년 전 학교에서 배운 내용을 기억해 보라고 하면 아이들은 거의 기억하지 못한다. 그 지식은 단기기억으로 들어가서 시험을 통과할 때까지 필요한 기간만 작업 기억에 남아 있다가 잊힌다. 아이가 적극적으로 참여하거나, 정기적으로 지식을 활용하거나, 해당 주제에 대해 열정을 가지지 않는 한, 학습한 내용은 뇌에서 버려진다.

도파민은 뇌의 전두엽과 뒤쪽의 장기기억을 연결한다. 감정과 감각은 도파민 방출로 인해 기억을 불러일으키기 때문이다. 음악은 감정에 영감을 준다. 음악을 듣고, 초콜릿을 먹고, 웃고, 껴안고, 사랑받는다는 느낌을 받는 즐거움은 장기기억을 만들 가능성을 높인다. 우리는 감각과 기억을 연결한다. 따라서 아이가 무언가를 기억하기를 정말로 원한다면 학습을 냄새, 맛, 음악, 감정(두려움이 아닌 웃음!), 사랑과 연결하면 장기기억으로 이동할 것이다. 아이들을 껴안으며 책을 읽어주면 책과 단어를 편안하고 즐거운 느낌과 연관시킬 수 있다. 부정적인 측면으로는 아마 7학년 수업 시간에 친구들 앞에서 나를 그토록 창피하게 했던 수학 선생님을 아직도 기억하는 이유일 것이다. 그해의 다른 기억은 아무것도 없는데, 한 학년을 통틀어 내가 얻은 교훈이라는 것이 얼마나 슬픈 일인지 모른다.

내 아이들은 구체적인 경험을 기억하지 못하지만, 그 경험으로 인해 두뇌가 발달했다. 아이들의 뇌세포는 수백만 개의 경로를 연결하여 지능을 성장시키고 발전시켰다. 나는 아이들이 구조화되지 않은 시절의 상호작용과 경험적 학습 능력이 높아져 더 많은 경로가 발달했을 것이라는 이론을 세우고 있다. 학교에 다니는 아이들은 약 10년 동안 책으로 둘러싸인 교실에서 보내지만, 언스쿨링 아이들은 같은 기간 동안 야외에서, 현장 학습, 여행, 집안일, 쇼핑, 독서, 창작 활동을 하며 보낸다. MRI 스캔을 통해 두뇌를 비교하는 것은 매우 흥미로울 것이다.

위에서 설명한 것처럼 감정 반응은 시상, 편도체, 전두엽 피질과 관련이 있다. 분노, 기쁨, 놀라움, 두려움, 고통, 혐오 등 모든 문화권에 걸친 여섯 가지 기본 감정이다. 이러한 감정이 학습과 더 많이 연결될수록, 그리고 학습이 이야기에 더 많이 포함될수록 인간은 기억 속에 학습을 더 오래 유지하게 된다.

깅연자기 감성적인 이야기를 할 때 청중은 자신의 감정을 공유하게 되기 때문에 기억하게 된다. 하지만 파워포인트 프레젠테이션에서 글머리 기호 목록을 읽으며 같은 요점을 전달하려고 하면 완전히 잊어버린다. 이야기에는 항상 감정의 고리가 있어서 사람들은 이야기를 기억한다. 스토리텔링은 책에 기록되기 훨씬 전에 사람들이 역사를 기억하고 여러 세대에 걸쳐 전달하는 방식이었다. 사회적 이슈에 대한 가족 간 열띤 토론이 주는 교육적 효과나 가르침의 힘을 무시할 수 없다. 학령기 아동과 청소년은 책에서 읽은 사실이나 화면으로 본 정보보다 토론을 훨씬 더 잘 기억한다.

다시 한번 강조하지만, 아이에게는 사실과 수치, 감정 사이의 맥락과 연결고리를 제공해 줄 성인이 필요하다.

창의성

어린아이의 전두엽 통제력이 부족하면 놀이와 탐험에 도움이 된다. 전두엽 영역은 관련 없는 생각이나 행동을 억제한다. 이는 실행기능의 자제력 부분이며 자제력은 "다른 사람이 어떻게 생각하든 상관하지 않는다."라는 태도를 방해함으로써 우리의 창의력을 제한할 수 있다. 방해받지 않으면 아이들이 자유롭게 놀고 주의하지 않고 탐색할 수 있다. 아이들은 계획을 세우거나 논리적이지 않고도 기발하고 창의적이며 유연할 수 있다(Gopnik, 2004).

우리는 뇌가 휴식 중일 때 가장 잘 작동하고 창의력이 높아진다는 사실을 잘 알고 있다. 그러므로 사람들은 샤워하거나 잠들려고 할 때, 헬스장에서 운동하거나 산책할 때 최고의 아이디어를 얻기도 한다. TV, 휴대전화, 다른 사람 등의 방해 요소에서 벗어나는 시간은 마음을 비워 생각하거나 영감을 얻거나 문제를 해결할 수 있도록 도와준다. 휴식 시간은 창의력을 위해 필수적이다(Jeyanathan, 2014).

스트레스

스트레스는 뇌에 긍정적이든 부정적이든 영향을 미친다.

9장에서 설명한 것처럼 스트레스에는 긍정적인 스트레스, 견딜 수 있는 스트레스, 독성 스트레스의 세 가지 종류가 있다. 모든 인간은 유아기부터 노년기까지 스트레스를 경험한다. 긍정적인 스트레스는 뇌에 도움이 된다. 견딜 수 있는 스트레스는 불편하나 지속적인 손상을 일으키지 않기 때문에 본질적으로 중립적이다. 그러나 독성 스트레스는 반복적이거나 만성적인 스트레스에 노출되어 신체적인 적응(allostatic load)이나 마모를 유발하고 어린 시절의 뇌 구조를 손상시킬 수 있다.

생일 파티, 크리스마스, 결혼식, 휴가, 친척 방문과 같은 행복한 사건을 기대하거나 마감일을 맞추거나 프로젝트를 완료하거나 면접을 준비해야 할 때 긍정적인 스트레스가 유발된다. 긍정적인 스트레스는 준비에 대한 동기를 부여하고, 도전 과제를 성공적으로 완수하면 큰 만족감을 느끼게 된다.

견딜 수 있는 스트레스는 과속 딱지를 받거나 직장에서 해고당하거나 괴롭힘을 당하거나 이혼하거나 가족의 사망과 같은 불쾌한 경험에서 비롯된다. 이러한 종류의 스트레스는 적어도 배려심 있고 지지적인 한 명 이상의 사람으로 구성된 지원 시스템에 의해 완화되는 경우에만 견딜 수 있다. 물론 건강한 식습관, 운동, 수면, 자기 관리도 도움이 되지만, 돌봐주는 한 명의 성인이 핵심 요소이다. 견딜 수 있는 스트레스는 가라앉는다. 스트레스는 계속되지 않는다. 시작이 있으면 끝이 있다.

독성 스트레스는 견딜 수 있는 스트레스가 계속 지속되다가 위로와 지지를 해주는 사람에 의해 완화되지 않아 독성으로 변한 것이다. 매일 밤 몇 시간 동안 울도록 방치된 아기는 위로받지 못하기 때문에 독성 스트레스를 경험한다. 아기가 울 때 안아주고 달래주면 아기는 사랑스럽게 보살피는 부모나 돌보미의 신체적 지지를 받기 때문에 독성이 아닌 견딜 수 있는 스트레스를 경험하게 된다.

연구는 아직 얼마나 많은 독성 스트레스가 우리를 무너뜨릴지에 대해 밝히지 못하고 있다. 사람에 따라 다르다. 어떤 사람들은 폭력적인 가정 상황처럼 많은 양의 스트레스를 견딜 수 있지만 다른 사람들은 같은 조건에서도 금방 피로해지고 말 것이다. 독성 스트레스의 정서적 잔류물과 스트레스 호르몬의 장기 방출로 인한 영향과 아이의 뇌 손상을 측정하기는 어렵다. 그러나 어린 시절의 부정적인 경험으로 인한 독성 스트레스가 장기적으로 불안, 우울증, 당뇨병, 중독, 심장마비, 뇌졸중, 염증, 기타 질환을 유발할 위험을 증가시킨다는 많은 연구 결과가 보고되고 있다.

유년기의 이상 경험(ACEs)은 독성 스트레스를 유발한다. 축적되면 나중에 수많은 건강 문제와 중독으로 이어진다. 우리 중 약 60%는 성장하는 동안 ACEs를 전혀 경험하지 않는다. 한 번쯤 경험하더라도 지속적인 문제로 이어지지는 않는다. 또 다른 20%는 한두 번의 ACEs를 경험한다. 그러나 마지막 남은 20%는 3번 이상의 ACEs를 경험할 것이다. 연구에 따르면 평생 건강, 관계, 고용 문제의 위험은 ACEs의 증가와 비례한다(Palix, 2017).

부모로서 절대 해서는 안 될 10가지 유형의 유년기 이상 경험(ACEs)은 다음과 같다.

1. 정서적 학대
2. 신체적 학대
3. 성적 학대

4. 학대 목격

5. 중독 목격

6. 치료받지 않은 정신 질환 목격

7. 이혼 또는 별거 목격

8. 버림받음 또는 수감으로 인한 부모의 부재

9. 정서적 비유대감

10. 신체적 방임

아이들이 포옹, 만지기, 친절한 말, 경청으로 위로와 위안을 받고 그 순간에 필요한 모든 도움을 주게 되면 스트레스 호르몬이 낮아지고 손상이 완화된다. 마찬가지로 스트레스 요인으로 인해 계속 높은 각성 상태에 있다면 학습할 수 없다.

이러한 이유로 괴롭힘을 당하는 아이들은 학습 능력이 떨어지게 된다. 한 번의 괴롭힘 사건은 아동이 교사, 코치, 부모 또는 다른 돌보는 성인의 지지를 받는다면 견딜 수 있는 스트레스이다. 그러나 지속적이고 반복적인 괴롭힘, 특히 보살핌이 없는 괴롭힘은 아이의 뇌 구조에 영구적인 손상을 입힐 수 있는 치명적인 독성 스트레스의 형태이다.

기술, 게임 중독, 뇌

중독은 선천적인가, 후천적인가? 이 질문은 종일 비디오 게임을 하는 언스쿨링 아이를 걱정하는 부모들이 주로 하는 질문이다. 정답은 중독은 선천적 요인과 양육 환경적 요인의 영향을 모두 받는다는 것이다.

중독은 선천적이거나 유전자 발현의 결과이다. 어떤 사람들은 중독에 빠지기 쉽다. 그들의 뇌와 유전자에는 스트레스가 많은 환경에서 중독이 발생할 가능성이 큰 선천적 단층선(inborn fault lines)이 있다. 어떤 사람에게는 이러한 유전자와 단층선이 활성화되지만 다른 사람에게는 활성화되지 않는다. 현재까지의 연구에서는 이러한 유전자를 결정적으로 활성화하는 유발 요인이 밝혀지지 않았다.

중독은 양육이나 환경의 영향도 받는다. 따뜻하고 체계적인 양육 환경에서 자란 대부분 아이는 중독에 취약한 유전자를 활성화할 수 있는 ACEs 또는 그로 인한 독성 스트레스를 경험하지 않는다. 그러나 18세 미만에서 3가지 이상의 ACEs를 경험하는 경우 중독이 유발될 가능성이 더 크다.

그러므로 정서적으로 건강하고 기능적이며 언스쿨링 가정에서 보살피고 세심한 성인과 함께 자란 아이들은 하루에 몇 시간을 비디오 게임을 해도 중독에 빠지지 않을 가능성이 크다.

중독에는 크게 두 가지 유형이 있으며, 각각 하위 범주가 있다.

물질 중독은 스트레스 해소를 위해 물질을 섭취하거나 신체에 주입하는 중독을 말한다. 이러한 물질에는 알코올, 불법 약물, 비처방 약물, 니코틴, 카페인 및 음식이 포함될 수 있다.

과정 중독은 사람들이 스트레스를 해소하고 뇌에서 기분을 좋게 하는 도파민 화학물질을 분비하기 위해 하는 행동이다. 이러한 행동에는 쇼핑, 도박, 섹스, 음란물, 운동, 일 등이 포함된다. 비디오 게임과 인터넷 중독은 진단과 치료를 정의하기 어렵기 때문에 아직 DSM-Ⅳ(진단 통계 편람)에 포함되지 않았지만, 본질적으로 도박 중독과 매우 유사하다.

언스쿨링 자체는 상대적으로 스트레스가 적기 때문에 언스쿨링 환경이 비디오 게임 중독을 유발할 가능성은 거의 없다.

뇌의 단층선으로 인해 중독에 취약하고 ACEs가 가득한 환경에서 자란 아이는 모든 유형의 중독에 빠질 위험이 더 크며, 그 중독은 한

가지 이상일 수 있다.

비디오 게임에 많은 시간을 보내는 대부분 아이는 중독이 아니라 습관이다. 습관은 환경이 바뀌면 변한다. 15세 때 종일 비디오 게임을 하는 아이는 필요할 때, 예를 들어 대학에 진학하거나 정규직 일자리를 확보하고 유지해야 할 때, 그 습관을 버리게 될 것이다.

부모와 교사의 학업 스트레스와 또래 친구들의 사회적 스트레스에 대처하는 고등학생은 약물과 행동 중독에 취약하다. 대마초나 알코올과 같은 물질에 의존하거나 끊임없는 대화나 지속적인 휴대전화 사용과 같은 강박적인 행동에 빠질 수 있다. 이러한 물질이나 행동은 도파민과 옥시토신이라는 기분 좋은 신경전달물질인 화학물질을 방출하여 뇌의 쾌락 중추에 공급한다. 건강에 해로운 이러한 행동은 건강한 다른 스트레스 해소 방법이나 요가 수련과 같은 행동으로 대체되지 않는 한 10대를 괴롭힐 수 있다. 뇌가 생각을 처리하는 방식을 바꾸고 스트레스 해소 전략을 바꾸면 뇌의 새로운 경로를 강화하는 데 도움이 된다.

뇌의 성별 차이

어린 시절, 여자아이와 남자아이는 거의 같은 양의 테스토스테론을 가지고 있다. 그러나 사춘기 이후에는 남자아이의 시상하부에 더 많은 테스토스테론이 생성된다. 남자아이는 신경 섬유가 더 많고 길어서 집중력(남자는 왜 멀티태스킹을 못하는지 여성에게 물어보라!), 공간지각력, 수학, 물리학을 더 잘한다. 일반적으로 남학생은 이러한 기술을 요구하는 비디오 게임을 더 잘한다. 여학생은 더 많은 뉴런 세포체를 가지고 있으며 언어, 세부 기억력, 공감 능력이 더 뛰어나다(Body World, 2009).

건강한 뇌 구조 만들기

다음 실천 방법은 아이의 건강한 뇌 구조 형성에 도움이 된다.

- 임신 중과 출산 후 산모에게 건강한 영양, 충분한 수면, 낮은 스트레스, 적절한 운동 등을 제공한다.
- 아이에게 스트레스가 적은 환경을 제공하거나, 불가피하게 스트레스가 많은 환경이라면 스트레스를 견딜 수 있고 독성이 없도록 따뜻하고 양육적인 편안함을 제공한다.
- 말하기, 노래하기, 대화하기, 읽기 등 인간적인 상호작용을 제공한다. 세심한 성인의 대화 형식인 반응형 언어는 모든 연령대의 아이에게 화면 학습보다 훨씬 더 나은 교육을 제공한다.
- 비난과 괴롭힘을 포함한 정서적 학대, 성적 학대, 회초리 등의 체벌, 신체적, 사회적, 정서적 방치를 방지한다.
- 아이가 부모의 별거 또는 이혼 중에 정서적, 성적, 신체적 학대, 치료되지 않은 정신 질환, 부모 간의 갈등을 목격하는 상황을 최대한 방지한다.
- 아이들이 오감을 통해 탐구할 수 있는 안전하고 풍부한 교육 환경을 제공한다.

적어도 한 명 이상의 돌보는 성인과 자극적인 환경은 어린 시절 내내 아이의 뇌가 성장하는 데 필요한 모든 것이다. 언스쿨링은 이러한 환경을 제공한다.

17

0~5세 영아, 유아, 미취학 아동: 탐색과 유대감 형성

"모든 아이는 예술가다."

– 파블로 피카소

플래시 카드 또는 골판지 상자?

주류 육아에서 일부 부모는 어린아이를 유아 수영 강습, 유아 스토리타임, 보육센터, 어린이집에 보내기 위해 동분서주한다. 플래시 카드, 태블릿, DVD를 구매하여 학교에 입학하기 전에 미리 공부할 수 있도록 하기도 한다. 일부 부모는 정교하고 값비싼 "학습 시스템"을 구매하기도 한다. 다른 부모들은 아이가 "우위를 점하기 위해" 2세 또는 배변 훈련을 마친 즉시 종일반 어린이집에 등록하며, 4세와 5세에는 유치원에 등록하기도 한다.

한편, 언스쿨링 부모는 골판지 상자부터 레고까지 비구조화된 놀잇감을 아이에게 주고 놀게 내버려 둔다. 아이에게 책을 읽어주며 주변 세계에 관심을 가지도록 유도한다.

모든 부모는 출생부터 6세까지 아이를 무의식적으로 언스쿨링을 한다. 부모는 아이가 무엇에 흥미를 느끼는지 알아차리고 그에 맞는 활동을 제공하거나 아이의 흥미를 자극할 수 있는 놀잇감을 제공한다. 어떤 부모는 아이가 집에 있기를 좋아하는 것을 알고 있지만, 또래 압력에 굴복해 지나친 외부 활동이나 장시간의 등록을 선택하기도 한다. 일부 부모는 자신은 집에 머무르는 것을 선호하지만, 아이가 놀이 모임이나 활동에 참여하고 싶을 때 이를 지원하고자 한다. 어느 쪽이든, 부모는 아이의 학습 방식과 개별적인 성격에 가장 적합한 사회적 활동의 양을 알고 있다.

아이에게 필요한 것은 사람인가, 물건인가? 사람들이 절약하지 않는 두 가지 산업이 있다. 장례 산업과 신부모 산업이다. 사랑하는 사람의 마지막 순간을 최상으로 기리기를 원치 않는 사람이 어디 있을까? 또한 아이에게 교육적 이점을 제공하는 물건에 돈을 쓰지 않는 부모가 어디 있을까? 교육 용품, 심화 활동, 학교, 서비스는 어떤 것도 세심하고 양육적인 부모, 교사, 돌보미를 완전히 대체할 수 없다.

우리가 실천한 일

내 아이들은 유치원에 다닌 적이 없다. 대신, 매주 한 번 아침마다 비구조화 '유치원' 놀이 모임에 아이들을 데려갔다. 자원봉사자들은 플레이도우, 모래, 물놀이, 그림 그리기, 스토리텔링, 퍼즐, 옷 입히기, 공예, 간식 시간 등을 위한 놀이 센터를 마련해 두었다. 아이들은 오전 내내 원하는 활동을 선택하거나 모든 활동을 체험하며 놀 수 있었다. 어떠한 제약도 없었다. 부모들은 같은 방에 머물거나 복도 아래에 있는 커피숍을 함께 방문했다. 나도 사교적인 측면이 마음에 들었다. 사실 아이들에게 사회적 시간보다는 오히려 엄마가 더 필요한 경우가 많았다!

나머지 날은 집에서 시간을 보냈다. 공원, 과학 센터, 동물원, 자연 산책, 당일치기 여행 등 전형적인 언스쿨링 활동 놀이를 했다. 13장에 기술된 다양한 놀이 아이템을 활용하여 집에서도 놀이를 즐겼다. 아이들은 블록, 플레이도우, 인형, 레고, 플레이모빌, 케이넥스, 메카노 등 다양한 장난감과 놀았다. 그 결과 아이들은 자체적으로 많은 장난감을 만들게 되었다.

학습 자체에는 엄격한 구조가 없었지만, 우리의 한 주간은 구조가 있었다. 화요일은 엄마의 "타임아웃 교회 모임"에, 수요일은 비구조적인 놀이 모임에, 월요일은 엄마의 빨래 시간 동안 집에서 노는 날이었다. 아빠는 항상 월요일 저녁에 아이들을 도서관에 데려갔고, 목요일은 장을 보는 날, 금요일은 단체 현장 학습 또는 놀이 날이었다. 토요일은 집안일 및 부부 데이트 날, 일요일은 가족 활동의 날로 정했다.

두 큰아이는 놀이 모임에서 유치원과 초등학교 1학년으로 진학했다. 그들은 학교 시스템에 3년간 참여한 후 결국 학교를 떠났다. 새로운 학부모 친구 사귀는 것은 기쁜 일이었지만, 학교가 우리 아이들에게 맞지 않다는 것을 인정해야 했다. 아이들은 너무 구조화된 환경을 좋아하지 않았으며, 당일 캠프나 종일 야외 활동조차 싫어했다. 홈스쿨링 커뮤니티에서 새로운 엄마 친구를 사귀어야 할 것 같았다!

우리 집은 항상 독서 환경을 갖췄다. 매주 도서관을 방문하며, 집안 구석구석에는 약 1,000권의 책이 보관되어 있어 아이들이 지루할 때마다 언제든 읽을 수 있는 자료가 있었다.

우리가 1990년대 초에 홈스쿨링을 시작했다는 사실은 주목할 가치가 있다. 그때는 아직 인터넷이 미래에 대한 것이었다. 남편과 나는 BBS(게시판 시스템)에 로그인하는 것을 좋아했기 때문에 온라인 "관심 모임"이 있었지만, 아이들은 매우 기본적인 아동용 컴퓨터 게임만 즐길 수 있었다. 가장 많이 사용한 스크린 타임은 VHS 비디오 시청이었다. 오늘날 권장되는 하루 2시간 이하의 스크린 시간보다 훨씬 많이 보았다. 보통 디즈니 비디오는 1시간 30분 정도인데, 아이들은 같은 비디오를 하루에 여러 번 반복해서 보고 싶어 했다. 때로는 같은 동영상을 하루에 세 번이나 보기도 했다! 자랑스럽진 않지만, 부모가 아픈 날이나 피곤한 날에는 평화로운 시간을 보내기 위해 노력했다!

20년 전과 오늘의 가장 큰 차이점은 당시에는 **집에서만 스크린 타임을 가졌다는 점이다.** 비디오 시청은 집 안에서 다른 활동 사이에 끼워 넣는 용도로 사용했다. 그래서 아이들은 차 안에서, 식당에서, 놀이 모임에서, 병원에서, 해변에서, 극장에서, 친구 집에서, 줄을 서면서 기다릴 때마다 화면으로 즐거움을 느끼거나 부모가 화면을 제공해 달래는 것에 익숙해지지 않았다. 유휴 시간은 '나는 스파이', '이야기 들려주기', '가위바위보', '농담이나 시 말하기', '화성에 가는데...'와 같은 '부모와 아이가 함께 할 수 있는' 언어 게임으로 채워졌다. 대기실에 있는 동안에는 동화책을 읽어주었고, 아이들이 나이가 들면서 주사위와 카드 게임으로 대체되면서도 같은 전략을 사용했다. '바쁜 두뇌 키트'라고 부르는 지퍼가 달린 가방을 가져가면 지루한 시간을 보내기에 도움을 주었다. 이 가방에는 종이, 마커, 주사위, 플레이도우, 파이프클리너, 탱탱볼, 카드 한 벌이 들어 있어 아이들이 외출 중에도 활발하게 놀 수 있었다. 언어 게임은 문해력 향상과 아이들이 생각하고 의사 표현하는 것을 도왔다.

우리 주변에는 많은 장난감이 있었다. 아이들은 자기 주도적인 놀이를 통해 하루를 채웠다. 아이들이 10대가 되었을 때는 배경지식을 끌어낼 수 있는 경험적인 지식이 쌓여 있었다.

실천할 수 있는 일

만약 부모가 원하지 않거나 여유가 없다면, 아이를 어린이집에 보낼 필요는 없다. 심지어 앨버타주에서는 유치원도 자발적이다. 어린 아이들이 형성기 동안 가장 필요로 하는 것은 배려심 있는 성인이다.

어떤 활동이나 교육 프로그램보다 부모의 시간, 관심, 대화, 사랑, 따뜻함, 주의력이 아이의 뇌 발달에 더 큰 영향을 줄 수 있다.

부모가 전일제 역할을 할 여력이 없다면, 어린이집, 보육센터, 교육 프로그램, 여름 캠프 등 다양한 대안을 고려할 수 있다. 기업들은 댄스, 미술 수업, 스포츠, 미술 등 다양한 프로그램을 제공하며 아동 활동 시장에서 아이들을 유치하기 위한 경쟁을 벌이고 있다. 그러나 이러한 모든 활동은 자극적이지만, 사랑과 양육은 부모만이 제공할 수 있다. 소년 스포츠단이 좋긴 하지만 필수적이지는 않다. 대부분 부모는 외부 서비스 없이도 자극적이고 풍부한 환경을 집에서 제공하며 사랑과 양육을 함께할 수 있다!

또한 부모는 아기 학습용 DVD, 플래시 카드, 유아용 TV 등 상업적인 "교육" 콘텐츠의 유혹을 피해야 한다. 아기, 유아, 미취학 아동에게는 이러한 것들이 필요하지 않다. 그들에게는 집에서 안전한 놀이를 즐길 수 있는 자료, 비구조화된 시간, 관심을 가지고 감독할 수 있는 성인이 필요하다. 언스쿨링 생활 방식에 필요한 모든 요소이다.

조숙하고 외향적인 미취학 아동이 있다면 어린이집은 아이의 사교성과 대담성, 활동성을 배양하는 데 도움이 될 수 있다. 그러나 아이를 어린이집에 보내면서 아이에게 우위를 부여하려는 생각은 하지 않아야 한다. 대부분 초등학교 교사는 어린이집에서 오는 아이와 부유한 가정에서 오는 아이를 구별하지 않는다. 장기적으로 보면 모든 아이는 평준화된다.

이 시기의 인지 발달

유아, 만 1~2세

유아기 아이들은,

- 사랑하는 사람, 로고, 사진을 알아볼 수 있다.
- 사진과 거울에 비친 자신과 다른 사람을 인식할 수 있다.
- 단 몇 분의 짧은 집중력을 유지할 수 있다.
- 퍼즐, 도형 분류기 등 시행착오를 통해 간단한 문제를 해결하는 법을 배울 수 있다.
- 만 2세가 되면 일반적인 사물, 신체 부위, 동물, 사람의 이름을 가리키고 부를 수 있다.
- 간단한 지시를 이해하나 놀이에 너무 몰두하여 따르지 않을 수 있다.
- '내일'과 '어제'의 개념을 이해하지 못하며 현재에만 집중한다.
- "서둘러"와 같은 개념을 이해하지 못한다.
- 소유권과 공유에 대한 개념을 이해하지 못한다.
- 위험에 대한 개념이 없다.
- 깨지는 물체와 깨지지 않는 것을 구별하지 못한다.
- 자신이 말할 수 있는 것보다 더 많은 단어를 이해할 수 있다.
- "아니오"가 강력한 단어라는 것을 이해하지만 "무언가를 하지 않음"의 의미를 이해하지 못한다.
- 자기 행동과 결과를 연결하지 못하며 "결과"를 이해하지 못한다.
- 두 가지 제안 중 하나를 간단하게 선택할 수 있다.
- 두 단어로 문장을 만든다: "우유 더", "다 먹어", "내가 가".
- 대부분 성인이 이해할 수 있을 정도로 명확하게 말할 수 있다.
- 대명사를 혼동한다.
- 두 살이 되면 아이는 첫 추억을 만들기 시작한다.
- 영화, 책, 음악, 일상, 습관의 반복을 즐긴다.

미취학 아동, 만 3~5세

미취학 아이들은,

- 이름과 나이를 알 수 있다.
- 색상을 세고 구별할 수 있다.
- 질문을 자주 한다: 아기가 어떻게 만들어지는지 등 사물이 어떻게 작동하는지 알고 싶어 하며 "저게 뭐야?"라고 계속해서 묻는다.
- 강렬한 상상력을 발휘한다. 그들의 사고는 마치 마법과 같다.
- 놀이가 필요하며, 놀이에 빠져 산만해지지 않다.
- 상상 속의 친구나 반려동물을 만들기도 하며, 인형은 이들에게 '진짜'다.
- 사물을 다루어 사물의 특징을 알아낸다.
- 더 이상 사물을 입에 넣어 탐구하지 않는다.
- 노래하고, 음악의 리듬을 따르며, 농담을 할 수 있다.
- 약 15분 정도 더 오래 집중할 수 있다.
- 성인이 주도하는 문제 해결에 참여할 수 있다.
- "장난감을 상자에 넣으세요"와 같은 간단한 지시를 따를 수 있지만 40% 정도만 준수할 수 있다.
- 사탕, 빵, 먼지, 샴푸 등 식용과 비식용 물질을 구분할 수 있다.
- 악몽과 야간 공포를 경험한다.
- 5세부터 성 역할을 구별하기 시작한다.
- 300~1,000개의 단어를 이해한다.
- 3세에는 세 단어로 문장을 구성할 수 있으며, 5세에는 이야기를 완성할 수 있다.
- 대부분 성인이 이해할 수 있을 정도로 명확하게 말할 수 있다.
- 과거 경험을 말할 수 있지만 올바른 순서로는 기억하지 못한다.
- 거짓말은 희망 사항으로 인식하며, 자세한 이야기를 한다.

- 시간 감각이나 계획 능력이 없으며 성인들의 시간표를 이해하지 못하며 게으름을 피운다.
- 안전 고려사항이나 사망 또는 부상의 원인을 이해하지 못하며 교통 위험에 대해 인식하지 못한다.
- 3세와 4세에는 사물이나 사람에 대한 특정 행동의 논리적 결과를 상상할 수 없으며 결과를 예측할 수 없다.
- 5~6세가 되면 행동과 결과를 연결하기 시작한다.
- 3세에는 다른 사람의 관점을 볼 수 없지만 5세에는 볼 수 있다.
- 3세에서 6세 사이에 실행기능 기술을 개발하기 시작한다.

이 시기의 교육적 요구

0~5세 아이는 비구조화 놀이, 성인과의 상호작용, 다감각 경험, 자발성, 재미, 신체 움직임, 화면을 최소화하거나 없애고 성인이 감독하는 아이 중심 활동이 필요하다.

유아와 미취학 아동을 위한 기술

아이들은 기술이 필요하지 않다. 그러나 부모는 기술이 제공하는 깨끗한 환경과 조용한 분위기를 선호한다. 그렇지만 아이들에게는 좋은 영향을 미치지 않는다. 어린아이의 뇌 발달에 스크린 타임은 필수가 아니다. 캐나다 소아과학회는 만 2세 미만 유아에게 스크린 타임 사용을 권장하지 않으며, 만 5세 미만 유아에게는 하루 최대 1시간 사용을 권장한다(CPS, 2017).

연구 결과에 따르면 TV 시청 시간이 늘어날수록, 주변에서라도 많이 시청할수록 아이들의 언어 발달이 늦어질 수 있다고 한다(Muscovitch, 2007). 보호자와 대화하며 시간을 보내는 아이는 단순히 사람과 소통하는 아이보다 2세까지 약 300개의 단어를 더 많이 배운다는 연구 결과도 있다(Clyne, 2008).

영유아는 단어를 듣고 반복하면서 뇌의 경로를 형성한다. 더 많은 언어를 듣고 반복할수록 더 많은 경로가 형성된다. 모든 어린아이는 주변의 사랑스러운 성인들과 상호작용하며 대화할 수 있는 환경이 필요하다.

인기 캐릭터 도라는 태블릿에서 도라와 "대화"할 수 있는 것처럼 보이지만, 실제로는 형식적으로만 반응한다. 이는 개별화된 성인의 응답과 같은 반응이 아니다. 화면은 아이의 특정 언어나 문구에 반응하지 않는다. 오직 사람들만이 이러한 맞춤화된 반응과 상호작용을 제공할 수 있다. 그것이 대화이다. 부모나 보호자가 아이들을 바쁘게 만들기 위해 "인터랙티브 장난감"에 지나치게 의존하면 언어 발달에 방해가 될 수 있다.

스크린이 언어 발달에 미치는 영향에 관한 수많은 연구 결과가 있는데도 불구하고, 부모들은 영유아와 미취학 아동이 최대한 일찍 기술에 노출되길 원한다. 그들은 현재의 사회 상황이 그래서 아이들에게 유리한 출발점을 제공하고 싶어 한다. 그러나 아이들이 정말로 이렇게 일찍 기술을 배워야 할까? 아이들이 뒤처지게 될까? 내 딸은 17세에 첫 휴대전화를 받았을 때 순식간에 문자메시지를 따라갈 수 있었다. 70세의 노인도 페이스북, 전자책, 이메일에 숙달할 수 있다면 의지가 있는 사람이라면 아무나 무엇이든 배울 수 있다.

전자기기 없이 아이의 뇌에 실행기능을 키우는 방법

기술이 필요할 때, 이 방법은 매우 쉽지만 동시에 매우 어렵다! 우리는 다음과 같은 것들을 할 수 있다.

- 책을 읽거나 이야기를 들려주면서 집중력과 주의력을 길러주라. 아이들이 이야기에 따라 그리고 색칠하고 조립할 수 있는 시간과 재료를 제공하라.
- 타이머를 사용하여 충동 조절 기술을 키우라. 의식적으로 행동을 제한해야 하는 게임인 사이먼 세이즈나 빙고와 같은 게임을 시도하라.
- 분장 옷과 바비 인형, 레고, 플레이모빌 등을 활용하여 극적인 놀이를 장려하라. 이는 작업 기억력을 키우는 데 도움이 된다. 아이들은 캐릭터의 역할, 목소리, 특징을 기억해야 한다.
- 빵 굽기와 같은 활동을 통해 어떤 재료를 어떤 양으로 사용해야 하는지 기억력을 키워라.
- 계획 능력을 키우기 위해 아이들에게 장애물 코스를 만들 수 있는 시트, 여분의 테이블, 낡은 소파 쿠션 등의 재료를 제공하라. 어떻게 건너갈지 계획을 세우게 하라.
- "나는 스파이다", "소풍 갈 건데...", "뜨겁다/차갑다" 등의 게임을 통해 논리력과 추리력을 키울 수 있다.

대화는 사회성과 정서 발달을 촉진한다.

언어는 중요하다. 미국의 연구자 다니엘 시걸은 아이들이 자신의 감정을 표현할 수 있는 언어와 단어를 알면 때리거나 던지거나 물거나 정신을 잃거나 화를 내는 가능성이 줄어든다고 말한다. 유아는 감정을 표현하기 위한 언어가 부족하여 몸짓이나 짜증으로 자신을 표현한다. 미취학 아동은 언어와 자제력 둘 다 뛰어나다. 그러나 자신의 감정을 말로 표현하는 능력을 향상하려면 성인과 많은 대화를 나누는 것이 중요하다(Siegal, 2012).

감성 지능은 아이가 성장해도 계속 필요하다. 사실 우리 삶 전반에 걸쳐 필요한 능력이다. 사람들이 직장에서 다른 사람들과 잘 어울리지 못하여 해고되는 경우가 기술 부족보다 더 많다. 아이들은 자신과 타인의 감정을 인식하고, 이름을 붙이고, 통제할 수 있어야 한다. 부모는 아이를 위로하고, 감정에 이름을 붙여주고, 감정을 다른 곳으로 흘려보내면서 이러한 능력을 키울 수 있다. 분노를 표현할 때 다른 사람에게 상처를 주거나 물건을 파괴하지 않는 방법을 가르쳐주라. 대화는 자제력의 향상에 도움이 된다.

놀이는 "침묵하는 세대"의 문해력을 키운다.

성인이 아이와 더 많이 대화할수록 아이의 어휘력이 증가한다. 아이의 시각과 청각은 처음 3년 동안은 성인의 능력과 같다. 그래서 책을 읽는 것은 아이의 시각에 호소력을 발휘하고, 당신의 말은 정서적으로 아이의 청각과 감정에 호소력을 발휘한다(Clyne, 2008). 또한 독서는 책에 대한 사랑과 열망의 모델이 된다.

아이들이 놀이를 통해 독서를 할 수 있도록 도우라! 잠자리에 들기 전에 하루의 스트레스를 잠시 내려놓고 함께 포근하게 잠들 수 있는 정기적인 독서 시간을 만들라. 잠들지 않도록 노력하라! 아이가 같은 책을 반복해서 읽어달라고 하면 그렇게 하라. 아이들은 반복을 좋아하며 단어의 리듬을 듣는 것을 선호한다. 많은 가정에서 이러한 의식을 청소년기까지 유지한다(Clark, 2008).

수리력 키우기

쇼핑이나 운전할 때, 모든 것을 세라. 운동장이나 트램펄린에서 이리저리 뛰어다니며 건너뛴 횟수를 세라. 수 세기를 재미있게 즐겨라!

어린이집 – 꼭 필요한가?

아이에 따라 어린이집은 좋은 경험이 될 수 있지만 대학 진학에 꼭 필요하지는 않다. 30명 중 11명은 어린이집에 다녔고 19명은 다니지 않았다.

아이가 두 살이 되면 어린이집 문제가 대두될 것이다. 보내야 할까, 말아야 할까? 경제협력개발기구(OECD)의 자료에 따르면 아이를 어린이집에 보내야 한다는 엄마들의 또래 압력은 강하지만 출석률은 50%에 불과하다. 이는 캐나다의 아이 절반이 어린이집에 다니지 않는 것을 의미한다. 이들은 데이케어나 데이홈에 가거나 집에 머물기도 한다(OECD, 2013). 또한 때로는 이것이 타이밍의 문제일 수도 있다. 제니의 아들 마크는 3살에 어린이집을 시작했지만, 서클 시간과 구조가 싫어서 엄마에게 매달렸다. 교사와 상담한 후, 제니는 아들을 그만두게 했다. 제니는 마크가 4살이 되었을 때 다시 어린이집에 보냈고, 마크는 정말 좋아했다!

아이들에게 어린이집이 필요한 이유는 무엇일까? "주된 목적은 아이들이 학교생활을 준비할 수 있도록 사회성을 기르는 것이다. 발달에 적합한 방법을 알고 있는 유아 교육자가 운영하는 환경에서 부모와 떨어져 있는 것에 익숙해지도록 하는 것이다."(Cole, 2009) 아이를 학교에 보낼 의도가 아니라면, 이러한 "연습"은 필요하지 않다.

홈스쿨링 연구에 따르면 아이들은 학교나 어린이집이 없어도 사회성을 배울 수 있다. 가정에서 차례를 지키고, 줄을 서고, 조용히 앉고, 형제자매와 나누기 등의 사회적 관습을 배운다. 놀이 모임, 도서관 이야기 시간, 취미 또는 스포츠 활동의 참여도 사회화의 기회를 제공한다.

어린이집은 지적 발달에 꼭 필요하지 않다. 어린이집이 훗날 학교에서 성공에 큰 도움이 될 수 있다는 것을 보여주는 연구들이 있다.

하지만 이러한 연구 중 상당수가 어려운 환경의 아동을 대상으로 이루어졌다는 점을 간과하고 있다. 양육을 못 받거나 책과 장난감이 부족한 환경의 아이들은 어린이집에서 실제로 큰 이익을 얻을 수 있다.

1학년에 들어가면 자신의 이름을 쓰는 것 외에는 아이들에게 기대할 것이 거의 없다. 알파벳, 색깔, 숫자는 모두 1학년에서 배우게 된다.

사실 어린이집은 단점이 될 수 있다. 어린이집과 유치원에서 몇 년을 보낸 아이들은 이미 동물원과 소방서를 방문하고 유치원에서 자전거 타기와 안전 견학을 다녀왔기 때문에 1학년이 지루할 수 있다. 한 어린이는 "소방서에 세 번이나 다녀왔다"라고 하며 "여름 캠프, 어린이집, 유치원에 다녔는데 초등학교 1학년이 되어서는 다시는 가지 않겠다"라고 말했다.

또한 어린이집은 비용이 많이 든다. 아이 한 명당 월평균 250달러로, 4개월 동안 600달러인 일반적인 대학 등록금을 생각하면 실제로 어린이집보다 더 저렴하다!

또래 중심의 환경은 스트레스를 유발할 수 있다. 한 성인당 5명 이상의 아이를 또래 중심 환경으로 생각한다. 어린 나이에 또래 중심 환경에서 상당한 시간을 보내면 아이들은 사랑스러운 부모의 따뜻한 보살핌과 양육을 받지 못하게 된다. 또한 또래 집단은 본질적으로 양육에 도움이 되지 않는다. 고든 노펠드(Gordon Nufld)는 자신의 저서 "*아이를 꽉 붙잡아라: 부모가 또래보다 더 중요해야 하는 이유(Hold on the Kids: Why Parents Need to Matter More than Peers)*"에서 이렇게 말한다. "또래 지향성이 높아질수록 학생들의 교육 능력은 떨어진다."

어린이집의 또 다른 단점은 규칙을 기반으로 하는 환경이다. 아직 실행기능이 자연스럽게 발달하지 않은 아이에게 너무 많은 규칙과 너무 많은 구조를 강요하면 아이의 자존감에 해로울 수 있다. 교사가 활동적인 아이에게 움직이고 사교 활동을 할 때 앉아서 조용히 있으라고 계속 훈계하면 아이는 자신을 학습 능력이 떨어지는 아이로 생각할 수 있다.

어린이집의 가장 중요한 측면은 부모에게 주는 휴식이다. 일주일에 두세 번, 두 시간 정도는 부모가 집안일을 하거나 다른 일에 집중할 수 있는 시간이다.

어린이집을 선택한다면 학업 중심이 아닌 놀이 중심인지 확인하라. 최고의 어린이집 중 일부는 어린이집을 모방하지 않는 비구조화된 형태이다. 암기식의 산수와 읽기 학습을 너무 강조하면 이미 할 수 있는 아이는 지루해하고 할 수 없는 아이는 좌절할 것이다. 모든 어린이집에서는 문제지가 아닌 놀이가 기본이 되어야 한다. 아이들이 다양한 활동이 있는 놀이 센터에서 자유롭게 움직일 수 있고, '앉아있는 시간'이나 '서클 시간'을 가능한 한 적게 하는 어린이집 환경이 가장 좋다. 어린아이들은 한자리에 오래 앉아있거나 주의를 집중할 수 있는 자제력이 없다. 그러므로 어린이집은 발달상 움직이도록 설계되었다.

어린이집이 아이에게 적합한가? 아이가 준비되었는가? 한 학기나 1년을 약정하기 전에 임시로 보낼 수 있는지 알아보라. 2~3주 정도 시간을 두고 아이가 적응할 수 있는지 살펴보라. 그렇지 않다면 아이를 데리고 몇 달 또는 1년을 기다리거나 아예 생각을 접어라.

아이가 배변 훈련을 받았는가? 부모가 아이에게 배변 훈련을 강요하는 가장 흔한 이유는 어린이집에 보내야 하기 때문이다. 많은 아이가 어린이집에 입학하는 만 2~3세까지 배변 훈련을 할 준비가 되어 있지 않다. 대부분의 어린이집은 배변 훈련이 안 된 아이를 받아주지 않는다. 배변 훈련 과정 전체가 부모와 아이 사이의 권력 다툼으로 번져 결국 좌절로 이어질 수 있다.

어린이집이 아이에게 적합한지를 평가할 때는 나이보다는 아이의 성숙도에 따라 판단하라. 아이의 사회성은 어느 정도인가? 부모와 쉽게 분리될 수 있는가? 성숙은 가르치거나 서두를 수 없다. 어린이집은 대부분 정서적, 사회적 발달에 관한 것이다. 아이에게 강요할 수 없으며 오히려 사회적 성장에 방해될 수 있다. 아이가 주도하게 하라.

어린이집 대신 놀이 모임

아이가 어린이집에 갈 준비가 되지 않았거나 가고 싶어 하지 않는 경우, 대신 무엇을 할 수 있는지 생각해보라. 다른 아이들과 많은 놀이 모임을 주선해보라. 놀이 모임, 학부모 모임, 예비 홈스쿨링 모임, '엄마(또는 아빠)와 나' 수업에 참여하라. 많은 아이가 다른 아이들과 함께 어울리는 사교적인 측면을 좋아하나 부모가 곁에 있다는 안정감이 필요할 수 있다. 괜찮다. 항상 그런 것은 아니다. 아이들은 결국 안전에 대한 욕구가 자신감으로 대체되면 분리하는 법을 배우게 될 것이다. 그리고 놀이 모임은 어린이집보다 훨씬 더 저렴하다!

유치원

대부분 주에서 유치원은 어린이집과 마찬가지로 여전히 선택사항이다. 1학년은 필수다. 유치원에서 아이들은 무엇을 하는가? 약 15분 동안 교사와 함께 서클 타임을 가지며 날씨, 오늘의 날짜, 특별한 날짜에 관련된 이야기 등을 나누며 뉴스를 공유한다. 앉아서 듣는 시간은 충동 조절이라는 실행기능 기술을 발달시킨다. 그러나 이 시간의 대부분은 교사가 아이들을 조용히 앉아있게 하는 데 사용된다. 번갈아 가며 조용히 앉고 경청하는 것은 아이가 발달적으로 준비가 되어 있지 않다면 아무런 도움이 되지 않는다.

유치원에서 교사가 충동 조절을 이 정도로 강조해야 한다는 점을 생각하면 아이들이 아직 너무 어려서 준비가 충분하지 않은 상태일 수 있다. 만약 아이들이 8살에 학교에 입학했다면 뇌가 이러한 기술을 자연스럽게 발달시켰을 것이며 학교가 덜 교정적인 환경으로 느껴졌을 것이다.

일부 국가에서는 종일제 유치원 도입을 추진하고 있다. 물론 부모에게는 보육비 부담을 덜어줄 수 있겠지만, 아이들에게 정말 좋은 일인지는 확실하지 않다. 일부 연구에 따르면 어려운 가정에서 온 아이들이 아니라면 유치원의 혜택을 제대로 누리지 못한다는 사실은 분명하다(Eisen, 2010). 퀘벡 정부는 부모가 전일제로 유급 직장에 복귀하고 아이들이 평등하고 제도화된 "학습 환경"의 혜택을 누릴 기회를 제공하기 위해 하루 7달러를 부담하는 정부 운영 보육 플랜을 도입했다. 가정 학습을 지지하지 않는 사람들은 공식적인 학습 환경이 아이들의 학업 성취도를 높이고 더 나은 교육을 받은 아이들을 배출할 수 있다고 주장했다. 그러나 몇 년 후 이를 반박하는 연구 결과가 나왔다. 이 시스템은 가정 교육을 받은 아이들보다 학문적으로 더 앞서 있다는 것을 증명하지 못했으며, 오히려 공격성과 괴롭힘과 같은 부정적인 사회적 영향을 더 많이 나타냈다(Maclean's, 2014).

핀란드와 같이 7~8세까지 학교에 다니지 않으면서도 국제학업성취도평가(PISA) 결과에서 꾸준히 상위권을 유지하는 국가를 보면, 아이들에게 종일반 유치원이 필요하지 않다는 사실을 알 수 있다. 유아기에 필요한 것은 태블릿이 아닌 오감을 자극하는 실제 장난감, 책을 읽어주는 부모, 책으로 가득한 도서관에 있는 집, 공원, 동물원, 과학 센터에 데려다 줄 조부모, 수천 가지 질문에 끈기를 가지고 대답해 줄 돌봐주는 성인이다.

유아기에 가장 좋은 '교육과정'은 애정 어린 관심을 제공하는 부모와 성인 보호자이다. 학교와 마찬가지로 어린이집과 유치원은 필요하지 않다.

성과가 증명되지 않은 유치원에 국가가 납세자 자금을 지원하는 대신 재택근무 부모를 위한 세금 공제, 아이와 독서 및 대화의 긍정적 효과에 대한 보호자 교육 등 두 가지 방안에 자금을 지원하는 편이 효과적일 것이다.

초등학생 6~11세: 함께 놀고, 읽고, 배우기

"아이의 교육을 일찍 넘겨줄수록 아이가 더 빨리 받아들일 수 있다."

축구 연습 아니면 가족 저녁 식사?

주류 육아에서는 학령기 아이를 둔 부모의 라이프스타일을 일정, 학교, 스트레스라는 세 단어로 표현한다. 일부 부모는 매일 아이를 등하교시키고 방과 후 미술, 드라마, 스포츠, 음악, 심화 활동에 참여시키기 위해 바삐 움직인다. 숙제를 끝내지 못해 걱정하며, 전년도 성적을 향상하거나 다음 해 교육과정에 대비하기 위해 아이를 여름학교에 보낸다. 일부 부모는 "학교를 더 많이 다니는 것이 더 좋은 것"이라는 이유로 토요일과 일요일에 아이를 추가 학원에 등록한다. 최소한 학습 공백을 메우기 위해 과외 교사를 채용하기도 하며, 사립학교에 고액을 지급하기도 한다. 그들은 아이에게 동기를 부여하기 위해 매일 싸운다. 그들은 왜 어린 저스틴이 6학년이 되어 벌써 학교에 흥미를 잃고 학교를 싫어하는 또래 친구들과 더 많이 어울리게 되는지 궁금해한다.

언스쿨링 부모는 골판지 상자부터 레고에 이르기까지 하늘 아래서 무엇이든 아이들에게 소개하고 마음껏 놀게 한다. 그들은 일단 던져놓고 비켜선다. 이들은 다양한 주제를 접한 후 아이가 선택한 경우에만 체계적인 수업, 스포츠, 미술, 음악, 심화 활동을 제공한다. 숙제, 과외, 활동 시간 요구, 기금 모금 의무로 스트레스를 받지 않으며, 성적표로 인한 스트레스도 전혀 없다. 원하지 않는 것을 억지로 배우도록 강요하지 않기 때문에 아이들의 배움에 대한 사랑은 더욱 커진다. 아이들은 놀면서 배우며 교육받는다.

우리가 실천한 일

앨버타주에서는 아이가 만 6세가 되는 해인 9월 1일까지 교육 프로그램에 등록해야 한다. 일반적으로 1~6학년(6~11세)은 초등학교, 7~9학년(12~14세)은 중학교로 분류한다. 고등학교 또는 중등학교는 10~12학년 또는 15~18세로 구성된다. 고등 교육 기관에는 대학, 무역, 예술, 기술학교가 포함된다.

아직 가정 교육이 최선이라는 확신이 서지 않아서 두 큰아이를 유치원과 몰입형 프랑스어 학교에 보냈다. 1학년 때 한 아들이 책을 읽지 않는다고 학교에서 우려를 표명해서 다음 학년에 영어 학교로 옮겼다. 그러나 영어 학교가 문을 닫고 결국 우리는 아이들의 요구를 더잘 충족시키기 위해 홈스쿨링을 시도하기로 했다. 셋째는 사내아이들이 홈스쿨링을 시작한 첫해에 유치원을 다녔다. 아이들이 집에서 재미있게 보내는 것을 보고 학교에 가지 않고 1학년 때부터 홈스쿨링을 하기로 했다! 두 어린아이는 초등학교 때 학교에 다니지 않고 집에서 놀기를 선택했다. 아이들은 놀이 모임, 밤샘 파티, 현장 학습, 여행, 자원봉사, 몇 가지 구조화된 수업과 홈스쿨링을 했지만 대부분 시간을 집에서 머물며 놀이와 재미를 통해 스스로 학습을 진행했다.

실천할 수 있는 일

공립학교를 선택했다면 숙제, 과외, 여름학교, 종일 유치원 또는 너무 많은 방과 후 활동을 걱정하지 마라. 이 시기에는 아이들이 학습을 두려워하기보다는 즐기며 열정을 키워야 한다. 아이와 관계를 즐기기 위해 노력하라. 아이들이 놀고 탐구하도록 하라.

홈스쿨링을 선택했다면 '공부'를 두고 힘겨루기하지 마라. 아이가 학습에 흥미를 잃고 수학, 과학, 영어에 대한 복잡한 감정을 가질 수 있으며 스스로 학습 능력이 떨어진다고 인식하게 될 수 있어 자존감이 낮아질 수 있다. 간단히 말해서 어느 경우든 이 시기는 교육 때문에 스트레스를 받을 때가 아니다.

이 시기의 인지 발달

일반적으로 여자아이는 남자아이보다 발달 면에서 '학교'에 갈 준비가 더 잘 되어 있다. 학교에서는 가만히 앉아서 집중하고 협동심을 발휘해야 하는데, 이러한 능력은 여자아이들이 더 빨리 습득한다. 남학생들은 자존감과 책임감 문제로 일부 학교에서 금지한 바로 그 기술인 경쟁, 거친 행동, 과장에 능숙하다. 뉴욕시의 항공 고등학교는 대부분 남학생으로 구성되어 있다. 학생들은 하루의 절반은 핵심 과목을 공부하고 나머지 절반은 항공기 엔진과 항공 유압에 대해 배우는 실습 과목을 공부한다. 학생들은 작업복을 입고 실제 비행기에서 실습한다. 주로 소수 민족과 저소득층 남학생으로 구성된 이 학교의 졸업률은 매우 높다. 그 이유는 학생들이 일어나서 움직이고, 오감을 총동원하여 학습하고, 흥미로운 내용을 공부하기 때문이다(Wente, 2013).

6~9세 아이

- 다른 사람을 모방하는 것을 좋아한다.
- 논리적이다. 행동에 긍정적 또는 부정적 결과가 있다는 것을 이해한다.
- 논리적이며 자연스러운 결과를 이해한다.
- "안 돼"라는 말은 "하지 마라"를 의미한다는 것을 이해한다.
- 왜 그리고 만약을 묻는다.
- 가족을 벗어난 행동을 시도하며 실험한다.
- 규칙 중심적이며 규칙을 좋아하고 모든 사람이 규칙을 준수하도록 한다.
- 협상가이며 거래를 좋아한다.
- 구체적인 학습자이다. 개인적으로 경험한 것을 이해한다.
- 흑백논리주의자이며 회색 영역을 고려하지 않는다.
- 집단 프로젝트에서 협력할 수 있다.
- 미디어에서 광고를 인식하고 현실과 환상을 구분할 수 있다.
- 돈을 교환의 상징으로 이해하며 용돈을 다룰 수 있다.
- 아직 집에 혼자 있기에는 문제 해결 능력이 부족하다.
- 새로운 경험과 장소, 견학, 여행을 좋아한다.
- 농담을 이해하고 풍자적 유머를 좋아한다.
- 읽고 쓰기를 시작한다.
- 예술과 공예에 창의적이다.
- 시간과 시간의 관계를 이해하기 시작한다.
- 성교와 생식의 기본 역학을 이해할 수 있다.
- 실행기능이 빠르게 향상된다.

10~12세 트윈

- 어린 시절의 장난감을 벗어난다.
- 직불 카드를 사용하여 직접 구매할 수 있다.
- 리마인더가 필요하다.
- 혼자 길을 건너고 교통 상황을 판단할 수 있다.
- 문제 해결 능력이 뛰어나다면 잠시 혼자 집에 머물 수 있다.
- 물건을 어디에 두었는지 기억한다.
- 다른 사람의 통제에 저항하기 시작한다.
- 여전히 흑백 사고에 빠져 있다.
- 옳고 그름에 대한 감각이 향상되고 도덕적 발달이 진행 중이다.
- 집중할 수 있는 시간은 1~2시간 정도이다.
- 디지털 세계와 실제 세계 모두에서 현실과 가상의 차이를 파악한다.

이 시기의 교육적 요구

이 연령대의 아이들은 교실 밖의 경험이 필요하다. 읽기, 쓰기, 수리력은 분리된 과목이 아닌 일상생활과 자신의 문제와 관련된 관점에서 배워야 한다. 멘토의 도움을 받아 실제 세계를 탐험하고 학습, 아이디어, 통찰력, 성찰, 관찰에 관한 대화를 나눠야 한다(Armstrong, 2006).

동기 부여는 소속감, 선택권, 자율성에서 나온다.

보상이나 처벌 없이 어떻게 아이들에게 동기를 부여할 수 있는가? 아이들이 집에 있는 시간이 많아서 많은 부모는 아이들이 집안일을 돕게 하는 일에 어려움을 겪는다. 아이들의 다섯 가지 기본적인 욕구에 호소하기만 하면 된다.

1. **소속:** 아이는 가족이라는 더 큰 집단의 일부다. "구성원"은 권리와 책임을 모두 의미한다. 두 가지 모두에 참여하게 하면 아이는 자부심과 기여심을 갖는다.
2. **인정:** 누구나 자신이 하는 일을 알아주는 사람을 좋아한다. 긍정적인 피드백을 주는 것은 매우 고무적인 일이지만, 항상 칭찬이 아닌 인정을 표현하는 것이어야 한다.
3. **성취 기여:** 일은 의미 있어야 한다. 아이들은 자기 일이 실제로 변화를 가져오며, 단순히 "누군가의 눈치를 보지 않고 바쁘게 지내기 위한" 일이 아니라는 것을 알아야 한다. 성인과 마찬가지로 아이들도 필요한 존재라고 느껴야 한다.
4. **지위와 존중:** 아이는 자신이 하는 일이 가치 있는 일로 인정받고 사회 전체에 공헌하는 것으로 존중받는다고 느껴야 한다.
5. **자율성과 선택권:** 아이는 자신의 학습과 활동에 대한 통제권을 가져야 한다. 아이가 개별적인 통제권을 가질수록 자신과 자기 능력, 업무에 대해 더 나은 감정을 느낀다.

당신과 아이의 관계와 아이의 타고난 학습에 대한 사랑은 긴 나눗셈을 익히거나 집 안을 청소하는 일보다 훨씬 더 중요하다.

부모가 물러설수록 아이가 그 자리를 더 많이 차지하게 된다. 내 아들 닐이 대학 진학을 포기했던 여름은 우리 자신의 계획을 내려놓는다는 점에서 우리 가족에게 힘든 시기였다. 닐은 머리가 뛰어나고 12학년 과정 성적이 좋았지만 고등 교육 기관에 진학하고 싶은 마음은 없었다. 우리는 그의 결정을 지지했나. 그는 우리 아이 중 대하에 진학할 수 있는 자격을 갖춘 첫 번째 아이였지만 대학에 진학하지 않기로 했다. 7월까지는 그랬다. 그러다 그는 다시 대학에 가고 싶다고 마음을 바꿨! 그는 큰 지도를 꺼내 눈을 감고 무작위로 지도 위에 손가락을 올려놓았다. 그것은 뉴펀들랜드에 상륙했다. 그는 그곳에서 9월 입학을 신청했다. 그는 여러 교육 기관에서 학위를 취득하는 데 7년이라는 시간이 걸렸다. 그 과정에서 그는 건강 문제로 어려움을 겪었고, 그때마다 의료진은 그에게 "정말 학교가 마음에 드나요? 그만 두고 싶나요?"라고 물었다. 그는 자신의 어려움을 인정했다. 그의 길에는 많은 장애물이 놓여 있었다. 인정되지 않은 과목을 다시 수강해야 했으나 그는 계속하고 싶어 했다. 동기 부여는 그 자신에서 나왔다.

언스쿨링 학생이 고등 교육 기관에 진학하고 싶다면 그렇게 할 것이다. 부모는 그를 막을 수 없다. 온라인 그룹 포럼에 올라온 한 질문은 부모 걱정의 본질을 잘 포착한다: "언스쿨링에 대한 나의 가장 큰 걱정, 그리고 여기서 솔직하게 말하는 것은 내 딸이 정말로 간호사가 되고 싶어 해도, 필수 조건인 물리학 과목을 마칠 인내심이 없다면 간호사가 될 생각을 포기할 것입니다. 반면에 만약 고등학교에서 물리학을 수강하도록 강요한다면 딸에게 더 많은 문이 열릴 것입니다. 나는 부모가 음악공부를 하도록 밀어준 것에 감사하다고 말하는 많은 성인의 이야기를 들었습니다. 어떻게 그들에게 강요하지 않고 어떤 것을 끝마칠 인내심을 심어줄 수 있을까요?" 다른 엄마는 다음과 같은 댓글을 달았다. "당신의 딸이 물리학 과정을 마칠 인내심이 없다면, 어떻게 간호대학에 다닐지 궁금합니다. 그녀가 간호사가 되겠다는 소명감을 느낀다면, 그것은 충동적으로 사라질 수 있는 일이 아닙니다. 그리고 나이가 들어서 마침내 음악 레슨을 거절할 수 있게 되어서 기뻐하는 성인들도 많이 있습니다."

외부에서 강요하는 훈육은 아이의 자제력을 기르는 데 도움이 되지 않는다. 다른 사람의 훈육 관념을 강요할 뿐이다. 젊은이가 생계를 위해서 잠시 일하다가 나중에 자신이 가고자 하는 길이 확실해졌을 때 결정을 바꾸는 것은 잘못된 것이 아니다.

매튜는 11학년 이후 수학이나 과학 성적이 없이 고등학교 졸업장을 받았다. 그는 STEM 분야에서 경력을 쌓기로 결심하고 대학에 지원하기 전에 고등학교 수준의 수학 2개, 화학 2개, 생물 2개 과목을 선택해야 했다. 그는 19살에 열심히 공부하고 좋은 점수를 받기 위해 스스로 동기를 부여하여 1년 반 만에 성인 교육 6개 과정을 모두 마쳤다. 21살에 자신이 선택한 분야를 공부하기 위해서 대학에 들어갔다.

모든 아이는 특히 청소년기에 접어들면 자신의 교육에 대한 책임이 있다. "아이가 학교에 가기로 했다면 부모가 막을 방법은 없다. 아이가 원하지 않는다면 그것도 아이의 선택이다. 아이가 내린 결정을 부모가 지원했다고 해서 아이는 자신의 인생을 망쳤다고 부모를 비난할 수 없다. 교육은 부모의 일이 아니다." 그들의 일이며, 게다가 결코 교육은 끝나지 않는다. 18세에 전통적인 학교 교육을 받고 싶다고 결정하더라도 3년 동안은 학비를 지원받을 수 있다. 20세 이후에는 학비를 지급해야 하지만 여전히 교육받을 수 있다. 그들이 언스쿨링 학생으로 보낸 시간은 낭비되지 않는다. 그것은 단순히 색다르고 가치 있는 경험일 뿐이다(Louise A, 2000).

누가 시키지 않아도 아이들이 하는 일

일부 부모들은 "아이들이 내 말을 듣지 않아요. 보상을 주거나 벌을 주겠다고 협박해서 일을 하게 만들어야 해요."라고 말한다. 이 장의 앞부분에서 이러한 전략의 무용성을 설명했다.

나는 이러한 의견에 대해 우리 문화가 부모에게 다른 대안이 없다고 가르쳐 왔다고 답한다. 하지만 부모와 아이가 친밀하고 상호 존중하는 관계를 맺으면 아이는 부모를 기쁘게 하는 일을 하고 싶어 한다. 6세 미만의 아이는 자기중심적이지만 성장하면서 타인 중심이 된다.

취학 연령이 되면 대부분의 아이는 자신의 욕구를 제쳐두고 다른 사람을 생각할 수 있을 만큼 자제력이 생긴다. 또한 부모의 사랑과 보살핌에 영향을 받아 다른 사람을 돕고 기여하고 싶어 한다. 다음은 우리 가족생활의 몇 가지 예시이다.

다섯 살이 되자 라이언과 애나는 식료품을 가져오고 우편물을 받는 일을 도울 수 있었다. 일곱 살이 되자 애나는 식기 세척기를 비우고 쓰레기를 버릴 수 있게 되었다. 아홉 살이 되자 소피는 가이드 배지를 꿰매고, 이야기를 읽고 쓰고, 빵을 굽고, 선물을 포장하고, 집을 꾸미고, 형제자매들과 놀 수 있게 되었다. 11살의 닐은 나무에 물을 주고, 엄마를 위해 아침 식사를 준비하고, 잡초를 뽑고 정원을 가꾸고, 방을 청소하고, 형제자매들과 놀 수 있었다. 11살의 라이언은 식료품을 가져오고, 전화를 받고, 집안을 진공청소기로 청소하고, 재활용 쓰레기를 분리수거하고, 반려동물에게 먹이를 주었다. 12살 때 매튜는 커피를 끓이고, 산책로를 닦고, 동생들의 반려동물을 돌보고, 놀이방을 청소하고, 가족과 친구들의 생일을 위한 카드를 제작했다. 매튜가 18세, 닐이 17세, 소피가 15세가 되었을 때 세 아이는 반려동물을 돌보고, 집안의 주요 공간을 청소하고, 마당 일을 하고, 세탁과 침구 교체, 식사 준비, 장보기와 식료품 정리, 전화 받기와 메시지 받기, 수업과 출근을 위한 알람 설정, 여행 짐을 싸고 풀기, 집수리와 개보수, 마감일 관리, 은행 업무, 세금 처리, 동생 돌보기 등을 스스로 해냈다. 기본적으로 만 13세가 되면 아이들은 성인이 할 수 있는 모든 일을 할 수 있다.

부모에 대한 애착은 여전히 중요하다.

또래 집단 밖에서 아이를 양육할 때 지속적인 애착이 가능하다. 학교에서 친구들이 얼마나 술에 취했는지, 얼마나 뚱뚱한지, 여자친구나 남자친구가 자신을 얼마나 기분 나쁘게 대하는지, 부모가 자신을 대하는 태도에 대해 얼마나 잘못했는지, "기분 전환"을 위해 자해하거나 극단적인 다이어트를 한다는 불만을 토로하는 10대들의 말을 자주 듣는다.

조지 워싱턴 대학교 의과대학의 정신과와 소아과 임상 교수이자 세계에서 가장 영향력 있는 발달 권위자 중 한 명인 스탠리 그린스펀 박사는 다음과 같이 말했다. "우리 사회는 부모가 아이에게 줄 수 있는 가장 중요한 선물은 좋은 교육, 정교한 교육용 장난감, 여름 캠프가 아니라 아이에게 정서적,·발달적으로 의미 있는 일을 하며 함께 보내는 규칙적이고 실질적인 시간이라고 말하지 않는다." 하버드 의과대학의 소아과 명예교수인 T. 베리 브레이즐턴 박사는 자신의 저서 "*아동의 충족할 수 없는 욕구(The Irreducible Needs of Children)*"에서 부모가 아이의 미래 심리적, 지적, 도덕적 안녕에 중요한 애착 과정을 보호하는 역할을 배워야 한다고 주장했다. 신경생물학 분야에서는 인간관계가 뇌의 구조와 기능을 형성하는 메커니즘을 연구한다. 이러한 연구는 뇌 영상(MRI)과 유전자 코드 매핑을 통해 지난 50년 동안 존 볼비 같은 애착 이론가들이 관찰한 것을 확인했다. 아이의 뇌는 관계에 따라 형성된다. 그리고 이러한 형성은 아이가 다섯 살이나 여섯 살이 되어 학교에 간다고 해서 끝나지 않는다. 1차 애착은 청소년기에도 가족 내에서 항상 중요할 것이다(Brazelton, 2009).

아이를 안아주고, 껴안아 주고, 이야기를 들어주고, 함께 놀아주고, 가르치고, 책을 읽어주고, 먹여주고, 어려움을 극복하도록 격려해주면 아이는 자신의 필요를 계속 충족시켜주는 부모와 건강한 애착 관계를 형성한다. 이러한 유대감은 아이의 자존감, 독립성, 학업적, 사회적, 정서적 지능을 키워준다.

사람과의 접촉은 기술로 대체할 수 없다. 10대에 내 아이들은 휴대전화를 별로 좋아하지도, 필요로 하지도 않았다. 아이들의 애착은 대부분 또래 친구나 전자기기가 아닌 가족과 관계였다. 진정한 우정은 교실을 같이 사용한다는 단순한 우연으로 형성되지 않는다. 선택에 따라 형성된다.

그렇다고 홈스쿨링을 하지 않는 부모가 학창 시절 내내 아이와 애착을 유지할 수 없다는 것은 아니다. 또래 관계의 영향력과 끊임없이 싸우는 일이 더 어렵다. 수년 동안 내 다섯 아이는 학교에 다니면서 부모를 알게 된 친구들이 많았다. 부모는 아이와 애착을 유지하기 위해 의식적으로 노력해야 한다. 이를 위한 몇 가지 방법으로는 식사, 휴가, 의식, 기념일 등 가족 중심의 시간을 보호하고 숙제, 축구 연습, 친구 등으로 인해 가족 시간이 대체되거나 약해지지 않도록 하는 것이다. 각 아이와 일대일 '데이트'를 하고, 갈등을 해결하기 위해 처벌 대신 문제 해결 방법을 사용하는 것도 애착을 유지하는 가장 좋은 방법이다. 아이와 친밀한 애착을 유지하는 일은 또래 중심이 아닐 때는 더 쉽지만, 아이가 학교에 다닐 때도 불가능하지는 않다.

숙제는 가족과 보내는 즐거운 시간을 잠식한다.

"모든 부모는 홈스쿨링을 한다. 이를 숙제라고 한다."

교육 미래학자 알피 콘(Alfie Kohn)에 따르면, 숙제가 초등학교와 중학교에서 아이들의 성공에 도움이 된다는 연구 결과는 아직 없다. 다만 인과관계가 아닌 상관관계로, 숙제가 고등학교에서 시험과 퀴즈 점수를 향상하는 경향이 있다. 숙제가 좋은 학생을 만드는 데 도움이 되는지, 아니면 좋은 학생이 숙제를 좋아해서 결과적으로 더 좋은 성적을 내는지는 분명하지 않다. 그렇다면 학교에서 여전히 숙제를 내주는 이유는 무엇일까? 다음은 몇 가지 이유이다.

1. **시간 부족:** 교사가 가르쳐야 할 교육과정이 너무 많아서 수업 시간에 다루지 못한 내용을 다루기 위해 숙제를 내주게 된다. 이러한 주제를 다룰 책임은 학교와 교사에게서 가정과 부모에게로 넘어간다. 부모는 아이를 도울 준비가 되어 있지 않거나 단순히 숙제라는 개념에 동의하지 않을 수 있다. 이는 과도한 스트레스를 유발한다. 학교 수업 시간에 모든 결과를 다룰 시간이 정말 부족하다면 예상 결과를 조정하는 것이 확실한 해결책이다.

2. **규율과 직업윤리 확립:** 좋은 습관을 배울 수 있는 곳은 학교뿐만이 아니다. 자원봉사, 집안일, 교회 활동, 컴퓨터 게임 길드, 아르바이트 등은 모두 규율과 올바른 직업윤리를 가르친다. 부모는 고등 교육과 직장 생활에서 성공하기 위해 아이에게 좋은 업무 습관을 길러주어야 한다. 하지만 왜 그렇게 일찍 시작해야 하는 것인가? 10대 아이는 자기 규율을 강요할 수 있는 실행기능을 가지고 있다. 이는 자연스럽게 이루어질 것이다.

3. **학업량이 많을수록 모든 학생에게 더 좋다:** 다양한 문화권에서 많은 부모는 교육이 자유 놀이보다 낫다고 생각한다. 아이들이 자유 시간을 공허하게 보내지 않고 공부하면서 '현명하게' 보내야 한다고 생각한다. "*너무 많은 숙제(Simply Too Much Homework)*"의 저자 베라 굿맨(Vera Goodman)은 학교는 숙제를 점수로 환산하지 않지만 아이가 항상 공부하기만 바라는 부모들을 만족시킬 수 있기 때문에 "추가학습"으로 숙제를 내줄 수 있다. 이는 결과적으로 아이의 숙제를 원하지 않는 부모에게 불이익을 주지 않을 수 있다고 말한다(Goodman, 2007). 숙제는 학습에 어려움이

있는 학생의 부모에게 도움이 될 수도 있으나 학생에게 더 많은 문제집을 강요하는 것은 개념의 '이해'에 거의 도움이 되지 않는다. 학생에게는 다른 학습 기술이 필요할 수 있다. 예를 들어, 문제집의 분수 나누기를 이해하지 못하는 학생은 빵을 구우며 재료를 삼등분하는 연습을 하는 것이 훨씬 더 생산적인 체험학습이 될 수 있다. 반면에 개념을 빨리 이해하는 학생은 지식을 반복하여 강화하는 데 시간을 낭비할 필요가 없다.

4. **아이들이 지루해할 수 있다:** 우리는 아이들에게 휴식 시간이 필요하다는 것을 알고 있으나 이는 우리에게 일거리가 될 수 있다. 사회, 부모, 학교 관리자는 숙제를 좋아한다. 그 이유는 아이들이 "비디오 게임으로 시간을 낭비하는 것"이 아니라 아이들이 할 수 있는 유용한 일을 찾아서 제공해야 하는 부담을 덜 수 있기 때문이다. 아이들은 야외에서 시간을 보내거나 친구, 가족과 함께 시간을 보내거나 스포츠, 음악, 예술에 참여하거나 심지어 비디오 게임을 할 수도 있다! *숙제 신화(the myth of Homework)* 의 저자 알피 콘은 "학교가 사회적, 도덕적, 신체적, 정서적, 예술적 발달보다 학업 발달을 우선시하는 것은 오만하다"라고 말한다(Kohn, 2009). 부모는 아이가 자유롭게 놀 수 있는 시간을 보호해야 한다. 매일 밤 숙제, 공부, 과외 활동을 해야 하는 아이들에게 언제 자신의 진정한 열정을 발견할 시간이 있을까? 그래서 많은 아이가 바른 방향을 찾지 못하고 대학에 입학하는 것일지도 모른다.

5. **부모가 참여해야 한다고 느낀다:** 육아 수업을 진행하면서 부모가 아이의 교육에 관여하는 것과 책임을 지는 것에는 큰 차이가 있다는 것을 알게 되었다. 대부분 부모는 후자를 선택하기 때문에 스트레스가 가중된다. "참여"는 아이가 학교에서 무엇을 하고 있는

지에 대한 정보를 얻고 이를 보충하는 것을 의미한다. 예를 들어, 아이가 학교에서 습지를 공부하고 있고 가정 통신문을 통해 이를 알고 있다면 당신은 다음 주 일요일에 아이를 데리고 지역 습지로 소풍을 가서 개구리 사냥을 할 수 있다. 당신은 서로 즐기고 놀이 과정에서 학습을 강화할 수 있다. '책임감'은 습지에 대한 보고서를 써야 하는데 일요일 내내 잔소리를 해도 아이가 쓰지 않으면 당신이 대신 작성하는 것을 의미한다. 후자의 경우 숙제는 분명히 의도한 결과를 얻지 못한다.

6. **연습이 완벽함을 만든다:** 아이들이 악기 연주를 배울 때와 마찬가지로 기술을 완벽하게 익히기 위해서는 연습해야 한다. 그렇게 하려면 학교는 연습 시간을 수업 시간에 포함해야 할 것이다. 성인 교육에서 우리는 성인은 숙제를 하지 않는다는 사실을 알고 있다. 그들의 삶은 이미 너무 꽉 차 있고 너무 바쁘기 때문이다. 그래서 숙제를 절대 내주지 않는다. 수업 시간에 하지 않은 것은 숙제로 남기지 않는다.

일과 삶의 균형은 일찍부터 익혀야 한다. 우리는 우리의 시간을 침해하면 "안 돼"라고 말해야 한다. 학교가 부모에게 수업 운영 방법을 알리는 것을 원하지 않는다면 학교는 부모에게 가족 시간을 보내는 방법을 지시해서는 안 된다.

하루 종일 비디오 게임을 한다면?

성인과 아이 모두에게 가장 좋은 학습 도구 중 하나는 단체 게임, 보드게임, 비디오 및 컴퓨터 게임이다. 우리 가족의 견해를 설명하겠다. 나는 게이머는 아니지만, 남편과 다섯 명의 아이와 함께 살고 있어 모두가 열심히 게임을 즐기고 있다!

한국, 유럽, 미국 등 일부 지역에서는 e-스포츠로 알려진 경쟁적인 비디오 게임을 통해 게임이 요구하는 기술, 교육 및 참여도를 높이며 비디오 게임을 올림픽과 유사한 대중적인 활동으로 끌어올리고 있다. 2013년 로스앤젤레스에서 라이엇 게임즈는 리그 오브 레전드 토너먼트를 위한 온라인 경기를 개최하여 약 7,000명의 팬이 그들이 선호하는 팀이 천만 달러의 상금을 놓고 겨루는 모습을 관람했다. 월드 사이버 게임 및 메이저 리그 게임과 같은 올림픽 형식의 대회는 15년 전부터 개최되어왔다. 크라우드 펀딩으로 도타 2는 2017년에 약 2,500만 달러의 상금을 걸고 토너먼트를 개최하였다(Reddit, 2017). 비디오 게임은 캐나다의 하키나 미국의 농구와 같이 많은 국가에서 국민적인 오락 활동이다. 그러나 아쉽게도 개인 또는 팀으로 참가하는 여성은 거의 없다. 이는 여학생들이 교육 초기에 STEM에 관심을 가질 수 있도록 해야 하는 또 다른 이유이다.

많은 신진 사상가는 초등학교에서 비디오 게임의 역할이 무엇인지 정의하려고 노력하고 있다. 그들은 게임이 학습에서 "듣는 것"보다 "행하는 것"에 가깝다는 사실을 밝혀냈다. 게임에서 아이들은 상이나 벌이 필요하지 않다. 흥미로운 콘텐츠와 매력적인 도전 과제로 인해 아이들은 시간 가는 줄 모르고 완전히 몰입한다. 학교 동영상은 비디오 게임의 그래픽에 비교하면 뒤처지는 수준이다. 현재 많은 기관에서는 비디오 게임을 교실 환경에 적극적으로 통합하고 있다.

30명의 팀 중에서도 비디오 게임을 좋아하는 아이들이 많다. 우리 가족도 게임에 미숙하지 않은 편이다! 대다수의 아이는 독서, 글쓰기, 수학, 과학, 역사, 예술, 건강, 종교 등을 인터넷, 컴퓨터 및 비디오 게임, 영화 등을 통해 컴퓨터를 사용하여 자기 주도적으로 학습했다. 아이들은 게임에서 나오는 단어, 주제 또는 이름을 접한 후 조사하는 시간을 보내면서 학습을 진행했다. 이에 가족 토론이 더해졌다.

큰아이들의 스크린 타임에 관한 연구

6세 미만 아이들의 스크린 타임 연구는 언어 발달을 저해하고 결국 사회성 및 정서 발달을 뒤로 미룰 수 있다고 주장한다. 이러한 연구 결과는 이 연령대 아이들의 스크린 타임 사용에 부정적인 영향을 미친다는 것을 강조한다. 7세 이상 아이들에 관한 연구는 거의 없다. 스마트폰은 2007년에, 태블릿은 2010년에 출시되었기 때문에 이러한 기기의 장기적인 스크린 타임 영향을 다룬 연구는 아직 거의 이루어지지 않았다. 가장 좋은 방법은 적당히 사용하는 것이다. 결론적으로 아이들이 매일 활동하고 사교 활동을 하는 동안 스크린 사용 시간이 길어져도 장기적으로 해로운 영향은 없을 것으로 판단된다.

화면 사용 시간의 영향은 3가지 요인에 따라 다양하다.

콘텐츠: 콘텐츠가 해당 나이에 적합한가? 게임이 경쟁이나 폭력성을 강조하고 있는가? 미국의 게임 등급 위원회(ESRB) 등급은 어떤가? 7세 이하의 아이들은 발달적으로 아직 현실과 환상을 구분하기 어려울 수 있다. 청소년들은 이 차이를 이해한다만, 어린아이들은 그렇지 않을 수 있다. 따라서 폭력적인 게임은 14세 미만에게 권장되지 않는다.

컨텍스트: 어린아이의 경우, 부모가 콘텐츠를 검토해야 할 필요가 있을까? 큰아이의 경우, 아이가 폭력적인 가정환경에서 놀고 있는가? 아니면 가족 환경이 평화와 친절한 행동 모델을 제공하고 있는가? 아이들이 외부 세계에서 반복적인 폭력을 목격하고 있는가? 그리고 의아한 내용을 설명할 성인 돌보미가 주변에 있는가? 사람 간의 상호작

용은 기술로 대체하기 어려우므로, 가족 구성원과의 상호작용이 있는 경우, 기술의 부정적 영향은 줄어들 수 있다.

아동: 아이의 나이, 성격, 기질, 성별에 따라 콘텐츠에 민감하게 반응하는 경우가 있을까? 아이가 예민한 편인가? 몇몇 학령기 아동은 애니메이션 폭력물에도 민감하게 반응할 수 있다.

제한을 설정할 것인가?

일부 가정에서는 아이들의 스크린 타임을 제한하는 반면에 그렇지 않은 가정도 있다. 이러한 접근 방식 간에는 다양한 차이가 있다. 우리는 스크린 타임에 제한을 두지 않는 편이었으며 30명의 팀원 간에도 다양한 접근이 존재했다. 이것이 우리 아이들에게 해가 되지 않을 것으로 보였다. 팀원들은 모두 효과적인 자제력 능력을 발휘했다. 또한 내 아이 가운데 일부는 고등 교육을 위해 집을 떠나 부모의 통제 범위를 벗어나기도 했다. 이 아이들은 자신의 일정과 업무를 관리하는 방법을 배웠다.

우리 집에서는 스크린 타임에 제한을 두지 않아 아이들이 스스로 균형 잡힌 생활을 유지했다. 아이들은 실외에서 신선한 공기를 마시며 공원에서 롤러블레이드를 타거나 자전거를 타며 뛰어놀았다. 또한 매일 몇 시간 동안 책을 읽었고, 형제자매, 부모, 친구, 만난 사람들과 함께 어울렸다. 그들은 미술 작업, 글쓰기, 레고와 케이넥스로 창작한 작품, 컴퓨터와 비디오 게임 등을 즐겼다. 더 많이 성장하면서 글쓰기, 소설 읽기, 악기 연주 등에도 시간을 할애했다. 나는 균형 잡힌 가정에서 비디오 게임과 컴퓨터 게임을 위한 충분한 여지가 있다고 생각한다.

심지어 게임 시간에 제한이 없어도 15살의 매튜는 하루에 2시간씩 독서를 했다. 그는 1년 동안 45권의 소설을 읽었다! 14살의 닐은 사회문제에 관한 책을 읽고, 남는 시간에는 고등학교 물리학과 화학을 공부했다. 소피는 12살 때 "*베이비시터 클럽*"이라는 200권짜리 시리즈를 읽으며 첫 소설을 쓰고, 7학년 수학 문제집에 도전했다. 어느 날 소피는 나에게 찾아와 피아노 레슨을 다시 시작하고 싶다고 하기도 했다. 그녀는 뜨개질하며, 돌에 색을 칠하고, 화학 실험을 하고, 빵을 굽기도 했다. 어느 날 저녁, 그녀는 동생을 돌보면서 집안일을 도맡아 했다. 우리가 집을 비운 동안 진공청소기를 돌리고 바닥을 닦으며 식탁에 쌓인 접시를 치워 집을 깨끗하게 정리했다. 이 모든 아이가 컴퓨터 게임을 할 수 있는 상황이었는데도 불구하고, 딸은 엄마를 돕는 일을 선택했다.

나에게는 "걱정스러운" 순간도 있었다. 내가 아이들에게 매우 생산적이지 않다고 불평했을 때 14살인 아들은 "생산성"에 대한 내 인식에 의문을 제기했다. 아들은 다른 사람이 남는 시간에 하는 일에 대해 어떻게 생산성을 판단할 수 있는지를 궁금해했다. "컴퓨터 게임보다 정원 가꾸기나 골프가 더 생산적인가요? 이러한 판단을 내릴 수 있는 사람은 누구인가요?"

스크린 타임에 대한 우려 해결

많은 부모가 아이들의 행동을 바탕으로 스크린 타임에 대한 우려를 표현하고 있다. 많은 전문가의 우려도 대부분 여론을 기반으로 한 것으로, 신뢰할 만한 데이터가 부족한 상황이다. 이러한 우려를 자세히 살펴보겠다.

중독

우리 아이들은 어린 시절부터 컴퓨터를 사용하기 시작했다. 여덟 살, 일곱 살, 다섯 살, 한 살이었을 때 산타 할아버지가 비디오 게임을 집으로 보내주었고, 닌텐도 64가 우리 교육과정의 일부가 되었다. 특히 닐은 일곱 살 때부터 게임에 빠져들었으며 매튜와 소피 역시 게임에 푹 빠졌다. 제한을 두지 않았던 때도 있어 어느 날은 최대 16시간까지 게임을 했던 적도 있다. 닐은 게임을 갈망하며 사는 모습을 보였다. 하지만 어느 날, 내가 제한을 두어야겠다고 결심하자 아이들은 내가 말하기도 전에 스스로 조절하며 다른 활동을 즐기기 시작했다! 점차 게임의 참신함이 다시 돌아올 것이라는 자신감을 가지게 되었다. 이것은 학습과 흥미의 '파도와 파문' 중 하나였다. 16개의 게임을 통달한 후, 아이들은 모든 게임에는 공통된 패턴이 있으며 여러 가지 주제의 변형임을 깨달았다. 이런 이유로 지루함을 느낀 아이들은 게임을 몇 달간 쉬기로 했다. 이러한 경험에서 많은 교훈을 얻었다.

16살이 되던 해, 닐은 친구 중에서 가장 의욕적이고 자제력이 뛰어난 아이였다. 학교생활을 시작한 첫해에는 매일 밤 10시 30분에 잠들었다. 이른 아침에 스스로 일어나 학교에 나가야 할 필요성을 알면서도 그 선택은 그의 의지였다. 그는 숙제, 시험, 과제 등을 완전히 통제하고 있었다. 여전히 친구들과 교류하고 사회 활동을 하며 신체 활동을 즐기며 공부하며 게임을 하는 등 균형 잡힌 삶을 살고 있다. 20살에는 대학에서 비디오 게임에 숨겨진 함정에 대한 훌륭한 에세이를 썼다. 그는 이 에세이에서 비디오 게임을 매우 매력적으로 묘사했다. 사실 그는 모든 아이 중에서 자기 게임 플레이를 가장 잘 통제하고 스스로 건강한 대안을 제시하는 아이다. 현재는 컴퓨터와 공학 분야에서 일하며 컴퓨터를 사용하는 시간을 잘 조절하고 있다. 어릴 적의 열정을 보고 그의 성장 방향을 예상했어야 했다! 내 일화에서 얻은 교훈은 아이가 어릴 때 어떤 사람이고, 어떤 것이 필요하거나 원하는지는 나중에 가서 보면 전혀 다를 수 있다는 것이다. 미리 계획하지 마라! 어린 시절의 모든 시기는 하나의 단계다.

비디오 게임은 매우 매력적이지만 대다수 아이에게는 중독성이 없다. 약 0.05% 정도의 아이들만이 특정 유형의 중독에 취약한 유전자를 가지고 있다. 비디오 게임은 내부적으로 도박과 유사한 기능을 모방한다. 게임은 간헐적인 보상을 강화하고 플레이어가 계속 게임을 하도록 유도하는 "무작위 전리품"과 "돈을 써야만 이길 가능성이 높아지는 게임(pay-to-win)" 방식과 같은 카지노 전략을 사용한다. 부모는 이러한 "덫"을 인식하고 게임 외에도 만족스러운 삶의 경험을 제공해야 한다.

일부 부모는 비디오 게임 이후 아이들의 공격적인 성격 변화를 경험한다고 한다. 그러나 아이들이 더 공격적으로 변화하는 것은 게임 콘텐츠와 모델링 때문인지, 아니면 다른 즐거운 활동이 줄어들어서 좌절감을 느낀 것인지 구분이 어려울 수 있다.

폭력

우리 아들들이 12살과 13살 때 하프라이프, 카운터스트라이크, 팀 포트리스, 그랜드 테프트 오토와 같은 폭력적인 일인칭 슈팅 게임에 빠져들 때 우려하며 걱정한 적이 종종 있었다. 게다가 아빠에게 소총 사격장에 가보고 싶다고 조르기까지 했다. 아이들이 폭력에 더욱 집착하게 되는 것은 아닌지, 이것으로 인해 공감 능력을 잃게 되는 것은 아닌지 우려했다. 그러나 이후 알게 된 것에 따르면 이러한 우려는 크게 필요하지 않았던 것으로 나타났다.

얼마 지나지 않아 매튜는 낚시 여행을 다녀온 후 물고기를 잡아서 낚싯바늘을 빼고 죽여야 했기 때문에 다시는 낚시를 하지 않겠다고 단호하게 선언했다. 닐은 우리 아이 중에서 가장 사랑스러운 아이 중 한 명으로, 동생 라이언이 화가 나거나 슬프거나 상처받았을 때 먼저 달려가 안아주는 모습을 보였다. 우리 가족은 굉장히 양육적인 환경에서 자라났고, 이는 아이들이 화면 속의 폭력에 적절하게 대응하는 데 도움이 되었다. 우리 아이들은 결코 남을 때린 적이 없으며, 상호 존중하며 갈등을 해결하는 방법을 매일 배우고 있다.

공격성과 심술

아동 발달의 사회 학습 이론에 따르면, 아이들은 화면에서 보는 폭력적인 행동이 실제 생활에서 용인되거나 묵인된다고 생각하여 모방할 수 있다고 한다. 그러나 폭력적인 놀이는 아이들이 자신의 감정을 표현하고 이해하는 데 사용하는 도구일 뿐이다. 장난감과 놀이는 아이들이 발달 과제와 내면 감정을 표현하는 수단으로 항상 사용해왔으며 앞으로도 그럴 것이다. 비디오 게임은 우리 세대가 어린 시절에 가지고 놀았던 장난감 총, 화살, 칼과 크게 다르지 않다. 오히려 비디오 게임은 폭력, 분노, 좌절을 표현하는 건강한 출구로 작용할 수 있다. 14살인 내 아들은 "게임에서는 할 수 없는 일들을 해볼 수 있어요. 그건 환상이고, 그 차이를 알아요."라고 말했다.

고립: 다른 관심이 없다.

고립은 특히 청소년기에 많은 언스쿨링 부모에게 큰 걱정거리다. 급변하는 기술 시대의 새로운 사회화 현실은 아이와 성인 모두가 대면뿐만 아니라 게임 내 채팅, 문자메시지, 앱을 통해 비대면 사교 활동을 한다는 것이다. 일부 부모들은 아이를 위한 사교 클럽을 마련하려고 노력하기도 한다. 그러나 홈스쿨링 아이에게 필요한 것은 대면으로 만날 수 있는 좋은 친구 한 명뿐이며, 이러한 친구는 형제나 자매인 경우가 많다.

스크린은 뇌를 멍청하게 만든다.

이는 사실이 아니다. 부모들이 나에게 이런 내용을 몇 번이나 말했는지 셀 수 없을 정도다. 생물학적인 근거도 없다. 아마도 비디오 게임이 상상력을 자극하지 않는다는 의미일 것이다. 실제로는 비디오 게임이 상상력을 더욱 확장하는 데 도움이 될 수 있다. 예를 들어, 내 아이들은 마리오, 젤다, 포켓몬, 커비 게임을 할 때 플레이 도구로 커비 인형과 나무 요시 캐릭터, 포켓몬 피규어를 자주 만들곤 했다. 이러한 캐릭터를 활용하여 자신만의 이야기를 구성하기도 했다. 나이가 들면서 월드 오브 워크래프트의 배경을 닮은 아름답고 환상적인 그림도 그렸다. 이 모든 것에는 상상력이 필요하다. 게임도 중요하지만, 미술용품을 활용하여 게임에서 영감을 얻은 예술적이고 문학적인 표현을 장려함으로써 아이들이 더욱 균형 잡힌 경험을 하고 상상력을 발전시킬 수 있도록 도우라.

너무 많은 좌식 활동

책을 읽는 아이에게 책을 내려놓고 밖으로 나가서 놀라고 말하는 부모는 없을 것이다. 그러나 책을 읽는 것 역시 앉아서 하는 활동이다. 책을 읽을 때 화면을 통해 읽는 것에 대한 사회적 편견이 분명히 존재한다. 예를 들어, 실외에서 스포츠를 하는 대신 실내에서 게임을 하는 시간은 매우 타당한 걱정거리일 수 있다.

하지만 부모는 한 가지 활동을 다른 것보다 우선시하는 대신 아이들이 전체 시간을 얼마나 앉아서 보내는지 살피고 이를 더 활동적인 시간으로 대체하는 데 집중해야 한다. 한 번에 10시간 동안 스크랩북을 만들거나 뜨개질하거나 영화를 보는 성인들은 아이들에게 밖으로 나가서 놀라고 말한다. 우리 아이들의 신체적 자극 부족 문제를 해결하려면 더 큰 그림을 바라보아야 한다. 아이들이 차를 타고 어디든 가는 것이 아니라 걷거나 자전거를 타도록 유도하는 것이 중요하며, 아이들과 함께 놀이터에 가는 시간을 확보하는 것도 중요하다.

캐나다 성인의 약 3분의 2와 청소년의 약 28%가 과체중이나 비만 상태로, 성인과 아동 모두 비만이 증가하고 있다. 또한 캐나다 아동의 약 3분의 2가 정부의 세금 공제 혜택과 학교 체육수업 의무화에도 불구하고 신체 활동 지표를 충족시키지 못하고 있다(Statistics Canada, 2017). 현재에는 산책하는 아이보다 주인과 함께 산책하는 개가 더 많다. 우리가 할 수 있는 가장 중요한 일 중 하나는 운동하는 것이지만, 요즘 아이들은 운동을 거의 하지 않는다. 신체 건강을 유지하기 위해 큰 노력이 필요하지 않다. 단지 매일 조금씩 활동량을 늘리기만 하면 된다. 이러한 노력을 통해 온 가족이 신체 건강과 감정적 친밀감 모두에서 변화를 느낄 수 있을 것이다. 부모는 아이들에게 운동을 강요할 수는 없지만, 활동적인 라이프스타일을 촉진하고 장려하기 위해 다양한 방법을 시도해볼 수 있다.

비디오와 컴퓨터 게임의 교육적 이점

비디오 게임은 교육적인가? 당연히 그렇다! 모든 종류의 장난감이나 게임은 아이들에게 지식과 역량을 가르치는 데 교육적이다. 그러나 모든 게임이 "교육용"이라는 라벨을 갖추어야만 교육적인 것은 아니다. 비디오 게임은 봉사 활동, 여행, 독서와 함께하여 가정 교육에서 가장 큰 '교육과정'이 되어 왔으며 아이들이 학습에 계속 참여하도록 돕는 데 큰 역할을 해왔다.

다섯 명의 게이머 아이들을 둔 부모로서 나는 아이들이 원시적인 그래픽, 빈약한 논리, 서투른 인터페이스, 멀티플레이가 아닌 그저 재미없는 '교육용 게임'을 싫어한다는 사실을 빨리 깨달았다. 이런 교육용 게임은 재미보다 생산적인 시간활용을 추구하는 부모를 대상으로 판매되는 것처럼 보인다. 우리 아이들은 월드 오브 워크래프트, 녹스, 스포어, 기즈모와 가젯, 에이지 오브 엠파이어, 그레알, 라쿠나 익스팬스, 문명, 개리스 모드, 크루세이더 킹즈, 룬스케이프, 리그 오브 레전드와 같은 게임을 하면서 읽기, 쓰기, 수학 능력은 물론 사회, 신화, 역사, 과학, 갈등 해결 등도 배웠다. 또한 게임 내에서 다른 플레이어와 협력하는 소중한 사회적 기술도 향상했다. 리그 오브 레전드, 오버워치와 같은 게임에서는 역경 속에서도 회복력을 발휘하는 개인적 기술, 인내심을 길러낸 것은 물론 팀을 위해 계속 노력하는 의지도 배웠다. 또한 시간에 쫓기며 도전과 문제, 팀원, 경쟁자와의 상황에서 어떻게 대처하는지도 배웠다. 승리와 패배를 우아하게 다루는 방법과 키보드를 방에 던지지 않고 패배에 대처하는 방법도 배웠다.

게임과 장난감은 게임 성공을 위해 필요한 집중력을 기반으로 아이들에게 흥미를 유발하는 방식으로 학문적인 개념을 가르친다. 비디오 게임을 하지 않는 부모는 아이들이 이러한 역량을 어떻게 배웠는지 모를 수 있다. 비디오 게임이 개발할 수 있는 인상적인 역량 목록을 살펴보라.

학업 역량

실행기능과 작업 기억 능력: 게임은 비판적 사고, 분석적 사고, 전략적 사고, 문제 해결 기술 등을 가르친다. 과학적 방법에 대한 예를 들어보면, 대부분 게임은 힌트를 제공하지만 해결 방법은 제시하지 않는다. 따라서 플레이어는 성공이 가능한 전략을 찾기 위해 가설을 세워야 한다. 게임 개발자들은 중요한 정보를 숨기는데, 이것 때문에 플레이어는 실패와 성공을 반복하며 필요한 정보를 찾게 된다. 게임은 실행기능과 작업 기억을 발전시키며 기술을 향상하는 큰 퍼즐이다. 또한, 게임은 시간제한 내에 작업을 수행하라는 압력을 가하여 문제 해결 능력을 강화한다.

멀티태스킹: 플레이어는 시간제한과 경쟁자의 간섭으로 인한 스트레스 상황에서 다양한 정보와 옵션을 관리하는 법을 배운다. 놀랍게도 게임에서 아이템의 수량을 기억하는 것만으로도 멀티태스킹 능력이 향상될 수 있다. 일부 게임에서는 플레이어가 살아남기 위해 전투를 벌여야 하므로 직장 생활에서도 유용한 훈련이 될 수 있다! 또한 플레이어들은 서로 경쟁하면서 시간 관리와 우선순위 설정 능력을 배울 수 있다.

문해력: 읽기, 쓰기, 철자가 필요한 게임은 화면과 게임 매뉴얼 어디에서든 문해력을 향상할 수 있다. 종종 게임은 고등학교 수준으로 작성되어 플레이어가 게임 방법을 이해하고 어려운 부분을 극복하는 통찰력을 얻게 한다. 글을 모르는 아이들도 게임을 하기 위해 노력하며 확실히 배우려고 한다! 우리 아이들은 모여봐요 동물의 숲, 심즈, 심시티와 같은 다양한 게임을 통해 읽기, 쓰기, 문법을 배웠다. 문제집이나 앉아서 하는 작업을 싫어하는 아이들도 게임을 통해 문해력을 향상하는 데 도움을 받을 수 있다.

수리력: 게임은 패턴 인식 능력을 키우며 수학적 연산, 추론, 논리를 활용하여 문제를 해결하는 능력을 높인다. 플레이어들은 시간을 측정하는 방법에 호기심을 품을 수 있다. 예를 들어, 30분이 얼마나 걸리는지, 닐이 내려올 때까지 몇 분이 남았는지 알고 싶어 하는 경우가 있다.

컴퓨터 프로그래밍 기술: 플레이어들은 수정이 가능한 게임을 통해 코딩, Perl, C++, CSS, HTML, 스크립트 등 다양한 컴퓨터 프로그래밍 기술을 배울 수 있다.

예술, 역사, 과학: 게임은 역사, 예술, 문화, 과학과 관련된 다양한 주제에 대한 흥미를 자극하고 연구와 독서를 장려한다. 우리 아이들도 에이지 오브 신화를 플레이하면서 그리스의 역사를 배웠고, 기즈모와 가제트, 매직 스쿨버스를 통해 과학을 배웠다. 문명과 십자군 왕국은 역사 학습에 도움이 되었다. 케르발 우주 프로그램(Kerbal Space Program)은 궤도 역학, 우주여행, 물리학, 공학에 대한 이해를 높여주었다.

지식: 노약자, 빈곤층, 고립된 사람, 감금된 사람은 게임을 통해 다른 방법으로는 접근하기 어려운 정보와 통신에 액세스할 수 있다.

창의력: 아이들이 비디오 게임을 많이 했던 시절에는 마리오 시리즈, 동키콩, 젤다, 포켓몬, 커비 등을 주로 즐기며 자기 주도적인 예술 표현을 계속해왔다. 그들은 수백 장의 캐릭터 그림을 그렸다. 실제로 캐릭터는 반죽, 레고, 나무, 수채화, 마커, 직접 만든 의상, 봉제 인형 등 가능한 모든 매체를 통해 표현되었다. 모든 아이가 직접 쓴 커비와 마리오의 모험 이야기도 인상적이었다. 심지어 캐릭터가 등장하는 보드게임도 직접 제작했다. 버거킹에서 아이들의 식사와 함께 캐릭터가 그려진 포켓볼을 나눠주는 행사를 진행했을 때, 우리는 일주일에 4일을 버거킹에서 식사하며 엄청난 피규어 컬렉션을 얻었다! 지금은 아이들이 버거킹에 입도 대지 않지만, 피규어들을 가지고 캐릭터들과 함께 장면을 만들고, 집을 짓고, 이야기와 게임을 만들었던 상상 속 놀이의 소중한 추억을 담고 있다. 나는 지금도 비디오와 컴퓨터 게임에서 영감을 얻은 창의력에 놀라움을 금치 못한다. 아이들이 나이가 들면서 창의력은 실제 사물에서 화면으로 옮겨갔다. 아이들은 화면에

서 미술, 음악, 글, 비디오를 제작했다. 형식만 바뀌었을 뿐 창의적인 과정은 여전히 존재했다. 아이들이 학령기에 접어들면 주류 부모들은 "학교가 알아서 처리할 수 있다."라는 이유로 미술, 공예용품, 물감, 의상 트렁크, 드라마 소품과 같은 전통적인 창의적 아이템을 없애는 경향이 있다. 하지만 초등학교 4학년부터는 학업에 집중하게 되기 때문에 집이나 학교에서 창의력을 발휘할 수 있는 공간이 거의 없다. 따라서 심즈, 심 테마파크, 동물의 숲과 같은 게임을 통해 컴퓨터에서 창의력을 발휘할 수 있는 매력이 있다. 변한 것은 창의력에 대한 아이들의 요구가 아니라 매체다.

사회적 및 정서적 역량

연결: 아이들은 인스턴트 메신저나 화상 통화와 같은 커뮤니케이션 채널을 통해 실시간으로 게임을 하고 대화하며 소셜 활동을 할 수 있다. 조부모는 멀리 떨어져 있더라도 손자 손녀와 소통하는 것을 좋아한다. 내 아이들은 대학에 가거나 다른 도시로 이사한 형제자매들과 연락을 유지하며 게임을 플레이하곤 했다.

엔터테인먼트: 인터넷과 게임은 비디오 및 오디오 형식의 무한한 엔터테인먼트 소스를 제공한다. 원하는 장르를 선택하면 즉시 즐길 수 있다.

스트레스 해소 기술: 게임은 플레이어들이 긴장을 풀고 스트레스를 해소하며 환상의 세계로 탈출하여 휴식을 취하는 데 도움이 된다. 내 친구는 45살이고 부동산업을 하며 일하고 있는데, 집에 와서 딸과 컴퓨터 게임을 플레이하며 스트레스를 푼다고 한다.

지연된 만족감 기술: 플레이어들은 수준별로 단계를 밟아 올라가야 하며 다른 사람의 도움 없이는 지름길을 통해 갈 수 없다. 연구에 따

르면 어릴 때 지연된 만족을 인정하는 법을 배운 아이들이 인생에서 더 성공할 가능성이 있다고 한다.

실행기능 집중력: 특히 어려운 게임은 음악, 소음, 수다, 산만한 환경에서도 높은 집중력을 요구한다. 이는 많은 아이에게 유용한 연습이다. 학교에서 주의력 결핍 진단을 받았으나 게임을 하면 몇 시간 동안 집중할 수 있는 아이들도 많다.

자존감: 게임은 또래가 인정하는 기술에 대한 자부심과 자신감을 키워준다. 특히 학업, 스포츠, 예술 분야에서 뛰어나지 못한 아이들에게는 이러한 경험이 중요하다. 특별한 기술을 가진 것으로 인정받고 존중받으면 다른 영역에서도 자신감을 기르는 데 도움이 된다.

실행기능 억제 제어: 게임은 정서 지능을 가르치고 연습할 기회를 제공한다. 게임을 통해 아이들은 분노, 좌절, 역경을 다루는 방법을 연습하며, 특히 힘들 때, 저장하지 않은 상태로 플레이를 잃었을 때, 더 그렇다! 또한 자연스러운 결과와 상황을 해결하는 데 도움이 되는 문제 해결 능력을 배우게 된다. 물론, 강한 감정을 다루기 위해 성인의 지원이 필요할 때도 있다. 그렇지 않으면 컨트롤러가 벽에 부딪혀 날아갈 수 있다!

성 중립성: 인터넷과 게임을 통해 사람들은 시각적 고정 관념 없이 소통할 수 있다. 나이, 성별, 문화, 외모보다는 말과 행동으로 사람을 평가한다.

헌신과 직업윤리: "내 아들은 과외 활동에 거의 흥미가 없으나 게임을 하거나 5명이 팀을 이루어 게임을 할 때는 끈질기게 노력한다."라고 홈스쿨링을 하는 두 아이의 엄마 엘렌은 말한다.

협동과 협업: 멀티플레이어 게임은 팀 구성, 협력, 전략 수립, 게임 중 다른 플레이어와 시청자 플레이어 간의 집단 문제를 해결하기에 적합하다. 플레이어들은 계획을 세우고 결과를 달성하며 서로를 지켜

보며 함께 노력해야 한다. 또한 협상하고 타협하며 페어플레이를 연습할 기회도 제공한다.

격려: 또한 한 아이가 플레이하고 다른 아이가 지켜볼 때, 모두 서로에게 위험을 감수하고 다른 해결책을 시도하며 계속 나아가도록 격려하는 방법을 배운다. 단 한 명의 아이만 조정하더라도 그들의 "팀 접근 방식"을 지켜보는 것은 매우 멋진 일이다. 종종 내 아이들은 리그 오브 레전드에서 다른 팀과 한 팀으로 게임을 했다. 그 과정에서 유대감을 형성하는 모습을 보는 것이 정말 좋았다.

독립성: 헬리콥터 육아의 세계에서 게임과 소셜 미디어는 성인이 세세하게 관리하지 않아도 되는 아이들의 놀이터를 제공한다. 아이들과 게임이 규칙을 만들지만 부모는 규칙을 만들지 않는다. 아이들이 얼굴을 맞대고 함께 모이면 성인들은 이해하지 못하는 비밀스러운 세계에서 서로를 하나로 묶어주는 게임 언어를 사용한다.

대화: 내 아이들은 친구들과 대면하면 하키 통계, 자동차 개조, 영화배우에 대해 자주 이야기했던 것처럼 그들은 게임 외의 시간에도 자신이 플레이한 게임과 다음에 할 게임, 플레이하고 싶은 캐릭터, 달성한 수준을 자랑하며 대화에 몰두했다. 청소년은 특히 복장, 헤어 스타일, 음악, 활동 등에서 성인과 차별화되는 것을 좋아한다. 게임은 이러한 차별화에 도움이 되는 또 하나의 수단이다.

가족 간의 친밀감: 많은 부모가 어릴 때부터 아이가 독립해서 집을 나갈 때까지 아이와 함께 비디오 게임을 한다. 그리고 일요일 저녁 식사를 위해 다시 집으로 와서 리그 오브 레전드 게임 한 판을 즐긴다! 게이머가 아닌 나는 개인적으로 아이의 게임에 관심을 가지고 앉아서 지켜보았다. 아이들의 이야기와 게임 속에서 그들이 설명하는 모험을 듣고 서로 소통하며 즐거운 시간을 공유하는 것을 알았다.

사회화: 마인크래프트 클럽! 컴퓨터 코딩 클럽! 걸스 후 게임 클럽 (Girls Who Game Club)! 아이들이 청소년기에 접어들면 자기 말과 행동에 더욱 의식하기 때문에 대화를 시작하는 연습을 잘하지 못한다. 긴장을 풀기 위해서는 집중할 수 있는 활동이 필요하다. 게임 클럽은 이러한 활동을 제공한다.

소셜 미디어 혜택

사교: 아이들은 관심사를 공유하는 비슷한 생각을 가진 다른 아이들과 쉽게 연결할 수 있다.

글쓰기: 토론 웹사이트의 인기 있는 주제에 대해 훌륭한 토론자들과 함께 토론하고 설득력 있는 글쓰기 실력을 발휘할 수 있다.

연구: 전 세계의 온라인 친구를 사귀면서 다양한 배경, 종교, 문화를 가진 사람들로부터 배울 수 있다.

만들기: 블로그를 작성하고 웹사이트, 동영상, 밈, 팟캐스트, 웨비나를 열어 음악, 기술 및 예술 프로젝트를 구성하고 다른 사람들과 공유할 수 있다.

협업: 서로 직접 만나지 않아도 프로젝트를 통해 협업할 수 있다. 이러한 공동 작업으로 여러 권의 책이 출판되었다.

시민 의식: 조직을 구성하고, 자원봉사를 하고, 집단의식을 높이고, 자선단체와 가치 있는 대의를 위한 기금을 모금할 수 있다.

기업가 정신: 비즈니스를 시작하고 성장시킬 수 있다.

건강: 성에서 우울증에 이르기까지 모든 주제에 대한 건강 정보에 액세스하고 성인에게 물어보기 부끄러워하는 질문에 대한 답변을 얻을 수 있다.

캐나다의 아이들 가운데 스마트폰과 비디오 게임을 사용하는 비율이 80%로 껑충 뛰었다. 그 결과 학교에 다니는 아이들이 데이트를 더 늦게 시작하고, 성관계, 운전, 독립 등을 더 늦게 경험하며, 술과 담배에 관심이 더 적어지는 현상이 나타났다(McKnight, 2015). 이는 바람직한 추세로 평가될 수 있다. 그러나 휴대전화와 연결된 환경에서 혼자 보내는 시간이 늘어나면서 대인관계와 사회화 기술에 영향을 미칠 수 있는 단점도 있다. 이에 대비하기 위해 가족과 함께 시간을 보내고, 가족 외의 교류 시간을 계획하는 것이 중요하다. 화면 없는 구역과 시간을 마련하여 함께 모여 친목을 도모하며 즐겁게 시간을 보낼 수 있도록 도우라. 또한, 소셜 미디어는 아이들의 자존감에도 영향을 미칠 수 있다. 따라서 지지적인 부모와 열린 소통을 통해 또래들과의 스트레스를 극복하고 건강한 스트레스 관리를 돕는 것이 중요하다. 스크린 타임도 가치가 있지만, 아이들은 3D의 현실 세계에서 직접 대면하는 관계도 필요하다. 이는 균형이 필요한 요소이다.

레슨, 스포츠, 활동: 심화 또는 과부하?

"건강한 가정은 작은 침실과 넓은 주방이 필요하다."

태양은 초록 나무 위에서 눈부시게 빛나고 새하얀 눈은 구름 한 점 없는 푸른 하늘 아래 반짝이고 있었다. 나는 여덟 살짜리 딸과 함께 산악 스키장의 슬로프를 내려가고 있었다. 작년에 스키 레슨을 받던 딸은 몸을 통제하지 못해 매직 카펫 리프트의 사람들을 넘어뜨렸었다. 그러나 올해는 완벽한 곡선을 그리며 스키를 타고 내려갔다. 이 사이에 무슨 일이 있었을까? 그녀의 몸과 뇌가 성숙해진 것이었다. 내 막내딸이 스키, 스케이트, 수영을 내 도움 없이도 할 수 있게 되었다는 사실을 생각하니 몹시 기뻤다. 지난 19년간의 육아와 허리 통증을 거치며 얻은 기쁜 날이었다!

나는 성실한 부모로서 첫 두 아이가 활동을 할 수 있는 최소 나이가 되자마자, 정식 레슨에 등록했다. 예전에는 4세부터 아이들을 레슨에 보낼 수 있었지만, 이제는 2세부터 시작할 때도 많다. 한때는 아이들을 학원에 데려가기 위해 싸워야 했고, 그로 인해 힘겨루기, 졸음, 짜증 등이 있었다. 레슨 학원에 가게 되면 아이들을 참여시키기 위해 노력했고, 아이들은 재미를 느끼기 시작했다. 그렇게 해서 아이들을 다시 차에 태우는 노력을 반복하게 되었다! 동시에 어린 동생들을 즐겁게 해주기 위해 팁과 요령을 계속 찾아보았고, 종종 휴대전화를 이용하여 어린 동생들이 즐겁게 시간을 보낼 수 있도록 했다. 결국, 우리는 모두 지친 채 집으로 향했지만 레슨비를 생각하여 아이들이 원치 않더라도 참여하도록 강요했다. 이러한 노력이 가치가 있었을까? 사실은 아니었다.

마지막 두 아이 때는 너무 힘들어서 아무런 활동도 등록시키지 않았다. 매년 가을마다 동료 부모들로부터 활동으로 일정을 메우라는 압박을 받았으나, 나는 이를 거부했다. 내 아이들이 미온적으로 받아들이는 연습, 레슨, 수업 때문에 결국 더 이상 시간을 허비하지 않기로 했기 때문이다. 결과적으로 아이들은 레슨 없이도 스키, 스케이트, 수영, 축구를 배웠고, 이 모든 활동을 상당히 능숙하게 수행하게 되었다!

나는 레슨이 "투쟁"을 수반한다면 중단하라고 말하고 싶다! 우리 아이들이 7살, 8살, 9살이었을 때 우리는 수업과 연습에 어려움을 겪었고 마침내 그 모든 미친 짓을 그만두었다. 나는 린다 C의 조언을 받아들여 아이들이 적어도 3번 이상 레슨을 요청할 때까지 기다렸다가 확신이 생기면 등록하도록 했다. 아이들이 연습, 장비 준비, 간식 만들기, 유니폼 세탁 등 모든 것을 스스로 책임지기로 동의하는 경우에만 등록을 허용했다. 실제로 아이들이 아무런 노력을 기울이지 않을 때, 몇 년 동안의 평화로운 시간을 보내게 되었다!

아이들이 14세, 16세, 17세로 성장하면서 스스로 레슨을 받고 싶다고 요청하기 시작했다. 모두 악기를 배우기로 결심했고, 실제로 그렇게 했다. 바이올린, 피아노, 기타 레슨 비용을 부담했으며, 아이들을 수업에 데려다주었다. 아이들은 자신만의 선생님으로부터 배우는 것이기 때문에 원하는 만큼 연습할 수 있었다. 그 결과 기대 이상의 발전을 이루게 되었다. 이는 자기 동기 부여의 결과였다. 피아노를 1년, 바이올린과 기타를 각각 2년 동안 수업을 듣고, 정식 레슨을 중단하고 자기 독학으로 계속했다. 지금은 아이들이 자기 악기를 능숙하게 연주할 수 있는 수준에 도달했다.

나는 아이들의 신체적 발달이 다양한 스포츠의 요구에 부응할 수 있는 만큼 성장할 때까지 기다렸던 것이 결과적으로 아이들의 행복을 증진했다고 생각한다. 13세 또는 14세에 실행기능 기술이 도약할 때까지 기다리는 것도 마찬가지다. 이는 가만히 앉아서 지시에 주의를 기울일 수 있는 인지 발달과 연습을 견디고 배운 기술에 반응하여 몸을 움직일 수 있는 실행기능 기술을 제공한다. 8세 때 스포츠, 14세 때 음악과 언어 등 모든 것들이 한꺼번에 이루어지는 것처럼 느껴졌다.

돌이켜보면, 4살 때부터 시작한 레슨을 후회한다. 아이들을 레슨에 보내는 주요 동기가 부모 시간의 확보에 있었다는 것을 깨달았다. 아이들이 실제로 열심히 참여하지 않는 한, 대부분 1~2년 뒤에는 중단하게 되었다. 결국 이러한 노력이 꼭 필요한 것이 아니었다.

아이들이 적어도 8세 이상이 될 때까지 기다리는 것이 좋다고 생각한다. 이 전에 레슨을 시작한다면, 아이들의 흥미를 떨어뜨리고 부모와 갈등을 일으킬 수 있다. 모두가 눈물을 흘렸다고 해서 무조건 교육적 가치가 높은 것은 아니다. 시간을 내어 묵묵히 기다렸다가 나중에 시도해보라. 그러면 아이들이 스스로 레슨을 받고 싶어 하는 의욕을 보일 것이다. 이 점을 확신한다!

언스쿨링과 홈스쿨링의 장점 중 하나는 많은 학원이 낮 시간대에 개인을 위한 수업과 활동을 제공하여 홈스쿨링 지원금을 놓고 경쟁하기 때문에 여유로운 시간을 활용할 수 있다는 점이다. 저녁 시간에는 가족과 함께 시간을 보낼 수 있어서 좋다.

그러나 일반적으로 단체 스포츠와 활동은 낮 시간대에 예정되어 있지 않다. 팀에서는 아이들이 경쟁할 수 있어야 하는 까닭에 연습과 경기는 저녁에 진행한다. 단체 스포츠나 조직적인 과외 활동은 아이들에게 매일 필요한 자유 놀이에 포함되지 않는다.

많은 부모는 아이의 삶이 외부 활동을 통해 더 풍요로워진다고 생각한다. 그러나 포옹, 대화, 상호작용, 사랑하는 사람들과 교류는 어떤 수업이나 스포츠 활동보다 스트레스 해소, 학습, 유대감 형성에 더 중요하다. 강한 인성 발달과 감성 지능은 수업에서 새로운 기술을 배우는 것이 아니라 가족과 대면 관계에서 비롯된다. 멕 미커 박사는 다음과 같이 말한다. "우리가 아이와 맺는 사랑과 필요에 기반한 관계는 아이의 그 어떤 외부 활동에서도 재현되지 않는다. 부모로서 우리는 책이나 전자기기 없이 빈 무릎으로 소파에 앉아 당신 옆자리를 두드리며 아이에게 와서 안고 이야기하자고 손짓한 적이 언제였는가?"라고 말한다(Meeker, 2010).

많은 가정에서는 각 아이가 하나의 스포츠단만 선택하는 단일 활동 규칙을 시도한다. 그러나 아이가 스포츠단에 가입한다고 해서 더 나은 엄마나 아빠가 되지 않는다. 부모의 친구와 동료들의 압력에서 벗어나라. "나는 내 아이에게 더 행복하고 편안한 어린 시절을 선물하고 있다. 스트레스를 덜 받고 집에 함께 있는 시간이 더 많아졌다."라고 자주 생각해보라. 단일 활동 규칙이 있더라도 아이가 둘이면 두 가지 활동을 해야 한다. 일주일에 최대 4일을 운전해야 하고, 그중 적어도 일부 저녁에는 가족과의 저녁 식사 시간을 포기하게 될 수 있다.

어느 해에는 아이들에게 어떤 것도 가입시키지 않았다. 어떤 활동도 하지 않았다. 그해 아이들은 모두 언스쿨링을 하고 집에서 쉬었다. 덕분에 가족 간의 토론, 즉흥적인 게임, 산책, 친구들과 만남 등 많은 가능성이 생겼다. 저녁을 여유롭게 먹을 수 있었고 아름다운 공원에서 더 많은 소풍을 즐겼다. 출퇴근 시간에 차를 몰고 도시를 가로지르거나 "게임 끝내, 당장 준비해!" 또는 "엄마, 가자! 이메일은 그만! 컴퓨터 꺼!"라고 서로에게 소리치지 않았다.

"나는 아이들의 활동에 균형을 맞추려고 할 때, 하나를 추가할 때마다 다른 무언가를 잃는다는 사실을 깨닫는 것이 중요하다고 생각한다. 이러한 활동은 기술이나 지능 습득을 촉진할 수 있지만, 자전거 옆 연석에 앉아 구름이 움직이는 방식을 알아차릴 기회, 우주의 가장자리에 대해 질문할 기회, 아빠와 함께 저녁 식사를 하며 여유롭게 시간을 보낼 기회, 편안하고 느긋한 마음으로 책을 훑어볼 기회 등 아이들은 항상 소소한 여유 시간을 잃게 된다. 비구조화 학습에는 시간이 걸린다. 그것은 서두를 필요가 없고 일정을 정할 수도 없다. 또한 그것은 기술과 지능을 증강하여 종종 놀라운 효율성을 나타낸다. 그러나 그것은 비구조화된 시간에 자연스럽게 일어날 수 있는 일에 지나지 않는다. 그럼에도 풍부한 활동을 일정에 포함시킴으로써 자연스러운 학습 기회나 경험을 너무 쉽게 배제시키곤 한다. '활동 기반 학습'은 너무 만족스러워 보여서 그것에 빠져들기 쉽다."(Miranda H, 2000)

초등 학습은 파도처럼 일어난다.

대부분의 아이들은 불규칙적인 흥미의 단계를 거치면서 배운다. 돌발적으로 학습한다. 마치 정신없이 음식을 먹듯이 한 가지 관심사에 몰두하다가 갑자기 다른 관심사로 넘어가거나, 전혀 흥미를 느끼지 못하는 메마른 상태가 된다.

거의 모든 홈스쿨링 학생들은 일정으로 시작하지만 시간이 지남에 따라 점점 학교와는 다른 일과로 발전한다. 구조화된 프로그램에 참여하는 대규모 그룹 아이들은 점진적이고 고르게 학습하는 것처럼 보이지만 실제로 개별 아이들은 갑작스럽게, 급격하게, 그리고 멈춤의 단계를 거치며 배운다. "우리의 하루 일정은 달걀 모으기, 바이올린과 피아노 연습, 취침 전 동화 구연으로 구성되어 있다. 그 외에는 모든 것이 돌발적으로 이루어진다. 3주 동안 밤마다 몇 시간씩 수학 공부를 했다. 그 후 같은 강도로 독서하고, 그다음은 음악 이론을 공부한다. 그다음 일주일 동안은 바느질과 케이넥스만 한다. 또 다른 주에는 미술사와 종이접기를 한다."(Miranda H, 2000)

"때로는 약간의 학습이 '어둠 속에서' 성장하고 발전하여 나중에 큰 꽃을 피울 수 있다. 나는 딸들에게 여러 번 있었던 이런 상황을 기억한다. 어떤 수학 개념은 설명이 없어서 어려움을 겪었다. 이때는 그냥 넘어가면 된다. 몇 주나 몇 달 후에 같은 수학 문제집을 다시 보면 '아, *이제* 알겠구나'라는 생각이 들었다."(Diana S, 2001)

아이들은 수학을 어떻게 배우는가?

수학은 우리 주변의 문제를 해결하기 위한 도구다. 이것이 우리가 수학을 가르치는 이유다. 하지만 우리는 종종 실제 문제와 별개로 수학 과정을 가르치려고 한다. 아이들은 책으로 수학을 할 수는 있지만 팁을 계산하거나 레모네이드 가판대에서 손님에게 거스름돈을 계산하는 등 실제 문제에는 적용하지 못한다. 학교에서 아이들은 너무 일찍 종이 위주의 수학을 시작하기 때문에 머릿속으로 문제를 해결하는 정신 수학을 충분히 연습하지 못한다. 답을 알려주는 대신 아이들이 스스로 문제를 해결하도록 도와주면, 아이들이 정신 수학을 연습하는 데 도움이 될 수 있다. 학교에서는 교사들이 이런 연습을 할 시간이 충분하지 않을 수 있지만, 집에서는 그렇게 할 수 있다.

소피를 위해 주문한 하프 치즈 케이크가 좋은 선택이었다. 케이크가 도착했을 때 반보다 작아 보였다. 우리는 상자를 열자마자 뭔가 잘못되었다는 것을 알았다. 하지만 매장 직원의 실수를 증명하기 위해 종이에 파이(π)로 계산을 해봐야 했다.

0~12세 아이들은 시각화와 사고를 통해 수학을 배운다. 다양한 전략을 사용하여 일상적인 문제를 머릿속에서 해결하는 것을 '정신 수학(Mental Math)'이라고 부른다. 아기들이 형태를 분류하거나 유아들이 쿠키를 나누거나 미취학 아동이 색상을 구분하거나 학령기 아동이 배틀쉽 게임을 할 때 이런 종류의 일이 일어난다.

언스쿨링을 하면서 우리는 수학 교육과정을 사용하지 않았다. 아이들은 게임, 장난감, 놀이를 통해 정신 수학을 체험했다. 13세, 즉 8학년이 되어서야 교과서의 종이 수학을 배우기 시작했다. 이때는 STEM 진로를 준비하기 위해 교사가 가르치는 첫 번째 공식 수학 과정을 수강했다. 매우 어릴 때부터 이미 정신적인 도구를 사용해 왔기 때문에 구구단을 외울 필요성이 없었다.

사춘기에 접어든 아이들의 뇌 발달은 "변수"와 같은 추상적인 개념을 이해할 수 있게 해주었다. 아이들의 뇌는 종이 수학의 문제 해결 방법을 체험적 사고력 수학 문제에 적용하여 1년에 8학년 수준의 수학 능력을 갖추게 되었다. 그들은 분수, 소수, 변수, 덧셈과 같은 수학 개념을 배웠으며 이러한 도구들을 언제, 어떻게 일상적인 문제 해결에 적용해야 하는지를 배웠다.

문제집 없이 수학을 배우는 방법

덧셈과 뺄셈: 모노폴리와 같은 보드게임을 한다. 중고 물품 판매나 레모네이드 가판대에서 물건을 팔고 거스름돈을 계산한다. 상점에서 물건값을 지불하고 거스름돈을 계산한다.

곱셈과 나눗셈: 요리하거나 구워서 만들거나 바느질하거나 워크숍과 미술 프로젝트를 진행한다. 친구들과 음식과 물건을 나눠 사용한다.

최대공배수: 보도블록이나 트램펄린 위에서 건너뛰며 세어본다. 음악 박자를 배우고 마인크래프트와 레고 게임을 한다. 예를 들어, 3의 배수와 4의 배수를 건너뛰며 셀 때, 두 숫자의 배수가 겹치는 지점을 찾는 활동이 될 수 있다.

분수: 요리법을 보고 음식을 조리한다. 형제나 자매와 식사를 나눠 먹는다. 저녁 식사를 준비할 때 각자 구입할 음식의 양을 결정한다.

소수점: 쇼핑하며 물건 가격을 계산한다. 레스토랑에서 주문한 물품의 영수증을 분석한다.

백분율: 쇼핑 중 팁, 세금, 할인된 가격을 계산한다. 게임 플레이를 통해 수치를 계산한다.

추정: 쇼핑하며 비용을 추정한다. 여행한 거리나 비용을 추적한다.

둘레: 기둥이나 액자의 둘레를 측정한다.

면적: 카펫, 그림 또는 스크린의 크기를 측정하여 면적을 계산한다. 재봉에 필요한 원단의 양을 계산한다.

부피: 소포의 부피를 측정하거나 주방에서 액체나 건조한 재료의 양을 측정한다.

원주: 주문한 하프 치즈 케이크의 실제 크기를 측정한다. 피자 크기와 가격 비교를 통해 수치를 계산한다.

최소 공배수: 레고 조립의 이름이 2x2 또는 2x8임을 이해한다. 모델 만들기에 필요한 조각 수를 파악한다.

정수: 온도 변화를 조사하거나 돈을 세는 등 수치 활용을 경험한다. 빨간색(음의 정수)과 녹색(양의 정수) 레고 블록으로 0쌍을 센다. 예를 들어, +1과 -1, +2와 -2 등의 조합이 0쌍을 이룬다. 빨간색 블록 3개(-3)와 녹색 블록 3개(+3)가 있다면, 이를 짝지어 세 개의 0쌍을 만들 수 있다.

대수학: 그라알(Graal), 마인크래프트, 젤다와 같은 컴퓨터 게임을 하며 대수학적 개념을 적용한다. 비디오 게임에서 "캐릭터 능력에 악영향을 주는 효과(debuffs)"를 계산하거나 특정 인원을 위한 포장 식품을 쇼핑하며 문제를 해결한다.

변수: 기호를 해석하여 개념을 이해한다.

자릿값: 장난감과 물건을 분류하고 정리한다. 10을 기준으로 미터법을 사용하여 액체, 거리, 무게를 측정한다. 모노폴리와 같은 게임에서 돈을 계산한다. 수표를 작성하고, 요리하면서 자릿값을 익힌다.

좌표와 순서 쌍: 배틀쉽 게임을 하며 좌표와 순서 쌍 개념을 배운다.

반올림: 어떤 물건에 어느 정도의 팁을 줘야 하는지 추정한다. 식료품 쇼핑 시 총비용을 대략 계산한다.

각도 특성: 해시계를 제작하거나 천문학을 공부한다. 고대 장치를 사용하여 시간을 측정하고 계절을 판별한 유적지를 방문한다. 사다리와 벽 사이의 안전한 간격을 계산한다.

각도: 수평 또는 수직이 아닌 사진을 찍거나 천문학적 개념과 관련된 각도를 학습한다. Xbox가 "360"인 이유에 대해 의문을 던져보며 숨바꼭질을 즐긴다.

온도: 조리하거나 요리하면서 온도 변화를 경험한다. 날씨 기록을 통해 기후를 이해한다.

시간: 병원이나 공항의 시계를 확인하며 24시간제 시계 사용법을 익힌다.

로마 숫자: 아스테릭스와 오벨리스크와 같은 책을 읽어보며 로마 숫자에 친숙해진다. 유적지를 방문하여 역사적인 기념물에 친숙해지기도 한다.

그래프, 원형 차트, 그림: 에코노미스트, 타임, 맥클린스와 같은 신문과 잡지를 읽으면서 차트와 그래프를 통해 정보를 분석하고 이해한다.

짝수와 홀수: 지도를 통해 거리와 주소 번호를 읽어본다. 생일을 기준으로 그룹을 나누고 구분한다.

기하학적 입체의 특성: 블록과 그물을 사용하여 실험한다.

슬라이드, 회전, 굴리기 및 미끄러지기: 컴퓨터로 그림을 만들어 본다. 블록을 활용하여 실험한다.

대칭: 거울, 물체, 프리즘을 활용하여 실험한다.

완전한 제곱과 지수: 구구단의 패턴을 시각적으로 확인하기 위해 구구단을 검토한다. 눈송이와 종이 프로젝트 자르기에 사용할 종이 사각형을 만든다. 사각형이 다른 사각형에 어떻게 맞는지 관찰한다.

실행기능과 전략: 비디오 게임이나 체스와 같은 것들은 아이들에게 차례를 지키고, 다음 수를 계획하고, 여러 가지 지시를 기억하며, 산만함을 통제하고, 패배에 대한 감정을 조절하면서 작업 기억력을 향상하는 데 도움이 된다.

수학은 재미있다! 7세 아이 다섯 명에게 젤리빈 한 봉지를 테이블 위에 놓으면 아이들은 나머지 없는 나눗셈을 배울 수밖에 없다. 경험을 통해 수학적 학습 도구를 익히면 아이가 종이로 된 수학을 배우면서도 정신적 개념의 이해에 도움이 될 것이다. 때로는 파이가 케이크보다 낫다는 것을 발견할 수도 있다! 즉 경험적 학습 방법이 때로는 전통적인 학습 방법보다 더 효과적일 수 있다.

종이 수학을 10대까지 기다렸다가 수학 교재를 사용하면 아이들이 문제집을 풀지 못해서 "나는 수학을 잘 못해요."라는 태도로 발전하지 않을 것이다. 다른 사고방식으로 수학에 접근하여 수학의 논리와 재미를 더 잘 이해할 수 있다. 비디오 게임의 재미가 게임을 해결하는 것 같이 수학도 똑같은 방식으로 재미있을 수 있다.

내 아이들은 13세 이전에 수학 문제집을 본 적이 없었지만, 수학 교구는 흥미로운 장난감으로 집 안에 많이 있었다. 나는 용기(컵, 박스, 병, 원통 등)와 3D 모양 네트(3차원 도형을 평면으로 펼쳐놓은 형태로 아이들이 표면적을 이해하는 데 도움을 주는 작은 플라스틱 도구들)를 말없이 식탁 위에 놓아두곤 했다. 아이들은 지나가면서 그 용기를 흘끗 보고 흥미를 느꼈고, 그런 다음 앉아서 그 3D 모양 네트들을 가지고 놀기 시작했다. 아이들은 그것들을 채우고, 비우며, 돌려보았다. 연결된 분수 큐브(6개의 정사각형이 연결된 형태) 역시 마찬가지였다. 대수 타일과 분수 피자 조각도 같은 방식으로 사용했다. 아이들은 놀이를 통해 수학의 특성에 대한 정신적 연결을 만들었다. 아이들은 부피 계량기가 있는 모래 상자에 모래를 부으면 원뿔이 원통을 어떻게 채우는지 발견했다(원뿔에 모래를 가득 채우고 원통에 계속 부으면 정확히 3번 만에 원통을 채울 수 있다). 시각, 후각, 미각(실제 피자를 사용했을 때), 촉각(모래를 부을 때) 등 다양한 감각을 활용한 체험형 수학이었다. 8학년이 되어 원뿔의 부피를 계산하는 방법을 배울 때, 아이들은 다양한 경험을 통해 추상적인 개념을 이해하고 기반을 갖추게 되었다. 세 개의 모래 원뿔이 같은 크기의 원통을 채울지 누가 알 수 있었을까?

내 아이들 가운데 아무도 구구단을 외우지 않았다. 그들은 그냥 일상생활 속에서 구구단을 배우게 되었다. 우리는 수년간 뒷마당의 트램펄린에서 놀며 건너뛰기 게임을 즐겼다. 하나, 둘을 세고 셋이 되면

엉덩이를 찔어야 했다. 넷, 다섯, 여섯, 엉덩이, 일곱, 여덟, 아홉, 엉덩이. 이런 식으로 건너뛰기로 계산하는 것이 최대공배수의 개념을 강화하는 데 도움이 되었다. 어떤 아이는 9학년 때 종이로 된 수학 문제를 풀 때 구구단을 계속해서 사용하면서 외웠다. 때로는 개념을 이해하기 위해 종이와 연필로 그림을 그려야 할 때도 있었다. "한 봉지에 12개씩 들어있는 핫도그 빵 다섯 봉지를 사면 생일 파티에 참석하는 친구 50명에게 빵을 충분히 제공할 수 있을까요? 일부 아이들은 핫도그 빵 두 개를 먹게 될까요? 만약 그렇다면, 몇 명의 아이들이 핫도그 빵 두 개를 먹게 될까요?"(남은 10개의 핫도그 빵을 이용해서 일부 아이들에게 핫도그 빵 두 개씩 줄 수 있다. 따라서, 10명의 아이들이 핫도그 빵 두 개를 먹게 된다).

교사들은 수학이 영어, 과학, 사회 등의 다른 핵심 과목과는 달리 개념 하나하나를 기반으로 하는 까닭에 수학의 중요성을 강조할 것이다. 아이들은 먼저 덧셈을 배우고, 덧셈을 기초로 하여 뺄셈을 배우는 등 선형적인 방식으로 학습해야 한다. 이것이 바로 언스쿨링 아이들이 수학 능력을 체계적인 경험 교육 없이 '우연'에 맡기기를 꺼려 하는 이유이다. 부모는 아이가 견고한 수학 기초를 다지길 바라지만 문제지가 아이들에게 가장 효과적인 학습 방법은 아니다. 수학은 경험을 통해 익히며 실제 문제를 해결하면서 학습하는 것이 가장 좋다. 아이들은 도구를 익히고 관련 없는 추상적인 문제를 풀기만 하면서 시간을 보내서는 안 된다. 문제지는 관련 없는 연습에 불과하며, 아이들이 수학을 암기식으로만 학습하면 개념을 제대로 이해하지 못한다. 아이들은 5 곱하기 5가 25라는 것을 알고 있지만 완전 제곱이 무엇을 의미하는지, 5의 지수 5가 어떤 의미를 갖는지에 대한 이해가 부족하다. 조기 수학 교육은 종이 위주로 이루어지는 것이 아닌 개념적으로 시작하며, 아이들은 형식적으로 가르치지 않아도 학습한다. 아이들은 수학 개념을 순차적으로 익힌다. 하지만 이 과정은 반드시 처음부터 시작되는 것이 아니라 개개인의 뇌 발달 시간표에 따라 순차적으로 이루어진다. 덧셈은 종이 위에서든 머릿속에서든 항상 나눗셈보다 먼저 익히게 된다. "유아기는 청소년기에 비해 기술을 빠르게 습득하기 어려운 시기일 수 있다."(Rohwer, 1971)

분명히 우리 아이 중 10대가 되기 전까지 종이 위주의 형식적인 수학 교육이 부족하여 상처받은 아이는 없었다. 이들 중 세 명은 STEM 분야로 대학에 입학하여 꽤 좋은 성적을 거두었다. 12학년 수학 졸업 자격시험에서 네 아이의 평균 점수는 81%였다. 수학 학습자로서 자신감이 향상된 것이 이러한 결과에 영향을 준 것일 수도 있다. 종이 위주의 수학을 일찍부터 시작하지 않았으며, '이해하지 못한 부분'에 대한 스트레스를 받지 않았기 때문일 것이다. 종이 위주의 수학을 다룰 때, 뇌가 추상적인 사고를 처리할 준비가 되어 있어 도움이 되었다.

아이들은 어떻게 읽기를 배우는가?

1994년부터 시작된 전국 아동과 청소년 종단 연구는 캐나다 전역의 약 22,000명(주마다 약 2,000명)의 아동을 추적하고 있다. 이 연구는 2년마다 실시되며, 주요 검사는 2세, 8세, 15세, 22세 시기에 진행된다.

1부터 7까지 단계의 읽기 능력 평가에서 대다수의 15세 학생은 3~4 수준에 속하지만, 약 30% 정도는 2 수준에 머물며 이는 향후 성공에 위험한 요인이다(Clyne, 2008). 15세 학생 중 30%가 2 수준에 있는 이유는 무엇일까? 왜 이렇게 많은 10대, 특히 10대 남학생들이 독서를 싫어할까?

1800년대 후반, 학교가 등장하기 전에는 아이들이 접할 수 있는 글씨는 주로 상점 간판이나 운이 좋다면 신문이었을 것이다. 하지만 이제는 일반 사람들도 평균적으로 하루에 약 10만 단어를 텔레비전, 라디오, 온라인, 인쇄물 등 다양한 미디어를 통해 습득하고 있다(Laucius, 2012).

아이들이 어떻게 읽기를 배우지 않을 수 있을까? 단어의 양이 350%나 증가했다! 광고판, 메뉴판, 표지판, 브로서, 만화, 비디오 게임, 요리법 등 어디서든 읽기 기회가 더욱 다양해졌다!

아이는 대부분 학교 외부에서나 최소한 가정, 외부 세계, 학교의 자극을 결합하여 읽기를 배운다. "지난 3년 동안 가정 교육을 받은 10,000명의 아이와 대화해 봤는데, 10대 후반까지 읽지 못하는 아이는 한 명도 없었다. 모든 아이가 읽기를 배웠다."(Albert, 2003) 연구에 따르면 대부분 아이는 7세 무렵에 읽기 코드를 해독할 수 있다(Healthy Children, 2018).

나는 내 아이들에게 읽기를 가르친 적이 없다. 대소변 가리기나 말하기와 같이 아이들은 스스로 정해진 발달 단계에 따라 읽기 기술을 습득했다. 아이들의 뇌가 준비되면 읽기를 시작했을 뿐, 파닉스를 가르치며 더 나아지도록 하지는 않았다. 모든 아이는 독특하다.

내 딸 소피는 일주일에 세 권의 책을 읽으며, 1년에 세 편의 소설을 쓴다. 그녀는 영어 강의를 따로 듣지 않았다. 오히려 오빠들이 시작한 영어 강의에서 첫 번째 에세이를 썼다. 소피는 4살 때부터 독서를 좋아했으므로 놀랍지 않다. 닐은 5살 때, 매튜는 7살 때, 라이언은 9살 때, 애나는 10살 때 처음 책을 읽었다. 모든 아이가 책과 독서를 즐겼고, 누가 언제부터 책을 읽기 시작했는지 오늘까지도 알 수 없다. 늦게 시작한 아이들은 1년 만에 에린 헌터의 30권짜리 "워리어" 시리즈, J.K. 롤링의 7권짜리 "해리포터" 시리즈, 테리 프래챗의 40권짜리 "디스크 월드", 브라이언 자크의 45권짜리 "레드월" 시리즈를 모두 읽었다. 뇌가 준비되면 능력은 놀라울 정도로 빨리 발전한다!

학교와 같은 교육 기관에서 읽기는 매우 중요한 기술이다. 아이들이 8세 전에 읽기를 습득하지 못하면, 텍스트로 제공되는 학습 콘텐츠를 이해하는 데 어려움을 겪을 수 있으며 따라잡기가 훨씬 어려워진다. 언스쿨링을 통해 아이들은 스스로 부담 없는 일정에 맞춰 학습하며, 자신을 실패자로 여기지 않아 학습에 대한 불안감이 없다. 언스쿨링은 인쇄물에 의존할 필요 없이 지식을 얻을 수 있는 다양한 방법을 제공한다. 예를 들어, 재활용에 대한 지식을 얻기 위해 책을 읽을 필요 없이 공장을 방문하여 안내자의 설명을 들을 수 있다. 또한 동영상을 통해 더 풍부한 정보를 얻을 수도 있다. 어떤 아이들은 늦게 읽기를 시작할지라도 스트레스를 받지 않는다. 언젠가는 읽기를 시작할 것이다.

우리는 모든 아이가 국가의 의무 교육 정책을 따라 1학년까지 읽기를 배워야 한다는 압력을 몇몇 교육 감독 기관에서 받았다. 6세와 7세 아이들에게 파닉스를 가르치려고 했을 때, 아이들은 읽기에 대해 불안해했다. 파닉스를 가르치기 위해 밥(Bob) 책을 사용했으나 아이들은 이해하지 못했다. 또래 아이들이 할 수 있는 것을 스스로 할 수 없다고 생각해, 읽기가 필요한 보드게임을 그만두었다. '늦게 읽는 아이'라는 꼬리표가 붙어 아이들의 자존감이 훼손되기 시작했다.

우리 세 사람 모두 읽지 못하는 아이들의 모습에 좌절하고 낙담했다. 내 조력자는 아이들이 파닉스에 반응하지 않으니 개별 프로그램 계획(IPP)을 받으라고 제안했다. 하지만 만삭이 되어 의사가 유도분만을 하겠다고 위협했을 때처럼, 나는 내 본능을 믿었다. 아이들이 준비되면 읽게 될 것을 알았다. 우리가 크게 신경 쓰지 않으면 아이들은 자신의 일정에 따라 아무런 지장 없이 읽기를 배우게 될 것이다. 아이가 12세까지 글을 읽지 못한다면 약간의 개입이 필요할 수 있다. 하지만 나는 아이들이 어렸을 때 좀 더 여유를 갖고 내 직관을 믿었더라면 좋았을 것 같았다. 당신은 아이에게 무엇이 필요한지 누구보다 잘 알고 있지 않은가.

우리가 문제집, 연습 문제, 플래시 카드를 강요하지 않자 아이들도 긴장을 풀었고 우리도 편안해졌다. 그러던 어느 순간, 책 읽기가 시작되었다. 크리스마스에는 아무것도 읽지 못하던 라이언은 2월이 되어서야 내 어깨너머로 육아 잡지의 몇 문장을 읽었다. 어려운 단어들이었다! 나는 그를 보고 믿을 수 없었다. 그가 스스로 알아낸 것이었다.

안나는 10학년 봄에 마침내 암호를 풀었다. 젤다 비디오 게임을 좋아했으나 글을 읽을 줄 몰라 형제의 도움 없이는 게임을 할 수 없었다. 의욕은 있었으나 뇌가 충분히 발달하지 않았기 때문이었다. 마침내 그녀는 혼자서 모든 것을 해냈다. 단어를 빠르게 읽는 능력까지 발전시키며 독서에 대한 의욕이 엄청나게 높아졌다. 몇 달 동안 문제집을 시도했다. 하지만 실패와 불안에 시달렸던 그녀는 준비가 되자 타고난 능력을 발휘했다.

무엇보다 읽기에 대한 불안감을 조성하지 않는 것이 매우 중요하다. 자연스럽게 받아들이라. 그렇게 하면 아이들, 심지어 10대 소년들도 독서를 좋아하게 될 것이다. 우리 아이들이 가장 좋아하는 작가와 책은 브라이언 자크의 "레드월" 시리즈, 아가사 크리스티의 모든 소설, 테리 프랫쳇의 "디스크 월드" 시리즈, 제인 오스틴(10대 남자아이들을 위한!), "호빗", "반지의 제왕", 로알드 달, 케네스 오펠, 해리포터 시리즈, "다이버전트" 시리즈, "트와일라잇" 시리즈, "에라곤" 시리즈, 존 스타인벡부터 존 그리샴까지 많은 고전이었다. 공교롭게도 아이들이 도서관에서 대출하기로 선택한 책 중 상당수가 국가가 지정한 고등학교 권장 도서 목록에 포함되어 있었다! 우리는 고등학교에 진학할 때까지 '공식' 독서 목록을 알지 못했다. 아이들이 나이별 장르를 자연스럽게 받아들이는 모습에 놀랐다.

문해력 증진

독서 동기는 책을 읽을 때마다 학교에서 피자 쿠폰을 준다고 생기는 것이 아니다! 동기는 새로운 아이디어를 흡수하고 즐거움을 느끼는 기쁨에서 비롯되어야 한다. 내 아이들에게 독서의 동기는 비디오게임에서 더 앞서가려는 데 있었다. 게임의 부정행위 매뉴얼은 11학년 수준으로 작성되어 있었고 귀중한 정보를 담고 있었다. 또한 그들은 보드게임을 하고 싶었지만 많은 보드게임이 읽기 카드가 필요했다. 그들은 페이스북을 사용하고 싶었지만 역시 읽기가 필요했다. 또 다른 동기는 원초적인 동기이다. 아이들은 진정으로 사회의 일원이 되고 싶어 한다. 아이들은 길거리 표지판부터 팸플릿에 이르기까지 오늘날 세상에서 기능하기 위해서 단어, 문자, 문장의 이해가 중요하다는 무한한 메시지를 흡수한다. 그들은 성인처럼 되고자 하는 욕망으로 암호를 해독한다. 읽고 싶지 않은 아이는 없다.

독서에 대한 사랑은 가정에서 시작한다. 아이들이 사랑하는 사람의 무릎에 몸을 웅크리고 책을 공유할 때 인쇄된 단어에 대한 사랑이 키워진다. 내 남편은 10대까지 매일 저녁 아이들에게 다양한 종류의 책을 소리 내어 읽어 주었고, 나는 낮 동안 아이들을 나란히 껴안고 가장 적합한 책을 읽었다.

문해력이 풍부한 집은 모든 방, 차 안, 욕실, 책장, 그리고 부엌까지 책이 어디에나 있다. 아늑한 구석에 몸을 웅크리고 좋은 책을 읽을 수 있는 장소가 필요하다. 지난번 주방 리모델링을 하면서 주방에는 최소 5명이 웅크리고 앉아서 책을 읽을 수 있는 큰 창가 옆에 좌석을 만들었다. 이것을 잘 활용하고 있다.

우리 집은 상상할 수 있는 모든 종류의 책으로 가득하다. 우리는 만화책과 문학책을 구분하지 않는다. 셰익스피어, 비디오 게임 매뉴얼, 캡틴 언더팬츠도 모두 권장한다. 비디오 게임과 마찬가지로 "정크"나 나쁜 독서란 존재하지 않다고 믿는다. 성인들은 소중한 책을 크리스마스나 생일 선물로 주거나, 기운을 북돋는 음료나 간식과 함께 아이의 개인 서재를 키울 수 있다. 개인적으로 아끼는 책이 담긴 나만의 바구니나 책장을 갖는 것은 많은 아이에게 어린 시절의 추억이다.

아이들의 아빠와 나는 열렬한 독서 애호가이다. 남은 시간에는 신문, 시리얼 상자, 블로그, 도서관 책, 잡지 등 어떤 것이든 손에 잡히는 대로 읽는다. 대기 시간에도 책을 읽는다. 내 딸은 이제 대기 시간에 대비해 가방에 적어도 한 권의 책을 넣고 다닌다. 성인들이 아이들에게 읽기, 쓰기, 표현하기 위한 시간과 공간을 마련해 주면, 아이들은 문해력이 좋은 삶을 만드는 데 유용하다는 것을 배울 것이다. 다음은 문해력을 촉진하는 나이에 적합한 몇 가지 방법이다.

0~3세 유아기: 언어 학습

유아에게 적합한 다음 학습 활동을 참고하라.
  * 모든 연령대에 적합함

- 사진과 글귀를 골라 접착식 사진 앨범에 넣어 나만의 책을 만들 수 있다.
- * 읽기: 아이들은 부모를 모방하며, 부모가 책을 읽는 모습을 자주 볼수록 더 많이 읽고 싶어 한다.
- * 책 읽어주기: 하지만 아이의 흥미를 잃지 않도록 유의하라. 아이가 무릎에서 내려오면 그냥 놔두라. 강요하지 말고 아이의 의사를 존중하라.
- 두껍고 딱딱한 종이로 된 보드 북: 아이들은 입과 치아를 포함한

다양한 감각으로 탐색하므로, 보드 북이 좋다. 나중에 어린이용 종이책을 구매할 수 있다.

- 같은 책 반복 읽기: 아이들은 반복을 좋아하며, 반복적인 행동을 통해 뇌의 신경 경로가 강화된다.
- * 상호작용하며 읽기: 다양한 목소리와 음성을 사용하여 아이와 함께 생생하게 책을 읽어주라.
- 음악, 게임, 노래: 음악과 손가락 놀이를 통해 아이들은 언어 능력을 키울 수 있다.
- * 다양한 책 준비: 동화책뿐만 아니라 단어와 사진이 함께 있는 책도 준비하라.
- * 표현을 위한 재료 준비: 마커, 종이, 크레파스 등을 준비하여 아이들이 자유롭게 표현하고 글을 쓸 수 있도록 도우라.
- * 단어 가리키기: 주행 중에 표지판이나 단어를 볼 때마다 아이에게 가리키게 하라.

미취학 아동기, 3~5세: 읽기 준비 기술

다음은 미취학 아동의 읽기 준비에 도움이 되는 몇 가지 힌트이다.

- 손가락으로 텍스트를 따라가며 글자의 소리를 '볼' 수 있도록 한다.
- 읽으면서 연기한다. 누구나 캐릭터마다 다른 목소리, 다양한 목소리를 듣는 것을 좋아한다. 표정과 몸짓을 사용하여 읽어보라!
- 아이들이 좋아하는 책에서 한 문장을 시작하여 끝까지 읽게 하라. 많은 미취학 아동은 이야기를 외울 것이다.
- 페이지를 넘기도록 유도하라.
- 거리 표지판과 버스 또는 트럭에 있는 단어를 계속 가리키게 하라.
- 아이가 흥미를 보인다면 알파벳과 글자 소리를 가르치기 시작하라. 글자 이름만 가르치는 것이 아니라 소리도 들려주라. 예를 들

어 문자 'S'를 가리킬 때 "에스"가 아니라 "스스스"라고 말해보라.

- * 이 시기는 일주일에 한 번 도서관을 방문하기 시작하여 소중한 나들이로 만들기에 좋은 나이다. 매주 같은 날에 방문하면 습관으로 만들기가 더 쉬워진다. 가져갈 수 있는 책의 수를 제한하지 마라. 아이들이 원한다면 밖으로 책을 가져가도록 하라! 우리 집에서는 월요일이 도서관의 날이었다. 집에 돌아온 후 3시간 동안 아이들은 새로 가져온 책에 몰두하며 조용한 시간을 보냈다. 한 가지 제안을 하자면, 도서관에서 빌린 책은 책장에 꽂아두지 않아야 한다. 반납할 때 찾기 어려울 수 있기 때문이다!
- * 집의 모든 방에 책을 두라. 아이가 지루할 때 책이 있다면 지루함이 더 오래 가지 않을 것이다!
- * 독서를 위한 공간을 마련하라. '낮잠 시간'을 책을 보고 읽는 '조용한 시간'으로 활용하라. 전자기기가 넘치는 시대에 아이들이 독서 시간을 확보할 수 있도록 약간의 안내가 필요하며, 이 조용한 시간에는 모든 전자기기를 끄는 것이 좋다.
- * 창가 자리, 좋아하는 소파, 사랑하는 사람의 무릎 등 아늑한 독서 공간을 마련해 보라!

유아기, 5~7세: 읽기 배우기

실제 읽기 학습 단계는 매우 흥미로운 과정이다.

- 읽기 학습은 단어 인식과 언어 이해라는 두 가지 기술이 관련되어 있다.
- 아이들이 시작 소리와 끝소리 등 단어를 알아내기 위한 단서를 찾도록 도우라.
- * "다음에는 어떻게 될까?"와 같은 질문을 던져보라.
- 아이가 궁금해하는 주제와 관련한 흥미로운 책을 찾을 수 있도록

도우라. 동물, 우주, 장소, 스포츠 등이 좋은 주제다.

- * 큰 소리로 읽도록 하라. 만약 반려동물이 있다면 아이들이 반려동물에게 책을 읽도록 하라. 반려동물도 책 소리를 좋아할 것이다.
- * 차 안에서 "나는 스파이" 또는 "나는 화성에 갈 거야, 나는…"과 같은 단어 게임을 즐겨보라.
- 읽기를 어려워하는 아이를 위해 아이가 보고 즐겼던 영화의 책 버전을 선택하라.
- * 아이가 글쓰기를 하도록 격려하라. 목록, 카드, 일기장을 만들거나 친구와 가족에게 이메일을 보내보라. 아이에게 글자의 철자를 알려주는 것도 중요하다.
- 어려움을 겪는 독자를 번갈아 가며 도우라. 나와 내 아들은 함께 틴틴 책을 읽곤 했는데, 아들은 틴틴 부분을 읽고 나는 해적 선장 부분을 읽었다. 또는 긴 이야기 부분은 내가 읽고 아이에게 짧은 대화 부분을 읽게 할 수도 있다.
- * 단어 뒤에 숨겨진 의미에 집중하라. 한 절을 읽은 후에는 질문을 던지고 내용을 이야기해 보라.
- 아이가 책을 다 읽었거나 읽고 싶지 않다면 강요하지 마라. 부드럽게 권유해보라!
- 스토리텔링을 작성하라. 아이들이 직접 그림을 그리고 자신만의 그림책을 만들 수 있도록 해보라.
- 아이의 글쓰기에서 글자의 위치를 수정하지 마라. 언젠가는 아이들 스스로 알아낼 것이다.

아동기, 8~12세: 학습을 위한 독서(학교에서)

- 아이의 읽기 수준에 맞거나 그보다 약간 높은 수준의 책을 선택하는 것이 좋다. 페이지당 세 단어 이상을 읽을 수 있다면 아이의 수준을 조금 넘어서는 것이 적당하다.

- * 계속 읽어주라.
- 많은 부모가 싸우는 형제자매를 소파에서 한 명씩 따로 떼어 놓고 책을 읽게 하곤 한다. 이렇게 하면 아이들이 진정하고 집중하기 쉬워진다. 모두가 진정되면 독서를 중단하고 싸움의 원인이 된 문제를 해결할 수 있다.
- * 시리얼 상자, 버스 광고, 만화책, 비디오 게임 매뉴얼, 트레이딩 카드, 인터넷 사이트 등 모든 것을 읽어보라.
- * 자기 전 독서를 장려하라. 침실에 전자기기를 두지 말고 침실 선반에 책을 충분히 비치하라. 아이에게 수면과 독서 중 선택할 기회를 제공하라. 아침에 아이를 깨울 필요가 없다면 미리 정해진 취침 시간을 강요하지 말고 졸릴 때까지 책을 읽도록 유도하라. 어떤 책이든 졸릴 때는 잠이 들 수 있다.
- * 아이와 대화할 기회를 많이 마련하라. 대화는 어휘, 발음, 문법을 익히는 데 도움을 줄 수 있다.
- * 보글, 스크래블, 블러트, 행맨, 십자말풀이, 숨은 단어 찾기 등의 단어 게임을 즐기라.
- 좋아하는 TV 프로그램이나 영화의 자막을 켜보라.
- * 아이에게 필요한 사항을 서면으로 요청하게 함으로써 글쓰기를 장려하라. 이메일로 대화해 보라. 쇼핑 목록이나 요리법을 글로 작성해 보도록 하라.

만 12세~14세 청소년

- * 해변 휴가, 여행, 할머니 댁, 공항, 캠핑 등 할 일이 많지 않은 장소에 책을 가져가라. 책의 부피가 크거나 불편하다면 전자책 리더기를 구입해보라.
- 장소를 방문하기 전에 아이에게 안내 책자나 인터넷에서 흥미로운 장소를 조사하도록 하라.

- 아이가 구매하고 싶은 제품에 대한 리뷰를 읽어보도록 권장하라.
- 아이가 읽고 있는 내용을 읽고 토론해보라.
- 아이가 글을 쓸 수 있는 게임 포럼과 웹사이트에 참여하도록 장려하라. 언어가 평범하다고 걱정하지 마라. 일부 사이트에서는 완전한 문장을 쓰는 것을 권장하기도 한다!
- * 도서관의 날을 계속하고 읽기도 계속하라.
- * 아이들이 언제 어디서나 글을 쓸 수 있도록 장려하라. 블로그나 일기를 쓰는 것을 좋아하는 아이도 있을 것이다. 그러나 아이의 사생활을 존중해야 한다. 일기장과 일기는 공개 포럼(예: 블로그)이 아닌 이상 부모가 동의 없이 방문해서는 안 되는 장소다.
- 생활 속에서 글쓰기를 활용하고 눈에 띄는 장소에 보관해두라. 나는 자주 마인드 매핑을 사용하며 목록을 작성한다. 마인드 매핑은 페이지에 중앙 원을 그리고 그 안에 주요 아이디어나 주제를 적은 다음, 작은 원에 보조 단어와 문구를 적어 보조하는 방식이다.
- 아이의 읽기와 쓰기 속도가 느리다면 원하는 내용을 소리 내어 말하게 하고, 필요한 경우 직접 글을 쓸 수 있도록 도우라. 질문하고 필요에 따라 글을 수정할 수 있도록 하여 편집을 도우라.
- * 아이가 북클럽에 참여하도록 장려하라.

15세 – 성인: 지속적인 독서의 즐거움

- * 가족 모두가 비구조적인 읽기와 쓰기 시간을 지키도록 하라.
- 보고서나 토론을 강요하지 마라. 글을 쓰는 것이 즐거운 독서 경험을 방해하는 가장 큰 요소가 될 수 있다.
- * 적절한 경우 글쓰기를 장려하라.
- * 주변에 많은 책을 놓아두라.

아이들의 동기와 학습 욕구를 믿기 어려울 수 있으나 아이들이 원할 때 언젠가는 찾아올 것이다. 내 남편은 8세 때 영어 학교에 다녔는데 책 읽기가 재미없고 어려웠다고 한다. 그러던 중 남자아이들을 위한 모험 이야기를 다룬 책을 발견했다고 한다. 그때부터 내 남편은 독서를 즐기게 되었다. 그는 도서관에 가능한 한 자주 갔다. 현재까지도 그는 난파된 배와 관련된 이야기 하나를 기억하고 있다. 배에 운반된 최악의 화물은 쌀이었다고 한다. 하루 만에 쌀이 물을 흡수해 배가 터져 나갔기 때문이었다고 그는 기억한다.

아이들은 글쓰기를 어떻게 배우는가?

아이들은 읽기와 말하기를 통해 글쓰기를 배우게 된다. 좋은 독자는 문장 구조를 떠올리고 철자와 문법 규칙을 적용하여 좋은 글을 쓸 수 있다. 대부분의 아이는 비디오 게임에서 레벨을 올리기 위한 치트코드(게임을 더 쉽게 만드는 코드)의 입력을 통해 글쓰기에 대한 동기를 얻는다. 6살 때, 비디오 게임 "스타크래프트"가 주로 그들에게 동기를 부여했다. 새로운 단계로 넘어갈 때마다, 아이들은 '압도적인 힘'이나 'CWAL 작전'과 같은 단어의 철자를 5분마다 나에게 써달라고 요청했다. 이러한 요청은 게임에서 명령어를 입력하는 방법을 연습하는 과정으로 이어졌다. 그 결과, 이러한 구절들이 문장으로 전환되었다. 그 후 10대 초반에는 "Garry's Mod"와 같은 게임 포럼에서 글쓰기를 시작했다. 어떤 인터넷 포럼에서는 대문자와 적절한 구두점을 사용하지 않으면 점수를 깎는 등 잘못된 글쓰기 관습에 대해 아이들에게 '벌금'을 부과했다.

글쓰기에는 정신적 사고와 신체적 행위라는 두 가지 주요 요소가 있다. 신체적 행위는 손으로 글을 쓰거나 컴퓨터를 이용하여 타이핑하는 것을 의미한다. 반면 정신적 부분은 더 복잡하다. 아이들은 아이디어를 떠올리고 이를 말로 표현한 후 종이에 옮겨야 한다. 어린아이들은 자기 아이디어를 말로 전달하고 부모에게 적어달라고 흔히 요청한다. 이런 과정을 필사라고 한다. 우리는 아이들이 비디오 게임 캐릭터에 관한 이야기를 할 때 이러한 과정을 자주 겪었다. 아이들이 말하는 내용을 바탕으로 글을 작성하고, 그 위에 각 페이지에 아름다운 그림을 그려 마무리했다. 아이들이 직접 제작한 이야기책에는 인형인 라미, 도마스, 팡귀와 비디오 게임 캐릭터인 젤다, 링크, 요시, 데이지의 모험 이야기가 풍부했다.

나는 3세 때부터 글을 읽고, 10세까지 글쓰기를 배우는 아이들을 가르쳤다. 아이들은 4세 때부터 글자를 쓰기 시작했는데, 문장 부호나 대문자 없이 글자를 거꾸로 썼다. 이러한 점을 고치지 않고 아이들이 자기 생각을 자유롭게 표현할 수 있도록 했다. 편집은 신인 작가들에게는 큰 장애 요소가 될 수 있다.

비디오 게임뿐만 아니라 아이들은 자신이 좋아하는 동물이나 만화 등에 관한 이야기를 그렸다. 요리법을 담은 요리책을 만들거나 가족 회의에서 토론할 주제 목록을 만들기도 했다. 화이트보드에 '레스토랑' 메뉴나 극장 공연 표를 제작하기도 했다. '고양이 쿠폰'을 제작하여 친절과 교환하거나 냉장고에 경고 문구를 붙이기도 했다. 여행 중에는 단어 게임을 하거나 애드리브 비디오 게임을 통해 자동으로 이야기를 꾸며내기도 했다. 또한 단락을 재배열하는 클루펀더스나 리더 래빗과 같은 컴퓨터 게임도 활용했다. 이러한 활동들은 아이들이 즐거워하며 자발적으로 참여했던 것들이다.

언어적으로 뛰어난 딸인 소피는 4세에 읽기를 배우고, 5세에 글쓰기를 시작했으며, 이후 15세에 소설을 쓰기 시작했다. 소피는 10대 시절에 캐릭터 개발, 줄거리 구성, 글쓰기 기법, 다양한 시대와 장소 조사 등에 관한 책을 도서관에서 찾아 읽으면서 자기 학습으로 소설을 썼다. 소피는 정규 영어 수업을 받지 않았으나 국가에서 주관하는 12학년 영어 시험에서 84%의 성적을 받았다.

아이들은 문법, 철자, 문장 부호를 연습하기 위해 별도의 문제지나 문제집이 필요하지 않았다. 우리는 일상생활 속에서 글쓰기를 꾸준히 연습했다. 특히 현재는 컴퓨터를 활용하여 글을 작성하며, 적절하고 일관성 있는 이메일을 보내거나 편지, 이력서, 블로그 게시물, 서평, 에세이, 형제자매 간의 계약서, 물론 이야기도 쓸 수 있게 되었다.

우리 아이들의 글쓰기와 학교에서 배우는 글쓰기의 한 가지 차이점은 아이들의 글쓰기가 전적으로 자신들의 의사를 표현하고자 하는 열망에서 비롯한 점이다. 글쓰기는 말하고, 전달하고, 동기를 부여하며, 설득하며, 즐겁게 하는 열정에서 나와야 한다. 아이들이 글을 잘 쓰기 위해 교사의 평가나 점수를 놓고 글을 쓰는 것이 아니라 자신들이 정말로 전하고 싶은 메시지가 있고 그에 대한 열망을 가졌을 때, 성공적인 글쓰기를 할 수 있다. 우리 아이들은 독서보고서를 쓰기 위한 동기부여는 없었으나 서평을 쓰는 데는 훨씬 더 큰 목적과 동기 부여가 있었다. 이처럼 수천 명의 독자를 대상으로 글을 쓰는 것은 단순히 점수를 얻기 위해 글을 쓰는 것보다 더 의미 있는 경험이었다.

말하기와 듣기

문해력은 인쇄된 단어를 읽고 쓰는 능력 이상의 의미가 있다. 이는 그림, 영화, 또는 파워포인트 프레젠테이션과 같은 것일 수 있다. 그것은 말하기와 듣기를 포함한다. 아이들은 학교에서 읽고 쓰는 연습을 많이 하지만 말하기와 듣기에는 그렇게 많은 시간을 할애하지 않는다. 나는 청중과 소통을 위해 파워포인트 프레젠테이션을 읽거나 단조로운 목소리로 연설문을 읽는 발표자나 연설자들을 많이 보았다. 그리고 집단이나 군중 앞에서 말하기를 두려워하는 사람들도 많이 만났다. 나는 공립학교를 졸업했어도 대중 연설에 어려움을 겪었다. 대학에 다닐 때는 구두 발표가 없는 과목을 선택하기도 했다. 그러나 남편이 토스트마스터즈(toastmasters)라는 청중 앞 말하기 능력과 리더십을 향상하는 프로그램에 도전하겠다고 말했을 때, 나는 세 아이를 베이비시터에게 맡기고 남편과 함께 참가했다. 처음에는 겁이 났지만, 효과적인 말하기와 발표 기술을 배울 수 있어서 좋았다. 왜 학교에서 대중 연설을 강조하지 않는지 의문이 들기도 했다.

들기 역시 학교에서 가르치지 않는 또 다른 중요한 기술이다. 물론 아이들은 앉아서 조용히 듣고 교사의 설명을 듣는 법을 배우지만, 실제 대화의 다양한 측면에 대한 듣기 기술은 자주 배우지 않는다. 대인 커뮤니케이션에 있어서는 수동적 경청과 능동적 경청 기술 모두 중요하다. 이는 화자의 말에 공감하는 반응을 나타내는 것을 포함한다. 나는 말하는 사람들과 언어적으로 소통하는 사람들을 많이 만났다. 그리고 이들에게 좋은 대화가 각 참가자가 약 15초 동안 번갈아 가며 말한 다음 상대방의 반응을 기다리는 '순서'로 구성된다는 것을 어떻게 말해야 할지 잘 몰랐다. 다른 사람의 말을 방해하지 않으면서 경청하는 능력은 연습을 통해 향상되는 학습된 기술이다. 효과적인 경청은 삶의 다른 여러 측면에서 큰 성과를 얻을 수 있는 중요한 기술이다. 이제 이 시대에서는 글쓰기보다도 경청이 문화적으로 훨씬 더 중요한 역할을 할 수 있다고 생각한다.

그러나 학교와 같은 인위적인 환경은 대부분의 의사소통이 실제 대화가 아니기 때문에 실제 상황에서 효과적인 말하기와 듣기를 배울 수 있는 적절한 장소가 아니다.

사회와 과학

성인들을 가르치는 과정에서, 나는 사람들이 감정과 재미라는 두 가지 요소를 통해 가장 효과적으로 학습하는 것을 알았다. 그러나 사회와 과학 교과서는 이러한 두 가지 측면에 부족한 면이 있다. 사회 이론, 역사, 지리, 시민 교육, 과학 분야에서는 맥락과 유머를 활용하여 가르치는 것이 더 효과적이다. 제임스 카메론의 영화 *"타이타닉"* 을 예로 들어보자. 만약 로즈와 잭의 사랑 이야기가 시청자의 감정을 자극하지 않았다면, 이 영화는 배의 침몰과 관련된 사실과 수치만의 나열로 끝났을 것이다. 스토리는 사실과 인물의 기억에서 핵심적인 역할을 하며, 좋은 역사와 과학 교실은 이러한 스토리로 가득 찬 교재를 활용한다. 내 아이들은 영화를 통해 먼저 포카혼타스, 링컨, 아나스타샤, 아폴로 13호의 이야기를 경험한 후, 더 많은 정보를 찾고자 조사를 시작했다. 하루에 한 편씩 영화를 보고, 타임라인과 세계지도에 해당 영화의 이벤트를 붙여놓아 시간과 장소의 맥락을 이해하도록 했다. 인터넷을 통해 국가, 시대, 사회적 배경, 정치적 상황, 사실 등을 조사하고, 하루 동안 가족과 함께 토론했다. 이 영화들은 대부분 블록버스터나 넷플릭스에서 제공한 것으로, "다큐멘터리"나 "교육용" 이라는 라벨은 붙어있지 않았다. 또한, 학습의 즐거움을 해치는 글쓰기 과제도 없었다.

우리는 사회 및 과학 교육과정을 사용하지 않았기 때문에, 일부 주제인 일본에 대한 7학년 단원, 페루에 대한 3학년 단원, 브라질에 대한 8학년 단원 등을 놓쳤다. 그러나 가족 여행을 통해 새로운 장소를 방문하는 것을 잊지 않았다. 내 아들이 18살 때 뉴펀들랜드에 있는 대학에 진학했을 때도 그 지역을 방문했으며, 23살 때 독일에서 일할 때는 독일을 방문하고, 25살 때는 취업 비자로 1년간 일본에 머물면서 온 가족이 함께 휴가를 보냈다. 한 나라에 대해 배우는 더 좋은 방법은 없을 것이다! 우리는 여행사를 통하지 않고 직접 여행을 계획하며, 기차를 이용하고, 레스토랑보다는 피크닉을 즐기며, 친척, 친구 또는 언스쿨링 동료들과 함께 저렴하게 여행했다. 에어비앤비를 활용하면 경제적인 여행이 가능했다. 또한, 아이들이 학교에서 사용하는 그림책을 통해 문화를 탐색했다. 안내서는 주로 호텔과 레스토랑에 관한 정보만을 포함하며, 그림책은 더 다양한 정보와 이야기를 담고 있다.

과학을 배우는 과정에서 "Bill Nye the Science Guy"나 "매직 스쿨버스"와 같은 과학 교육용 TV 프로그램을 활용하는 것은 유머 감각을 자극하는 좋은 방법이었다. "How things work"나 "MythBusters"와 같은 프로그램 또한 훌륭한 DVD 시리즈였다. 아이들은 이러한 프로그램을 재미있게 시청하며 여러 번 반복해서 볼 때도 있었다. 비디오를 통해 아이들은 1학년부터 9학년까지 다양한 과학 주제를 배울 수 있었다.

아이들은 집의 부엌, 작업장, 뒷마당에서 몇 가지 과학을 직접 재현하고자 했다. 아이들은 타고난 과학자이며, 물건들을 조합하고 그 결과를 관찰하는 것을 좋아한다. 약간의 지저분함을 감수할 수 있다면, 아이들이 직접 실험하도록 하라. 가볍게 감독하고(내 아들이 전자레인지에 호일을 넣은 적이 있었다!), 안전을 유지하면서 아이들에게 실험을 시도하게 하라. 이렇게 하면 아이들은 나중에 "교과서적 과학"을 이해할 수 있는 물리적 개념과 방법을 배우게 될 것이다.

사실과 수치를 몇 주 동안 기억하려면 암기와 연습이 필요하다. 그러나 수십 년 동안 정보를 기억하게 하려면 유머, 이야기, 감정을 맥락에 녹여내야 한다. 교사와 부모는 토론을 자극하고 깊은 질문을 던질 수 있는 가장 훌륭한 교육자다. 교사와 부모는 아이들이 자신의 궁금증을 깊이 생각하도록 유도하며, 토론을 통해 학습을 촉진할 수 있다. 이것이 진정한 학습의 본질이다.

언스쿨링과 STEM 교육

우리의 30명 팀 중 12명은 대학에서 STEM 분야를 선택했기 때문에, 초기에 교과서 없이 수학을 배우는 것이 나중에 미적분과 선형 방정식을 이해하는 데 부정적인 영향을 미치지 않았다.

최근에 누군가가 나에게 이렇게 질문했다. "내 딸이 수학과 과학에 더 관심이 있는 것 같습니다. 딸아이를 STEM 캠프, 방과 후 수업 또는 STEM과 관련된 개인 교습에 보내야 할까요?" 이러한 질문을 받으면서 아이들에게 정말 필요한 것이 공식적인 STEM 수업인지, 아니면 그냥 아이들의 호기심을 재미있게 유발하는 것이 중요한지 의문이 든다.

닐이 두 살이었을 때, 꼬불꼬불한 고무로 된 코일형 금속 도어 스토퍼를 좋아했다. 차가운 마루에 배를 깔고 누워 한없이 가지고 놀아서 우리를 미치게 만들기도 했다! 그러나 그는 뇌의 학습 경로를 강화해야 했다. 그는 도어 스토퍼가 작동하는 방식에 대한 경험을 쌓아 20년 후 공학 수업을 듣게 되었을 때 소리 진동의 느낌, 즉 '실체적 연결'을 느끼게 되었고, 이를 종이 계산으로 연결하고 변환할 수 있게 되었다.

STEM 직업을 선택한 세 아이를 둔 언스쿨링 학부모로서 나는 아이를 학원에 등록시킬 필요가 없다고 말하고 싶다. 오히려 자유로운 실험이 부족하면 아이들의 흥미를 떨어뜨릴 수 있어서 그렇게 하는 것이 해로울 수 있다. 모든 아이가 교육을 잘 받아들이는 것은 아니다. 어떤 아이들은 스스로 실험하기를 원한다. 학원에 등록하는 대신 STEM에 관심이 있는 아이들을 격려할 수 있는 몇 가지 방법을 소개한다.

1. 가능한 한 자주 "그래!"라고 말하라. 아이가 감자 총을 만들고 싶다고 하면 "그래"라고 대답하라. 아이가 가전제품을 분해하거나 변기 뚜껑을 열어 작동 원리를 보고 싶다고 하면 "그래"라고 대답하라. 메이커 박람회에 참석하고 싶다면 데려가라. 아이가 부엌에 물약 가게를 열고 싶다고 하면 승낙하라. 기차 세트가 7개 있는데 더 갖고 싶다고 하면 더 사주라. 차고에 작업장을 만들고 싶다고 하면 승낙하라. 과학이나 과학상자를 더 갖고 싶다고 하면 사주라.

2. 레고, 케이넥스, 메카노, 블록을 많이 사주라. 장난감을 조립하게 하라. 분류하려는 욕구가 바닥나게 하라. 아이가 모래나 물에 플레이도우를 넣고 무슨 일이 일어날지 보고 싶어 하면 그렇게 하도록 하라.

3. 가능한 한 많은 시간을 컴퓨터에서 보내도록 하라. 아이들은 코딩을 배우기 위해 비디오 게임을 해야 한다. 화면 사용 시간을 제한하지 마라. 컴퓨터와 소프트웨어가 할 수 있는 모든 기능을 익히는 데는 시간이 걸린다.

4. 전 세계 어디를 여행하든 과학 센터, 동물원, 수족관에 데려가라. 아이가 자주 갈 수 있도록 현지 박물관의 정기권을 구매하라.

5. 질문을 끊지 마라. "알아봅시다!"라는 모범을 보이고 필요한 정보를 얻을 수 있도록 시간을 내서 도우라.

6. 집에서 특별한 관심사를 가진 아이들을 위한 모임을 주최하라. 마인크래프트 클럽, 코딩 클럽, 비커헤드 또는 퍼스트 레고 리그 프로젝트에서 아이들은 지식을 교환하고, 친목을 도모하며, 재미와 학습을 동시에 얻을 수 있다.

7. 많은 매장에서 무료로 제공하는 조립 용품 판매장에서 열리는 어린이 프로젝트 날에 아이를 데려가라. 하지만 한발 물러서서

아이가 직접 만들게 하라! 못을 비뚤어지게 박는 것은 물리학적 학습에 좋은 경험이므로 부모가 대신해서는 안 된다. STEM 교육은 실패를 피하는 대신 실패를 수용한다. 완벽함보다는 과정에서 배우는 것이 중요하다.

STEM의 세계는 창의적 문제 해결에 관한 것이기 때문에, 부모가 아이와 함께 문제를 해결하는 것은 필요한 연습이다. 여기에는 위험과 혼란이 있을 수 있지만, 동시에 자유와 무한한 가능성도 있다. 극단적으로 위험한 상황을 제외하고 아이를 제한하지 마라. 그러한 경우에도 안전 조치와 위험 관리를 가르치는 기회로 활용하라. 아이들은 불과 물을 이용해 실험하려는 욕구가 있는 까닭에 부모가 이를 제한하고 감독하는 일이 중요하다. 아이들이 불놀이가 하고 싶다고 말할 때, 나는 안전한 환경인 화덕을 "발전소"라고 소개하며 감독했다. 불이 왜 위험하고 유용한지에 대해 이야기하고, 불놀이를 통해 얻은 지식을 공유했다. 아이들이 불과 물을 실험하는 것은 자연스러운 탐구다!

내 친구 조안은 다음과 같이 말했다. "내 생각도 그렇다. 지금 대학에 물리학을 공부하러 간 내 아들은 온라인 고등학교 물리학 수업을 정말 싫어했지만, 그는 물리를 좋아한다. 아마도 우리가 미니카 시리즈, 공, 고무줄, 구슬 등을 가지고 놀았고... 물건을 불태우고 발사하는 실험을 하고, 굴러가는 구조물을 만들어 그 안에 동생을 태워 언덕 아래로 밀어내며 신나게 놀 때, 나는 도로에서 안전 요원으로 앉아 있었기 때문일 것이다. 또 엘리베이터에서 점프하고 다른 사람들이 미친 짓을 하는 유튜브 영상을 보게 했다. 그런 경험들이 고등학교 물리를 쉽게 이해하게 만들었지만 만족스럽지는 않았다. 이제 내 아들은 이 분야에 열정을 가진 사람들과 함께 더 높은 수준에서 공부하기

를 기대하고 있다."(Joanne P, 2017)

아이가 STEM에 관심이 있다면 부모도 잘 알고 있을 것이다! 물론 일부 수업은 재미있을 수 있지만, 광고가 아니라 아이가 하고 싶어 하는 것을 찾아서 지원하라. 이것은 성별과 상관없이 적용된다! 수업이 싫다면 중단하도록 하라. 지루하고 제한적이며 평범하고 통제되는 수업은 아이의 힘을 키우기보다는 발목을 잡을 수 있다. 아이에게 필요한 것을 제공하고, 위험한 상황은 감독하고, 정리하는 방법을 가르쳐 주고, 방해하지 말아라! 아인슈타인은 STEM 캠프나 과외 수업을 받지 않았다!

예술, 건강, 체육, 음악, 언어

모든 아이는 12세 정도까지 미술을 좋아한다. 정말 재능이 있는 아이들은 이 시기에 단지 재미를 위해 미술을 계속하거나 결국 직업으로 이어질 수도 있다. 아이들에게 미술을 가르칠 필요는 없다. 그냥 그들이 직접 시도하게 두라. 자료와 시간이 필요하다. 아이들은 창의력을 표현할 것이다. 내 아이들은 아이디어에서 영감을 얻어 부조, 3D 그림, 콜라주, 조각, 퍼즐, 도자기, 옷 등 다양한 작품을 만들었다. 안전한 재료만 주면 나무, 종이, 비누, 레고, 눈, 점토, 캔버스에 물감, 금속 등을 이용해 예술 작품을 만들 수 있다. 대부분의 아이는 12세가 되면 현실적인 피규어를 만들기 어렵다는 것을 깨닫고 그만두기도 한다. 하지만 이전에는 단순히 좋아서 만들기 때문에 신경 쓰지 않는다.

공연 예술은 어린아이들에게 매우 자연스러운 것이다. 뇌 발달의 실행기능 통제 부족으로 인해 아이들은 자연스러운 공연자가 된다. 아이들은 연기하며 종종 사람들이 어떻게 생각하는지 신경 쓰지 않는다! 학교에서는 아이들에게 공연할 기회를 잘 주지 않는다. 학교에서는 아이들이 조용히 앉아 있도록 요구한다. 아이들이 집에서 자유롭게 공연하는 모습을 지켜보며 큰 박수를 보내주고 격려해보라!

건강은 좋은 양육 태도를 통해 배울 수 있다. 가정에서 건강한 습관을 보여주고 성에 관한 모든 질문에 기꺼이 답해주면 아이에게 긍정적인 영향을 미친다.

체육 교육은 게임을 즐기고 다양한 스포츠를 시도하는 등 저절로 이루어진다. 우리 지역에는 6세부터 12세까지의 아이들을 위한 도시 프로그램을 운영하고 있다. 이 프로그램에서는 약 100개의 스포츠와 장소 중에서 선택할 수 있다. 이 프로그램이 일 년에 한 번 이상 제공되면 좋겠다. 이 프로그램은 아이들이 다양한 스포츠를 경험할 수 있고 어떤 것을 시도하고 싶은지 알게 된다. 하나를 해보고 마음에 들지 않으면 다른 것을 시도할 수도 있다.

음악도 마찬가지로 아이들은 자연스럽게 끌린다. 현이나 건반을 만지작거리며 실험하기도 한다. 쌀통이나 수제 드럼과 같은 수제 악기를 제작해 보라. 사용 설명서를 제공하면 아이들은 스스로 학습 일정을 계획하며 독학하게 될 것이다.

언어 역시 독학으로 배울 수 있다. 내 아들은 22살에 교환 학생 신분으로 독일로 떠나기 전에 독일어를 독학으로 익혔다. 그는 독일어로 변환한 유튜브 동영상을 듣고 듀오링고 앱을 활용했다. 글쓰기 연습도 했다. 2년 후에는 편안하게 말할 수 있었고 독일어로 원어민들과 소통하며 깊은 인상을 남겼다. 그리고 24살에는 1년 동안의 일자리 기회를 위해 일본어를 배웠다. 충분한 자료와 약간의 동기만 있으면 누구나 무엇이든 배울 수 있다. 어떤 것을 배우지 못했다고 해서 다른 사람을 비난할 수는 없다. 우리는 모두 배움의 주인이다.

공백이 생기는가?

물론 공백이 생길 수 있다. 학교에도 공백이 있다. 세상의 모든 주제를 공부할 수 있는 사람은 아무도 없다. 학교는 선택과 집중을 위해 존재한다. 프랑스어와 스페인어 중에서 어떤 것을 선택할까? 오셀로 아니면 맥베스? 페루나 브라질? 그것은 교사가 선택하여 가르친다. 아이들의 학습 선택이 다른 아이들의 선택보다 더 나쁘거나 좋다고 판단할 이유는 없다. 오히려 교육과정 개정과 승인을 위해 몇 년을 기다릴 필요 없이 최신 주제로 업데이트할 수 있을 것이다. 누구나 문해력과 수리력이 필요하지만, 다양한 주제에 노출되는 것 역시 중요하다. 역사, 지리, 사회, 과학 주제는 국가에 따라 다르게 가르친다. "이 학교 시스템에서 교육받은 두 아이를 둔 나로서 교육은 완전하지 않았다. 획일적이고 평범한 교육이었다. 아이들이 적성을 보이는 과목에서는 융통성 없는 교육과정 때문에 발목이 잡히고 도움이 필요한 과목에서는 수업을 옮겨야 해서 허둥거렸다."(Erin R, 1999)

학교는 아이들에게 새로운 주제를 많이 노출시킨다. 어느 날 아들 매튜가 1학년 수업을 마치고 집에 돌아와 테리 폭스(Terry Fox)와 암 연구 기금 모금을 위한 그의 대담한 달리기에 대해 열심히 이야기했다. 하지만 매튜는 10살 때 테리 폭스가 누구였는지 잊어버렸다. 그런데 10대가 되어서 박물관에서 열린 테리 폭스 전시회를 통해서 어린 시절에 배운 내용을 기억하며 더 깊게 이해하게 되었다. 따라서 6세 때의 노출은 제한적이었지만 19세에 이르러서야 그 이해도가 깊어진 것이다. 아이들에게 다양한 것들을 노출시키는 것은 좋지만, 학교는 그러한 노출의 결과를 끊임없이 입증해야 할 의무가 있다. 이는 학습에 방해가 될 수 있다.

모든 학교에서 성교육을 실시하는 것은 아니다. 성교육을 실시하려면 최소한 10세 이상이 지나야 한다. 홈스쿨링의 경우에도 성교육을 실시하지 않는 경우가 많다. 그러나 모든 성인은 성에 관해 충분히 알고 있다. 인간은 필요에 따라서 무언가를 배우기 위한 동기를 가지게 된다!

이는 초등학교 시절에 해당한다. 그러니 놀고, 읽고, 경험하며 즐겨라!

19

중학생 12~14세: 창작, 실험, 여행

"아이들이 매일 한 가지라도 새로운 것을 배운다면 목표를 달성하는 데 성공했다고 생각한다."

파티 또는 프로젝트?

주류 육아에서 일부 부모는 능력별 반 편성과 아이의 미래 계획에 관해 걱정하기 시작한다. 부모들은 10대가 호르몬의 혼돈과 혼란스러운 학교 사회 속으로 뛰어들게 되면 학업을 크게 걱정한다. 일부는 학습 공백을 메우기 위해 과외 교사를 붙이기도 한다. 그들은 동기 부여와 유대감의 강화를 위해 매일 싸우고 있다. 일부 부모는 아이가 어느 정도 적절한 점수를 받을 수 있도록 숙제의 일부를 대신하고는 한다. 그들은 아이가 집안일에서 해방되어 학교의 "진짜"일에 집중할 수 있도록 도와준다. 또래 집단은 집단 역학 관계에 따라 좋은 일이 될 수도 있고 나쁜 일이 될 수도 있다. 그러나 필연적으로 아이들은 가족, 부모, 집으로부터 멀어지기 시작하고 또래 사회에 더 완전히 통합된다.

언스쿨링 부모는 아이를 더 성숙한 콘텐츠에 노출하여 아이의 관심사를 자유롭게 발전시킨다. 아이의 관심이 불붙으면 부모는 그 관심을 더욱 활발히 지원하며, 아이가 좋아하는 것을 계속하기를 바라며 관심이 없는 것은 버린다. 이들은 아이들을 다양한 활동 장소로 꾸준히 데려가며 새로운 경험을 할 수 있도록 도와준다. 또한 아이들이 집에서 자기 관리를 할 수 있다는 신뢰감이 생기게 되면 혼자 남겨두는 것도 즐기게 된다. 이 부모들은 숙제, 과외, 가족 시간을 방해하는 활동, 재정적 부담, 자금 조달 의무 때문에 스트레스를 받지 않는다. 성적표로 인한 스트레스도 없다. 또래 압력이 적기 때문에 아이들은 부정적인 영향을 받지 않는다. 아이들에게 강요하지 않으므로 배움에 대한 열정이 더욱 커진다. 많은 아이는 이 나이에 학교 교육과정을 따르지 않고도 자신의 열정을 따라 나아갈 수 있다. 다른 과목의 학습을 중단하지는 않으나 관심 없는 주제에 대해 깊이 파고들 필요는 없다. 특정 과목에 대한 전문적인 지식과 멘토링이 부모나 온라인 강좌보다 필요한 경우 교사가 가르치는 수업에 등록하는 아이들도 있다. 이런 공식적이고 구조화된 수업을 조금이라도 받는다면 아이들은 가정 밖에서 요구하는 사항과 구조를 경험할 수 있게 된다. 스스로 선택한 활동이기 때문에 '선택'을 기꺼이 받아들인다.

우리가 실천한 일

중학교는 초등학교만큼이나 자기 주도적이고 재미있다. 아이들은 관심 있는 주제에 대해 마음껏 배우고 놀았다. 아이들은 3년 동안 독학으로 배우지 않았던 과목 가운데 각자 자신이 더 알아보고 싶은 내용을 온라인 강의를 통해 한두 개 들었다. 내가 가르칠 수 없는 분야도 있었다. 이 과정에서 아이들은 마감일, 시험, 기준, 교사와의 상호작용을 처음으로 경험했다. 학습 곡선이 있었으나 아이들은 금방 적응했다. 그들은 일주일에 한 시간씩 교사의 강의를 실시간으로 듣고 한 시간 동안의 과제를 제출했다. 이것이 전부였다. 주당 2시간으로 중학생 시기를 보냈다.

만약 아이들이 어떤 공식적인 학습을 원하지 않는다면 나는 강요하지 않았다. 사실 나는 내 친구들과 함께 그 시기를 '터널'이라고 불렀다. 그 이유는 그들은 13세가 되면 일부 친구들과 일부 관심 분야에서 멀어져, 우리가 진지하게 설득하지 않는 한, 학습과 관련된 활동에 더 이상 참여하고 싶어 하지 않기 때문이다. 그러나 언스쿨링 아이들은 뇌물이나 강요로 움직이지 않는다! 따라서 그들은 조용한 시간을 선호한다. 내 친구 캐시가 말한 대로 "10대 초반 아이들이 집에서 보내는 시간은 위험을 감수하며 자신이 어떤 사람이 될지 탐색하기에 안전한 장소다." 많은 아이, 특히 남자아이들은 외출이나 직접적인 사교 활동보다 집에서 비디오 게임 등에 더 관심을 가진다. 우리 아이들도 3년 동안 종일 다른 아이들이나 형제자매와 비디오 게임만 하려고 했다. 나는 이러한 선택이 첫째와 둘째 아이에게 어떤 영향을 미칠지 걱정했다. 그러나 동년배 친구들과 이야기해 보니 모두 비슷한 단계를 겪고 있는 것을 알 수 있었다.

이에 관한 발달 연구가 없어서 이는 어디까지나 주관적인 경험을 바탕으로 한 증거다. 우리 부모들은 아이들이 15세나 16세가 되면 결국 은둔 상태에서 벗어나 다시 친구들과 사교 활동에 더 관심을 보이기 시작하고 성인들과 함께하는 활동에 참여한다는 것을 발견했다. 터널을 통과한 아이들은 스스로 공부하기 위한 강한 동기를 갖기 시작했다. 모든 아이가 한 학기당 5과목의 과정을 처음 경험하는 것은 대학 1학년 때였다. 18세에 그들은 매우 성공적으로 수행했다. 그들은 필요한 시기에 필요한 내용을 스스로 학습하는 데 수년간의 연습이 필요하지 않았다.

실천할 수 있는 일

존 테일러 가토(John Taylor Gatto)는 발달적으로 준비가 된 의욕적인 아이라면 초등학교 전체 과정을 몇 달 안에 배울 수 있다고 말한 적이 있다. 아이들이 일찍부터 읽기를 배워야 하는 유일한 이유는 학교에서 읽어야 할 양이 너무 많기 때문이다. 그러나 읽기는 사물을 배우는 유일한 방법은 아니며 아이들이 모든 것을 읽기로 배울 필요는 없다(Tia L, 1999).

언스쿨링을 계속하라. 이 시기에는 여전히 서책 공부가 필요하지 않다. 아이가 원한다면 온라인 수업이나 그들이 관심 있는 주제와 관련이 있는 대면 수업을 찾아보아라. 이 연령대의 많은 아이는 이미 특정 분야에 관심이 있으며 멘토, 가이드, 교사 또는 직업 전문가의 지도를 받고 싶어 한다. 목공, 금속공예, 바느질, 요리, 자동차 정비, 앱개발, 게임 디자인, 웹사이트 제작 등 아이들의 흥미를 끄는 다양한 분야가 있다. 일부 분야는 내가 가르칠 수 있었으나 대부분의 경우에는 외부의 멘토나 교사의 지도가 필요했다.

아이들에게는 필기시험을 치르고 마감일을 지키고 에세이를 쓰고 실험 보고서를 작성하며 규칙과 시험 응시 기술을 연습할 충분한 시간이 있다. 이것들은 중요한 기술이지만 이 시기의 아이들에게 꼭 필요한 것은 아니다. 중학교와 고등학교, 대학에서 이러한 기술을 완벽히 배울 수 있다. 중학교 시기에 중요한 점은 아이들이 자신의 진정한 관심 분야를 찾고 해당 분야를 더 깊이 탐구해야 하는 것이다. 은둔 상태는 결국 지나갈 것이다. 걱정하지 마라. 아이들이 학습 동기를 갖게 될 때까지 기다리면 소진과 권력 싸움을 피할 수 있고 아이들이 더 공식적인 학습을 할 때 성공적인 학습자가 되도록 준비할 수 있다. 모든 문제를 해결하고 의사소통의 창구를 열어두어 부모와 아이의 관계를 유지하라.

이 시기의 인지 발달

보통 중학교는 사춘기와 학교 교육을 받는 아이들이 흔히 겪는 '10대 불안'의 시작을 알린다. 그러나 홈스쿨링 중학생에 관한 연구는 많지 않다. 홈스쿨링 아이들도 학교 다니는 아이들과 마찬가지로 불안을 겪는가? 이러한 불안은 정상적인 발달 과정 중 일부인가? 아니면 동기나 판단으로 인한 것인가? 유전적인 본성 때문인가, 아니면 환경과 양육 때문인가? 이 모든 요소가 다 해당한다. 우리 팀의 10대 아이들은 가끔 부모나 형제자매에게 반항적이거나 다소 고집스러운 모습을 보이기는 했다. 그러나 학교에 다니는 친구들과 비교해 보면 특별히 고집스러운 행동은 보이지 않았다. 30명의 팀원 가정에서는 민주적이고 상호 존중하는 부모-아이 관계를 유지하는 가족도 있었다. 우리는 대부분 행복하게 적응하는 아이들을 경험했다.

이 시기 언스쿨링의 또 다른 주요 이점은 학교에 다니는 또래들에 비해 가족에 대한 애착이 강한 점이다. 청소년은 친구들이 있고 친구와 자주 만나기를 원할 수 있으나 가족과 형제자매는 여전히 그들의 삶에서 가장 중요한 존재다. 어느 날 13세부터 17세 사이의 아이를 둔 엄마들과 차를 마신 적이 있었다. 그들은 아이들이 또래 중심적이고 정상적인 호르몬 반응을 겪고 있다고 말했다. 나는 내내 침묵을 지키며 '학교 교육 환경에서는 정상적일 수 있으나 우리 가정의 언스쿨링에서는 그렇지 않을 것이다'라고 생각했다. 우리 아이들은 별로 또래 중심적이지 않았고, 또래들과 거리 두기가 자연스럽게 가족 간 유대를 더 강화한다는 생각이 들었다. 인간은 서로 관계를 맺기 위해 연결되어 있다. 10대가 형제자매, 부모 그리고 같은 나이의 친구들과 연결되면 기본적인 욕구가 충족된다.

이 시기는 아이들이 형식적이고 추상적인 사고 능력을 습득하는 단계다. 제도 교육을 받지 않은 아이들은 아직 학습, 시험, 교사의 압박, 동료의 판단, 패션 문제, 소비주의에 대한 불안을 경험하지 않았기 때문에 10대에 상대적으로 차분한 상태로 진입하게 된다. 이들은 두뇌 활동이 활발하며, 많이 자고, 예리한 뇌로 관련 정보를 쉽게 기억한다. 비판적 사고 능력이 발달하며 다양한 관심 분야에 깊이 빠져들고 싶어 한다.

이 시기에 언스쿨링의 가장 큰 장점은 아이들이 자연스럽게 자신의 신체 리듬인 늦은 밤과 아침을 활용하여 충분히 잠을 자는 것이다. 10대들은 자연스럽게 늦게 잠든다. 그들이 학교에 가기 위해 일찍 일어나야 한다면 필요한 수면 시간이 부족할 것이다. 중학생 시기에 10대들의 불안이 최악의 상태에 도달하는 것은 어쩔 수 없다. 피곤한 10대는 고집스러운 10대로 변할 수 있다. 뇌는 수면과 휴식 중에 발달하기 때문에 이 시기에 충분한 휴식이 성장에 큰 도움이 된다.

지난 20년 동안 신경과학자들은 10대들의 반항, 분노, 도전, 거부가 개인의 실패가 아니라 어린 시절에 3가지 이상의 부정적인 경험이 뇌 발달에 영향을 미친 결과라는 사실을 이해하기 시작했다. 한 학교의 학생 4명 중 1명 이상이 이러한 경험을 한 적이 있다고 한다. 이러한 트라우마를 겪은 청소년은 실행기능 능력이 떨어지며 주의력, 집중력, 분노 표출 등 신체적 표현에 어려움을 겪는다. 또한 신뢰, 애착 등의 문제도 있다. 트라우마에 기반한 교육은 청소년을 비난하기보다 뇌 경로를 재구성하여 청소년이 분노를 조절하고 대인관계 기술을 배우고 강력한 성인 멘토 관계를 구축하여 가정의 결핍을 보충할 수 있다(Palix, 2017). 교사, 교장, 코치, 그리고 아이들과 함께 일하는 사람은 모두 트라우마에 대한 정보를 바탕으로 아이들을 지원하는 지식을 갖춰야 한다. 아이들은 이해와 친절, 긍정적 지도가 필요하다. 문제는 교사들이 가르쳐야 할 교육과정이 너무 많고 학생들과 관계 형성에 집중할 시간이 부족하다는 점이다. 20%가 고등학교를 졸업하지 못하는 것은 당연하다. 많은 조부모, 친척, 보호자가 어려운 10대와 청소년의 홈스쿨링을 맡고 있다. 이들이 교육과정에 대한 걱정 대신 언스쿨링 관계를 구축한다면 놀라운 결과를 만들어낼 수 있을 것이다. 이는 마치 배고픈 아이를 가르치려고 하는 것과 같다. 배고픔이라는 욕구를 충족시켜야 학습이 일어난다. 많은 아이들에게는 교육과정보다 관계가 우선해야 한다.

12세~14세 청소년

이 연령대에는 다음과 같은 특성이 있다.

- 주의 집중 시간은 성인과 다르지 않기 때문에 박물관, 극장, 연극, 강연에 참석하는 것을 즐길 수 있다.
- 이들은 추상적인 학습자이며 대수, 종교, 정치, 이론, 죽음과 같은 무형의 개념을 이해한다.
- 의사 결정과 실수를 하고 이를 통해 배우기도 한다.
- 스스로 전화를 걸고 약속을 잡을 수 있다.
- 대중교통을 이용해 혼자 도시를 돌아다닐 수 있다.
- 스마트폰이나 휴대전화를 소유할 권리와 책임을 이해할 수 있게 되어서 스마트폰을 갖고 싶어 할 수 있다.
- 성행위의 가치와 도덕을 이해한다.
- 독립성이 필요하고 스스로 결정을 내릴 수 있어야 한다.
- 25세 이전에는 자제력, 계획, 집중력, 작업 기억과 같은 실행기능이 급격히 증가한다.

이 시기의 교육적 요구

10대 초반의 아이들은 사회적 상호작용에서 민감성과 안전성을 요구한다. 개인 간의 성숙한 관계, 긍정적인 역할 모델, 표현적인 예술 활동이 필요하다. 의사 결정 기회와 증가하는 발언권에 대한 존중도 중요하다. 또한 소규모 학습 커뮤니티와 정서적으로 의미 있는 학습이 필요하다. 그들은 여전히 신체 활동과 체험학습 활동을 요구한다 (Armstrong, 2006).

이 나이의 아이들은 깊은 읽기, 자유롭게 글쓰기, 주제 조사와 출처의 신뢰성 확인, 수학을 통한 문제 해결 능력만 확보하면 충분하다. 그 외의 내용은 아이들의 흥미와 선호에 따라 결정된다. 부모는 고등학교 진학 준비를 강요할 필요가 없다. 그들이 선택하면 된다. 고등학교에서는 에세이 작성 기술, 과학 이론, 수학 개념, 사회학, 철학 등을 더 깊이 배우게 된다. 유명 인물, 전쟁, 협정, 식물 명칭, 정부 체제, 문학 용어 등은 필요한 경우 온라인으로 조사할 수 있다.

여행

이 나이의 아이들은 여행하기에 적합하다. 스스로 배낭을 메거나 핸드 캐리어를 다루는 실력이 충분하며, 여권 발급, 짐 싸기, 보안 검색, 에어비앤비 예약과 같은 여행 절차를 이해할 수 있다. 박물관 방문을 즐기며 명판을 읽고 전시물을 이해할 수 있을 만큼 성숙하다.

13세 이상의 아이와 함께 떠나는 여행의 장점은 아이가 자신만의 경험을 기억한다는 것이다. 이 연령대의 아이와 함께 일 년 동안 여러 곳을 여행하며 생활하는 것을 '월드 스쿨링'이라고 부르기도 한다. 사립학교에 보내는 것보다 경제적이며, 여행 모험을 직접 계획하는 즐거움을 누린다. 여행의 형식은 다양한데, 친구와 함께 머무르거나 임대한 아파트에서 지내며 대중교통을 이용하고 레스토랑 대신 소풍을 즐기며 경비를 절감할 수 있다. 심지어 그들이 대학에 다니거나 직장생활을 할 때도 우리 아이들은 가족 휴가에 동참하기를 좋아했다. 그들만의 방식으로 휴가비를 낼 돈도 있었다.

자원봉사

이 시기는 좀 더 공식적인 방식으로 자원봉사를 시작하기에 적합한 나이이다. 어린아이들은 친구를 위해 쿠키를 굽거나, 동네를 청소하거나, 선물 바구니를 만드는 등의 활동을 할 수 있다. 10대 초반에는 푸드뱅크, 무료 급식소, 야간 쉼터와 같은 장소에서 부모나 성인과 함께 자원봉사를 시작하거나 공원 청소, 재난 지원 등에 참여할 수 있다.

클럽과 단체

7세 이상의 아이들은 친구를 사귀고 공통 관심사를 바탕으로 클럽, 단체, 모임을 만들기 시작한다. '고양이 전사들(Warriors)'이라는 독서, 토론 및 캐릭터 분장을 즐기는 모임이나 '공해에 반대하는 청소년' 클럽 등 다양한 모임이 있다. 이러한 모임은 아이들이 사회성을 배우며 협업과 조직 능력을 향상할 기회를 제공한다.

일부 아이들은 컴퓨터 동아리나 글쓰기 모임에 가입하거나 친구 집에서 만나서 활동한다. 이런 모임은 아이들이 서로 배우고 지원하며 사회적 기술을 향상하는 장소가 될 수 있다. 어떤 모임은 자유롭고 비구조적인 형태를 가지며, 어떤 모임은 공간을 빌려서 구조적인 활동을 하기도 한다. 이런 모임은 아이들이 다양한 분야에서 지식을 확장하고 친목을 도모하는 좋은 기회가 된다.

어떤 장소에서는 '홈스쿨링 날'을 개최하여 국가 교과 과정에 부합하는 프로그램을 제공하기도 했다. 어떤 부모들은 할인된 입장료로 수업을 무시하고 자유롭게 돌아다니기도 했다. 사실 우리 가족도 그랬다. 아이들은 안내자의 설명을 듣기 싫어하고, 조용히 듣고 있어야 할 시간에 서로 싸웠다. 당황스러웠다. 결국 나는 단체 견학을 중단하고 대신 가족끼리 시간을 보내며 여유롭게 즐겼다. 나는 내가 아이들에게 단체 견학의 참여(이는 그들이 투어의 규칙을 따라야 한다는 것을 의미했다)를 물어볼 수 있다는 점에서 10대 시절이 더 좋았다. 그들은 '예' 또는 '아니오'를 선택할 수 있었다. 대부분 경우 아이들은 '아니오'를 선택했다.

이러한 단체의 특징은 장소와 교통수단을 제공하는 것 외에 부모의 개입이 없다는 점이다. 아이들이 집단을 이끌고 주제를 결정했다. 심지어 우리 언스쿨링 걸 가이드 단원들 역시 자발적으로 야영을 완벽하게 계획했다. 아이들은 스스로 무엇을 원하는지 결정하고 그에 따라 계획을 세웠다. 이러한 모습이 정말 멋졌다. 지역사회에서 조직한 모임과 가이드 캠프에서는 모든 순간을 계획하고 설명했다. 매우 흥미로웠다. 지도자들에게는 약간의 압박을 줄 수 있었지만, 언스쿨링 단체는 더 편안하게 활동했다. 소녀들은 리더십 기술을 배우며 갈등 해결 방법을 익히고 평생의 친구를 사귀게 되었다. 이러한 기회는 평범한 학교 아이들이나 성인이 주도하는 과외 활동에서는 거의 찾아볼 수 없다.

단체와 클럽 회원들 간의 연락은 이메일, 영상 통화 또는 온라인 포럼을 통해 이루어졌다. 아이들은 도시 곳곳에 홈스쿨링 친구들이 있어 홈스테이를 계속할 수 있었다. 부모들은 교통 체증 시간에 시달리지 않도록 아이들을 맡기는 홈스테이의 선택이 더 편리했다.

아직 일부 아이들은 조직적인 계획과 실행 계획 기술을 확립하지 못한 상태라 클럽과 소풍 계획은 중학생 시기에도 여전히 부모에게 의존적이다. 그러나 동의가 중요하다. 아이가 참여에 동의해야 하며, 아이는 거부할 권리가 있어야 한다. 16세 전후로 대부분의 아이는 외출을 계획하고 조직하며 기록하기 시작한다. 나는 내성적인 성향이 있지만, 분명히 아이들보다 사교성이 더 필요했다. 나는 아이들을 모임에 데리고 나가는 데 익숙하지 않았다. 그러나 사회적인 모임을 위해 외출할 때 집에 아이들을 두고 나오는 것이 마음에 걸려 죄책감을 느낀 적이 많았다. 다른 부모들은 아이들이 어디에 있는지 물었다. 나는 아이들이 오고 싶어 했는데도 불구하고 오고 싶지 않다고 말해야 했다. 우리 집에서 클럽을 개최하면 부모들이 아이들을 데려다주면서 교류할 수 있었다. 아이들을 데리고 나가지 않아도 교류할 수 있는 것을 알았다. 다시 한번 강조하지만 동의가 핵심이다.

프로젝트

많은 아이가 부지런히 스스로 프로젝트를 계획하고 실행한다. 내 아이들 역시 대부분 이 나이에 온라인 제품 평가를 참고하고 유튜브 동영상을 보며 직접 게임용 컴퓨터를 제작했다. 한 아이는 옷을 직접 바느질하기 시작했고, 또 다른 아이는 정원에 화초를 심고 가꾸었다. 한 아이는 나무 모형을 조각하고 페인트로 칠한 거대한 모형을 만들었다.

반려동물은 유아기부터 청소년기까지 아이들의 삶에서 중요한 부분을 차지하는 프로젝트였다. 우리는 다양한 종류의 반려동물을 키우며 때로는 내가 잔소리하기는 했지만 아이들은 잘 돌봐주었다.

특수 요구와 학습 장애가 있는 아동

"학습 장애는 학습에 관여하는 뇌 부위에 기반한 신경학적 장애이다. 뇌의 일부 부위가 일반적인 방식과 다르게 연결되어 정보가 다르게 처리된다. 이는 언어 능력, 운동(근육) 능력, 사고(인지) 능력, 집행 기능(조직 기술)이라는 뇌의 기본 기능에 영향을 미친다."(Learning Disabilities, 2018)

정신 건강 문제는 기능을 통제하는 뇌 부위에 기반한 신경학적 장애다.

사춘기에 접어들면 많은 아이가 뇌 화학물질 변화로 인해 우울증과 불안을 경험한다. 어린 시절에 행복하고 명랑한 아이들도 이러한 정신 건강 문제에 대처하는 데 어려움을 겪을 수 있다. 그들은 건강 문제를 음주, 약물 복용, 자해, 강박증이나 섭식 장애와 같은 부적절한 행동으로 '대처'할 수 있다.

부모는 어떤 이상한 징후가 보이면 가장 먼저 이를 의심하고 아이가 심리교육 평가를 받을지 결정해야 한다. 이러한 평가 과정에는 논란의 여지가 있다. 부모는 아이와 함께 집에서 학습하는 방법을 배웠기 때문에 평가가 아이에게 부정적인 꼬리표를 붙여서 불안을 더 키울 수 있다고 생각할 수 있다. 평가는 장애를 확인하고 진단을 마친 후 교육과정을 개별 아동에 맞게 조정해야 하는 이유로 주로 기관에서 교육받은 아동에게 적용한다. 이러한 개인화된 프로그램은 "개별 프로그램 계획(IPP; Individual Program Plan)"과 같은 다양한 용어로 알려져 있다. 일부 부모는 평가 과정이 적절한 지원을 제공하고 있는지를 알아보는 긍정적인 단계라고 생각하기도 한다.

이상적인 세계에서는 모든 학생이 개별 프로그램 계획을 갖게 될 것이다. 이는 홈스쿨링과 언스쿨링 교육에서 자연스럽게 발생한다.

그러나 교실 수업이 학급 평균에 맞춰 설계되어 학교에서는 교사와 보조 교사의 추가 작업, 전문 자원과 자료에 대한 추가 자금, 추가 감독이 필요하다.

때때로 부모는 학습 장애로 인해 홈스쿨링을 시작한다. 그러나 학교 시스템을 비판하는 사람들은 많은 경우에 아이들이 학습에 문제가 있는 것이 아니라 환경에 문제가 있다고 주장한다. 망가진 것은 교실 환경이지 아이의 적성이 아니라는 것이다. 교실 내의 소음, 불빛, 분주함을 견딜 수 없는 아이는 조용한 환경으로 전환하면 잘할 수 있으며, 교실 교육과정에 집중하지 못하는 아이는 자신의 흥미를 따라갈 수 있는 환경에서 잘할 수 있는 경우가 많다.

"장애"를 배우는 것은 대부분 단순히 "차이"를 배우는 것이다. 가정 교육은 아이가 교실에서 할 수 없는 것이 아닌 개인적으로 할 수 있는 것에 초점을 맞춘다. 아이들이 중등 교육 이후에도 성공할 수 있는지에 대한 의문이 생길 수 있다. 그렇다! 아이들은 나이가 들면서 건강한 대처 전략을 더 잘 알게 되고 적절한 시기에 새로운 환경에 적응하는 법을 배우게 된다. 모든 것을 1학년부터 시작할 필요는 없다. 17세 때는 대학 진학을 준비하는 데 어려움을 겪을 수 있지만, 20세 때는 준비가 되어 있을 것이다. 서두르지 않아도 된다. 아이들은 각자의 속도로 준비할 것이다.

토마스 암스트롱(Tomas Armstrong)은 자신의 저서 "*그들만의 방식 (In their Own Way)*"에서 학습 장애를 다르게 학습하는 것, 과잉 활동을 활기찬 것, 충동적인 것을 자발적인 것으로 바라보며, 공포증을 조심스러운 것으로, 공상가를 상상력이 풍부한 것으로, 짜증을 내는 것을 민감한 것으로, 산만함을 다채로운 것으로, 고집을 부리는 것을 완고한 것으로, 미성숙함을 늦깎이로 개념을 재구성하고 이름을 변경한 접근법을 제안했다. 이는 사람을 설명하는 라벨이 부정적인 의미보다 긍정적인 의미로 변화하는 과정을 보여준다. ADD(주의력 결핍 장애)는 신체운동 학습자, 난독증은 공간 학습자로 설명한다.

많은 국가에서는 학습 장애가 있는 아동을 지원하기 위해 별도 예산을 편성하고 있다. 그러나 이러한 지원금이 직접 아동에게 전달되지 않는 경우가 많다. 아동에 할당된 지원금은 주로 학교의 운영 예산으로 사용되거나 개별 학습자가 아닌 교실 전체를 지원하는 데 사용될 수 있다. 특수교육 소프트웨어를 구매하는 데 사용되는 예산은 모든 학생을 위한 교과서 구매에 사용될 수도 있다. 부족한 교실 지원에 좌절한 부모가 집에서 아이에게 직접 도움이 되는 구체적인 자원을 제공하여 더 나은 교육 환경을 조성하려는 것은 당연한 일이다.

안타깝게도 부모가 아이를 학교에서 빼면 불이익을 받을 수 있다. 많은 국가에서는 학습 장애가 있는 아이의 가정 교육을 위해 추가로 지원금을 주지 않는다. 따라서 부모는 아이가 집에서 학습할 수 있도록 교육 지원과 교재비를 위해 수천 달러를 지출하면서도 아이가 혜택을 받지 못하는 교육세를 납부하는 현실이다. 이는 부모의 사랑과 헌신을 보여주는 증거이다.

내 아들을 초등학교 2학년에 입학시켰을 때 검사를 통해 학습 장애가 있다는 사실을 알게 되었다. 아들의 작업 기억과 청각 처리가 지연되었다. 학교 위원회에서 개별학습 프로그램 계획과 코드를 제공했으나 아들의 상태가 경증으로 분류되어 어떤 지원도 받지 못했다. 나는 아이가 집에서 개인 프로그램을 받으면 잘할 수 있을 것이라 믿고 3학년 때 학교를 그만두게 했다. 고등학생이 되었을 때, 그는 마지막 1년 반 동안 일반 고등학교에 다니기로 했다. 학교의 부속 건물에는 홈스쿨링과 유사한 지원을 제공하는 홈룸 반(homeroom class)이 있었다. 교사, 지도 상담사, 사회복지사가 배치되어 아이들의 문제 해결을 도와주었으며, 스트레스가 많은 일반 학교 복도에서 벗어나 안식처를 제공했다. 조용히 쉬고, 스트레스를 풀고, 성인과 대화를 나누고, 시험을 볼 수 있는 장소였다. 덕분에 그는 12학년을 무사히 마칠 수 있었다.

우리 아이에게 학습 장애가 있다는 조기 진단의 장점 중 하나는 필요한 지원을 기록한다는 것이다. 그러나 학습 장애 진단은 12학년이 되어 종료 시험을 보기 전에 이루어질 수도 있다. 고등 교육 기관에서는 일반적으로 지원과 적절한 편의를 제공하기 위해 최근 3년 동안 완료한 심리교육 평가 결과를 원한다. 초등학교와 달리 고등 교육 이후의 지원은 실제로 학습자에게 직접 전달된다. 대학에서 내 아들은 개인 튜터, 일정과 시간 관리를 도와주는 학습 전략가, 교과서를 읽어주는 소프트웨어, 시험 답안을 작성하는 추가 시간, 도움이 필요할 때 찾을 수 있는 장소 등을 제공받을 수 있었다. 집을 떠난 생활이 처음이었기 때문에 두 배로 안심되었다.

학습 장애 아동의 가정 교육에 대한 전문가들의 의견은 분분하다. 일부 전문가들은 매우 긍정적 관점을 표명한다. 내 아들이 불안증 진단을 받았을 때, 그들은 아이의 뇌가 세로토닌을 충분히 생산하지 못하는 생물학적 뇌 화학적 문제이며 아이의 상태가 "홈스쿨링으로 인한 것"이 아니라는 점을 분명하게 했다. 다른 전문가들은 이를 뒷받침할 과학적 증거가 거의 없지만 "학교 환경에서 전문적인('유급') 치료사와 교사가 필요하다"라고 주장한다. 학습 장애나 정신 건강 문제가 있는 아동이 학교보다 집에서 학업 성적이 더 나빠진다는 결론을 내린 연구는 아직 없다.

심지어 신뢰를 뒷받침할 수 있는 증거가 없는데도 '조기에 학습 문제를 발견해야 한다', '어떤 아이는 직접 가르쳐야 한다'와 같이 오랜 세월 동안 부모들의 마음에 심어온 관념을 버리기는 매우 어렵다. 아이들은 성장하고 변화하며 뇌가 발달하기 때문에 교육평가는 2~3년 동안만 유효하다. 학습 장애나 정신 건강 문제가 있는 아동은 학교나 교사가 필요하지 않을 수 있지만, 이는 다양한 선택지 중 하나에 불과하다. 이 아이들에게 필요한 것은 인내심이다. 무엇보다도 친절함, 건전한 역할 모델링, 격려, 개별화된 관심, 그리고 언스쿨링의 3가지 주요 요소인 성인 조력자, 풍부한 자원, 비구조화된 시간 등이 필요하다. 아이들은 자신만의 방식으로 배운다. 인지 행동 치료, 전문 과외, 약물 치료 등이 필요한 경우 전문가의 도움을 받아 학습하고 놀 수 있는 가정환경이 아이에게 꼭 필요할 수 있다.

과외

과외는 현재 캐나다에서 연간 10억 달러 규모의 사업으로 자리 잡았으며(Stockland, 2018), 많은 대기업이 학부모의 불안감을 통해 큰 수익을 올리고 있다. 치열한 대학 진학 경쟁을 걱정하는 부모들은 방과 후와 주말에 초등학생 아이들을 과외 학원에 보내는 경향이 있다. 이로 인해 놀이는 뒷전으로 밀려나게 된다.

"부모는 종종 다음과 같은 경우에 아이를 과외 학원에 등록한다: 1. 성적이 떨어지고 교사가 학업 성취도를 우려하는 경우. 2. 학업 성적에 대한 아이의 자존감이 낮아지며 학교, 숙제, 학습에 저항하는 경향이 있는 경우. 3. 아이가 수업 시간에 난동을 부리거나 이에 대처하기 위해 자퇴를 고려하는 경우." 이 텍스트는 한 과외 회사의 브로셔에서 발췌한 것이다. 그러나 이러한 결과는 가정 교육이 아닌 제도권 학교 환경에서 나타나는 현상이다.

최고의 과외 회사는 다양한 학습 스타일을 아우르며 재미를 더한다. 반면, 최악의 과외 학원은 아이들에게 지루한 문제지를 강요하고 사실만을 주입하며 정보를 암기하도록 강요한다. 과외는 아이들에게 문제 해결, 비판적 사고, 창의적인 지식 탐구를 가르치는 경우가 거의 없다.

사교육이 도움이 되는 경우가 있다. 그중 한 예가 청소년이 대학 입시 등 중요한 시험을 준비할 때다. 과외는 학생이 학습 의욕이 가장 높은 시기에 학습 기술을 강화하고 자신감을 키우며 유용한 지식을 전달할 수 있도록 지원한다. 그러나 어린아이가 과외를 받게 되면 교육적인 소모가 증가하여 이로 인한 부작용이 득보다 더 많아질 수 있다.

중학교 졸업

대부분 아이는 언스쿨링 교육을 통해 공식적인 교육 없이도 덧셈, 뺄셈, 곱셈, 나눗셈 등의 4가지 연산과 구구단, 분수, 백분율, 소수, 간단한 5단락 에세이 작성 방법 등을 '습득'한다. 이러한 기술은 전통적인 고등학교의 지필고사 위주 교육이나 체험학습 중심 고등학교 진학에 도움이 될 수 있다. 중학교에 진학하는 시점까지 이러한 기본 기술들이 완전치 않더라도 걱정할 필요는 없다. 앞으로의 4년 동안 충분히 습득할 수 있는 시간이 주어질 것이다. 또한, 이러한 기술들이 필요하지 않아도 완전하고 생산적인 삶을 살아갈 가능성이 있다!

고등학생 15~18세: 조사, 문제 해결, 진로 탐색

"좋아하는 일을 선택하면 평생 일하지 않을 수 없다."

- 공자

교과서 또는 여행?

고등학교에 입학하면 일부 부모는 아이를 학교에 데려다주고 과목 선택, 우열반 편성 선택, 점수, 학점, 진로 계획에 관한 정보를 얻기 위해 바삐 움직인다. 또한 숙제를 챙기거나 과외, 주말 시험 준비 과정, 여름 학교에 등록하는 등 성적 향상을 위해 부단한 노력을 기울인다. 극단적인 경우, 일부 부모는 숙제를 직접 도와주기도 하며 아이의 부정행위 사실을 인지하고도 방관한다. 아이가 최고의 대학에 진학하도록 점수를 높이려고 애쓰면서 해당 과목에 관심이 없더라도 쉬운 과목을 선택하도록 권유한다. 부모는 아이가 학업에 집중하기 위해 집안일을 시키지 않으며 학업, 운동, 사회 활동 이후의 시간을 활용해 할 수 있는 아르바이트와 자원봉사도 금지한다.

반면에 언스쿨링 부모는 아이에게 자신의 진로를 결정할 권한을 부여한다. 정규 고등학교 경험을 원하는 아이들은 처음으로 학교에 등록하지만 그렇지 않은 아이들도 있다. 만약 아이들이 유치원 첫날 그랬던 것처럼 배우고 싶어 하는 열망을 정규 고등학교 첫날에 나타냈다면 어떨까? 이러한 일은 실제로 가정 교육에서 일어날 수 있다!

연구에 따르면 홈스쿨링 청소년은 나이가 들어가면서 더 많은 사회적 접촉을 원하며 매일 또래와의 교류를 원하게 된다. 이를 위해 많은 홈스쿨링 학생은 고등학교에 다니기도 한다. 대부분의 홈스쿨링 부모는 고등학교 수준의 과목을 가르칠 수 없다; 가르치고 설명하기 위해서 내용을 먼저 배우기를 원하지도 않는다. 또한 전일제 직장으로 다시 돌아가, 온라인이나 통신 수업에서 아이의 진도를 확인하는 역할을 하지 않는다. 그렇다고 해서 아이가 계속해서 집에서 학습하는 것이 불가능한 것은 아니다. 여전히 다양한 선택지가 있다.

언스쿨링을 선택한 일부 아이들은 독학으로 과목을 공부하고 시험을 치르기도 하지만, 일부는 그렇지 않다. 부모는 멘토링, 아르바이트, 자원봉사, 현장 학습, 여행, 학원 등을 통해 아이의 학습을 보완한다. 부모는 계속해서 돈이 들어가더라도 아이가 스스로 원하는 과목의 수강을 기쁘게 여긴다. 그들은 아이의 노력을 격려하고 시험 응시, 장문의 에세이 쓰기, 학습 노트 작성 등 아이의 경험을 안내하고 도움을 준다. 부모는 아이가 자신의 교육에 전적으로 책임질 때 자신의 스트레스가 완화되는 것을 반긴다.

우리가 실천한 일

30명의 팀은 다양한 방식으로 고등학교에 접근했다. 어떤 학생들은 온라인, 통신 수업이나 실제 교실에서 정규 고등학교 과정을 수강했다. 다른 학생들은 자기 주도형 고등학교 프로그램을 통해 각 과목을 어떻게 이수할지 스스로 결정했다. 학생들이 충분한 지식을 입증할 수 있는 경우 국가에서 부여하는 학점과 점수를 받았다. 학습 방식이 비전통적이라고 하더라도 결과를 충족했다. 일부 학생들은 교과서와 독학 자료를 활용하며 가끔은 과외 교사의 도움을 받아 고등학교 졸업 자격시험을 보기도 했다. 일부는 오프라인 수업, 독학, 시험 도전 과목을 조합하여 학점과 점수를 획득했다.

어떤 학생들은 정규 고등학교 과정을 수강하지 않고 기말고사만 치렀다. 어떤 학생들은 시험을 건너뛰고 커뮤니티 칼리지에 직접 지원했다. 어떤 학생들은 고등학교 3년 과정을 모두 이수했고, 어떤 학생들은 마지막 학년만 이수했다. 아이들은 이 교육 단계에서 무엇을 하고 싶은지 스스로 결정했다.

학교 측의 설명에 따르면 고등학교는 "실전의 장"이다. 정부에 따르면 1학년부터 9학년까지는 성적이 면제될 수 있지만, 10학년부터 12학년까지는 성적이 학생들의 진로를 결정하는 데 사용된다. 우리 가족은 "뷔페식 접근법"을 택했다. 아이들에게 어느 고등학교에 가고 싶은지 물어보기보다는 관심 있는 진로를 위해 어떤 과목이 필요한지 고민한 후, 가장 잘 준비할 수 있는 학습 방법을 고려했다. 온라인 교재 수업? 자기 주도 학습? 시험 준비만? 통신 수업? 교실 수업 또는 온라인 라이브 교사 수업? 어떤 방법이 가장 적합한지에 따라 과정을 선택했다. 예를 들어, 소피는 영어에 강점이 있었다. 그녀는 평생 글쓰기에 관한 책을 읽었다. 따라서 평범한 영어 강좌를 듣는 것은 시간과 노력을 낭비하는 일로 생각되었다. 우리는 소피가 12학년 동안 영어를 자기 주도적으로 공부하기로 했다. 소피는 최종 점수의 50%를 차지하는 두 개의 개인 에세이와 두 개의 비판적 분석 에세이를 작성한 후, 나머지 50%를 차지하는 검정시험을 보았다. 정부는 교사/학부모/학생이 지정한 과목 점수를 조사하여 고등학교 졸업 자격시험이 요구하는 점수 범위 내에 있는지 확인한다. 다른 과목은 독학하거나 온라인으로 수강했다.

매튜는 수학 교사의 교실 경험이 필요했다. 그는 성인 고등학교 상급 과정에서 수학과 과학을 수강하고 다른 과목은 독학하거나 온라인으로 수강했다.

닐은 과학 분야에서 능력을 보였다. 그는 바쁜 업무로 인해 시간을 아껴야 했다. 따라서 통신 수업을 통해 물리학을 공부하고 학점을 얻는 방법을 선택했다. 그는 또한 지역 고등학교에서 용접 수업을 듣고 싶었으나 홈스쿨링 학생은 정책적인 이유로 학교 시설을 활용할 수 없었다. 그는 용접 수업을 위해 11학년에 등록했으나 공립학교 시스템에서는 전액 등록할 것을 요구했다. 결과적으로 그는 용접 수업이 교사가 지정한 정규 프로젝트에서만 가능하다는 것을 알게 되었다. 이는 창의성이 억제되는 불편한 상황이었다. 그는 1년간의 등록을 계속할 가치가 없다고 판단하여 중도에 그만두었다. 다음 해에는 영어와 순수 수학을 자기 주도적으로 공부했다.

라이언은 온라인 텍스트 강의나 독학 과정을 수강했다. 사실 대부분의 온라인 수업은 사실상 독학으로 진행되었기 때문에 라이언은 교사에게 도움을 요청하지 않았다. 그는 화면이나 교과서에서 텍스트를 읽고, 시행착오를 거쳐 문제를 풀고 시험지를 작성했다. 그 결과 코스 점수와 학점을 받았다.

안나는 온라인 학습자가 아니었다. 체육, 음식 연구, 특별 프로젝트를 독학으로 배웠다. 사회와 영어 프로젝트를 함께할 8명의 아이로 구성된 협력 집단이 있었고, 해당 분야를 부모들이 지도했다. 수학과 과학의 경우 안나는 교실 환경에서 해당 과목을 수강하기 위해서 보충학교(학원)에 갔다.

모든 아이는 고유한 학습자다. 다행히 언스쿨링 학생은 개인별 맞춤형 학습에 대한 뷔페식 접근 방식을 선택할 수 있다. 그러나 안타깝게도 언스쿨링 학생이 관심 있는 고등학교 과정 중 한두 과목만을 수강할 수 있는 학교는 실제로 제도화되어 있지 않다. 언스쿨링 학생은 정규 고등학교 외에서 제공되는 다양한 학습 방법을 결합해야 한다.

"10대들은 매일 친구들과의 접촉을 그리워하지 않는가?"라는 질문을 자주 듣는다. 이 나이의 10대들은 매주 금요일에 열리는 컴퓨터 모임과 같은 클럽을 스스로 조직하거나 자원봉사 프로젝트와 같은 참여 활동을 통해 친구들과 함께하는 기회를 찾는다. 초등학교 시절과 달리, 부모가 아이들을 그냥 모아놓고 모두 잘 지낼 것이라고 가정할 수는 없다. 어떤 청소년은 다양한 사회적 집단과 매일 접촉하는 것을 좋아하며(항상 같은 학교 집단이 아닌), 어떤 청소년은 내성적이어서 일주일에 한두 번 사회 행사에 참여한다. 많은 언스쿨링 청소년은 대가족과 친구 모임이 있으며, 사회 행사는 친구들이 모이는 경우에만 열린다. 예를 들어, 내 16살짜리 아이는 일주일에 다음과 같은 모든 활동을 할 수 있다. 어느 날 오후에는 푸드뱅크에서 특정 그룹의 친구들과 함께 자원봉사를 하고, 오후에는 다른 그룹의 친구들과 함께 도서관에 가서 영화 토론 그룹에 참가하고, 어느 날 오후에는 누군가의 집에서 열리는 마인크래프트 클럽에 가고, 집에서는 가족 보드게임을 한다. 레슨, 스포츠 활동, 아르바이트를 추가하면 하루에 최소 한 가지 이상의 활동에 참여할 수 있다. 이는 학교보다 훨씬 다양한 사회 경험을 제공한다.

실천할 수 있는 일

언스쿨링은 아이들은 원하는 경우 10대 후반까지 자기 주도적 교육을 계속할 수 있게 한다. 전일제로 학교에 다니거나 온라인 수업을 수강하거나 독학을 선택할 때도 스스로 학습 방식을 선택하는 것이기 때문에 엄밀히 말하면 언스쿨링에 해당한다. 많은 청소년이 학교에 발을 들여놓지 않거나 온라인 수업을 듣지 않고 대학에 직접 지원하기도 한다. 그것도 괜찮다.

이 장의 제목에서 알 수 있듯이, 나는 자기 주도적으로 학습하고 고등 교육을 받고자 하는 청소년들에 초점을 맞추려고 한다.

고등학교는 초등이나 중학교보다 다소 뷔페식으로 구성되어서 진로의 맞춤화가 더 쉽다. 수업은 4개월, 125시간으로 구성된 패키지 수업이다. 대학과 마찬가지로 학교마다 제공되는 과정과 시설이 다르다. 아이들은 자신이 원하는 과정을 찾아다니기 때문에 한 학교에서 모든 과정을 수강하지 못할 수도 있다. 자기 학교에서 두 개의 핵심 과목을 선택하고, 온라인 학교에서 다른 과목을 선택하고, 직업 체험 센터에서 몇 가지를 선택할 수도 있다. 학생이 등록한 공립이나 사립 학교는 중앙정부의 성적표에 학생의 모든 점수와 학점을 보고하여 성적표에는 각 과목 학점이 부여된 학교의 코드가 표시된다. 12학년 과목에 대한 과목과 졸업 시험 점수도 기록된다.

이 시기의 인지 발달

15세~18세 청소년

청소년은 다음과 같은 적성과 능력을 발휘한다.

- 학업적으로 더 진지해진다.
- 추상적 사고를 활용하여 철학과 이론을 정립할 수 있는 능력을 갖춘다.
- 첫 직장이나 운전면허를 취득할 수 있고, 밤새 혼자 집에 머물 수도 있다.
- 비판적 사고를 키우고 세계의 사회, 정치, 경제 뉴스에 관심이 있다.
- 재무를 이해하고 은행 업무와 세금을 스스로 처리할 수 있다.

- 전능함과 거만함을 가지고 있으며, 어떤 것도 자신을 해칠 수 없다고 믿는다.
- 숙제를 포함한 학교 교육에 대해 전적으로 책임질 수 있다.
- 미래를 위한 계획을 시작할 수 있다.
- 부모와 아이가 서로 존중하는 관계에서 90%의 규정 준수를 보인다.

이 시기의 교육적 요구

10대 이상의 청소년은 소규모 학습 커뮤니티와 진로 선택에 중점을 두어야 할 필요가 있다. 직업, 인턴십, 자원봉사, 견습은 세상과 자신에 대해 배우는 데 좋은 기회다. 관용과 다양성은 교실이 아닌 커뮤니티에서 배운다. 교실은 감옥과 같은 위계적 구조에서 사회적 생존을 위한 순응에 관한 것이다! 이와는 대조적으로 민주적인 커뮤니티에서는 친절하고 풍부한 경험이 있는 성인들이 기꺼이 다음 세대에게 멘토링을 제공한다. 이 시기는 기업가를 꿈꾸고, 철학 토론에 참여하고, 체험학습을 지속한다. 물론 신체 활동에 참여하기에 좋은 시기이다(Armstrong, 2006).

교실의 진지한 학습은 고등학교 때부터 시작한다. 성인은 오감을 통해 새로운 개념을 경험할 때 가장 잘 배운다는 사실을 알고 있지만, 한 교실에서 40~60명의 아이를 관리하는 일은 체험학습에 적합하지 않다. 대부분의 고등학교 과정은 여전히 강의나 학생들에게 책이나 화면을 읽게 하고, 시험을 보게 하는 등 기본적인 전달 기법을 통해 가르치고 있다.

졸업장이 필요한가?

졸업장은 학교가 학생들의 12년간의 교육을 총체적으로 파악할 수 있는 좋은 방법이다. 이는 단순히 "졸업생"의 수를 세는 것만으로 공교육을 얼마나 충실히 제공했는지에 대한 통계를 생성할 수 있게 한다. 그러나 고등학교를 그만두고도 고등 교육을 계속 받거나 이수하는 학생 수를 파악한 통계는 없다. 하지만 그 수는 매우 많다!

졸업장은 16세 또는 17세에 직업 세계에 진출하는 경우 유용하다. 기업에서는 인성과 헌신을 증명하기 위해 일상적으로 졸업장을 요청한다. 군대에서도 종종 고등학교 졸업장 사본을 요청한다. 대부분 대학에서 졸업장은 입학 요구 요건이 아니다. 하지만 특정 과정을 이수해야 한다. 고등 교육을 받은 후에는 고등학교 졸업장을 요구하는 회사나 기관은 거의 없다. 많은 사람이 이력서에 고등학교 졸업장을 기재하지 않는다. 학생들이 취업이나 대학원에 진학할 때는 대학 졸업장이나 학사 학위증과 같은 가장 최근의 증명서를 제시해야 한다. 많은 언스쿨링 학생은 고등학교 졸업장이 없다. 이는 고등 교육 기관 입학에 필요한 핵심 과목에 집중하기보다 학점을 채우는 데 시간을 낭비할 가치가 없다고 생각하기 때문이다.

가까운 형제자매와 부모

일부 중학교와 고등학교에서는 아이가 약물을 사용하거나, 술을 마시거나, 성관계를 하는지 부모가 알아차리는 방법을 가르치는 "인지 수업"이 있다. 이는 지난 8년 동안 사회와 미디어가 부모에게 아이의 교육과 주요 사회적 관계, 그리고 개인 생활에서 물러나도록 압박해 왔다는 근본적인 가정을 반영한다. 그것은 부모가 더 이상 아이나 그들의 활동, 친구들을 알지 못하며, 의사소통이 단절되었다는 가정에 기반한다. 부모는 학교 시절 동안 아이와 긴밀한 유대 관계를 유지할 수 있지만, 다른 모든 관계와 마찬가지로 이는 많은 노력, 비처벌적인 양육, 경청, 그리고 서로 연결되는 많은 여유 시간을 요구한다. 청소년이 홈스쿨링을 하면 또래의 압력이 없고 가족이 함께 보내는 시간이 늘어나기 때문에 친밀한 가족 관계가 더 쉬워진다.

우리 집의 형제자매 관계는 10대 시절에도 역시 긴밀하다. 물론 큰 아들이 계단 아래에 서 있던 동생에게 고양이를 던졌을 때와 같은 문제로 가끔 다툴 때도 있다. 고양이는 발톱을 드러내고 어린 동생의 얼굴을 할퀴었다. 아직도 뺨에 흉터가 남아 있다! 이 아이들이 다른 아이들과 다른 점은 형제자매 간에 문제를 해결할 시간과 부모의 지지가 있다는 것이다. 눈 오는 날 18살 아들이 15살 동생에게 자기 재킷을 양보하는 모습, 17살과 18살 아들이 밤새 게임 이야기로 수다를 떠는 모습, 남편과 내가 휴가를 떠나고 아이들이 우리 없이 함께 저녁 식사를 하는 모습을 볼 때면 마음이 따뜻해진다. 20살 아이는 12살 아이의 게임용 컴퓨터 조립을 돕는다. 또 다른 형제는 동생에게 수학 과외를 해준다. 한 명이 다른 도시에 가 있으면 온 가족이 채팅하고 SNS에 글을 올리기 때문에 우리는 서로 연락을 주고받으며 서로의 삶에 큰 부분을 차지한다. 다섯 명의 10대 아이 중 누구도 문을 쾅 닫은 적이 없다. 나이를 구분하지 않는 까닭에 서로를 열등한 존재가 아닌 동등한 사람으로 받아들인다. 우리 10대 아이들은 할아버지와 함께 스키를 타기도 하고, 아들은 같은 고등학교에서 1년 동안 학년이 다른 딸과 함께 점심을 먹기도 한다. 그들은 '친구'들이 어떻게 생각할지 조금도 걱정하지 않는다.

10대 청소년이 너무 '착해도' 되는가?

10대 청소년과 친밀한 관계를 맺고 있지만 그들의 친구와 그들의 아이들 사이에서 벌어지는 모든 10대의 불안과 드라마를 접하고, 우리 아이의 가족 경험이 "정상"인지 궁금해하는 많은 언스쿨링 부모가 있다. 10대 청소년이 나중에 더 심각한 결과를 초래할 수 있는 실험을 하고 싶어 할까? 10대 청소년들이 고등학교 시절의 파티를 그리워하고 고등학교 이후에도 파티에 참여할까? 학부모인 앤지는 다음과 같이 자신의 걱정을 털어놓았다. "나는 한창 사춘기에 접어든 10대 아이를 다른 10대 아이와 비교하면서 불안감을 느끼기 시작했습니다. (비교하면 안 되는 점을 알지만 비교하게 됩니다.) 나는 우리 아이가 '보통' 10대들과는 너무 달라 보여서 언스쿨링 효과인지, 아니면 관대한 양육 효과인지 궁금합니다. 우리 아이들 같은 10대들이 또 있나요? 아니면 우리가 정말 이상한 건가요? 우리 아이들은 불안, 반항, 싸움, '태도', 눈치 보기 등 책, 미디어, 전문가들이 정상으로 간주하는 일반적인 발달 기준과는 너무 다른 모습입니다. 그들은 술, 담배, 섹스, 마약, 소비에 탐닉하지 않습니다. 심지어 실험조차 하지 않습니다! 내 아이 중 한 명만 이랬다면 그렇게 기분이 나쁘지 않았을 텐데, 세 명 모두 그렇습니다. 이 사실을 알아챈 사람이 또 있나요?" 앤지는 다른 10대 아이를 둔 부모들로부터 많은 호응을 얻었다. 다음은 부모들이 보낸 댓글이다.

린: "우리 집에서는 10대 아이들이 또래 친구를 많이 사귈 필요가 없다고 생각한다. 모두 좋은 친구가 한 명 이상 있지만 많은 친구를 사귈 필요는 없다. 아이들은 주말마다 집에서 우리와 함께 보드게임을 하고 영화를 보며 형제자매들과 비디오 게임을 하는 것을 매우 좋

아한다. 딸은 가끔 밤샘 파티를 가기도 하지만 내성적인 성격이라 집에서 하고 싶은 일을 하며 보내는 시간을 소중히 여긴다. 세 아이 모두 청소년 행사에 나가면 매우 사교적으로 참여하지만, 집에 있는 것을 좋아한다. 우리는 '외출 금지'가 벌이 아니라 보상이라고 농담할 정도이다. 아이들은 휴대전화를 들여다보는 것 말고도 다양한 관심사를 가지고 있다. 아이들이 학교 친구들을 만나면 아이들의 미성숙함에 조금 당황하고는 했다. 아이들이 남자, 화장, 데이트, 누가 누구를 험담하고, 술에 취하는 등 '사소한' 이야기만 한다고 생각했다."

마니: "나는 우리 사회가 10대들을 대하는 방식에 불만인 아이들을 키우고 있다고 생각한다. 화장실에 가려면 허락받아야 하는 것이 옳은가? 가족을 부양하기 위해 일해야 하는 학생이 숙제하지 않았다는 이유로 학급 친구들 앞에서 굴욕을 당하는 것이 옳은가? 상점에서 한 번에 입장할 수 있는 청소년의 수를 제한하는 것이 옳은가? 청소년들이 시스템에 너무 익숙해져서 자신이 학대당하고 있는 사실을 모르는 것은 아닐까? 나는 아이들이 어느 시점에서 이런 것에 익숙해지는지 모르겠으나 매우 이른 시기일 것으로 생각한다. 나는 의문을 제기하고, 반항하는 아이들을 존중했고 그것은 아이들이 제도를 바라보는 방식에 영향을 미쳤다."

지나: "제도권 학교 교육과 징벌적인 전통적 양육 방식을 배제하면 '일반적인 발달 기준'이 완전히 뒤바뀌는데, 정말 멋지지 않나요? 아이들에게 친구가 더 필요하다고 생각하는 사람은 바로 접니다. 이건 내 문제이지, 아이들의 문제가 아닙니다. 두 아이 모두 훨씬 나이가 들 때까지 데이트를 하고 싶지 않다고 합니다. 내 딸은 평생 술을 마시지 않고 살 수 있는지 알고 싶어 합니다. 우리 아이들의 삶에서 우리가

주된 영향력을 미치는 것이 무엇이 잘못된 일인가요? 얼마 전까지만 해도 부모가 아이들에게 가장 큰 영향을 미치는 존재였잖아요."

조디는 엄마에게 답장을 보내며 말한다. "나는 단지 요즘 아이들이 너무 빠르게 자란다고 생각해요. 엄마가 말하는 가정생활은, 뭐랄까, 조금은 옛날로 돌아간 것 같아요. 그때는 가치가 중요했고, 가족과의 관계가 핵심이었지요. 엄마가 우리 아이들이 '만족스럽다'라고 말하니 정말 좋아요. 나는 너무 많은 시간을 불안하게 보냈어요(지금도 그렇고요). 그래서 만족한다는 말이 나에게는 매우 기쁘게 들립니다. 나는 한두 명의 가까운 친구를 두는 것이 그렇게 가깝지 않은 친구를 많이 두는 것보다 더 낫다고 생각해요. 한두 명의 친구들은 평균적인 10대보다 더 안정적이고, 가족과의 연결된 시간을 많이 가졌기 때문에, 세상에 나갈 준비가 훨씬 더 잘 되어 있는 것 같아요. 그들은 자신에게 중요한 것이 무엇인지 잘 알고, 경박한 것에 신경을 쓰지 않으며, 누구와 시간을 보내고 싶은지도 알고 있어요."

엘리자베스: "젊었을 때 나는 시카고에 있는 비영리 단체에서 일하면서 다양한 문화권에서 온 이민자와 난민을 도왔습니다. 내가 만났던 가족들은 거의 예외 없이 당신이 묘사한 것과 같은 종류의 관계를 맺고 있었습니다. 10대는 모두 상대적으로 만족하고, 침착하며, 집중하고, 또래 지향적이지 않은 성향을 보였습니다. 이는 특히 위계질서가 강한 가정에서도 마찬가지였습니다. 적어도 미국 문화와 학교에 적응할 때까지는 그랬습니다. 특히 학교의 모든 여자아이가 엄마를 싫어하는 것에 대해 당황해하던 한 베트남 여자아이와 대화를 나눈 기억이 납니다. 그녀는 엄마를 사랑하고 엄마를 돕고 싶어 했습니다. 그녀의 엄마는 가장 가까운 친구였습니다. 그녀는 다른 여자아이들이

평생 엄마의 보살핌을 받아왔다는 사실을 알고 있었습니다. 그녀는 왜 그들은 그 은혜를 갚고 싶어 하지 않는지 의아해했습니다. 나는 그녀에게 뭐라고 말해야 할지 몰랐습니다. 하지만 나는 엄마가 되고 싶었습니다."

루시: "내 딸이 지난주에도 언스쿨링 라이프스타일에 대해 감사하다고 말했다. 그녀는 역시 보통 10대들과 어울리는 것을 좋아하지 않으며, 야외 모임에서 리더들(그녀를 책임감 있는 성인으로 대하는)과 여유 시간을 보낸다. 지난주 우리는 회의가 시작되기를 기다리는 동안 리더 중 한 명으로부터 바로 그날의 '전형적인 부모－청소년 관계의 일상'에 대한 이야기를 재미있게 들었다. 다른 모든 소녀는 성인들로부터 가능한 한 물리적으로 멀리 떨어진 체육관 구석에 모여 있었다. 이러한 환경은 10대들이 쉽게 집을 떠나 또래 친구들에게서 방황, 재미, 사랑을 찾도록 유인할 수 있다. 이러한 10대들의 행동은 전형적일 수 있지만 '정상'이 아니라 반동적이라고 생각한다."

팸: "아이들에게 너무 착한 사람이 되라고 강요하는 것은 나쁘지만, 대부분은 그런 식으로 하지 않고 반항한다. 아마도 아이들은 '자신'에게 옳다고 생각하기 때문에 이런 행동을 선택하는 것일 수 있다. 아이는 이미 자기 삶에 대한 통제권이 있다는 것을 알기 때문에 누군가에게 그것을 증명하기 위해 억지로 강요할 필요는 없다. 물론 나중에 다른 방법을 시도할 수도 있겠지만, 이 역시 아이가 스스로 선택한 것이지 당신에 대한 반응이 아니다. 그리고 린다가 말했듯이, 그들은 '지금' 자신의 삶을 사랑하고 존중하며, 앞으로도 그런 생각이 도를 지나쳐 가혹한 결과를 초래할 것이라고는 생각하지 않는다. 왜 그들이 그런 선택을 하겠는가? 누구에게 무엇을 증명하기 위해서? 가혹한

결과가 수반된다면 분명 즐겁지 않을 것이다."

　신디: "언스쿨링 아이들은 지금까지 살아온 것처럼 남은 인생도 유기적이고 원활하게 살아갈 수 있을 만큼 만족스럽고 안정적이며 자신감 있는 사람들이라고 생각합니다. 친밀한 관계를 갖는 것은 인생의 초콜릿과도 같습니다. 5년 동안 부모에게 말을 걸지 않고, 부모가 전화하거나 방문할 때 문을 열어주지 않는 젊은 성인 자녀가 있는 중년 부모들과 대화를 나눠보세요. 그리고 언스쿨링이 더 나은지 한번 생각해 보세요."

　론다: "아이들이 자유롭고, 지지받고, 사랑받고, 소중히 여겨진 결과는 나중에 자멸적인 행동으로 나타날까요? 왜 그럴까요? 그들이 지금 그런 행동을 '실험'하지 않는 이유가 있는데, 왜 굳이 그렇게 하려고 할까요? 그들은 지금 각자의 이유로 그것을 원하지 않아요. 그렇다면, 더 성숙해지고 더 자각하고, 장기적인 영향과 위험 평가를 이해할 수 있을 때, '더' 반항하려고 할까요? 만약 당신이 아이들에게 반항할 이유를 주지 않았다면, 왜 그들이 반항하려고 할까요? 가족과의 소외가 발달의 필수 단계라고 생각하는 TV 육아 전문가들조차도 틀렸어요. 물론, 10대들이 반항하고 어리석고 위험한 행동을 하는 것은 '일반적'일 수 있지만, 아무리 일반적일지라도, 그것이 필수적인 것은 아닙니다."

　웬디: "그들은 일반적인 10대가 아니다. 일반적인 10대는 또래에 의해 그들의 삶이 지배될 정도로 또래 중심적이다. 최근에 내 친구 중 한 명이 나에게 10대들이 여전히 엄마를 좋아하고 엄마와 함께 있는 것을 즐기는 모습은 보기에 좋았다고 말했다. 그들은 엄마의 농담에

웃고, 엄마가 말할 때 귀 기울인다. 우리 집에는 반항도 없고, 불손한 태도도 없으며, 문을 쾅 닫고 '너 미워!'라고 비명 지르는 일도 없다. 우리는 사이좋게 지내고, 다툼이 생기면 해결한다. 나는 '내가 어른이다, 내 집이고 내 규칙이다'라는 식의 힘의 논리로 대하지 않는다. 우리는 서로를 존중한다. 나는 일반적인 10대가 그런 대우를 받지 못한다고 생각한다."

언스쿨링 10대들은 다르지만 나쁜 뜻으로 다른 것은 아니다.

개인 맞춤형 학습

정부에서 제공하는 최고의 혜택 중 하나로, 많은 홈스쿨링 학부모들이 잘 알지 못하는 것 중 하나가 '특별 프로젝트' 과정이다. 이는 10학년, 11학년, 12학년에 제공되며, 아이가 관심을 가지고 더 배우고 싶어 하는 어떤 주제에도 적용될 수 있는 포괄적인 과정이다. 이 과정은 혁신적이고 훌륭하지만, 특별 프로젝트가 15학점으로 제한되어서는 안 된다고 생각한다. 아이가 원한다면, 전체 자율학습 고등학교 프로그램이 특별 프로젝트로 구성될 수도 있어야 한다. 우리 가족뿐만 아니라 많은 다른 홈스쿨링 가정들도 이 옵션을 최대한 활용해 왔다. 우리 아이들은 다음과 같은 활동을 특별 프로젝트로 사용했다.

- 아빠와 함께 지하실 보수 공사 돕기
- 다른 나라로 여행하기
- 책 쓰기
- 앞서 쓴 책 편집하기
- C++ 프로그래밍 배우기 및 게임용 컴퓨터 만들기

- 좋아하는 작가의 소설 42권 읽기
- 목공 프로젝트 만들기
- 지역사회 프로젝트에서 자원봉사하기
- 사업 시작하기
- 축제 출품작 만들기
- 리그 오브 레전드에서 플래티넘 레벨 달성 및 게임 디자인과 코딩에 지식 적용하기(네, 비디오 게임도 교육적이며 학점으로 인정받아야 합니다.)

언스쿨링 학생으로 일반 고등학교에 재학하는 경우

많은 아이가 비구조화 학습 일정을 그만두고 언스쿨링 학생으로 일반 고등학교에 진학하기로 결심한다. 내 아이들 가운데 3명은 학교가 어떤지 알아보기 위해 언젠가 그렇게 하기로 했다. 두 명은 학교를 그만두고 집으로 돌아와 언스쿨링을 했다.

10학년 때 닐은 전교생이 50명밖에 되지 않는 자기 주도형 사립 고등학교에 입학했다. 그는 특정 과목을 위해 일주일에 이틀만 학교에 다니고 나머지 날은 집에서 공부했다. 닐은 친구들은 좋았지만 학교가 국가 교육과정을 사용하도록 강요하여 억지로 해야 하는 바쁜 공부가 마음에 들지 않았다. 16살이 되던 이듬해에 닐은 학생 수가 2,200명인 대형 공립 고등학교에 11학년으로 편입했다. 친구 몇 명을 사귀었지만 매일 등교하는 것은 싫었다. 그는 12학년 때 사회 과목에서 토론을 좋아하며 과학 수업이 마음에 들었다. 하지만 일부 학생들의 무례한 태도가 불쾌했다. 어느 날 화장실에 들어갔더니 벽에 대변이 묻어 있었고, 핼러윈 때 교사가 나눠준 사탕 포장지가 대부분 바닥에 버려져 있었다. 그는 하루에 들은 비속어의 수를 세보니 30개 정도였다. 그는 파벌에 섞이기가 어려운 것을 깨달았다. 한 교사는 내 아들이 현장 학습을 마치고 버스에서 내린 후 "고맙습니다"라고 말한 유일한 학생이었다고 말했다. 닐의 생물 교사는 학부모 – 교사 면담에서 닐이 정말 성숙하고 대학에 준비가 되어있다고 말했다. 그 결과, 닐은 12학년이 되어도 다시 학교에 가지 않고 독학으로 온라인 강의를 듣기로 했다.

2,200명의 학생이 재학 중인 이 학교는 학부모를 학교 협의회 회의에 참여시키는 점이 흥미로웠다. 그들은 8명의 학부모를 학교 협의회에 참석하게 하였고, 나 또한 참여했다. 8명의 학부모 중 4명은 홈스쿨링 학부모였으며, 우리는 아이의 생활에 계속 참여하고 싶었다.

11학년이 되던 해, 매튜는 사춘기 불안을 관리하기 위한 특별 프로그램이 있는 고등학교에 입학했다. 매튜는 매우 성숙하고 다른 학생들을 잘 이해하며 대처했다. 하지만 그곳을 벗어나면서 기뻐했다. 매튜의 선생님들은 그가 항상 예의 바르고 친절하며 성실하다고 말했다. 17살 때, 버스 운전사로부터 크리스마스 선물을 받기도 했다. 나는 이런 변화를 미처 예상하지 못했다!

소피는 패션, 용접, 요리 등 다양한 선택 과목을 배울 목적으로 같은 대형 고등학교에 10학년으로 입학했다. 온라인에서 혼자 수업을 듣는 것보다 반 친구들이 있는 학교 교실에서 수업을 듣는 것이 훨씬 더 재미있었다. 사회 과목도 마찬가지였다. 그녀는 다양한 주제를 토론할 수 있는 큰 교실을 좋아했다. 일주일에 3시간씩 수학, 3시간씩 과학 온라인 수업을 듣던 소피는 일주일에 30시간씩 교실에 앉아 수업을 듣는 것과 매주 5시간씩 통학에 시간을 소비하는 것이 큰 부담이 되었다. 이후 숙제까지 추가되었다. 소피는 숙제를 거부하고 성적이 떨어지자 학교를 그만두고 집에서 자율학습을 하기로 했다.

성인들이 그녀의 말을 들어주는 환경에 익숙한 언스쿨링 학생으로서, 소피는 불의에 맞서 싸우는 것을 매우 당연하게 느꼈다. 어떤 날은 동료 학생이 책상에 그림을 그리다가 적발되어 사회 교사가 그 학생에게 교실의 모든 책상을 청소하게 한 벌을 주었다. 그러자 소피와 다른 여학생이 일어나 함께 청소를 도왔다.

학교에서 아이들이 싫어하는 또 다른 측면은 여유 시간이 없다는 점이었다. 통계적으로 "일부 학생들이 문제를 일으킬 수 있다."라는 이유로 자유 시간이 허용되지 않았다! 개인 시간을 확보하면 수업을 빼먹는 학생들이 많아질 것이라는 우려 때문에 자유 시간을 제한했다. 11학년 동안 집에 머물렀던 소피는 "졸업식"의 경험을 해보기 위해 12학년에 "자율학교"로 전환했다. 안타깝게도 12학년 교실의 짧은 경험으로 그런 기회를 놓치게 되었다!

그러나 결국 소피는 졸업식과 무도회를 경험하게 되었다. 우리 아이들을 감독하는 작고 아름다운 학교의 졸업식에서 소피와 다른 2명의 아이에게 졸업장을 수여했다. 아이들은 연설하고 저녁 식사를 위해 정장을 입고 가족들을 초대했다. 졸업식은 아름다운 동물원의 연회장 중 하나에서 열렸다. 고등학교에서 600명의 아이를 위해 계획한 통상적인 졸업식보다 더 멋진 경험이었다.

나는 내 아이들이 고등학교를 얼마나 많이 싫어했는지 걱정하고 아마 앞으로 대하게 될 미래의 대학 교육도 싫어할 것으로 생각했다. 남편은 "똑똑한 아이들이니 잘 해낼 거야!"라고 말하며 힘이 되어주었다.

나는 소피가 안락한 온라인/자기 주도형 고등학교 생활을 마치고 대학 생활에 어떻게 적응할지 걱정했지만, 소피는 대학에서 잘 해냈다. 심지어 2년 동안 집, 생활, 친교를 떠나 기숙사에서 생활했다. 그녀의 말을 빌리자면 "대학은 고등학교보다 훨씬 낫다. 여러모로 더 어른스러운 대우를 해준다."

얼마 전 고등학교 수학 교사인 친구와 차를 마시며 소피의 경험 이후 고등학교가 어떻게 운영되고 있는지에 대한 흥미로운 사실을 알게 되었다. 그녀는 나에게 다음과 같이 설명해 주었다.

정규 고등학교 수업에서는 수업의 25%가 낙제할 것이라고 예상한다. 교육과정이 너무 많고 교사들은 학생들을 도와줄 시간이 없다. 그들은 매일 새로운 개념을 제시해야 한다. 상위 25%의 아이들은 그것을 이해할 것이다. 그들은 자연스럽게 독학하거나 화면이나 통신 강좌를 통해 무엇이든 배우고 새로운 개념을 쉽게 이해할 수 있는 학생들이다. 이러한 학생들은 학습 의욕이 강하고 가르치기 쉬워 교사들이 좋아한다. 하지만 그런 학생들은 학급의 절반에 불과하다. 따라서, 교사는 대부분 시간을 절반 정도의 나머지 학생들에게 사용한다.

10대들은 종일 무엇을 하는가?

아이들이 좀 더 구조적인 자기 주도적 계획을 따른다고 해도 고등학교 정규 학습은 하루에 2시간밖에 걸리지 않는다. 10대들은 또 무엇을 하는가? 다음의 많은 활동은 형제자매나 부모와 함께 즐길 수 있다는 장점이 있다.

- 보드, 컴퓨터, 비디오 게임을 즐긴다.
- 아이들이 손에 넣을 수 있는 모든 자료를 읽고 인터넷에서 주제를 조사한다.
- Reddit과 같은 의견 포럼을 읽고 유튜브에서 TED 강연을 시청한다.
- 일, 자원봉사, 여행, 창업한다.
- 악기를 연주하고 언어를 배운다.
- 프로젝트와 개조 작업을 하고, 가정용품이나 자동차를 수리한다.

- 쇼핑, 집안일, 저녁 식사 요리를 하고, 형제자매를 활동 장소로 데려다준다.
- 친구들과 함께 점심을 먹고 영화를 관람한다.
- 헬스장에 가거나 자전거를 타거나 산책한다.

고등 교육 기관으로 진학하는 14가지 경로

"사회에서 살아가려면 때때로 사회가 요구하는 게임을 뛰어넘어야 할 때가 있다. 그렇지 않으면 삶은 더 어려워진다. 필요한 것을 얻을 수 있는 방법을 찾아내되, 감당할 수 있는 한도 내에서만 얻어야 한다."

— 폴 스미스, 언스쿨링 대디

지름길은 없다. 아이들이 고등 교육 기관에 입학하려면 적절한 교육을 받아야 하지만 학교 과정만이 역량을 입증할 수 있는 유일한 방법은 아니다. 학교는 학력 부여에 대한 기존의 영역적 통제를 넘어 사람들이 색다른 방식으로 학습할 수 있고 실제로 그렇게 한다는 사실을 인정해야 한다.

15세에서 18세 사이의 후기 청소년기는 교육의 홈런 시기이다. 청소년들은 성인이 되어 사고와 신념 구조에 도전할 추상적인 아이디어를 배우게 된다. 학습과 결과물 생산을 강요받아온 많은 학생에게 교육은 지루하고 부적절한 것으로, 자신이 원하는 방식으로 일상생활을 영위하는 데 방해가 된다. 그들은 노력과 열정을 멈춘다. 이는 안타까운 일이다. 공적 자금이 지원되는 교육의 마지막 시기인 지금은 지식 기반과 비판적 사고력을 키우기 위해 가장 열심히 노력해야 할 시기다.

지금부터 설명할 14가지 고등 교육 기관 진학 경로는 캐나다의 요건을 기반으로 한다. 구체적인 요건은 국가마다 다르지만, 일반적인 경로로 간주하여 다른 지역에서도 반영할 수 있다. 여기에서는 종합

대학, 전문대학, 예술대학, 바이블 칼리지, 커뮤니티 칼리지, 직업학교, 기술학교 등 모든 고등 교육 기관을 의미하는 '고등 교육'이라는 용어를 사용한다. 캐나다의 고등 교육 기관에 지원할 때 12학년이나 최종 학년 성적이 가장 중요하다.

좋은 소식은 오늘날에는 학력과 관계없이 누구나 원한다면 고등 교육 시스템에 입학할 수 있다는 것이다. 학생들은 동기를 부여받으면 성공할 것이다. 다음은 고등 교육 기관에 진학하는 가장 일반적인 14가지 경로이다. 아이가 생각해둔 목표가 있다면, 아이와 함께 고려 중인 기관의 구체적인 요구 사항을 조사해보기를 바란다.

1. 부모 또는 자기 주도적 성적 증명서와 졸업장

한 가지 방법은 부모가 발급한 성적 증명서와 함께 전통적인 '부모 주도형' 가정 교육 고등학교 프로그램을 이수하는 것이다. 학생은 16세까지 부모나 보호자의 보호를 받는 미성년자로 간주하기 때문에 정부는 가정 교육에서 '학생 주도'를 인정하지 않다는 점에 유의하라. 법적으로 미성년자는 자신의 교육을 스스로 책임질 수 없으므로 공식적으로 '언스쿨링'은 '부모 주도' 가정 교육으로 분류된다. 아이가 만 16세가 되면 본인이 원하면 법적으로 학교를 그만두는 결정을 내릴 수 있으며, 학교에 계속 다니는 경우 만 20세가 되는 해의 9월 1일에 정부 지원이 종료될 때까지 "학생 주도형"으로 분류될 수 있다.

많은 가정에서는 학생의 학업이 정부의 공식 교육 프로그램과 일치하는지 여부에 신경 쓰지 않는다. 부모와 학생이 성적표를 원하지 않거나 필요로 하지 않는 경우, 그들은 단순히 SOLO, 즉 가정 교육 프로그램을 받는 학생들을 위한 학습 성과 일정에 설명된 기본 교육 목표를 따른다.

일부 부모들은 아이의 자기 주도적 과제에 점수를 매기고 성적표와 졸업장을 이용하여 "패밀리 홈 스쿨"을 나타내는 학교로 부를 때가 있다. 이 서류는 정부에서 발급하는 것이 아니므로 일반적으로 인정되지 않을 수 있다. 부모가 발급한 성적 증명서와 졸업장을 인정하는 개별 고등 교육 기관의 정책을 확인해야 한다.

고등 교육 기관에 진학하는 이 경로는 인터뷰와 포트폴리오 제출이 필요할 수 있어서 가장 어려울 수 있다. 많은 교육 기관에서는 '공인된 교육 관할권'에서 발급한 자격증을 원하거나 최소한 독립적인 공인 기관에서 성적 증명서를 평가하기를 원한다. 이 평가를 수행할 수 있는 공인 기관인지 확인하려면 해당 학교 위원회에 문의하라.

2. 학생 주도 학습 활동 과정 제출

같은 경로에 있지만 조금 다른 점이 있는 전통적인 학부모 주도 및 학생 주도 홈스쿨링 고등학교 프로그램은 정부의 성과 기준을 충족하고 정부에서 발급하는 성적 증명서와 졸업장을 받을 수 있다. 이 프로그램은 대부분의 영어, 사회, 체육, 선택 과목 요건을 충족시키기 위해 학생이 수행한 학습 활동을 포함한다.

학교 측은 학생이 고등학교 수준의 각 과목에서 수행한 개인 과제를 평가하고, 완료한 과제에 학생이 부여한 점수와 학점을 확인하여 공식 성적 증명서로 제출한다. 개인적으로 수행한 과제일지라도 국가에서 인정받기 위해서는 학생이 국가 학습 프로그램의 목표를 달성한 사실을 증명해야 한다. 학교는 학생에게 학교 감독 아래서 기말고사를 치르도록 요청할 수도 있다. 기말고사 점수는 최종 점수의 50%를 차지한다. 나머지 50%는 학부모나 학생이 평가한 점수를 인정할 수 있다.

3. SAT, ACT 또는 12학년과 동등한 시험 응시

앨버타주에서는 12학년에서 수학, 영어, 사회, 과학 및 언어와 같은 주요 과목에 대한 졸업 시험을 의무적으로 치러야 한다. 주요 과목에서 12학년 점수를 받으려는 모든 학생은 시험을 치러야 하며, 고등학교 졸업장을 원한다면 영어와 사회 시험을 반드시 치러야 한다. 내 세 명의 큰아이가 이 시험을 봤을 때, 이 시험은 최종 과목 점수의 50%를 차지했지만, 2015년에는 최종 과목 점수의 30%로 변경되었다.

시험 문제는 1년간 위원회의 검토를 거치며, 편향, 혼동, 차별 등을 테스트한다. 앨버타주의 모든 학생은 같은 날과 같은 시간에 시험을 치르게 된다. 시험 완료 후, 시험지는 정부로 보내져 학교와 관계없는 독립 교사 두 명에 의해 주관식 영역이 채점되며, 객관식 영역은 컴퓨터로 채점된다. 두 교사의 점수 차이가 크면 세 번째 교사가 시험지를 재채점한다. 과학과 수학 시험은 객관식과 단답형 문제로 출제되며, 사회와 영어 시험은 객관식과 주관식 문제가 반반씩 출제된다.

이 시험은 현재 학년의 9월 1일을 기준으로 만 19세 이상의 아이를 성인 학생으로 간주하여 국가 필수 과목을 수강하지 않고도 국가 인정 졸업 자격시험에 참여할 수 있다는 것을 의미한다. 졸업 자격시험 점수는 해당 코스를 수강하지 않더라도 최종 코스 점수와 학점의 100%로 인정된다. 이를 통해 모든 언스쿨링 아동은 1~12학년 교육 시스템을 우회할 기회를 가질 수 있다.

시험은 아동이 어떤 방법으로 학습했는지에 관계없이 고등 교육을 계속할 수 있을 만큼 충분히 학습 내용을 잘 이해하고 있는지를 나타내는 가장 객관적인 지표이다.

앨버타의 모든 과목과 모든 학생의 평균 시험 점수는 65%이다. 그러나 20개의 졸업 시험 과목에서 언스쿨링을 하는 내 아이들의 평균 점수는 78%였다. 내 아이 중 한 명은 수학, 영어, 사회 외에 과학 과목을 세 개 더 수강해서 여섯 개 과목의 시험을 봐야 했다.

주 또는 국가에 학습 결과를 증명할 수 있는 최종 졸업 또는 졸업 자격시험이 없는 경우, 학생은 SAT를 치를 수 있다. SAT는 학업 적성 시험을 의미하며, 미국 대학 시험인 ACT와도 비슷한 역할을 한다. 이 시험은 미국에서 시작되었지만 전 세계에서 응시할 수 있으며 일반적으로 대학에서 인정하는 시험이다. SAT와 ACT는 일 년에 여러 번 시행된다.

4. 고등학교 코스 챌린지

만 19세 미만의 아이는 시험에 응시할 수 없다. 이들은 코스 과제를 완료한 사실을 증명해야 한다. 정부는 이를 코스 챌린지라고 부른다. "코스 챌린지는 고등학생이라면 누구나 실제로 코스를 수강하는 대신 공식적인 평가 프로세스에 참여하여 코스의 결과에 도전할 수 있다. 코스 챌린지는 학습이 학교뿐만 아니라 다양한 환경에서 이루어지는 점을 인정한다. 9월 1일 현재 만 19세 미만인 학생은 부모와 감독 학교 위원회의 추천을 받아 12학년 수준의 코스에 도전할 수 있다. 고등학교 과목에 대한 코스 작업에는 유연성이 있다. 예비 학교 위원회와 허용되는 유연성의 정도를 검토하라."(Alberta Education, 2016) 만약 학생이 코스 챌린지의 여러 과정을 거쳐야 한다면 챌린지를 건너뛰고 나중에 졸업 시험을 치르는 것이 좋다. 실제 챌린지 요건은 해당 과목을 수강하는 것만큼이나 큰 노력이 필요할 수 있다.

5. 12학년 과정만 이수

또 다른 방법은 10학년과 11학년 동안 언스쿨링을 하고 12학년 과정은 교사가 가르치는 교실, 온라인 또는 독학으로 전 과정을 수강하는 것이다. 12학년 수학, 영어, 사회 과목과 과학 또는 제2외국어 과목이 여기에 포함된다. 어떤 과목들은 이전 수준을 바탕으로 구성되지만, 다른 과목들은 그렇지 않고 독립적인 주제로 구성된다. 정부가 예산을 지원하는 경우, 일정 연령까지 필수 선수과목을 이수할 것을 요구한다.

해당 연도 9월 1일에 20세가 되는 학생은 10학년과 11학년 선수과목 없이도 12학년 수준의 모든 과정을 수강할 수 있다. 다만, 이 학생이 더 이상 정부의 지원을 받지 않게 된다면 자기 돈으로(600달러) 12학년 과정을 구매하여 합격해야 한다. 이는 도전적인 결정일 수 있다. 최종 12학년 졸업 자격시험은 정부의 시험 결과를 기반으로 한다. 따라서 정부에서 승인한 교재와 학습 가이드를 기반으로 인터넷 자료를 추가해 학습하는 것이 가장 좋다. 우리 아이들은 공식 교과서를 사용하며, 수학 및 과학 학습을 위해 칸 아카데미 동영상을 활용하였다.

6. 5개의 핵심 과목을 이수하되 졸업 자격 보충 과목은 이수하지 않는다.

모든 학생이 시험에서 좋은 성적을 받는 것은 아니다. 이들은 고등학교의 모든 학년에서 과제를 수행하고 싶어 할 수 있다. 일부 학생들은 수학이나 영어에서 탄탄한 기초가 필요하기 때문에 교사, 부모 또는 독학을 통해 전체 과정을 이수하는 것이 도움이 될 수 있다. 이들은 수학, 영어, 사회 과목의 10학년, 11학년, 12학년 과정을 이수하고 과학과 한 가지 선택 과목을 추가로 선택할 수 있다. 이렇게 하면 약 75학점을 취득하게 된다. 이는 고등학교 졸업장을 충분히 만족시키지 못하지만, 핵심 과목에서 가능한 한 최고의 성적을 얻는 것에 집중함으로써 시간과 노력을 절약할 수 있다. 졸업장을 받기 위해 필요한 필수 과목인 진로 및 생활 관리, 체육, 진로 및 기술 "체험" 선택 과목

등을 이수하는 데 시간을 낭비할 필요가 없다.

언스쿨링 학습자의 관심사는 요리에서 패션 디자인, 글쓰기, 하키, 가족법 등 무엇이든 될 수 있으며, 이들이 무언가를 배웠음을 감독관에게 증명할 수 있다면, 학교에서 제공하는 선택 과목을 듣지 않고도 관심사에 대한 학점과 성적을 받을 수 있다. 이는 그들이 고등학교 졸업장을 받기에 충분한 학점을 채우는 데 도움이 될 수 있으며, 이미 관심을 탐구하고 즐기는 과정에서 자연스럽게 이루어질 수 있다. 중요한 것은 자기 주도 학습 철학을 이해하고 엄격한 규정된 과정을 벗어난 교육에 대해 학점을 부여할 수 있는 감독관을 찾는 일이다. 언스쿨링 학습자들은 지름길을 찾는 것이 아니라, 이미 하고 있는 활동과 자연스럽게 즐기는 일에 대해 학점과 성적을 받기를 원한다.

만약 아이가 대학 진학을 계획하지 않는다면, 이는 여전히 일부 고용주가 요구하는 고등학교 졸업장 요건을 충족하는 좋은 방법이 될 수 있다.

7. 검정고시

18세 이상의 학생이라면 누구나 검정고시 학점 취득을 신청할 수 있다. 10학년과 11학년에서는 더 적은 수의 핵심 과정을 요구하지만, 12학년에서 모든 과정을 요구한다. 100학점은 더 많은 과정, 여행, 독서 또는 학습를 통해 얻을 수 있다. 검정고시는 일반 고등학교 졸업장보다 더 많은 선택 사항이 있는 것 같다. 그러나 이 경로는 검정고시(GED) 지정 졸업장을 취득하기 위한 노력이 많이 필요하며, 여전히 전통적인 고등학교 졸업장보다 가치가 낮다는 평가를 받는 경우가 많다.

검정고시에 합격하는 또 다른 방법은 4가지 핵심 과목에서 5가지 시험을 통과하는 것이다(영어에는 2가지 시험이 있다). 검정고시는 특정 12학년 주제와 교과 내용을 측정하는 졸업 자격시험과는 다르다. 검정고시는 사실의 기억이 아니라 사실을 잘 이해하고 추론하는 능력을 측정한다. 검정고시에서는 읽기 자료와 데이터의 이해, 적용, 분석, 평가에 중점을 둔다. 교육, 직장, 여행, 독서 및 기타 생활 경험의 축적을 통해 일부 사람들은 특별한 준비 없이도 검정고시에 합격할 수 있는 충분한 지식을 가지고 있을 수 있다(Alberta Education, 2016).

8. 성인 고등학교 학력 향상 프로그램

이 프로그램은 성인들이 고등학교 졸업장을 취득하거나 학업 성적을 향상시키기 위해 고등학교 과정을 다시 이수하는 것을 말한다. 한국의 방송통신고등학교, 학력인정 평생교육원 등과 비슷하다.

학생들은 공간 제약으로 인해 정부 지원 고등학교에서 3년 동안만 재학할 수 있다. 대부분의 주에서는 18세에서 20세 사이의 학생이 정부 지원 교육을 받을 수 있으며, 그들은 고등학교에서 이수할 수 없는 과정을 이수하기 위해 특수 성인 학교에 다녀야 한다. 중도 탈락했거나 중퇴한 학생 또는 더 나은 성적을 얻기 위해 다시 수강하려는 많은 학생이 성인 상급반 수업을 듣는다. 이 수업은 18세에서 100세 사이의 성인을 대상으로 하지만, 일부 수업은 언스쿨링이나 가정 교육을 받은 15세 정도의 어린이도 수강할 수 있다.

이러한 학교는 성인이 바쁜 생활과 공부로 인해 시간이 제한되어 있다는 점을 알고 있으므로, 과정을 통과하는 데 필요한 최소한의 내용만을 가르친다. 성인 학생들은 직업과 가정이 있는 경우가 많아 숙제가 제한적이거나 아예 없다는 점에서 학생들에게 유리한다. 11/12학년의 화학과 같은 과목은 속성반 과정이 있어서 학생들은 1년이 아닌 한 학기 만에 점수와 학점을 취득할 수 있다.

또 다른 장점은 성인 학생들이 주로 참여하기 때문에 학교 책임 정책에 따라 18세 미만의 아이들에게는 너무 위험하다고 판단되는 과학 실험 및 현장 학습과 같은 멋진 경험을 할 수 있다는 것이다. 내 아이들은 학교 교사가 필요하다고 생각했으나 정규 학교에 다니기를 원하지 않을 때 여러 교과를 이 프로그램의 수업을 통해서 들었다. 집단 괴롭힘이나 파벌은 없었으며 교사들은 경험이 풍부하고 친절하여 학생들이 성인으로 존중받았다. 수업은 일주일에 몇 시간밖에 걸리지 않았다. 아이가 20세가 될 때까지 학비가 지원되었다.

9. 커뮤니티 칼리지

많은 대학은 전제조건이 없으며 아이는 나이에 상관없이 지원할 수 있다. 좋은 예로 16세 아이가 학력이 없어도 지원할 수 있는 아타바스카 대학(Athabasca University)이 있다. 이 대학은 4년제 학위 프로그램을 제공하지만, 아이가 첫해를 모두 이수한 후 다른 대학으로 편입하여 아타바스카에서 제공하지 않는 학위 프로그램을 수강할 수도 있다. 많은 언스쿨링 학생들이 이 경로를 선택한다. 커뮤니티 칼리지에서 1~2년 동안 좋은 성적을 받고 선택 과목과 인문학 과목을 이수한 후 원하는 대학 프로그램(STEM, 예술, 인문학 분야)으로 편입할 수 있다.

10. 학위 프로그램을 제공하는 개별 대학 입시 도전

많은 대학에 자체 입학시험이 있다. 시험 응시 자격은 가정 교육이나 고등학교 졸업장 소지자다. 시험을 무난히 통과하면 학위 프로그램의 1학년 과정에 입학할 수 있다. 시험을 통과하지 못하면 성인 센터에서 상급 성인 과정을 수강하거나, 오픈 스터디(Open Studies)를 통해 같은 대학에 편입하거나, 고등학교 과정 보충 수업을 들을 수 있다. 일부 주에서는 12학년 졸업장이나 고등학교 최종 학년 졸업 시험이 없는 까닭에 많은 대학에서 지식과 기술 습득 기준을 보장하기 위해 입학시험을 치르게 된다.

11. 대학 개방형 프로그램

학생들은 어떤 나이든지 이 프로그램에 지원할 수 있다. 대학 개방형 프로그램은 학생들이 교육적 선수과목이 거의 없거나 전혀 없는 상태에서 다양한 학부 과목을 선택할 수 있게 해준다. 이 프로그램은 특정 학위 프로그램에 등록하지 않고도 다양한 과목을 자유롭게 수강할 수 있는 기회를 제공한다. 일부 학교는 글쓰기 능력을 증명하기를 원하며, 시험이나 고등학교 영어 과목 이수를 요구할 수 있다. 학생들은 대학 1학년 과목을 수강하여 개방형 프로그램에서 한 학기에 다섯 과목씩 총 10과목의 학년을 완료할 수 있으며, 원하는 프로그램의 자격을 얻기 위해 마지막 학년의 고등학교 과정을 수강할 수도 있다. 첫해 이후, 학생들은 같은 대학의 학위 프로그램으로 전환하거나 다른 대학의 학위 프로그램으로 전환을 신청할 수 있다. 만약 그들이 정말로 원하는 학위 프로그램이 너무 경쟁이 치열하다면, 덜 경쟁적인 4년제 학위를 마친 후, 여전히 원래 프로그램을 추구할 것인지 결정할 수 있다. 이미 학위를 소지하고 있을 경우, 자리를 차지하기 위해 더 나은 경쟁력을 갖추게 된다. 만약 법학, 의학, 약학, 교육과 같은 전문 학위를 추구하고자 한다면, 일반적으로는 어떤 경우든 4년제 학부 학위 이후에 취득하게 되므로 첫 학위가 어디서 왔는지는 중요하지 않다.

12. 대학 내 보충 과정

많은 대학은 여러 가지 이유로 대학 수준의 학업을 준비할 필요가 있는 학생들을 위해 고등학교 수준의 보충 과정을 제공한다. 단점은 정규 대학 수업만큼 비용이 든다는 점이다. 만약 아이가 20세 미만이라면, 고등학교 시스템에서 수업을 듣는 것이 훨씬 저렴하다. 고등 교육 시스템에서는 한 과목당 최대 600달러까지 청구될 수 있다. 23세 이상의 학생들 중 일부는 "고등학교 성인 보충"이라는 낙인을 싫어할 수 있으며, 대학에서 동등 과정을 듣는 것을 선호할 수 있다. 이러한 보충 과정을 듣는 것은 그들이 더 대학생처럼 느끼게 하고, 이후의 학위 과정 경험을 준비하는 데 도움이 된다.

13. 성인 학생 자격으로 지원하기

대부분 대학은 21세 이상의 학생을 "성인" 학생으로 간주한다. 이는 많은 학생에게 적용될 수 있다. 인문, 예술 및 사회과학 분야의 많은 프로그램에서 성인 학생으로 인정받기 위해서는 최종 12학년 영어 과목 또는 동등한 과목만 이수하면 된다. 물론 STEM 분야의 경우 12학년 수학 및 과학 과목 성적이 필요하다.

이 시기는 종종 고등 교육 기관에 지원하기에 이상적인 시기이다. 뇌가 성숙해지고 일과 삶의 경험도 어느 정도 쌓여 있는 까닭에 수업 토론과 논문 작성에 활용할 수 있는 능력이 향상될 수 있다. 또한 정부로부터 저소득층 성인 학생을 위한 보조금을 받을 수 있는 나이이며, 25세 나이 상한에 도달하지 않아 부모의 등록 교육 저축 프로그램(RESP)을 활용할 수 있다.

현재 많은 고등 교육 기관에서 1학년 학생들에게 학습, 시험, 연구, 프레젠테이션, 글쓰기 기술에 관한 "성공" 과정이나 동영상을 제공한다. 언스쿨링 출신 학생들이 대학에서의 첫 학기 동안 어려운 학습 곡선을 극복하며 1학년 '글쓰기 방법' 강좌를 통해 다양한 유형의 글쓰기를 배우고 연습함으로써 대학 수준의 작문 기술을 향상할 수 있다.

14. 일반 고등학교 등록

많은 언스쿨링 학생들은 고등학교 과정을 완료하기 위해 실제 학교나 가상 학교에 다니는 것을 개의치 않는다. 이는 선택 사항이다.

고등 교육 기관에 진학하는 비전통적인 방법

"모든 경우에서 이러한 경로는 해당 개인에게 맞는 것으로 판명되었으며 계속해서 발전하고 있다. 이런 요소들이 바로 '언스쿨링'의 핵심이라고 할 수 있다. 이는 자기 주도력과 중요한 가치를 평가하고 평정할 수 있는 능력에 큰 영향을 미치는 요소다."(Stephanie J, 2002)

나는 다음과 같은 고등 교육 기관 입학 방법에 대한 개인적인 경험은 없지만, 이러한 방법으로 고등 교육을 시작한 사람들을 아는 친구들이 있다. 홈스쿨링을 하는 엄마인 린다 C는 다음과 같은 방법을 제안한다.

- 전문 자격 시험(의대, 법대, 경영대 등 입시)을 치르고 전문 수준에서 시작하라. 학생이 의학, 법학 또는 경영학 전문 학위를 원하는 경우 MCAT(의대 입학시험), LSAT(법학 전문 대학원 입학시험) 또는 GMAT(경영대학원 입학시험)에 응시할 수 있다. 석사 학위부터 시작하거나 학사 학위를 취득한 후 석사를 건너뛰고 바로 박사 또는 박사 학위 과정으로 진학할 수도 있다.
- 자신을 부서장에게 알리고, 저널 기사에 댓글을 달고, 더 많은 정보를 요청하는 편지를 보내고, 업계 및 현장 이벤트에서 인맥을 쌓아 부서장의 초대를 받아보라. 부서장과 함께 "재미로" 한 과목(특히 3학년 또는 4학년 과정)을 수강할 수 있도록 등록하고, 예리하고 활기찬 태도를 유지하라.
- 지역 커뮤니티 칼리지에서 아무 강좌나 수강한 후 학생 번호를 획득하면 다른 프로그램이나 교육 기관에 등록하는 것이 간단해지며, '진지한' 강좌를 몇 개 추가할 수 있다.
- 200페이지 분량의 책을 써서 출판하라. 책을 쓰고 출판하는 것은 학위 취득과 마찬가지이다.

- 기업, 스포츠, 예술, 정부 또는 비영리 단체에서 뛰어난 업적을 내어 유명해져라. 많은 기관에서는 명예 학위를 수여한다.

고등학교 학업의 동기 부여

"학생이 준비되면 교사가 나타난다."

- 익명

학생들을 수준별로 나누는 것은 학습 동기를 떨어뜨린다. 학생들이 특정 과목을 해낼 수 있다고 믿는다면, 그들이 어떤 수준의 수학이나 영어든 도전할 수 있게 해야 한다. 교장, 교사, 교직원은 학생들을 학업이나 직업 경로로 분류하여 배치하는 일을 해서는 안 된다. 열등반으로 분류되는 아이들은 자신을 어리석은 사람으로 여기기 시작한다. 부모는 아이가 어디에 배치될지 결정할 수 있는 궁극적인 법적 권리를 가지고 있다. 다음과 같은 홈스쿨링 대디의 이야기처럼 부모는 아이를 옹호하고 지지해야 한다.

"오늘 내 큰아들은 12학년 순수 수학(STEM에 필요한 수학 유형)의 졸업 자격시험을 치르고 있다. 초등학교와 중학교 때 분수, 긴 나눗셈, 그 외 많은 수학 개념을 '이해'하지 못했던 아이이다. 그는 수학 8, 수학 9, 수학 10 준비 과정을 수강했다. 당시 교사는 가능한 낮은 수준의 수학인 생활 기술 수학 14를 수강하라고 권유했다. 그러나 우리는 다르게 생각했다. 우리 아들은 적어도 대학 인문학 수학은 이해할 수 있다고 판단했다. 그래서 인문학 분야에 필요한 응용 수학을 수강하며 동기 부여를 얻었고 좋은 성적을 받았다. STEM 분야로의 진로 결정 시 순수 수학이 필요하다고 판단하여, 그는 순수 수학 30의 기초 과정을 마치고 본 과정을 수강했다. 처음부터 수학에 소질이 있던 것은 아닌데, 열심히 노력했다. 모든 문제를 반복해서 풀었으며 인내심을 갖고 노력했다. 교육 전문가들의 의견에도 불구하고 내적 동기가 그의 노력에 힘을 실어주었다. 코스 점수는 76%였다. 중학교와 고등학교에서 총 7개의 수학 과목을 이수했다. 목표에 도달하려는 동기가 생겼을 때, 아이들은 더욱 열심히 노력하게 된다."

나는 홈스쿨링 고등학생들에게서 동기 부여 문제를 찾아내지 못했다. 그들은 더 많은 것을 배우고 공부하고 싶을 때 스스로 연구한다. 학교에서 요구하는 학습이 아닌 자신의 질문에 답을 찾는 연구를 한다. 많은 경우, 이 연령대의 아이들은 고등학교 성적과 학점을 원하며, 그것을 얻기 위해 어떤 어려움이든 기꺼이 감수하려고 한다. 아이들은 모든 과목에서 얼마나 잘하느냐에 대한 책임을 진다. 공부를 강요하지 않아도 게으른 아이가 되는 것은 아니다. 실제로 그 반대 현상이 벌어진다. 고등학교에서의 학습은 흥미로운 도전이었고 아이들은 적극적으로 수용했다. 언스쿨링으로 시작한 아이들은 지칠 줄 모른다. 표준 교육과정을 따르기보다 관심을 가지고 새로운 일에 열중하는 것이 엄청난 동기를 부여했다. 가정 교육만이 제공할 수 있는 유연성과 성인의 격려가 중요한 역할을 했다.

56개의 포럼이 주 전역에서 개최되었는데, 학생들 중 단 3%만이 최신 기술이 그들이 가장 잘 배우는 주된 이유라고 평가했다. 분명히, 아이들은 최신 기기보다 성인의 존재, 관심, 지식을 더 원한다는 것을 알 수 있다(Cuthbertson, 2012).

캐나다 학생들의 절반 이상이 "오늘 학교에서 무엇을 배웠나요?"라는 전국 규모의 조사에 참여했다. 이 조사에 따르면 학생들이 더 많은 관심을 가진 성인의 지원을 통해 사회경제적 요인을 극복하며 변화를 가져온다는 사실이 드러났다. 학교 시스템 내에서 학생들의 흥미와 동기는 10학년으로 진학하면서 낮아지기 시작한다. 이 시기는 많은 언스쿨링 학생들이 공식적인 학습을 준비하는 나이와 일치한다. 숙제를 제출하는 비율과 학교 출석률이 모두 큰 폭으로 감소하며 12학년이 되면 학생들의 참여도가 약 60%로 떨어진다(Friesen, 2009). 아이들을 보살피는 성인의 존재는 이러한 감소를 완화하는 역할을 한다.

대학은 홈스쿨링 학생을 좋아하지 않는가?

많은 홈스쿨링 학생은 대학이 그들을 환영하지 않는다고 생각한다. 실제로 많은 사람이 홈스쿨링 학생과 공립학교 출신 학생을 비교하며 판단 기준을 찾으려고 한다. 캐나다에서는 대학 진학을 위한 다양한 경로가 있다. 홈스쿨링도 이 중 하나지만, 언스쿨링 학생이나 홈스쿨링 학생의 경우, 공식적으로 인증된 기관에서 평가받지 않은 부모가 직접 작성한 포트폴리오를 제출할 수 있는 경우는 드물다.

입학 부서는 몇 가지 기준을 사용하여 합격과 불합격을 결정한다. 프로그램과 연관이 없을 수 있지만 알곡과 쭉정이를 구분할 만큼 학문적인 과목을 요구하기도 한다. 입학 결정을 위해서는 명확하고 편견 없는 방법이 필요하며, 점수는 명확한 숫자를 제공하여 모호함을 해소하고 필요한 도구를 제공한다. 자원봉사와 지역사회 리더십도 중요하지만, 교육 기관이 한 학생의 성취를 다른 학생과 어떻게 비교하고 측정할 수 있는지는 의문이다. 내 아이 중 한 명은 건강 분야로 진로를 결정하려면 순수 수학이 필요했다. 그것은 특정 요구 사항이었다. 그가 대학에 진학하면서 부피와 질량의 환산 외에는 더 이상 알 필요가 없었다.

만약 성가신 지원서 비용이 없다면, 나는 가정 교육 자격 인정만으로 캐나다의 모든 대학과 커뮤니티 칼리지에 지원한 학생들이 얼마나 많이 대학에 입학할 수 있는지 조사하는 연구 프로젝트를 시작했을 것이다. 홈스쿨링 학생들의 개별적인 이야기는 강력한 영감을 준다. 하지만 올해 캐나다의 대학에서 12학년 과목 점수 또는 이전 대학 과정 수강과 관계없이 합격한 홈스쿨링 학생의 실제 수를 알아보고 싶다.

다른 방법이 있을까? 오랜 시간 동안 언스쿨링을 해온 린다 C는 이렇게 말한다: "학생이 내재적으로 관심이 많을수록, 입학은 더 쉬워집니다. 해당 분야에서 이름을 알리는 것은 정상적인 방법보다 더 빠르게 입학할 수 있는 방법이며, 때로는 우회적인 방법으로도 가능합니다. 확실히 알아야 할 첫 번째 사항은, 전 세계 어느 대학이나 대학교의 입학처도 '모든 필수 과목을 이수하고, 좋은 성적을 받고, 지원서를 작성해 제출하라'는 공식적인 방법 외에 다른 방법이 있다고 인정하지 않으리라는 것입니다. 그들의 역할은 출입통제자(면접관, 감독관, 관리자 등)로서, 누군가가 그들을 우회하려는 것을 막는 것입니다. 기본적으로, 모든 학교는 사업체이며, 매년 많은 학비를 필요로 하는 사업을 운영하고 있습니다."

나도 동의하지만, 모든 아이들이 출입통제자를 통과할 수 있는 주도력과 대인 관계 능력을 가지고 있는 것은 아니다. 부모들은 출입통제자를 통과하는 데 필요한 오랜 경험을 가지고 있지만, 이 개인정보보호 시대에는 아이들이 직접 나서 문제를 해결해야 한다.

고등학교 졸업

평생 학습을 중요하게 생각한다면 왜 졸업을 그렇게 강조하는가? 졸업은 공식적인 학교생활의 끝이며 우리는 이를 크게 축하한다. 나는 졸업 대신 "성인이 된 것을 환영한다"라는 축하 행사를 보았으면 좋겠다. 졸업은 배움의 끝이 아닌 권리와 책임감의 새로운 인생의 시작을 기념한다. 배움은 계속된다. 결코 배움은 끝나지 않는다.

21

30인 팀의 언스쿨링 여정: 아쉬움을 넘어 성공으로

"대학 학위가 없다는 이유로 어떤 일을 하지 못하는 언스쿨링 청소년은 단 한 명도 없다. 정말 학위가 필요한데 학위가 없다면 그냥 학위를 받으러 갈 것이다!"

- 스테파니 J.

아쉬움과 함께 성장한 30인 팀의 이야기

언스쿨링이라는 독특한 교육 방식을 선택하며, 30인 팀이 겪게 된 다양한 경험 중에서 특히 아쉬웠던 이야기를 공유한다. 이들의 이야기는 그들이 언스쿨링을 통해 아이들에게 어떤 교육을 제공하려 했는지, 그리고 그 과정에서 어떤 어려움과 고민을 겪었는지를 직접적으로 보여주는 중요한 증언이며, 언스쿨링의 실제적인 측면의 이해에 도움이 된다.

린: 아들의 학습 방식을 강요하지 않았으면 좋았을 것이라는 아쉬움을 토로합니다. 그녀는 아들이 안락 지대를 벗어나서 읽기를 배우지 않았을 때 패닉 상태에 빠졌다고 말합니다. 매일 음운법(파닉스)을 강요했는데, 이것이 아들의 독해력을 오히려 늦추었다고 생각합니다.

샤론: 아이들이 활동에 거부감을 보일 때 두려움을 느꼈고, 그런 두려움을 극복하고 계속해서 흥미로운 활동과 장소를 제안했어야 하

는데 그렇지 못한 것을 크게 아쉬워합니다.

앤: 처음에 아이를 학교에 보낸 것이 가장 큰 실수였다고 말하며, 그로 인해 아이가 좋지 않은 직업윤리를 갖게 되지는 않을까 걱정했던 일을 고백합니다. 또한, 아이가 "알아야 할 것"을 놓치게 될 것을 걱정했으나 그런 일은 일어나지 않았다고 밝힙니다.

아미: 언스쿨링을 선택했을 때, 가장 큰 두려움은 주변에서 그 경험을 공유할 수 있는 사람이 없었던 것이었다고 회고합니다. 또한 부모님의 반대에 직면했기 때문에 마치 미지의 세계로 나아가는 듯한 느낌이었다고 말합니다.

카렌: 아들이 자신의 열정을 따르도록 허락하지 않았던 것이 가장 후회스럽다고 말합니다. 그녀의 가장 큰 두려움은 대학 진학을 얼마나 잘 준비할지에 대한 걱정이었습니다.

마리와 질: 결코 후회하는 것이 없다고 단언합니다.

멜로디: 지리적 제한을 큰 아쉬움으로 꼽습니다. 시골에서의 생활로 인해, 자신의 아이가 수학과 과학에 관심을 가진 사람들과 사회적인 활동을 하거나, 이와 관련된 다양한 기회에 접근하기가 어려웠다는 것입니다.

애니: 아들이 언스쿨링에서 고등학교로 넘어갈 때 발생한 적응 문제를 몹시 아쉬워합니다. 아들은 고등학교 생활에 적응하는 데 어려움을 겪었지만, 결국 자신의 교육에 대한 책임을 이해하고 충분한 노력을 기울여 장학금을 받고 우수한 성적으로 졸업했다고 말합니다.

올리비아: 중학생 시기에 더 오랜 시간 언스쿨링을 하지 않은 것을 후회한다고 말합니다. 또한 두려움을 떨치고 자신에게 충분한 시간을 내지 못했던 것에 대한 아쉬움을 드러냅니다.

30인 팀은 아이들에게 학습 방식을 강요하거나, 아이들이 활동에 거부감을 보일 때의 두려움, 아이들을 학교에 보내는 것이 실수였다는 생각, 그리고 아이들의 열정을 따르도록 허락하지 않았던 일 등을 아쉽게 생각했다. 또한, 지리적 제한으로 인한 기회 부족과 아이들이 고등학교로 넘어갈 때의 적응 문제 등도 언급한다. 이러한 과정에서 그들은 아이들이 '알아야 할 것'을 놓치게 될 것을 걱정했지만, 그런 일은 일어나지 않았다는 것을 깨달았고, 이를 통해 아이들이 자신의 교육에 대한 책임을 이해하고 충분한 노력을 기울여 성공적으로 성장한 경험을 생생하게 전해준다.

가족 간의 연결고리를 강화한 30인 팀의 가장 큰 보람

30인 팀이 언스쿨링을 통해 각자가 얻은 가장 큰 보람은 과연 무엇인지 그들의 진솔한 이야기를 듣고 공유한다. 그들이 말하는 가장 큰 보람은 매우 흥미롭고 다양했지만 결국 가족 간의 연결고리의 강화라는 점에서 수렴했다. 이는 언스쿨링의 궁극적인 도착지를 시사한다.

카렌: 언스쿨링을 통해 아이들이 독립적이고 자신감 있는 성인으로 성장한 모습을 보는 것이 가장 큰 보너스였다.

앤: 가족 간의 친밀감과 결속력이 강화된 것이 가장 큰 이점이었다.

에이미: 나와 아이들이 서로 가깝게 느끼는 것과 그들과 함께 많은 시간을 보냈다는 것이 놀라운 보너스였다.

마리: 딸들이 자신을 정말 잘 알고 있으며, 무엇을 할 수 있는지에 대한 자신감이 있다는 것이 큰 보너스였다.

질: 언스쿨링을 통해 아들과 더 좋은 관계를 유지하게 된 것이 가장 큰 이점이었다.

메이블: 딸들이 오빠와 함께 언스쿨링을 하면서 매우 가까워졌고, 이를 통해 갈등 해결 능력이 향상되었다.

올리비아: 자유로운 일정으로 학교 교육 외에도 다양한 경험을 할 수 있게 된 것이 큰 보너스였다.

애니: 아들이 학습에 대한 자기 책임을 갖게 되고, 이를 통해 대학 수준의 언스쿨링 경험을 할 수 있게 된 것이 큰 보너스였다.

멜로디: 아들이 밤늦게까지 프로그래밍 문제를 해결하는 탁월한 능력과 딸이 거의 모든 일을 독립적으로 해결할 수 있는 자신감을 가지게 된 것이 큰 보너스였다.

헬레나: 아이들이 양부모와 아주 가까워지고, 아이들이 배움을 사랑하는 열정적이고 독립적으로 생각하는 흥미로운 사람으로 성장하는 것을 보는 것과 매일 그들과 함께할 기회가 보너스였다.

30인 팀은 언스쿨링을 통해 다양한 이점과 가치를 얻었다. 이러한 경험은 아이들이 독립적이고 자신감 있는 성인으로 성장하는 모습, 가족 간의 친밀감과 결속력이 강화되는 모습, 그리고 아이들의 학습에 대한 책임감과 독립성이 키워지는 모습을 볼 수 있게 했다. 또한, 자유로운 일정 덕분에 학교 교육 외에도 다양한 경험을 할 기회를 누릴 수 있었고, 이를 통해 아이들이 새로운 문제를 해결하는 능력과 자신감을 키울 수 있었다. 각 가족은 언스쿨링을 통해 매일 아이들과 함께하는 것이 얼마나 중요한지를 깨달았고, 이를 통해 가족 간의 연결고리를 더욱 강화할 수 있었다.

평생 학습

평생 학습에 대한 이해는 우리의 삶을 풍요롭게 만든다. 우리는 학교에서 배운 것들이 전부가 아니라는 것을 알아야 한다. 우리의 아이들이 대학을 졸업하고, 더 나아가 사회로 진출하면서도, 그들은 자신들이 배우고 싶은 것, 자신들이 필요로 하는 것을 계속해서 배워나간다. 그것이 바로 평생 학습이다.

우리의 네 아이들은 대학을 졸업하거나 대학에 재학 중인 시점에서도 배우는 것을 멈추지 않았다. 여름이나 주말에 대학에서 집으로 돌아와서도 그들은 자신들이 배우고 싶은 것을 계속해서 배워나갔다. 언어, 기타, 서예, 스크립트 코딩, 웹사이트 코딩, 소설 편집, 3D 프린터 제작, 제빵, 식물 수경 재배, 맥주 만들기, 포도주 만들기, 조각, 바느질, 코믹콘 의상 제작, 바이올린, 피아노, 그림, 정원 가꾸기, 무술, 양초 만들기 등 다양한 분야에서 그들은 자신들이 배우고 싶은 것을 멈추지 않았다.

19살인 소피는 라틴어를 배우고 싶어 했다. 그녀는 대학에서 라틴어 수업을 들을 수 없었던 어느 여름방학에 작은 편의점에서 일하면서 틈틈이 라틴어를 독학으로 공부했다. 그녀는 대학 1학년과 2학년 사이의 여름방학 동안 호머의 『일리아드』와 『오디세이』, 『타임머신』, 『마담 보바리』, 메리 셸리의 『프랑켄슈타인』, 에드거 앨런 포의 『어셔가의 몰락』, 어니스트 헤밍웨이의 책, 아가사 크리스티의 소설 등 고전을 읽으며 보냈다.

20살인 닐은 대학 2학년과 3학년 사이의 여름방학 동안 지역 대학교의 IT 부서에서 일하며 독서에 몰두했다. 아인 랜드의 『파운틴 헤드』와 『아틀라스 쉬러그드』, 스티븐 스트로가츠의 『조이 오브 엑스』, 벤 셔우드의 『서바이버 클럽』, G. 윌로우 윌슨의 『알리프 더 언비던트』, 앨런 블룸의『플라톤 공화국』, 데스몬드 길포일의『카리스마 효과』, 나오미 클라인의『쇼크 독트린』, 로버트 하인라인의『달은 무정한 여주인이다』,『플래시맨』,『타임머신 제작 방법』, 그리고 브라이언 클레그의 책들을 읽었다. 그는 지역 메이커스페이스에서 프로젝트를 제작하는 데 많은 시간을 보냈다. 오늘날까지도 그는 열렬한 독서광이며 유용한 기계를 만드는 것을 좋아한다.

우리 아이들이 대학에서 집으로 돌아올 때도 그들이 하는 일은 예전과 크게 다르지 않다. 그들은 학습과 가족생활을 계속하며, 형제자매와 함께 던전 앤 드래곤과 세틀러즈 오브 캣탄 게임을 하고, 부모나 친구와 함께 저녁 식사를 하러 간다. 빨래, 설거지, 청소, 산책로 가꾸기, 얼음 깨기, 마당 청소, 데크 페인트칠, 요리와 빵을 굽는 일과 같은 생활 활동도 함께한다.

그들은 형제자매를 태워다 주고 외출을 도와주며, 체육관에 가거나 스케이트를 타거나 수영하고, 소설을 읽는다. 치과와 의사의 진료를 받고, 이발하고, 은행 업무를 처리하며, 가족 저녁 식사와 열띤 토론에 참여한다. 저녁 식사와 파티를 주최하는 데 도움을 주며, 컴퓨터를 한 방으로 옮겨 함께 게임을 하고 팀으로 플레이한다. 부모나 형제자매와 함께 다른 나라로 여행을 떠나기도 한다.

"당신의 시간은 제한적입니다. 다른 사람의 삶을 사느라 낭비하지 마십시오. 다른 사람들의 생각의 결과에 따라 사는 것은 도그마에 갇히는 것입니다. 다른 사람들의 의견에 휩쓸려 당신의 내면의 목소리를 잠재우지 마십시오. 그리고 가장 중요한 것은, 자신의 마음과 직관을 따를 용기를 가지는 것입니다. 그것은 어떻게든 당신이 진정으로 되고 싶은 것을 이미 알고 있습니다. 나머지는 모두 부차적인 것입니다."(Jobs, 2005)

좋은 시민

끝으로 우리 아이들은 좋은 시민이다. 네 명의 청년은 모든 선거에서 투표하고 각 정당의 공약을 이해하도록 노력한다. 푸드뱅크에서 자원봉사를 하며 이웃을 돕는다. 잔디 깎기, 눈 치우기, 정원 가꾸기, 컴퓨터 수리 등 보상을 기대하지 않고 봉사 활동을 한다. 정기적으로 헌혈도 한다. 22살인 내 아들은 10회 헌혈 핀을 받았다. 그들은 음주 운전을 하지 않는다. 좋은 시민 의식을 가르치기 위해 학교가 필요하지 않다는 사실을 그들은 증명했다. 아이들이 좋은 시민으로 성장한 것은 맹목적으로 규칙을 따랐기 때문이 아니다. 사회적으로 의식적인 신념을 형성하고 그것을 따랐기 때문이다. 이는 비판적 사고를 환영하는 환경에서 살면서 형성되었다. 아이들은 여전히 문제에 대해 우리의 조언을 구하고 스스로 결정을 내린다.

언스쿨링의 최종 도착지: 평생의 가족 유대감

가족들이 평생 화목하고 끈끈한 관계를 유지하는 일은 세상에서 무엇보다 가치 있고 중요하다. 우리 아이들은 대학에 진학한 후에도 변함없이 친하게 지낸다. 큰아이와 작은아이 사이에는 11년의 차이가 있지만 여전히 서로 소통하고, Family Discord 채널에서 채팅하고, 팀으로 비디오 게임을 하고, 프로젝트를 하고, 함께 자원봉사를 하고, 사교 행사에 함께 나가고, 가족 나들이에 참여한다. 무엇보다도 불편한 일이 있어도 서로를 돕기 위해 힘을 합친다. 눈더미에 갇힌 형의 차를 끌어내고, 누나의 웹사이트를 개선하고, 동생의 마인크래프트 그룹을 위한 서버를 구축하거나, 친구 파티에서 술을 너무 많이 마신 친구를 집에 데려다주기도 한다.

대학생인 세 남매는 학기 중에도 수업과 교수 문제를 토론하고 서로 조언을 구하며 서로를 돕는다. 일요일에 가족 저녁 식사 중에, 아이들이 몇 시간 동안 온라인으로 서로 연결하여 채팅하고 게임을 하는 동안, 우리 부부는 대화를 멈추고 설거지를 했다.

크리스마스, 독서 주간이나 여름방학에 아이 중 한 명이 집에 돌아왔을 때, 그리고 그 아이를 다시 보내야 할 때 온 가족이 공항이나 버스 정류장에 나와 귀가를 환영하거나 눈물로 작별 인사를 한다. 아이들은 우리의 가장 친한 친구이다.

가족으로서 우리는 모두 관계를 소중히 여기고 다른 어떤 것보다도 우선순위를 둔다. 우리는 사랑하는 사람들과 함께 시간을 보내고 즐기기 위해, 그리고 우리의 지식과 노력으로 세상을 더 나은 곳으로 만들기 위한 두 가지 이유로 삶을 산다.

언스쿨링은 이 두 가지를 모두 해결한다. 이 세상에서 부모만큼 아이를 특별하게 사랑하는 학교는 없을 것이다. 가족과 아이의 교육을 즐긴다. 더 이상 둘 중 하나를 선택할 필요가 없다.

References

서문

Gavel, Leslie, 2017, *Drop Out: How School Is Failing Our Kids (and What We Can Do about It)*, Page Two Strategies, Calgary, AB

Gavel, Leslie, 2014, e Problem with Calgary Schools, Article in Avenue magazine, Redpoint Media, Calgary, AB

Gray, Peter, 2014, *A Survey of Grown Unschoolers 1: Overview of Findings*, www.Psychology Today.com

Palix Foundation, 2017, *Young Children Develop in an Environment of Relationships*, Harvard Center for the Developing Child, Article in Working Papers, Cambridge, MA

PART 1: 언스쿨링이란 무엇인가?

Chapter 1 - 문제

Hildebrandt, Amber, 2014, *Back to School: 7 Million Students and 440,000 Educators Prepare for the New Year*, Retrieved August, 2014, http://www.cbc.ca/news/canada/

Harvaardsrud, Paul, 2013, *Most Likely to Succeed*, Article in Avenue magazine, Redpoint Media, Calgary, AB

Gavel, Leslie, 2014, *The Problem with Calgary Schools*, Article in Avenue magazine, Redpoint Media, Calgary, AB

Hankivsky, Olena, 2008, *Cost Estimates of Dropping Out of High School in Canada*, Prepared for Canadian Council on Learning, http://citeseerx.ist.psu.edu/viewdoc/download?doi=10.t1.504.876 0&rep=rep1&type=pdf

Miller, Lucy, 2013, *We Can't Afford to Ignore Low Graduation Rates*, Article in e Calgary Herald, Postmedia Network, Calgary, AB

Gatto, John Taylor, 2005, *Dumbing Us Down: 25 Anniversary Edition*, New Society Publishers, Gabriola Island, BC

Aldrich, Clark, 2010, *Unschooling Rules: 55 Ways to unlearn what we know about schools and rediscover education*, Greenleaf Book Group Press, Austin, TX

Aldrich, Clark, 2015, *Why All Education Needs Unschooling*, Session at the Unschooling Canada Association (UCA) First Annual Online Conference

Sandy K, 2002, Homeschool Canada Yahoo Group Listserve

SAPTA, e Southern Alberta's Preschool Teachers Association, 2013, *Preschools Excluded from Pilot Program*, Canada's Education magazine, Calgary, AB

Chapter 2 - 솔루션

The Economist, July 26, 2014, *Choose Your Parents Wisely*, Article in the Economist magazine, The Economist Group, London, United Kingdom

Kidspot, 2016, *Children are Made Readers in the Laps of Their Parents*, News Life Media, www.kidspot.com.au

Yaniv, Hanan, 2011, *What Will the Classroom of the Future Look Like?*, Article in Avenue magazine, Redpoint Media, Calgary, AB

Farenga, Patrick, and John Holt, 2003, *Teach Your Own*, Holt Associates, Da Capo Press, Cambridge, MA

Shultz, Colin, 2014, *Unschooled Kids Do Just Fine in College*, Article in Smithsonian magazine, http://www.smithsonianmag.com/smartnews/unschooled－kids－have－few－problems－once－they－hit－college -180952613/?no－ist

Basham, Patrick, John Merrifield, and Claudia R. Hepburn, 2007, *Homeschooling: From the extreme to the mainstream*, 2 Ed.,

Publication for the Fraser Institute, Toronto, ON

Van Pelt, Deani, 2015, *Fraser Institute: Home Schooling in Canada: The Current Picture—2015*, Publication for the Fraser Institute, Toronto, ON

Martin—Chang, Sandra, Gould, Odette N., and Meuse, Reanne E., 2011, *The Impact of Schooling on Academic Achievement: Evidence from homeschooled and traditionally schooled students*, Journal article in Canadian Journal of Behavioral Science/Revue canadienne des sciences du comportement, Vol 43(3), 195—202, http://dx.doi.org/10.1037/a0022697

Helga R, Facebook

Van Pelt, Deani and Beth Greene, 2017, *Homeschooling's Lessons for Education*, Cardus Research, Retrieved April 2018 from https://www.convivium.ca/articles/home—schooling%E2%80%99s—lessons—for education

Gray, Peter and Gina Riley, 2013, *The Challenges and Benefits of Unschooling, According to 232 Families Who Have Chosen that Route*, Journal of Unschooling and Alternative Learning, Vol. 7 Issue 14, North Bay, ON

Reeves, Richard and Kimberley Howard, 2013, *The Parenting Gap*, Brookings Institution, Retrieved Sept 13, 2014, http://www.brookings.edu/research/papers/2013/09/09—parentin g—gap—socialmobility—wellbeing—reeves

The Economist, July 26, 2014, *Choose Your Parents Wisely*, Article in the Economist magazine, The Economist Group, London, United Kingdom

Gray, Peter, and Gina Riley, 2011, *A Survey of Grown Unschoolers 1: Overview of Findings*, www.PsychologyToday.com

Ray, Brian D., PhD, 2009, *Home Education Reason and Research*, NHERI Publications, Salem, OR

Van Pelt, Deani, PhD, and Patricia A. Allison, MEd, and Derek J. Allison, PhD, 2009, *Fifteen Years Later: Home-Educated Canadian*

Adults; A Synopsis, Publication for the CCHE (Canadian Center for Home Education), London, ON

Rothermel, Paula, 2005, *Home-Education: Comparison of Home- and School-Educated Children on PIPS Baseline Assessments*, Journal of Early Childhood Research, Vol. 2, pp. 273−99. U.K.

Home Education in Canada: A summary of the Pan-Canadian Study on Home Education 2003, CCHE, 2003 and

National Home Education Research Institute, 2003, *Survey of Adult Homeschoolers*, Published for NHERI, Salem, OR, https://www.nheri.org/

Moore, Raymond, 1999, *History, Research and Common Sense for Great Families and Schools*, Article for World Congress of Families 11, Retrieved July 31, 2014, http://worldcongress.org/wcf2_spkrs/wcf2_moore.htm

Gray, Peter, and David Chanoff, 1986, *Democratic Schooling: What happens to young people who have charge of their education?*, American Journal of Education, Volume 94, Number 2

Greenberg, Daniel and Mimsy Sadofsky, 1992, *Legacy of Trust: Life after the Sudbury Valley School Experience*, Sudbury Valley School Press, Framingham, MA, Retrieved April 2017 from the McGill Journal of Education, http://mje.mcgill.ca/article/view/8110/6038

Vangelova, Luba, 2013, *How do Unschoolers Turn Out?*, Retrieved Sept 13, 2014 http://blogs.kqed.org/mindshift/2014/09/how−do−unschoolers−turn−out/

Groeneveld, Nicolette, 2014, Founder and staff member of the *Indigo Sudbury Campus - a Sudbury School* which operated in Edmonton from 2002 to 2009, Retrieved in 2014 from the following blog: http://blog.play−i.com/sudburyvalley−school−part−1/#sthash.pOIKzPRO.dpuf

Lynn, May 2014, Receptionist at Summerhill School, UK, in a phone conversation

Chapter 3 - 언스쿨링이란 무엇이고 무엇이 아닌가?

Tia L, 2003, Homeschool Canada Yahoo Group Listserve

Anna KB, 2000, Unschooling Canada Yahoo Group Listserve

Van Pelt, Deani, 2015, *Fraser Institute: Home Schooling in Canada: The Current Picture—2015*, Publication for the Fraser Institute, Toronto, ON

Armstrong, Thomas, 2006, *The Best Schools: How human development research should inform educational practice*, Association for Supervision, and Curriculum Development, Alexandria, VA

ADLC (Alberta Distance Learning Center) 2015, phone call

Kohn, Alfie, Feb 12, 2009, *The Schools Our Children Deserve*, Presentation at Banbury Crossroads School, Calgary, AB

Van Pelt, Deani and Sazid Hasan, and Derek J. Allison, 2017, *The Funding and Regulation of Independent Schools in Canada*, Fraser Institute, Barbara Mitchell Center, Toronto, ON

Wilder, Amanda, 2014, *Approaching the Elephant*, Documentary film about free schools in America

Johnson, Jeff, 2014, Feb 17, *Our Children, Our Future Symposium*, Minister of Education presentation, Calgary, AB

Miranda H, 2001, Homeschool Canada Yahoo Group Listserve

Chapter 4 - 놀이는 아이들의 주요 학습 수단이다

Gotera, Adelina, 2012, *I will Play with You*, Trafford Publishing, Bloomington, IN

Brown, Stuart, 2010, *Play*, Penguin, New York, NY

Donaldson, Fred, 1993, *Playing by Heart: The vision and practice of belonging*, HCI, Deerfield Beach, FL

McDowall, Pamela, August 24, 2006, *Youngsters Learn Best in Fun Stress-Free Environments*, Article for e Calgary Herald, Postmedia Network Calgary, AB

Ginsberg, Kenneth R., 2007, *The Importance of Play in Promoting Healthy Child Development and Maintaining Strong Parent-Child Bonds*, Article for the American Academy of Pediatrics, Volume 119, Issue 1

Wenner, Melinda, 2009, *The Serious Need for Play*, Article for Scientilc American magazine, Retrieved May 2018, https://www.scientilcamerican.com/article/the − serious − need − f or − play/

Shipley, Dale, 2008, *Empowering Children: Play-Based Curriculum for Lifelong Learning*, Nelson College Indigenous, 5th Ed., Toronto, ON

Klein, Diane, 2001, Teacher

Jensen, Eric, 1998, *Teaching with the Brain in Mind*, Association for Supervision and Curriculum Development, Alexandria, VA

Inspiring Education Conference, 2009, Alberta Education, Red Deer, AB

Bettleheim, Bruno, 1987, *A Good Enough Parent: A Book on Child-Rearing*, Vintage Books, New York, NY

EC Map Newsletter, 2011, *STEPS*, Published by Alberta Education, Edmonton, AB

Harper, Scott, 2011, *Lost Adventures of Childhood*, CTV Documentary film, Toronto, ON

Gray, Peter, 2011, *The Decline of Play and the Rise of Psychopathology in Children and Adolescents*, American Journal of Play, Retrieved May 2018 at http://www.journalofplay.org/sites/www.journalofplay.org/lles/pd f − articles/3 − 4 − article − gray − decline − of − play.pdf

Hoffman, John, 2005, *Daddy, Come Play With Me: A Father's guide to play with young children*, Dad Central Ontario, Toronto, ON

Brown, Stuart, 2010, IBID

Dunbar, Jean, 2013, Play therapist at Sheritt King, Calgary, AB

Hoffman, John, 2005, IBID

Gray, Peter, 2011, IBID

Building Blocks, Building Brains, 2011, PowerPoint presentation for trainers, Fraser Mustard Chair in Childhood Development, e University of Calgary, Calgary, AB

Wikipedia, 2018

Chapter 5 - 학교에서의 언스쿨링

Knowles, Malcolm, 1975, *Self-Directed Learning*, Association Press/Follett Publishing Company, Chicago, IL

Barer−Stein, Thelma, and James A. Draper, 1993, *The Craft of Teaching Adults*, Culture Concepts, Toronto, ON

Moore, Raymond, 1975, *Better Late an Early*, The Moore Foundation, Camas, WA

McClure, Matt, Jan 30, 2012, *Teacher Budget Won't Cut Class Time*, Article for The Calgary Herald, Postmedia Network, Calgary, AB

Zwaagstra, Michael, July 18, 2009, *Alberta Education Not Broken*, So Don't Fix It, Article for e Calgary Herald, Postmedia Network, Calgary, AB

Fletcher, Robson, Feb 28, 2018, *How Much Funding Private and Public Schools Get In Alberta*, Article for CBC News, Retrieved May 2018 http://www.cbc.ca/news/canada/calgary/private−public−schools −fundingalberta−numbers−1.4553955

USC Rossier Online, Feb 9, 2011, *US Education Spending and Performance vs the World*, Retrieved Oct 5th, 2014, http://rossieronline.usc.edu/u−seducation−versus−the−world −infographic/

Moore, Michael, 2015, *Where to Invade Next?*, Documentary film, Michael Moore, Germany

Klassen, Karin, March 12, 2012, *Some Lessons for Teachers,* Article in the Calgary Herald, Calgary, AB

Pauli, Ken, 2012

National Governors Association Center for Best Practices, Council of Chief State School Officers, 2010, *Common Core State Standards*,

National Governors Association Center for Best Practices, Council of Chief State School Officers, Washington, D.C.

PART 2: 왜 언스쿨링인가?

Chapter 6 – 교육의 간략한 역사

Winget, Larry, 2010, *Your Kids Are Your Own Fault*, Gotham Books, New York, NY

Canadian Encyclopedia, 2014, *The History of Education*, Retrieved May 2015, http://www.thecanadianencyclopedia.ca/en/article/history − of − education/

Education News, 2013, Retrieved Sept 2014, http://www.educationnews.org/education − policy − and − politics/american − publiceducation − an − origin − story/

Armstrong, Thomas, 2006, *The Best Schools: How Human Development Research Should Inform Educational Practice*, Association for Supervision, and Curriculum Development, Alexandria, VA

Wikipedia, Retrieved May 2013 https://en.wikipedia.org/wiki/Homeschooling_international_status_and_statistics

Maffin, Tod, Feb 15, 2008, *The Problem with Rock Tumblers*, Article in the Calgary Herald, Postmedia Network, Calgary, AB

Byfield, Ted, Editor, 1998, *Alberta in the 20th Century*, Multi − volume Series, United Western Communications Ltd., Edmonton, AB

Wikipedia, Retrieved May 2018, https://en.wikipedia.org/wiki/Alberta_Teachers%27_Association

Gibson, John, August 18, 2012, *Schools: A different style of education architecture*, article for e Calgary Herald, Postmedia Network, Calgary, AB

Holt, John, 1977, *Growing Without Schooling* magazine, Holt Associates, Boston, MA

Holt, John, 1989, *Learning All The Time*, Holt Associates, Harvard University Press, Cambridge, MA

Hildebrandt, Amber, 2014, *Back to School: 7 Million Students and 440,000 Educators Prepare for the New Year*, Retrieved August, 2014, http://www.cbc.ca/news/canada/

Roslin, Alex, April 5, 2010, *The New Homeschooling*, Today's Parent magazine, Rogers Media, Toronto, ON

Boesveld, Sarah, May 28, 2011, *The Politics of Unschooling: Raising independent trailblazers or lazy free-floaters?* Article for e National Post, Postmedia Network, Toronto, ON

Van Pelt, Deani, 2015, *Fraser Institute: Home Schooling in Canada: The Current Picture-2015*, Publication for the Fraser Institute, Toronto, ON

Martin, Jamie, 2012, *Homeschooling 101: What Is Homeschooling?* Article in Parents magazine, Meredith Corporation, Des Moines, IA

Van Pelt, Deani, 2015, IBID

Chapter 7 - 언스쿨링의 학업적 이점

Teghtmeyer, Jonathon, Jan 16, 2012, *Teachers: Lukaszuk's message was "pretty blunt."* Article in e Calgary Herald, Postmedia Network, Calgary, AB

Basham, Patrick, John Merrifield, and Claudia R. Hepburn, 2007, *Homeschooling: From the Extreme to the Mainstream*, 2 Ed., Publication for the Fraser Institute, Toronto, ON

EC Map Newsletter, 2014, *STEPS*, Published by Alberta Education, Edmonton, AB

Leman, Kevin, 2009, *The Birth Order Book*, Revell, Baker Publishing Group, Grand Rapids, MI

MacLean's, Sept 23, 2014, *Change to Quebec's 7 Dollar a Day Daycare Can't Come Soon Enough*, Article for Maclean's magazine, Retrieved May 2018, http://www.macleans.ca/news/canada/quebecs − plan − to − end −

7 − a − day − daycare − isa − breakthrough − for − economic − fairne
ss − and − common − sense/

Clyne, Graham, 2008, *Taking Stock*, Presentation at the Upstart Calgary conference, Calgary, AB

Mac, Amber and Michael Bazzell, 2016, *Outsmarting Your Kids Online*, Ambermac Media Inc.

Canadian Coalition of Self − Directed Learning, (CCSDL), *Fundamental Practices and Values*, Retrieved Feb 23, 2012

http://www.ccsdl.ca/blocks/page/view.php?id = 2

Dale, Edgar, 1969, *Cone of Experience, Audio-Visual Methods in Teaching*, 3rd ed., Holt, Rinehart & Winston, New York, NY, p.108

Friesen, Joe, 2013, *French Immersion Enrollments Skyrockets as a New Linguistic Category Emerges, Article for The Globe and Mail, Retrieved Oct 14, 2014*

http://www.theglobeandmail.com/news/national/education/french − immersionenrolment − skyrockets − as − a − new − linguistic − cat egory − emerges/article7935100/?page = all

Cuthbertson, Ruth, Aug 2, 2012, *Year Round Classrooms*, Article for the Calgary Herald, Postmedia Network, Calgary, AB

Tracy R, 2002, Homeschool Canada Yahoo Group Listserve

Satter, Ellyn, 2000, *Child of Mine: Feeding with Love and Good Sense*, Bull Publishing Co., Boulder, CO

Financial Post, May 2007, *The Skills Shortage Decoded*, Graph in the Financial Post Business magazine, Postmedia Network, Toronto, ON

Robinson, Sir Ken, Feb 14, 2013, Keynote at the Calgary Teachers Convention, Calgary, AB

Loney, Sydney, July 14, 2012, *Unleash the Power of Your Mind: Four Women Who've Done Just That*, Retrieved May 2018, https://www.chatelaine.com/health/wellness/unleash − the − powe r − of − your − mindfour − women − whove − done − just − that/

Gardner, Howard, 1983, *Frames of Mind: The Theory of Multiple Intelligences*, Basic Books, Perseus Books Group, New York, NY

Aziz−Zadeh, Lisa, and Sook−Lei Liew Francesco Dandekar, Feb 9, 2012, *Exploring the Neural Correlates of Visual Creativity*, abstract for Social Cognitive and Akective Neuroscience, Volume 8, Issue 4, 1 April 2013

Stephanie J, 2000, Homeschool Canada Yahoo Group Listserve

CBC, 2016, *Special Report: Campus Cheaters*, Retrieved May 2018 http://www.cbc.ca/manitoba/features/universities/

Huffington Post, November 27, 2012, *Cheating, Lying and Stealing Among High School Students Is On The Decline*, Retrieved July 2018, https://www.hupngtonpost.com/2012/11/27/for−the−lrst−time −in−ad_n_2198714.html

Seaman, Andrew, Oct 16, 2012, *Extra Shut-eye May Improve Kids Conduct: study*, Reuters Health News, New York, NY

Rainey, Sarah, Sept 20, 2012, *Why Sleep Loss is a Nightmare*, Article for the Sydney Morning Herald, Fairfax Media, Sydney, Australia

Chapter 8 – 언스쿨링의 사회적 이점

Press, Jordan, June 5, 2012, *Laws Won't Stop Cyberbullying*, Article for the Calgary Herald, Postmedia Network, Calgary, AB

Gavel, Leslie, 2017, *Drop Out: How School Is Failing Our Kids (and What We Can Do about It)*, Page Two Strategies, Calgary, AB

Calgary Herald, Oct 25, 2012, *Minister Targets Teacher Workloads*, Article for e Calgary Herald, Postmedia Network, Calgary, AB

Neufeld, Gordon, PhD and Gabor Mate, MD, 2004, *Hold On To Your Kids: Why Parents Need to Matter More an Peers*, Alfred A. Knopf Canada, Toronto, ON

Warren, Rachel, November 2017, *3 Ways to Raise a Healthy Eater*, Article for Consumer Report Magazine, Yonkers, NY

McMahon, Tamsin, Jan 12, 2015, *The Shrinking Teenage Brain*, Article for Maclean's Magazine, Rogers Media, Toronto, ON

Beilski, Zosia, Jan 30, 2015, *The Bystander Effect: Trying to turn witnesses into white knights*, Article for e Globe and Mail, Postmedia Network, Toronto, ON

Neufeld, Gordon, PhD and Gabor Mate, MD, 2004, *Hold On to Your Kids: Why Parents Need to Matter More an Peers*, Alfred A. Knopf Canada, Toronto, ON

Cummings, Quinn, 2013, *The Year of Learning Dangerously: Adventures in Homeschooling*, Peragree, Penguin Group, New York, NY

Gray, Peter, 1994, *Psychology*, 2nd Edition, Worth Publishers, Boston College, MA

Kohn, Alfie, Feb 12, 2009, *The Schools Our Children Deserve*, Presentation at Banbury Crossroads School, Calgary, AB

Zou, Jie Jenny, 2017, *Pipeline To The Classroom: How big oil promotes fossil fuels to America's children*, Retrieved Feb 2018, https://www.theguardian.com/usnews/2017/jun/15/big−oil−clasrooms−pipeline−oklahoma−education

Farenga, Patrick, 2017, *Education as a Family Enterprise*, Session at the Unschooling Canada Association (UCA) Second Annual Online Conference.

Chapter 9 – 언스쿨링의 정서적 이점

Abeles, Vicki and Jessica Congdon, 2009, *Race to Nowhere*, Documentary film, United States

Grenier, Mike, Oct 29, 2012, *Why Pushy Parents Fail to Make the Grade*, Article for e Calgary Herald, Postmedia Network, Calgary, AB

Smith, Timothy, 2005, *Connecting With Your Kids: How Fast Families Can Move From Chaos to Closeness*, Bethany House, Minneapolis, MN

Hammer, Kate, Feb 12, 2013, *School Study Paints a Picture of Teens Under Pressure*, Article for e Globe and Mail, Phillip Crawley, Toronto, ON

Palix Foundation, 2017, *The Brain Core Story Certification Course*, Palix Foundation, Calgary, AB

Kohn, Alfie, Feb 12, 2009, *The Schools Our Children Deserve*, Presentation at Banbury Crossroads School, Calgary, AB

Arnall, Judy, 2007, *Discipline Without Distress: 135 tools for raising caring, responsible children without time-out, spanking, punishment or bribery*, Professional Parenting, Calgary, AB

Chan, Emily, Aug 30, 2014, *Edmonton Teacher Fired for Breaking 'No Zero' Grading Policy Wins Appeal*, Article for The Edmonton Journal, Postmedia Network, Edmonton, AB

Hatfield, Robert W., 2009, *Touch and Human Sexuality*, University of Cincinnati, Cincinnati, OH

Bodner, Nicole, July 26, 2009, *Eating together builds bonds with kids*, Article for e Calgary Herald, Postmedia Network, Calgary, AB

Lakritz, Naomi, May 2012, *Wheels Are Falling OW the Joys of Childhood*, Article for The Calgary Herald, Postmedia Network, Calgary, AB

Chapter 10 – 언스쿨링의 신체적 이점

Canadian Pediatric Society (CPS), 2016, *Sleep Guidelines*, Retrieved May 2018, https://www.cps.ca/en/documents/tag/sleep

Arnall, Judy, 2014, *Parenting With Patience: Turn frustration into connection with 3 easy steps*, Professional Parenting, Calgary, AB

Chapter 11 – 사회에 대한 혜택

Macmillan, Amanda, Sept 4, 2017, *Teens May Do Better When School Starts Later*, Time Health, Retrieved May 2018,
http://time.com/4741147/schoolstart−time/

Maclean's, Sept 23, 2014, *Change to Quebec's 7 Dollar a Day Daycare Can't Come Soon Enough*, Article for Maclean's magazine, Retrieved May 2018,
http://www.macleans.ca/news/canada/quebecs−plan−to−end−7−a−day−daycare−isa−breakthrough−for−economic−fairness−and−common−sense/

Retrieve.com, Nov 8, 2017, The Decline of Memory Retention Over Time: the Forgetting Curve, Retrieved May 2018, https://www.retrieve.com/blog/theforgetting-curve

Ferguson, Eva, March 18, 2018, *CBE Class Sizes Not Meeting Guidelines, Even After Scathing Auditor General Report*, Article for e Calgary Herald, Postmedia Network, Calgary, AB

Labby, Bryan, Oct 3, 2017, *CBE Pays Absurd Rent for Admin Building Under Secret Contract*, CBC News, Retrieved May 2018, http://www.cbc.ca/news/canada/calgary/cbe-headquarters-lease-secrecyelection-board-education-1.4314396

Bieber, Sarah, March 25, 2017, *Our Students Deserve a Stronger Public Commitment to Their Education*, Article for The Calgary Herald, Postmedia Network, Calgary, AB

Van Pelt, Deani, 2015, Fraser Institute: *Home Schooling in Canada: the Current Picture-2015*, Publication for the Fraser Institute, Toronto, ON

Alberta Views, September 2013, *Jeff Johnson, Minister of Education*, An Exchange in the Legislature, November 26, 2012, Calgary, AB

PART 3: 언스쿨링 방법

Chapter 12 - 성인/촉진자

Gavel, Leslie, 2014, *The Problem with Calgary Schools*, Article in Avenue magazine, Redpoint Media, Calgary, AB

Alberta Education, 2010, *Alberta Regulation 145.2006, School Act, Home Education Regulation: Schedule of Learning Outcomes for Students Receiving Home Education Programs at Do Not Follow the Alberta Programs of Study*, (SOLO) Queens Printer, Edmonton, AB

Nichols, F. and Humenick, S., 2000, Childbirth Education: Practice, Research and Theory, Second Edition, Saunders, Philadelphia, PA

Van Pelt, Deani, 2015, Fraser Institute: *Home Schooling in Canada: the*

Current Picture-2015, Publication for the Fraser Institute, Toronto, ON

Kirschner, Paul A., and John Sweller, Richard E. Clark, 2006, *Why Minimal Guidance During Instruction Does Not Work: An Analysis of the Failure of Constructivist, Discovery, Problem-based, Experiential, and Inquiry-Based Teaching*, Educational Psychologist, 41(2), 75 – 76, Lawrence Erlbaum Associates, Inc., Mahwah, NJ

Angel, Gurria, 2018, *Pisa 2015: Results in Focus*, OECD, Organization for Economic Cooperation and Development, Paris, France

Friesen, Sharon, June 17, 2009, Presenter at *Inspiring Education: A dialogue with Albertans* Symposium, Calgary, AB

Gordon, Thomas, 2000, *P.E.T., Parent Effectiveness Training*, Three Rivers Press, Crown Publishing, Random House, New York, NY

Anielsky, Mark, June 17, 2009, Presenter at *Inspiring Education: A dialogue with Albertans* Symposium, Calgary, AB

StatsCan, 2004, 1994/1995, 2002/2003, *NLSCY - National Longitudinal Survey of Children and Youth*, On – Going study, Social Development Canada and Statistics Canada, Ottawa, ON

Arnall, Judy, 2013, *The Parenting Information Maze: How to find the advice that fits your family*, Professional Parenting, Calgary, AB

Arnall, Judy, 2014, *Parenting With Patience: Turn frustration into connection with 3 easy steps*, Professional Parenting, Calgary, AB

Baumrind, Diana, PhD, 1971, *Current Patterns of Parental Authority*, Developmental Psychology Monographs, 75, 1 – 103

Alter, Charlotte, August 24, 2016, *Secrets of Raising Super Siblings*, Article for Time Magazine, New York, NY

Bowlby, John, 1988, *A Secure Base: Parent-Child Attachment and Healthy Human Development*, Tavistock professional book, London, United Kingdom

Chapter 13 - 자원

Deborah S, 2004, Unschooling Canada Yahoo Group Listserve

Chapter 14 - 비구조화 시간

Stephanie J, 2000, Homeschool Canada Yahoo Group Listserve

Linda C, 2000, Homeschool Canada Yahoo Group Listserve

Stephanie J, 2000, Homeschool Canada Yahoo Group Listserve

Chapter 15 - 평가

CBE Learn, 2013, *Learning Plans*, Retrieved August 7, 2013, http://www.calgaryhomeschooling.com/documents/learningplan.pdf#5

McTighe, Jay and Grant Wiggins, 2005, *Understanding by Design, expanded 2nd Ed.*, Association for Supervision and Curriculum Development, Alexandria, VA

Alberta Assessment Consortium, *A Framework for Student Assessment* second ed. Retrieved August 7, 2013, http://www.calgaryhomeschooling.com/documents/learningplan.pdf#5

Martin–Chang, Sandra, Gould, Odette N., and Meuse, Reanne E., 2011, *The Impact of Schooling on Academic Achievement: Evidence from homeschooled and traditionally schooled students*, Journal article in Canadian Journal of Behavioral Science/Revue canadienne des sciences du comportement, Vol 43(3), 195–202, http://dx.doi.org/10.1037/a0022697

Diana, S, 1993, Homeschool Canada Yahoo Group Listserve

Ray, Brian, D., 2018, *The Relationship Between the Degree of State Regulation of Home Schooling and the Abuse of Homeschool Children (Students)*, Research article for NHERI (National Home Education Research Institute,) Salem, OR, Retrieved May 2018, https://www.nheri.org/degree–of homeschool–regulationno–relationship–to–homeschool–child–abuse/

Palix Foundation, 2017, *The Brain Core Story Certification Course*, Palix Foundation, Calgary, AB

PART 4: 언스쿨링과 아동 발달 단계

Chapter 16 - 뇌의 기초

Armstrong, Thomas, 2006, *The Best Schools: How human development research should inform educational practice*, Association for Supervision, and Curriculum Development, Alexandria, VA

Aldrich, Clark, 2015, *Why All Education Needs Unschooling*, Session at the Unschooling Canada Association (UCA) First Annual Online Conference

Durrant, Joan, PhD, 2011, *Positive Discipline in Everyday Parenting, 2 ed.*, Save The Children Sweden, Stockholm, Sweden

Calgary Science Center, 2009, *Body Worlds*, Exhibit, Calgary, AB

Covert, Denise M., *What the Different Parts of The Brain Do?* Healthfully.com, Ehow, Retrieved May 2017, https://healthfully.com/dikerent−parts−brain−do−5393248.html #ixzz2muQbphP9

Wildman, Sarah, July 10, 2009, *No More Buy, Buy Baby*, Article for the Globe and Mail, Phillip Crawley, Toronto, ON

Hawley, Theresa, 2000, *Starting Smart: How early experiences affect brain development, 2nd Ed.*, Zero to Three Organization, Washington D.C. United States

Calgary Science Center, 2009, *Body Worlds*, Exhibit, Calgary, AB

Gopnik, Alison, 2004, *How Babies ink: The Science of Childhood*, Orion Books, United Kingdom

Jeyanathan, Joje, Winter 2014, *Train Your Brain*, Article for UMagazine, A publication of the University of Calgary, Calgary, AB

Palix Foundation, 2017, *The Brain Core Story Certification Course*, Palix Foundation, Calgary, AB

Calgary Science Center, 2009, *Body Worlds*, Exhibit, Calgary, *AB*

Chapter 17 - 0~5세 영아, 유아, 미취학 아동: 탐색과 유대감 형성

CPS, Nov 27, 2017, *Screen time and young children: Promoting health and development in a digital world*, CPS Canadian Pediatric Society, Retrieved May 2018,
https://www.cps.ca/en/documents/position/screen−time−and−youngchildren

Muscovitch, Arlene, 2007, *Good Servant, Bad Master?* Electronic Media and the Family, the Vanier Institute of e Family, Ottawa, ON

Clyne, Graham, 2008, *Taking Stock*, Presentation at the Upstart Calgary conference, Calgary, AB

Siegal, Daniel J., MD, and Tina Payne Bryson, PhD, 2012, *The Whole Brain Child*, Bantam, New York, NY

Clark, Dawne, 2008, Professor, *Taking Stock*, Presentation at the Upstart Calgary conference, Calgary, AB

Enrollment in Childcare and Preschool, Oct 9, 2016, OECD, Organization for Economic Cooperation and Development, Paris, France, Retrieved May 2018,
https://www.oecd.org/els/soc/PF3_2_Enrolment_childcare_preschool.pdf

Cole, Marjorie, 2009, *Alberta Preschool Association Conference*, Conversation with author.

Neufeld, Gordon, PhD and Gabor Mate, MD, 2004, *Hold On To Your Kids: Why Parents Need to Matter More an Peers*, Alfred A. Knopf Canada, Toronto, ON

Eisen, Ben, Jan 2010, *Myths About Childcare Subsidies: A review of the empirical literature*, FCPP Frontier Center for Public Policy, Series #79, Retrieved May 2018,
https://fcpp.org/lles/1/PS79_MythsChildcare_F2JA28.pdf

Maclean's, Sept 23, 2014, *Change to Quebec's 7 Dollar a Day Daycare Can't Come Soon Enough*, Article for Maclean's magazine, Retrieved May 2018,

http://www.macleans.ca/news/canada/quebecs－plan－to－end－
7－a－day－daycare－isa－breakthrough－for－economic－fairne
ss－and－common－sense/

Chapter 18 - 초등학생 6~11세: 함께 놀고, 읽고, 배우기

Wente, Margaret, Feb 14, 2013, *Boys Will Be Boys: Schools need to understand that*, Article for The Globe and Mail, Phillip Crawley, Toronto, ON

Armstrong, Thomas, 2006, *The Best Schools: How human development research should inform educational practice*, Association for Supervision, and Curriculum Development, Alexandria, VA

Lynnette P, 1999, Unschooling Canada Yahoo Group Listserve

Melody W, 2001, Homeschooling Canada Yahoo Group Listserve

Kohn, Alfie, 2003, *Punished by Rewards*, Mariner Books, Houghton, Miffin and Harcourt, Boston, MA

Gordon, Thomas, 2000, *P.E.T., Parent Effectiveness Training*, Three Rivers Press, Crown Publishing, Random House, New York, NY

CBC, 2016, *Special Report: Campus Cheaters*, Retrieved May 2018 http://www.cbc.ca/manitoba/features/universities/

Arnall, Judy, 2007, *Discipline Without Distress: 135 tools for raising caring, responsible children without time-out*, spanking, punishment or bribery, Professional Parenting, Calgary, AB

Arnall, Judy, 2014, *Parenting With Patience: Turn frustration into connection with 3 easy steps*, Professional Parenting, Calgary, AB

Louise A, 2000, Unschooling Canada Yahoo Group Listserve

Liedloff, Jean, 1940, *The Continuum Concept*, Da Capo Press, Cambridge, MA

Brazelton, T. Berry and Dr. Stanley, Greenspan, 2009, *The Irreducible Needs of Children*, Da Capo Lifelong books, Cambridge, MA

Goodman, Vera, 2007, *Simply Too Much Homework: What can we do?*, Reading Wings Inc., Calgary, AB

Kohn, Alfie, Feb 12, 2009, *The Schools Our Children Deserve*, Presentation at Banbury Crossroads School, Calgary, AB

Nelson, Chris, March 17, 2015, *Video games changing the way the world is learning,* Article for The Calgary Herald, Postmedia Network, Calgary, AB

Reddit, Sept 2017, Retrieved May 2018, https://www.reddit.com/r/leagueomegends/comments/6x5h5f/riot _worlds_2017_prize_pool_fan_contribution_what/Statistics Canada Publication, Oct 2017, Physical Activity of Canadian Youth and Children, Statistics Canada, Ottawa, ON

McKnight, Zoe, Aug 10, 2015, *Why Crime is Falling So Fast: How social media obsession, smartphone addiction, and even violent video games, have made the world a surprisingly safe place*, Article for Maclean's magazine, Rogers Media, Toronto, ON

Meeker, Meg, MC, 2010, *The 10 Habits of Happy Mothers: Reclaiming our passion, purpose and sanity*, Ballantine Books, Random House, New York, NY

Miranda H, 2000, Unschooling Canada Yahoo Group Listserve

Diana S, 2001, Homeschool Canada Yahoo Group Listserve

Bluedorn, Harvey, 2001, *Research on the Teaching of Math: Formal arithmetic at the age of ten, hurried or delayed*, Quote by William D., Rohwer, 1971, Retrieved June 2018, http://www.triviumpursuit.com/articles/research_on_teaching_mat h.php

Clyne, Graham, 2008, *Taking Stock*, Presentation at the Upstart Calgary conference, Calgary, AB

Laucius, Joanne, Jan 20, 2012, *The Need for Novelty*, Article for The Calgary Herald, Post Media Network, Calgary, AB

Albert, David, 1999, (Post in a homeschool newsletter 2003), *And the Skylark Sings With Me*, New Society Publishers, Gabriola Island, BC

HealthyChildren.Org, *Helping Your Child Learn to Read*, Retrieved May 2018, https://www.healthychildren.org/english/ages－stages/preschool/pages/helpingyour－child－learn－to－read.aspx

Joanne P, 2017, Alberta Unschooling Families Facebook Group

Erin R, 1999, Homeschool Canada Yahoo Group Listserve

Chapter 19 - 중학생 12~14세: 창작, 실험, 여행

Tia L, 1999, Unschooling Canada Yahoo Group Listserve

Palix Foundation, 2017, *The Prevalence of ACES in The Classroom*, A slide for The Brain Core Story Certification Course, Palix Foundation, Calgary, AB

Armstrong, Thomas, 2006, *The Best Schools: How human development research should inform educational practice*, Association for Supervision, and Curriculum Development, Alexandria, VA

Alberta Education, 2013, *Our Children, Our Future: Curriculum Shifts*, A presentation at the Inspiring Education symposium, Alberta Education, Edmonton, AB

Colleen J, 2008, Alberta Homeschooling Teens Facebook group

Gordon, Pamela, 2012, *Wake Up Your Brain*, Article for Speaker magazine, National Speakers Association, Tempe, AZ

Olsen, Glenn and Mary Lou Fuller, July 10, 2010, *The Benefits of Parental Involvement: What research has to say*, Pearson, Allen, Bacon, Prentice Hall, Retrieved May 2017, https://www.education.com/reference/article/beneltsparent－invol vement－research/

Learning Disabilities Online.org, *What is a Learning Disability?*, Retrieved May 2018, http://www.ldonline.org/ldbasics/whatisld

Stockland, Peter, Jan 4, 2018, *Here Comes The 24/7 Classroom: Will private tutoring reconfigure learning?*, Convivian.ca, Retrieved May 2018, https://www.convivium.ca/articles/here－comes－the－24－7－cla ssroom

Chapter 20 - 고등학생 15~18세: 조사, 문제 해결, 진로 탐색

Armstrong, Thomas, 2006, *The Best Schools: How human development research should inform educational practice*, Association for Supervision, and Curriculum Development, Alexandria, VA

Bolender, Merla, 2007, Alberta Education, in a telephone conversation

Kohn, Alfie, Feb 12, 2009, *The Schools Our Children Deserve*, Presentation at Banbury Crossroads School, Calgary, AB

Alberta Education, 2016, *Ways to Obtain a Diploma rough GED*, Retrieved May 2018,
https://education.alberta.ca/general−educational−developmentged/obtaining−a−diploma−through−ged/

Stephanie J, 2002, Unschooling Canada Yahoo Group Listserve

Cuthbertson, Richard, Nov 19, 2012, *Schools grappling with how to best use technology in the classroom*, Article for The Calgary Herald, Post Media Network, Calgary, AB

Friesen, Sharon, June 17, 2009, Presenter at *Inspiring Education: A dialogue with Albertans* Symposium, referencing a survey, *What Did You Do In School Today?*, Calgary, AB

University of Victoria, *Homeschooled Students Application*, Retrieved May 2018,
https://www.uvic.ca/future−students/undergraduate/admissions/highschool/home−school/index.php

Linda C, 2002, Unschooling Canada Yahoo Group Listserve

Chapter 21 - 30인 팀의 언스쿨링 여정: 아쉬움을 넘어 성공으로

Jobs, Steve, 2005, *How to Live Before You Die*, Retrieved May 2018,
https://www.ted.com/talks/steve_jobs_how_to_live_before_you_die

저자 소개

주디 아놀(Judy Arnall)

주디는 DTM 토스트마스터 인증을 받은 세계적으로 인기 있는 인터랙티브 기조 연설가이다. 그녀는 뇌와 아동 발달에 대한 인증을 받았으며, 비처벌적 부모 교육 및 교육 실천의 전문가이다. 주디는 CBC, CTV, Global 등 다양한 텔레비전 인터뷰와 Chatelaine, Today's Parent, Canadian Living, Parents Magazine, The Globe and Mail, Metro, Postmedia News 등의 출판물에 정기적으로 등장한다. 14년 이상 캘거리 대학교와 앨버타 건강 서비스에서 가르쳤다.

주디는 베스트셀러 작가로, 그녀의 저서로는 『고통 없는 훈육』, 『플러그인 육아』, 『인내심을 가지고 육아하기』, 『육아 조언에 대한 마지막 말』, 그리고 『유아부터 청소년까지 키우는 애착 육아 팁』 등이 있다. 또한, 네 아이를 언스쿨링으로 키워 대학에 보낸 자랑스러운 어머니이다.

주디는 부모와 교육자들에게 영감을 주는 강연을 통해, 긍정적인 양육과 교육 방법을 전파하는 데 헌신하고 있다. 그녀의 철학과 방법론은 많은 사람들에게 깊은 인상을 남기며, 전 세계적으로 큰 영향을 미치고 있다.

www.professionalparenting.ca
www.judyarnall.com
www.unschoolingtouniversity.com
@parentingexpert
jarnall@shaw.ca

역자 소개

황기우

　고려대학교 대학원에서 교육사회학을 공부했다. 고려대학교에서 연구교수로 일한 적이 있다. 총신대학교 기독교교육과 교수로 재직하다 정년퇴직했다. 현재는 한국 언스쿨링 연구소 소장으로 일하고 있다. 주요 역서에는 『야성과 자유의 부름』, 『언스쿨링』, 『Gen Z 100년 교육, 언스쿨링이 온다』, 『교육의 오류』, 『교사 리더십』, 『공교육의 미래』, 『교사의 권력』, 『21세기 교사의 역할』, 『영감을 주는 교사』, 『통합사회의 한국 교육』 등이 있다.

https://unschooling.kr/
https://cafe.naver.com/unschoolingkorea
hkiwoo@naver.com

언스쿨링의 비밀: 30인 캐나다 엄마들의 대학 보내기

초판발행	2024년 8월 8일
지은이	Judy Arnall
옮긴이	황기우
펴낸이	노 현
편 집	김다혜
기획/마케팅	정연환
표지디자인	이영경
제 작	고철민 · 김원표
펴낸곳	㈜ 피와이메이트
	서울특별시 금천구 가산디지털2로 53, 한라시그마밸리 210호(가산동)
	등록 2014. 2. 12. 제2018-000080호
전 화	02)733-6771
f a x	02)736-4818
e-mail	pys@pybook.co.kr
homepage	www.pybook.co.kr
ISBN	979-11-7279-013-4 93370

* 파본은 구입하신 곳에서 교환해 드립니다. 본서의 무단복제행위를 금합니다.

정 가   28,000원

박영스토리는 박영사와 함께하는 브랜드입니다.